"十三五"国家重点图书出版规划项目

交通运输科技丛书·公路基础设施建设与养护

多塔斜拉桥关键技术研究与实践

张喜刚　王仁贵　
杨文孝　林道锦　编著

人民交通出版社股份有限公司

北　京

内 容 提 要

本书依托嘉绍大桥工程实践，介绍了强涌潮环境下的多塔斜拉桥设计施工关键技术成果。内容包括新型多塔斜拉桥结构体系、刚性铰设计施工技术、可转体过墩的钢箱梁外部检修设备关键技术、强涌潮环境下部结构设计施工技术等内容。本书介绍了多塔斜拉桥建设技术的最新成果，对推动我国多塔斜拉桥技术进步将起重要作用。

本书可供从事桥梁设计、施工和管理的专业技术人员以及桥梁专业师生阅读参考。

图书在版编目（CIP）数据

多塔斜拉桥关键技术研究与实践／张喜刚等编著
. — 北京：人民交通出版社股份有限公司，2021.6
（交通运输科技丛书）
ISBN 978-7-114-13546-0

Ⅰ.①多… Ⅱ.①张… Ⅲ.①斜拉桥—研究 Ⅳ.
①U448.27

中国版本图书馆 CIP 数据核字（2016）第 309458 号

"十三五"国家重点图书出版规划项目
交通运输科技丛书·公路基础设施建设与养护
Duota Xielaqiao Guanjian Jishu Yanjiu yu Shijian

书　　名：	多塔斜拉桥关键技术研究与实践
著 作 者：	张喜刚　王仁贵　杨文孝　林道锦
责任编辑：	周　宇　侯蓓蓓　刘　彤
责任校对：	孙国靖　宋佳时
责任印制：	张　凯
出版发行：	人民交通出版社股份有限公司
地　　址：	（100011）北京市朝阳区安定门外外馆斜街 3 号
网　　址：	http://www.ccpcl.com.cn
销售电话：	（010）59757973
总 经 销：	人民交通出版社股份有限公司发行部
经　　销：	各地新华书店
印　　刷：	北京雅昌艺术印刷有限公司
开　　本：	787×1092　1/16
印　　张：	21.75
字　　数：	459 千
版　　次：	2021 年 6 月　第 1 版
印　　次：	2021 年 6 月　第 1 次印刷
书　　号：	ISBN 978-7-114-13546-0
定　　价：	150.00 元

（有印刷、装订质量问题的图书，由本公司负责调换）

交通运输科技丛书编审委员会

（委员排名不分先后）

顾　问：王志清　汪　洋　姜明宝　李天碧

主　任：庞　松

副主任：洪晓枫　林　强

委　员：石宝林　张劲泉　赵之忠　关昌余　张华庆

　　　　郑健龙　沙爱民　唐伯明　孙玉清　费维军

　　　　王　炜　孙立军　蒋树屏　韩　敏　张喜刚

　　　　吴　澎　刘怀汉　汪双杰　廖朝华　金　凌

　　　　李爱民　曹　迪　田俊峰　苏权科　严云福

FOREWORD 总序

科技是国家强盛之基,创新是民族进步之魂。中华民族正处在全面建成小康社会的决胜阶段,比以往任何时候都更加需要强大的科技创新力量。党的十八大以来,以习近平同志为核心的党中央做出了实施创新驱动发展战略的重大部署。党的十八届五中全会提出必须牢固树立并切实贯彻创新、协调、绿色、开放、共享的发展理念,进一步发挥科技创新在全面创新中的引领作用。在最近召开的全国科技创新大会上,习近平总书记指出要在我国发展新的历史起点上,把科技创新摆在更加重要的位置,吹响了建设世界科技强国的号角。大会强调,实现"两个一百年"奋斗目标,实现中华民族伟大复兴的中国梦,必须坚持走中国特色自主创新道路,面向世界科技前沿、面向经济主战场、面向国家重大需求。这是党中央综合分析国内外大势、立足我国发展全局提出的重大战略目标和战略部署,为加快推进我国科技创新指明了战略方向。

科技创新为我国交通运输事业发展提供了不竭的动力。交通运输部党组坚决贯彻落实中央战略部署,将科技创新摆在交通运输现代化建设全局的突出位置,坚持面向需求、面向世界、面向未来,把智慧交通建设作为主战场,深入实施创新驱动发展战略,以科技创新引领交通运输的全面创新。通过全行业广大科研工作者长期不懈的努力,交通运输科技创新取得了重大进展与突出成效,在黄金水道能力提升、跨海集群工程建设、沥青路面新材料、智能化水面溢油处置、饱和潜水成套技术等方面取得了一系列具有国际领先水平的重大成果,培养了一批高素质的科技创新人才,支撑了行业持续快速发展。同时,通过科技示范工程、科技成果推广计划、专项行动计划、科技成果推广目录等,推广应用了千余项科研成果,有力促进了科研向现实生产力转化。组织出版"交通运输建设科技丛书",是推进科技成果公开、加强科技成果推广应用的一项重要举措。"十二五"期间,该丛书共出版72册,全部列入"十二五"国家重点图书出版规划项目,其中12册获得国家出版基金支持,6册获中华优秀出版物奖图书提名奖,行业影响力和社会知名度不断扩大,逐渐成为交通运输高端学术交流和科技成果公开的重要平台。

"十三五"时期,交通运输改革发展任务更加艰巨繁重,政策制定、基础设施建设、运输管理等领域更加迫切需要科技创新提供有力支撑。为适应形势变化的需要,在以往工作的基础上,我们将组织出版"交通运输科技丛书",其覆盖内容由建设技术扩展到交通运输科学技术各领域,汇集交通运输行业高水平的学术专著,及时集中展示交通运输重大科技成果,将对提升交通运输决策管理水平、促进高层次学术交流、技术传播和专业人才培养发挥积极作用。

当前,全党全国各族人民正在为全面建成小康社会、实现中华民族伟大复兴的中国梦而团结奋斗。交通运输肩负着经济社会发展先行官的政治使命和重大任务,并力争在第二个百年目标实现之前建成世界交通强国,我们迫切需要以科技创新推动转型升级。创新的事业呼唤创新的人才。希望广大科技工作者牢牢抓住科技创新的重要历史机遇,紧密结合交通运输发展的中心任务,锐意进取、锐意创新,以科技创新的丰硕成果为建设综合交通、智慧交通、绿色交通、平安交通贡献新的更大的力量!

杨传堂

2016年6月24日

PREFACE 前言

我国经济建设的快速发展对交通基础设施建设提出了更高的要求,重大交通基础设施的建设,不仅极大地影响国家经济的发展和地区之间经济发展的平衡与产业布局,也是国民经济和社会发展的重要内容和交通行业新技术集中应用与创新的综合体现。多塔斜拉桥因跨越能力强、地形适应性强、造型优美等特点备受桥梁设计者的青睐。

本书针对多塔斜拉桥的设计施工关键技术,重点介绍了多塔斜拉桥结构体系、刚性铰技术、多塔斜拉桥检修设备、强涌潮环境下部结构施工技术等内容。这些成果在嘉绍大桥建设中得到了成功的应用。

(1)多塔斜拉桥创新结构体系。通过多塔斜拉桥力学性能研究,提出一种新型的多塔斜拉桥结构体系:双排支座体系+刚性铰,使多塔斜拉桥在冲刷剧烈、索塔刚度较弱、长主梁温度变形影响大的情况下,降低索塔的温度受力、提高主梁竖向刚度。采用次边塔设置塔梁纵向限位、其他索塔设置阻尼器的多塔斜拉桥动力结构体系,极大改善了刚性铰的力学边界条件。

(2)强涌潮区分幅钢箱梁设计施工关键技术。研究了适应强涌潮建设条件的钢箱梁构造和快速吊装施工方法:采用四索面少横梁的分幅钢箱梁,左右幅梁段独立分级吊装,将横梁中间段做短,形状为"倒梯形";悬臂施工过程中左右幅箱梁之间用长度可调节的临时横梁代替永久横梁受力,满足了强涌潮条件下钢箱梁节段的船舶定位吊装时间不超过1小时的严格要求,同时钢箱梁悬臂拼装施工工效高;对分幅钢箱梁提出在桥梁两侧设置"抑振板"构造的新型涡振控制措施;研发可转体过塔过墩的新型检查车,轨道布置形式及检查车转体动作方式解决了索塔X托架根部钢箱梁的无盲区全覆盖难题。检查车采取双轨支撑完成变轨转体过塔过墩动作,稳定性安全性更高,采取挡块自动复位、旋转轨道安全保护、旋转轨道对中停车、旋转轨道对齐卡块等安全措施，有效地保证了检查车跨轨道行进的安全性；驱动方式采用电驱动，供电方式采用锂电池方案；采用精度高、响应时间短的编码器，实现闭环控制，达到良好的同步运行效果，保证了检查车设备可靠的控制性能。

（3）刚性铰创新技术。结合多塔斜拉桥分幅钢箱梁受力和施工特点，提出由小箱梁、外部大箱梁、小箱梁固定端、竖向及侧向支座构成的刚性铰创新设计方案。支座采用球型滑板支座，内设缓冲减振垫，通过楔形板和千斤顶实现支座调高和预紧。刚性铰内部设置小箱梁轨道牵引系统、密封系统、降温除湿系统、健康监测系统，确保刚性铰的长效耐久性。提出采用具有复杂变形适应能力的刚性铰伸缩缝，不锈钢滑板与钢箱梁结合面之间增设高阻尼减振垫和 Rb-Krete 聚氨酯弹性混凝土层提高伸缩缝的抗振和抗冲击性能。提出采用具有过载保护功能的刚性铰阻尼器。对刚性铰的制造安装工艺进行研究，小箱梁四周及小箱梁栓接面采用整体机加工工艺，采用"反向拼装"方法安装小箱梁固定端确保四个小箱梁栓接面的"零误差"制造，小箱梁与支座的装配采用分阶段跑合试验来确保其装配精度。根据刚性铰现场安装精度要求，提出斜拉桥的吊装精度控制指标。对多塔斜拉桥双悬臂状态下刚性铰合龙段吊装，提出了分级施加配重辅助快速移动荷载的施工方法。

（4）强涌潮基础施工关键技术。研究解决了强涌潮环境下主航道桥承台基础套箱围堰、北副航道桥承台基础吊箱围堰的沉放施工技术问题，以及单桩独柱结构的设计施工技术问题。对主航道桥主墩基础大型钢套箱钢围堰的沉放，研究制定了可克服强涌潮作用影响的大型围堰组合定位系统、围堰沉放全过程计算机控制系统，结合涌潮作用规律，提出了以"倒锅底"刃脚支承状态的合理吸泥方式，加快了围堰下沉速度，实现了"小潮着床、大潮入泥"的围堰快速稳定下沉施工；北副航道桥基础钢吊箱围堰沉放施工采用"两阶段"沉放工艺，充分利用涌潮的同时又采取有效措施抵抗潮水对围堰结构安全和沉放精度的影响；提出单桩独柱结构纵横向框架结构体系来解决单桩独柱结构的涌潮及偏载影响下的结构受力问题，对单桩独柱结构施工，开展 $\phi 3.8\text{m}$ 超大直径钻孔灌注桩的关键施工设备、关键施工组织和关键技术参数研究。

多塔斜拉桥在未来跨越海峡工程中将会得到越来越多的应用。本书对推广多塔斜拉桥建设技术的最新研究成果，推动我国多塔斜拉桥技术进步将起重要作用。

作　者

2020 年 10 月

CONTENTS 目录

1　概述

1.1　多塔斜拉桥特点及发展概况 ………………………………………………… 1
1.2　依托工程——嘉绍大桥简介 …………………………………………………… 3
1.3　强涌潮环境下的桥梁建设 ……………………………………………………… 4
　1.3.1　强涌潮河段概况 …………………………………………………………… 4
　1.3.2　强涌潮河段桥梁建设难点分析 …………………………………………… 7
1.4　主要研究内容 …………………………………………………………………… 11
　1.4.1　多塔斜拉桥创新结构体系 ………………………………………………… 12
　1.4.2　强涌潮区分幅钢箱梁设计施工关键技术 ………………………………… 12
　1.4.3　刚性铰创新技术 …………………………………………………………… 12
　1.4.4　强涌潮基础设计施工关键技术 …………………………………………… 13
　1.4.5　强涌潮环境下桥墩抗冲磨性能研究 ……………………………………… 13

2　多塔斜拉桥结构体系研究

2.1　强涌潮环境的多塔斜拉桥方案 ………………………………………………… 15
2.2　多塔斜拉桥的结构体系与力学性能 …………………………………………… 17
　2.2.1　常规斜拉桥的力学特点 …………………………………………………… 17
　2.2.2　多塔斜拉桥的力学特点 …………………………………………………… 19
　2.2.3　多塔斜拉桥对索塔刚度的要求 …………………………………………… 23

2.3 多塔斜拉桥双排支座体系 ······ 25
2.3.1 双排支座体系的提出 ······ 25
2.3.2 双排支座体系力学性能 ······ 28
2.3.3 双排支座体系的合理支座间距 ······ 30
2.3.4 双排支座体系的嘉绍大桥工程实践 ······ 32
2.4 设刚性铰的多塔斜拉桥结构体系 ······ 36
2.4.1 刚性铰的提出与应用 ······ 36
2.4.2 设刚性铰的多塔斜拉桥总体分析 ······ 38
2.4.3 刚性铰结构体系的优化 ······ 39
2.5 多塔斜拉桥最优合龙次序 ······ 41
2.6 本章小结 ······ 46

3 多塔斜拉桥抗震性能研究

3.1 刚性铰对多塔斜拉桥动力特性影响研究 ······ 48
3.2 多点激励对多塔斜拉桥地震响应的影响 ······ 50
3.2.1 多点激励效应的模拟方法 ······ 50
3.2.2 行波效应对刚性铰地震位移的影响 ······ 51
3.2.3 行波效应对多塔斜拉桥索塔地震响应的影响 ······ 53
3.3 河床摆幅对多塔斜拉桥索塔地震响应的影响 ······ 55
3.4 多塔斜拉桥减振设计 ······ 57
3.5 本章小结 ······ 62

4 强涌潮环境分幅钢箱梁关键技术

4.1 超宽分幅钢箱梁结构设计 ······ 63
4.1.1 双索面和四索面比较 ······ 63
4.1.2 横梁布置的优化 ······ 66
4.2 强涌潮区钢箱梁的运输 ······ 69
4.2.1 强涌潮区钢箱梁运输的可行性 ······ 69
4.2.2 强涌潮区钢箱梁运输方案 ······ 70
4.2.3 强涌潮区钢箱梁运输适航试验验证 ······ 71

4.3 四索面分幅钢箱梁的快速吊装技术 ····· 75
4.4 分幅钢箱梁新型涡振控制技术 ····· 82
4.4.1 分幅钢箱梁的涡振现象及原理 ····· 82
4.4.2 分幅钢箱梁的涡振控制 ····· 84
4.4.3 抑振板构造设计 ····· 85
4.5 本章小结 ····· 88

5 多塔斜拉桥钢箱梁外部检修设备研发

5.1 转体检查车 ····· 89
5.1.1 转体检查车研发背景 ····· 89
5.1.2 转体检查车工作原理 ····· 89
5.1.3 主要研究内容 ····· 90
5.2 检查车轨道系统设计 ····· 91
5.2.1 轨道系统布置及动作设计 ····· 91
5.2.2 旋转轨道设计 ····· 94
5.3 检查车桁架系统设计 ····· 94
5.4 检查车行走系统、制动及变轨回转装置 ····· 96
5.4.1 驱动方式设计 ····· 96
5.4.2 制动方式设计 ····· 98
5.4.3 行走及回转机构设计 ····· 99
5.5 行车安全方案设计 ····· 103
5.5.1 主轨道安全保护 ····· 103
5.5.2 旋转轨道安全保护 ····· 104
5.5.3 电气安全保护 ····· 106
5.5.4 外部设备用电控制 ····· 106
5.5.5 风速检测报警保护 ····· 106
5.6 检查车的安装与调试 ····· 107
5.6.1 检查车的安装 ····· 107
5.6.2 检查车的调试 ····· 108
5.7 本章小结 ····· 110

6 刚性铰设计关键技术

6.1 刚性铰技术国内外发展概况 … 112
6.1.1 混凝土主梁刚性铰 … 112
6.1.2 钢箱梁刚性铰 … 117

6.2 刚性铰总体方案设计 … 118
6.2.1 总体设计方案 … 118
6.2.2 关键技术问题 … 121

6.3 刚性铰力学边界条件分析 … 122
6.3.1 刚性铰伸缩位移分析 … 122
6.3.2 刚性铰构件内力和支座反力分析 … 123
6.3.3 刚性铰伸缩变形非线性效应影响分析 … 127

6.4 刚性铰关键受力构造设计 … 129
6.4.1 刚性铰小箱梁设计 … 129
6.4.2 小箱梁接头设计 … 131
6.4.3 小箱梁固定端设计 … 132
6.4.4 刚性铰滑动端箱梁设计 … 135

6.5 刚性铰专用支座设计 … 137
6.5.1 刚性铰支座选型 … 137
6.5.2 刚性铰专用支座设计要点 … 139
6.5.3 平面摩擦副优化设计 … 139
6.5.4 支座无极调高及预紧设计 … 141
6.5.5 刚性铰支座摩擦性能试验验证 … 146
6.5.6 刚性铰支座拆除更换 … 150

6.6 刚性铰伸缩缝 … 153
6.6.1 刚性铰伸缩缝研发要点 … 153
6.6.2 刚性铰伸缩缝设计方案 … 154
6.6.3 刚性铰伸缩缝减振性能试验验证 … 159

6.7 刚性铰阻尼器 … 161
6.8 刚性铰密封系统 … 163
6.9 刚性铰降温除湿系统 … 167

6.9.1 技术要求及热源分析 ··· 167
6.9.2 新型降温除湿设计方案 ··· 168
6.9.3 设备研发 ··· 169

6.10 刚性铰小箱梁拆除更换系统 ··· 172
6.10.1 小箱梁拆除维修构造 ··· 172
6.10.2 小箱梁拆除对结构安全影响分析 ···································· 173

6.11 刚性铰健康监测系统 ·· 175
6.11.1 小箱梁轴力监测系统 ··· 175
6.11.2 支座累计位移监测系统 ·· 178
6.11.3 温湿度监测及智能控制系统 ··· 181
6.11.4 支座远程可视化视频监控系统 ······································· 183

6.12 刚性铰工作性能实桥验证 ··· 185
6.12.1 刚性铰成桥静载试验观测 ··· 185
6.12.2 刚性铰日变形规律观测 ··· 185
6.12.3 刚性铰年累计位移预测 ··· 188

6.13 本章小结 ··· 189

7 刚性铰的制造与安装

7.1 刚性铰制造安装要点分析 ··· 191
7.1.1 48个支座滑移面平行度控制 ·· 191
7.1.2 四个小箱梁内法兰栓接面的密贴 ···································· 192

7.2 刚性铰小箱梁制造精度控制 ··· 193

7.3 刚性铰小箱梁装配精度控制 ··· 195
7.3.1 小箱梁入仓安装及其调整 ·· 195
7.3.2 小箱梁固定端的"反向拼装"装配 ·································· 199

7.4 刚性铰跑合试验 ·· 200
7.4.1 跑合试验目的 ·· 200
7.4.2 跑合试验步骤 ·· 200
7.4.3 跑合试验数据分析与结论 ··· 201

7.5 刚性铰现场吊装精度控制 ··· 206
7.5.1 刚性铰安装精度控制的难点与重点 ································ 206

  7.5.2　刚性铰安装前的精度控制 …………………………………………… 207
  7.5.3　刚性铰吊装过程的精度控制 …………………………………………… 208
 7.6　刚性铰合龙段吊装平衡控制技术 ………………………………………………… 210
 7.7　刚性铰制造安装工艺流程 ………………………………………………………… 213
  7.7.1　刚性铰制造工艺流程 …………………………………………………… 213
  7.7.2　刚性铰安装工艺流程 …………………………………………………… 214
 7.8　本章小结 …………………………………………………………………………… 215

8　强涌潮环境钢套箱围堰沉放施工控制技术

 8.1　围堰沉放控制难点 ………………………………………………………………… 217
 8.2　围堰结构及导向定位系统设计 …………………………………………………… 218
  8.2.1　围堰结构设计 …………………………………………………………… 218
  8.2.2　涌潮作用力分析 ………………………………………………………… 221
  8.2.3　围堰定位导向系统 ……………………………………………………… 227
 8.3　围堰沉放控制系统设计 …………………………………………………………… 232
  8.3.1　围堰沉放全过程计算机控制系统 ……………………………………… 232
  8.3.2　围堰沉放测量监控系统 ………………………………………………… 236
 8.4　钢围堰快速稳定着床技术 ………………………………………………………… 236
 8.5　钢围堰下沉工艺实施方案 ………………………………………………………… 241
 8.6　钢围堰水下纠偏预案 ……………………………………………………………… 244
 8.7　本章小结 …………………………………………………………………………… 246

9　强涌潮环境钢吊箱围堰沉放施工控制技术

 9.1　围堰方案选择 ……………………………………………………………………… 247
  9.1.1　北副航道桥结构概况 …………………………………………………… 247
  9.1.2　承台围堰方案选择研究 ………………………………………………… 247
  9.1.3　吊箱围堰结构方案 ……………………………………………………… 251
  9.1.4　吊箱围堰施工难点 ……………………………………………………… 251
 9.2　吊箱围堰沉放系统设计 …………………………………………………………… 253
 9.3　吊箱围堰沉放技术研究 …………………………………………………………… 254

9.3.1 吊箱围堰沉放过程控制措施 ·· 254
9.3.2 吊箱围堰"两阶段"沉放施工 ·· 257
9.4 吊箱围堰封底技术研究 ·· 258
9.4.1 吊箱围堰封底厚度验算 ·· 258
9.4.2 吊箱围堰水下混凝土封底施工 ·· 260
9.5 本章小结 ·· 262

10 单桩独柱结构设计关键技术

10.1 单桩独柱结构的提出 ·· 264
10.2 单桩独柱结构体系优化 ·· 267
10.2.1 单桩独柱结构的受力特点 ·· 267
10.2.2 单桩独柱结构的合理结构体系 ·· 268
10.3 单桩独柱结构抗震性能 ·· 272
10.4 单桩独柱结构被动防撞系统 ·· 276
10.5 本章小结 ·· 278

11 单桩独柱结构施工技术

11.1 施工难点 ·· 279
11.1.1 水中区引桥结构概况 ·· 279
11.1.2 $\phi 3.8m$ 超大直径钻孔桩施工难点 ·· 281
11.1.3 单桩独柱上部结构预制节段拼装施工难点 ·· 281
11.2 $\phi 3.8m$ 超大直径钻孔灌注桩成孔技术 ·· 282
11.2.1 超大直径钢护筒施工技术 ·· 282
11.2.2 超大直径钻孔灌注桩钻进成孔技术 ·· 289
11.3 $\phi 3.8m$ 超大直径钻孔灌注桩成桩技术 ·· 296
11.3.1 长线法超大直径钢筋笼制作及安装技术 ·· 296
11.3.2 $\phi 3.8m$ 超大直径钻孔灌注桩水下混凝土灌注 ·· 298
11.4 单桩独柱结构预制节段施工墩顶块结构形式 ·· 301
11.5 架桥机纵移过孔施工控制方案研究 ·· 305
11.5.1 架桥机纵移过孔施工控制方案 ·· 306

　　11.5.2　纵移过孔施工方案实效分析及实施效果 …… 308
11.6　横系梁同步施工替代方案研究 …… 311
　　11.6.1　横系梁同步施工难点 …… 311
　　11.6.2　横系梁同步施工替代方案研究 …… 312
　　11.6.3　横系梁施工 …… 315
11.7　本章小结 …… 319

12　强涌潮环境桥墩抗冲磨性能研究

12.1　混凝土抗冲磨试验方法 …… 321
12.2　混凝土抗冲磨影响因素研究 …… 322
12.3　冲磨及氯盐交互作用下混凝土性能研究 …… 325
12.4　冲磨及氯盐耦合作用下混凝土结构耐久性预测 …… 326
12.5　涌潮环境提高混凝土结构耐久性的措施 …… 328
12.6　本章小结 …… 328

参考文献

1 概　　述

斜拉桥是将斜拉索分别锚固在梁、塔或其他载体上，形成共同承载的结构体系。多于两个索塔的斜拉桥称为多塔斜拉桥。

1.1　多塔斜拉桥特点及发展概况

多塔斜拉桥因跨越能力强、地形适应性强、造型优美等特点备受设计者的青睐。相对于常规的双塔斜拉桥而言，多塔斜拉桥在活载及温度荷载作用下的结构响应具有显著的不同。因多塔斜拉桥具有多个索塔，各中间桥塔无法设置用于控制塔顶活载位移的端锚索，因此易出现主梁活载挠度过大的问题。此外，多塔斜拉桥最外侧边塔之间的总跨度通常较大，连续主梁体系的梁端温度变形大，易导致边塔塔底截面内力过大、边塔拉索索力变化幅度过大等问题，由此导致梁端伸缩装置、斜拉索、索塔及其基础设计困难。

最早提出多塔斜拉桥结构形式并付诸实施的是意大利 Ricardo Morandi 教授，采用莫兰迪（Morandi）体系解决了多塔斜拉桥体系刚度不足的问题，建造了马拉开波桥（Maracaibo Bridge）和波尔塞维拉高架桥（Polcevera Viaduct）。在此之后，墨西哥于 1993 年建成的梅兹卡拉桥（Mezcala Bridge）成为世界上第一座密索体系的三塔斜拉桥，开创了多塔斜拉桥由莫兰迪（Morandi）稀索体系向密索体系转变的先河。2004 年建成通车的法国米约高架桥是一座 7 塔 8 跨斜拉桥，采用了刚性桥塔及桥塔处主梁采用双支点的方式解决体系刚度不足的问题。该桥在嘉绍大桥建成前是世界上最长的多塔斜拉桥。2017 年 9 月，由中国交建振华重工承担所有钢结构制造的苏格兰新福斯大桥建成通车。这是一座主跨 2×650m 的三塔组合梁斜拉桥，其中主塔采用独柱式塔。该桥是目前世界上跨度最大的三塔斜拉桥。

我国对多塔斜拉桥的研究和建设是从香港汀九桥开始的，虽然起步稍晚，但也已取得巨大成就。自 2000 年岳阳洞庭湖大桥建成通车后，陆续建成了湖北宜昌夷陵长江大桥、山东滨州黄河大桥、山东济南建邦黄河公路大桥、赤石大桥等多座多塔斜拉桥，积累了丰富的多塔斜拉桥设计及建造经验。1998 年建成通车的汀九桥是一座三塔四索面结合梁斜拉桥，为了解决中塔纵向刚度不足的问题，采用了在中桥塔顶至边塔处主梁间设置稳定索的方式。2019 年建成通车的蒙华铁路洞庭湖大桥也是以这种方式提高体系刚度的多塔斜拉桥。2012 年通车的武汉二七长江大桥主跨达 2×616 m。2013 年建成的嘉绍大桥主跨为 5×428 m,总联长达到了 2 680 m,这也是目前世界上联长最长的多塔斜拉桥。目前在建的宁波舟山港主通道主通航孔桥主跨为 2×550 m,南京长江五桥主跨为 2×600 m,六横大桥青龙门航道桥主跨为 2×756 m。嘉绍大桥主桥与国内外在建或者已建跨径大于 200 m 的多塔斜拉桥情况见表 1.1-1。由表可见,总长 2 680 m 的嘉绍大桥是目前世界上长度最长、规模最大的多塔斜拉桥。

国内外跨径大于 **200m** 的多塔斜拉桥　　　　表 1.1-1

序号	国家	桥名	主跨(m)	总长	塔数	主梁类型	通车年份
1	中国	嘉绍大桥	428×5	2 680	6	钢箱梁	2013
2	法国	米约高架桥(Millau Viaduct)	342×6	2 460	7	钢箱梁	2004
3	克罗地亚	佩列沙茨桥	285×5	2 404	6	钢箱梁(索塔区混凝土)	在建
4	希腊	里翁安提里翁桥(Rion-Antirion Bridge)	560×3	2 252	4	组合梁	2004
5	中国	青龙门大桥	756×2	2 212	3	钢箱梁	在建
6	苏格兰	新福斯大桥(Queensferry Bridge)	650×2	2 090	3	组合梁	2017
7	中国	南京江心洲长江大桥	600×2	1 796	3	组合梁	2020
8	中国	武汉二七长江大桥	616×2	1 732	3	组合梁	2012
9	中国	宁波舟山港主通道主通航孔桥	550×2	1 630	3	钢箱梁	在建
10	中国	赤石大桥	380×3	1 470	4	混凝土	2016
11	日本	揖斐川桥	271.15×4	1 392.6	5	混凝土(中间部分钢)	2001
12	中国	蒙华铁路洞庭湖大桥	406×2	1 288	3	钢箱钢桁结合梁	2019
13	中国	香港汀九大桥	448+475	1 177	3	组合梁	1998
14	日本	木曽川桥	275×3	1 145	4	混凝土(中间部分钢)	2001
15	英国	默西盖特威桥(Mersey Gateway Bridge)	294+318	998	3	混凝土	2018
16	加拿大	金穗大桥	242×3	968	4	组合梁	2009
17	中国	宜昌夷陵大桥	348×2	936	3	混凝土	2001
18	墨西哥	梅兹卡拉桥(Mezcala Bridge)	311+299	899.47	3	组合梁	1993
19	中国	岳阳洞庭湖大桥	310×2	880	3	混凝土	2000
20	中国	济南建邦黄河大桥	300×2	820	3	混凝土	2010
21	中国	滨州黄河大桥	300×2	768	3	混凝土	2004
22	中国	马鞍山长江公路大桥右汊	260×2	760	3	混凝土	2013
23	韩国	世丰大桥	220×2	724	3	混凝土	2019

1.2 依托工程——嘉绍大桥简介

嘉绍大桥是嘉兴至绍兴跨江公路通道跨越天然屏障钱塘江河口段的一座特大型桥梁,嘉绍大桥东距杭州湾跨海大桥约50km,西距杭州下沙大桥(钱江六桥)约60km,北起海宁凤凰山脚的尖山围垦区,南至上虞九六丘围垦区,处于杭州湾经济带的中部,总长10.137km。

嘉兴至绍兴跨江公路通道是《国家高速公路网规划》中沈阳至海口高速公路常熟至台州并行线的组成部分和跨越钱塘江的关键性工程,是嘉荫至南平国家重点公路的重要组成部分,也是《浙江省公路水路交通建设规划(2003—2020年)》"两纵、两横、十八连、三绕、三通道"中的第二个通道。该通道北接嘉兴至苏州高速公路、沪杭高速公路、杭浦高速公路等通往上海和苏南地区,并通过江阴长江大桥和苏通长江大桥连接苏北;南接上虞至三门高速公路、杭甬高速公路等通往浙东南地区,进而连接福建省,是纵贯长江三角洲南北的重要通道之一,在国家高速公路网中占有重要地位。嘉绍大桥的建设,对于进一步完善我国干线公路网络,加快我国高速公路网的建设,促进长江三角洲交通一体化等具有重要意义;同时必将对长江三角洲区域经济一体化和产业结构调整升级起到极大的促进作用,具有显著的社会和经济效益。

嘉绍大桥主要技术标准如下:

(1)公路等级:双向八车道高速公路。

(2)设计速度:100km/h。

(3)最大纵坡:2.4%。

(4)桥面横坡:2%。

(5)汽车荷载等级:公路—Ⅰ级。

(6)设计基准期:100年。

(7)地震基本烈度:Ⅵ度。

(8)抗风设计标准:运营阶段抗风设计采用离常水位10m高处百年一遇10min最大平均风速39.3m/s。

(9)设计最高通航水位:采用20年一遇设计,高潮位7.36m(1985国家高程基准)。

(10)通航净空尺度:依据交通部交水发〔2006〕17号文《关于嘉兴至绍兴高速公路跨杭州湾大桥通航净空尺度和技术要求的批复》,通航净空尺度见表1.2-1。

嘉绍大桥是修建在强涌潮河段的一座特大型桥梁,水文条件十分复杂。要克服恶劣水文条件给大桥施工带来的影响,需要通过设计创新,采用与本桥建设条件适应性好且实施风险小的桥梁结构形式。靠结构设计创新与施工技术进步来降低施工风险,尽可能避开难以控制的钱塘江涌潮的影响,将涌潮对建桥带来的风险和影响降到最小。

嘉绍大桥通航净空尺度一览表　　　　表 1.2-1

航道名称		代表船型	航道类型	通航净空尺度(m)	
				净宽	净高
主航道	主通航孔	3 000 吨级集装箱船	双向	335	32.5
			单向	180	32.5
	边通航孔	1 000 吨级集装箱船	单向	160	25.5
北副通航孔		500 吨级杂货船	单向	66	13.5

根据交通运输部交公路发〔2008〕360 号文《关于嘉兴至绍兴跨江公路通道初步设计的批复》和浙江省交通运输厅浙交复〔2009〕136 号文《关于嘉绍大桥刚性铰技术设计的批复》，本项目主航道桥采用 70m+200m+5×428m+200m+70m=2 680m 独柱六塔四索面分幅钢箱梁斜拉桥方案，主桥跨中设置伸缩缝，伸缩缝处主梁采用刚性铰构造；北副航道桥采用桥跨布置为 70m+2×120m+70m=380m 变截面连续刚构桥；南、北水中区引桥采用 70m 跨径等截面预应力混凝土连续刚构桥，下部结构采用单桩独柱形式，基础采用 $\phi 3.8m$ 大直径钻孔灌注桩；南、北陆地区引桥采用 50m 跨径等截面预应力混凝土连续箱梁桥。嘉绍大桥总体桥型设计见图 1.2-1。

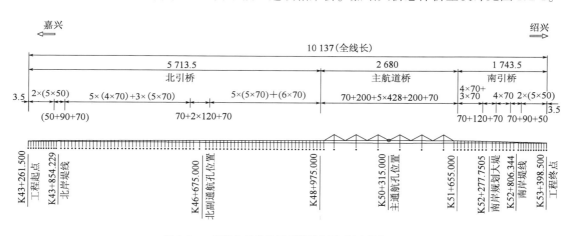

图 1.2-1　嘉绍大桥总体桥型设计简图(尺寸单位:m)

1.3　强涌潮环境下的桥梁建设

1.3.1　强涌潮河段概况

钱塘江是浙江省第一大河，发源于安徽省休宁县六股尖，在浙江省海盐县澉浦镇附近注入杭州湾，干流全长 668km，流域面积约 55 556km²。钱塘江以钱塘涌潮闻名于世，与南美亚马孙河、南亚恒河被国际地理学界并称为"世界三大强涌潮河流"。

涌潮是外海潮波在向江河口传播过程中，由于河宽急剧收缩和河床迅速抬高，潮波剧烈变形,使涨潮前峰波陡增大并破碎而形成的特殊水力现象。由于杭州湾是一个外宽内窄的大喇叭口,出海口宽达100km,澉浦附近缩小到20km左右,到了盐官,落潮时江面宽只有3km。每到涨潮,江中一下吞进大量海水,向上游推进时,由于河道突然变窄,潮水涌积,来不及均匀上升,后浪推前浪,层层相叠酿成高潮。加上澉浦以西水下存在一座巨大沙洲,河床的平均水深由杭州湾的20m左右迅速减小到2~3m,形成一道"门坎",入内的潮水受阻力和摩擦作用,使潮水前坡变陡,速度减缓,从而形成后浪赶前浪的"直立水墙"(即涌潮)。此外沿海一带常刮东南风,风向与潮水方向大体一致,助长了潮势。

涌潮是一种极为特殊的水流运动,流速大、破坏力强、水流特性复杂。钱塘江涌潮到达时,数十秒内,水位骤然上涨2m左右,高者3m以上,水流从落潮状态急速转化为涨潮状态。若遇河道急弯、建筑物阻挡,激起的水柱高达10m以上。2011年9月嘉绍大桥桥位附近实测涌潮过程线如图1.3-1所示。涌潮过后的数分钟至数十分钟间,流速达到极值,一般为6~7m/s,实测最大测点流速达12m/s。因流速大,挟带泥沙的能力极强,与水位、流速相对应,涌潮到达时,河床受到剧烈冲刷,垂线平均含沙量达每立方米数十千克,近底处可达每立方米数百千克,形成高含沙量区。

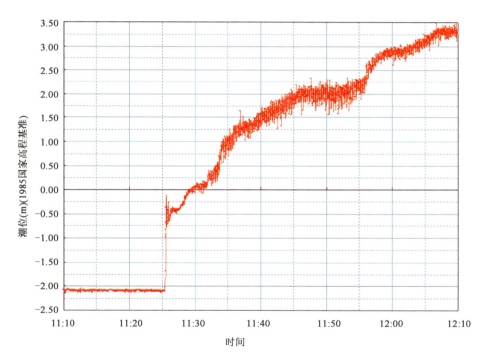

图1.3-1　2011年9月嘉绍大桥桥位附近涌潮过程线

1949年前的1100年间,钱塘江发生较大潮灾230次,平均每5年一次。1953年9月大潮时,放置在海宁盐官镇海塘顶上质量为1.5t的镇海铁牛,被越塘水体推移至原地10m开外;石塘顶用铁锭浇连的条石(每块质量约400kg,呈三五相连),受涌潮的顶托翻越1.5m高的土埝,抛至海塘后的农田中。1968年大潮时,萧山新湾丁坝坝头一块10m高的浆砌块石体,被潮水推移到30m以外,直到与另一块相靠时才停止。1971年秋汛大潮时,赭山湾九号坝下游每块质量1.6t的混凝土铁砧块,一潮就被冲到坝上游200~300m以外,仅此一汛200多块铁钻块和混凝土四脚空心块全部移位。1998年8月朔汛时,海宁十堡41号丁坝坝根附近混凝土灌砌石块坝面,被过坝涌潮掀起一大块(质量约30t),抛离原地7~8m,竖靠海塘边。2002年大潮时,美女坝附近海塘塘顶的混凝土立柱受潮水的打击而折断。涌潮急流对海塘基础等建筑物的破坏之剧由此可见。

钱塘江的上游段至闻家堰主要受径流影响,潮汐影响较小,称"河流段";下游从澉浦以东为杭州湾,主要受潮动力影响,称为"潮流段";中间从闻家堰至澉浦段(长122km)受径流、潮汐共同作用,称"过渡段"。钱塘江河口涌潮主要发生在"过渡段"区域,即在海盐的白腊礁(高阳山下游3.5km处、嘉绍大桥桥位下游12km左右)附近形成并逐渐增大。据以往观测,最大涌潮高度在丁桥至大缺口一带,可达3m以上,之后,向上游推进过程中强度渐弱,大潮时可传到闻家堰以上,全程约90km。

随着治江围涂工程向下游进展、钱塘江河口的下移,涌潮最大处也有所下移,目前在萧山围垦区廿二工段至大缺口一带。图1.3-2为2007年10月钱塘江沿程涨、落潮流速极值分布。

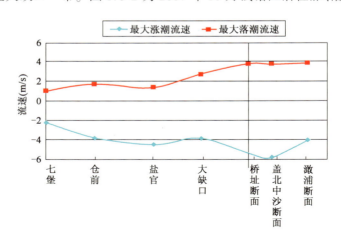

图1.3-2　2007年钱塘江七堡至澉浦河段涨、落潮流速极值分布图

强涌潮河段的桥梁建设条件较常规河流复杂和困难。世界三大涌潮水域中,亚马孙河上目前尚未建设大桥。恒河下游唯一的一座特大型桥梁——帕克西大桥为一座公路桥,全长1786m。该桥上部结构为预应力混凝土连续梁,桥址处水流特点是流速急,但没有涌潮。钱塘江下游的杭州湾上建成了世界上最长的跨海大桥——杭州湾跨海大桥。该桥地处钱江涌潮起潮点下游32km处,只受潮流影响,没有涌潮。钱塘江上游,从1934年由茅以升先生主持修建的钱塘江大桥到2012年建成通车的杭州九堡大桥,已经建成的桥梁有9座。由于这些桥梁处于钱塘江河口"过渡段"的上半段,涌潮强度已经有较大衰减。钱塘江各桥位水文特性统计如表1.3-1所示。

1 概述

钱塘江各桥位水文特性统计　　　　　　　　　　　　　　　　　　表 1.3-1

桥梁名称	历史最大潮差（m）	最高潮位（m）	实测最大断面流速（m/s）	最大涌潮高度（m）	设计流速（m/s）
钱江二桥	4.02	7.98	2.66	2.0~2.5	4.10
下沙大桥	5.27	8.01	3.04	3	3.48
江东大桥	5.27	8.01	4.33	3	—
嘉绍大桥	**9.00**	6.57	**5.58**	2.11	**7.5**

位于钱塘江河口下段尖山河段的嘉绍大桥处于强涌潮发展壮大的区域，江道河床宽浅、潮强流急、涌潮汹涌；同时由于涨落潮流路分歧，河床质又为易冲易淤的细粉沙，加上丰、枯水文年的变化，造成河床冲淤变化剧烈，主流在平面上摆动剧烈频繁。因此，嘉绍大桥工程建设将面临强涌潮的实际考验。

1.3.2 强涌潮河段桥梁建设难点分析

在钱塘江尖山强涌潮河段进行桥梁建设的难点主要体现在以下几个方面：

（1）涌潮汹涌，水文条件极其复杂

涌潮强度习惯上采用涌潮潮头高度表征。长期以来，钱塘江河口上下游多个地段的涌潮高度已被多次现场观测。结果表明，涌潮高度与潮差存在一定的关系，潮差越大，涌潮高度越高。研究表明，嘉绍大桥100年一遇设计涌潮高度为3.0m，5年一遇设计涌潮高度为2.5m。涌潮试验得到桥位附近涌潮流速可达9.0~10.0m/s。在此种江道情况下，桥址处断面上300年一遇设计垂线平均流速最大为7.5m/s左右，详见表1.3-2。涌潮经过嘉绍大桥实景如图1.3-3所示。

不同设计频率下桥轴线断面设计潮差和流速特征值　　　　　　表 1.3-2

设计频率	设计潮差（m）	设计流速（m/s）
大潮	8.52	5.7
0.33%	9.73	7.5
20%	9.04	6.8

嘉绍大桥桥位处涌潮不仅强度高，而且受两岸围垦影响，尖山河段河道弯曲，涌潮的流向和形态也十分复杂。起潮阶段的"一线潮"见图1.3-4。同时起潮阶段，潮头与河道呈10°~15°夹角向上游推进，部分压向南岸的围垦。而围垦的大堤阻挡了潮头继续前行的道路，潮头被反射折回，然后翻卷回头，落到西进的急流上，形成一排"雪山"奔向北岸，进而形成桥址区的回头潮。回头潮与涌来的潮水又存在一个叠加。涨潮阶段的"一线潮"和回头潮交叉后形成桥址区独特的"交叉潮"，见图1.3-5。潮起潮落，特别是涌潮、回头潮、交叉潮等是壮阔的自然景观，但对施工而言，却成为"复杂的施工条件、恶劣的施工环境"。

图 1.3-3 涌潮经过嘉绍大桥

图 1.3-4 桥址处观测到的起潮阶段的"一线潮"　　　　图 1.3-5 桥址处观测到的"交叉潮"

2011 年 9~10 月嘉绍大桥桥位附近大、中、小潮流图见图 1.3-6。由于涨落潮流向变化较大,导致潮流及冲刷形态更加复杂,给桥梁基础施工带来更大的风险和挑战。

为了将水文条件对施工的影响降到最小,嘉绍大桥采用全栈桥进行施工,然而在基础围堰施工以及主引桥上部结构架设方面仍然面临巨大的考验。

(2) 河床易冲易淤,主流和深槽摆动剧烈

除了涌潮强烈,嘉绍大桥桥位处的河床也是十分不稳定的。图 1.3-7 和图 1.3-8 分别给出了历年嘉绍大桥桥位深泓线的变化情况。根据预测,河床深槽摆动幅度在极端情况下可达 2km 以上。造成尖山河段主流平面大幅度摆动的原因有:

①尖山河段河床底质为细粉沙（$d_{50}=0.02\sim0.04$mm），易冲易淤，起动流速为 0.64～0.72m/s。潮流动力强劲（大、中、小潮大部分时间的流速为 1～5m/s），为主流摆动提供了强大的动力条件。

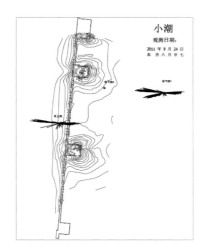
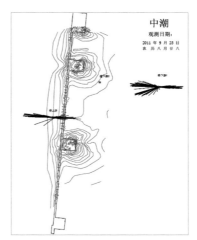
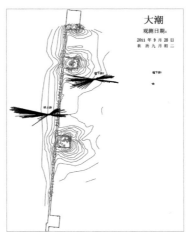

图 1.3-6　2011 年 9～10 月嘉绍大桥桥位附近大、中、小潮流图

②涨、落潮流路的分歧是造成主流易于分汊和摆动的又一动力因素。澉浦断面的涨潮流由东北向西南方向进入尖山河段，而落潮流从海宁十堡以西向东南方向进入尖山河段，各自塑造其涨潮河槽和落潮河槽，二者很难完全统一在一个河槽以内。而落潮槽随径流的丰、枯在尖山河段上游段呈现北汊和南汊两种形态，流路分歧在江面较宽的条件下更为明显。

③年内丰水期、枯水期的变化也是造成河势摆动的原因之一。相对海域来水而言，流域来水变化较大，年内梅汛季节（3 个月）的丰水流量约 1 000～3 000m³/s，而枯水季为 200～500m³/s，相差约 6 倍之多（月平均、旬平均流量相差倍数更大）。由于尖山河段上游段大水分汊、小水

走南,尖山河道的上游入口,相对河宽已较窄,径流的影响比较明显。因此,当年内径流丰枯变化较大时,上游端河势会起变化,从而影响了整个河势的变化。

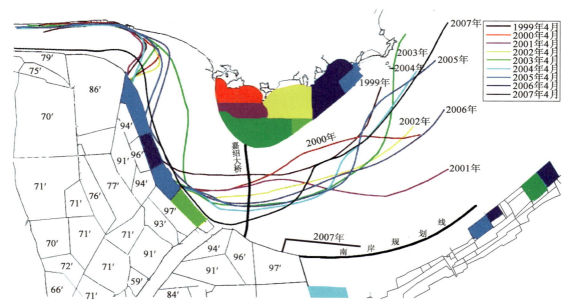

图1.3-7　1999—2007年大规模围涂后桥位河床深泓线摆动变化图

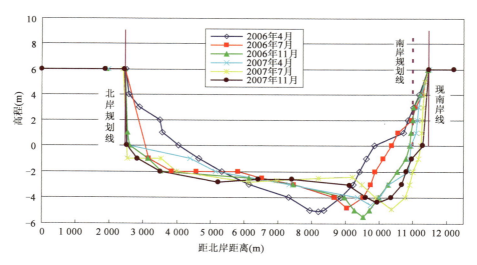

图1.3-8　2006年4月~2007年11月桥位断面变化

④涌潮的存在加剧了河床的冲刷。八堡附近河宽3km左右,下游澉浦断面河宽达16.5km左右,是河口段收缩率最大的一段;且河底抬升率也较大,处于沙坎的前坡,潮波在上溯过程中发生剧烈的变形,从而形成涌潮,涌潮的存在又加剧了河床的冲刷。由于尖山附近河道突然放大,加之河道宽浅,常在尖山附近形成尖山中沙,河槽易出现分汊。尖山北岸围垦后,北汊易淤塞,因而尖山中沙易北靠形成尖山北沙。

(3) 阻水率限制要求高

水中桥墩的设置必然造成过水断面紧缩,产生桥前壅水,对上下游河床的冲淤特别是涌潮带来一定影响。大桥的建设要求尽可能保护自然环境,将对钱塘江涌潮奇观造成的影响降到最低。涌潮及数模专题分析表明,建桥对涌潮的影响与桥梁下部结构的阻水面积成正比。根据浙江省水利厅浙水函〔2007〕6号文《浙江省水利厅关于嘉兴到绍兴跨江通道涌潮问题意见的函》,要求桥墩阻水面积占江道过水面积比例应控制在5.0%以内,以免工程建设对涌潮造成大的不利影响。相比桥位下游杭州湾跨海大桥超过10%的阻水面积,嘉绍大桥5%的阻水面积要求极为严格。

(4) 大型船舶设备无法进入现场施工

桥位处潮水每日两涨两落,潮差最大高达9m。涨落潮时潮强流急,低潮位时水浅、河床裸露,导致大型船舶无法进入这一河段现场进行施工。图1.3-9为2011年拍摄的大桥主航道桥区域低潮位河床现场情况。

图1.3-9 大桥主航道桥区域低潮位桥位河床情况

1.4 主要研究内容

为克服强涌潮恶劣水文条件给大桥建设带来的影响,嘉绍大桥通过设计创新,采用建设条件适应性好且实施风险小的桥梁结构形式,靠结构设计创新与施工技术进步来降低施工风险,尽可能避开难以控制的钱塘江涌潮的影响,将涌潮对建桥带来的风险和影响降到最小。主航道桥设计采用跨径为428m的六塔独柱四索面分幅钢箱梁斜拉桥,主桥总长2 680m,是目前世界上规模最大的多塔斜拉桥。南、北水中区引桥采用70m跨径等截面预应力混凝土连续刚构桥,下部结构取消承台,采用ϕ3.8m的单桩独柱结构。

嘉绍大桥创新结构设计方案很好地适应了强涌潮建设条件,同时也带来了一系列新的技术问题需要加以解决。为解决嘉绍大桥建设关键技术问题,2010年6月"嘉绍大桥关键技术研究"科研项目成为交通运输部科技项目。本书依托该课题研究成果编写,主要内容包括五个部分。

1.4.1 多塔斜拉桥创新结构体系

以嘉绍大桥为结构背景,分两个方面对多塔斜拉桥的关键技术问题开展研究,包括:多塔斜拉桥的结构体系与力学性能、多塔斜拉桥的抗震动力性能。

(1)多塔斜拉桥结构体系研究重点是解决多塔斜拉桥在索塔刚度小、冲刷剧烈的情况下,长主梁温度变形和主梁竖向刚度问题。研究提出一种新型的多塔斜拉桥结构体系——双排支座体系+刚性铰。双排支座体系在力学行为上表现为一种带刚域的塔梁固结受力方式,同时在构造上表现为塔梁完全分离;研究"纵向双排支座体系"中双排支座间距对结构各力学响应的影响,提出顺桥向双排支座的合理间距;提出双排支座体系的索塔构造,即设置 X 托架。刚性铰是一种释放主梁轴向变形的大型主梁机械装置,对设置刚性铰的多塔斜拉桥进行力学分析,论证刚性铰结构对多塔斜拉桥索塔基础受力、主梁内力及变形等方面的影响。

(2)多塔斜拉桥的抗震动力分析问题研究中,首先对不同结构体系的结构动力特性进行分析研究,根据多塔斜拉桥设置刚性铰结构体系的特殊要求,提出次边跨设置塔梁纵向限位、其他索塔设置阻尼器的多塔斜拉桥动力结构体系。根据多塔斜拉桥索塔众多、塔与塔之间距离较大的特点,重点研究了行波效应和基础冲刷对多塔斜拉桥地震响应的影响规律。

1.4.2 强涌潮区分幅钢箱梁设计施工关键技术

以嘉绍大桥为结构背景,对独柱索塔四索面分体钢箱梁关键技术以及多塔斜拉桥梁外新型检查车研发开展研究。

(1)嘉绍大桥索塔为独柱索塔,上部结构采用分幅钢箱梁的结构形式,单幅梁体宽度达 24m,此外强涌潮河段钢箱梁运输吊装具有起吊时间短、安全风险大的特点。为此研究了适应特殊建设条件的分幅钢箱梁结构构造形式和施工吊装及控制技术。分幅钢箱梁的涡激振动是这种形式主梁抗风的主要问题。以往采用风障控制涡振的技术措施存在风阻系数大、风荷载对下部结构作用力大等问题;而梁底设置导流板将会对检查车的正常运行产生影响。本项目针对分幅钢箱梁的抗风问题,提出在桥梁两侧设置"抑振板"构造的新型涡振控制措施。

(2)多塔斜拉桥的跨数多,外部检查车的数量要求也多。以嘉绍大桥为例,使用传统检查车全桥共需 20 台检查车才能满足钢箱梁的检修需要,同时嘉绍大桥索塔与主梁采用 X 托架的支撑方式,使用传统检查车无法对 X 托架区间的钢箱梁进行检修,即存在检修盲区。本项目研发了一种可转体过塔过墩的新型桥梁检查车,以解决传统检查车应用于嘉绍大桥钢箱梁外部检修时所存在的问题。

1.4.3 刚性铰创新技术

嘉绍大桥是世界上首次在大跨钢箱梁多塔斜拉桥中应用刚性铰构造的桥梁。结合分幅钢箱梁的结构特点,综合刚性铰变形性能、受力要求和制造安装等因素,对刚性铰设计、施工等关键技术开展研究。

(1)结合钢箱梁多塔斜拉桥的受力和施工特点,对刚性铰结构进行总体设计。对刚性铰在多塔斜拉桥整体结构中的力学边界条件,包括内力和变形边界条件进行理论分析;根据力学边界条件对刚性铰主要受力构件,包括小箱梁、外部大箱梁、小箱梁固定端构造进行设计,并通过板壳有限元分析验证构造的合理性;对刚性铰的主要功能设备——刚性铰支座、伸缩缝及阻尼器进行专门研发设计和试验验证。

(2)研究并应用提高刚性铰耐久性的结构构造,包括用于小箱梁安装调试以及养护维修的小箱梁轨道牵引系统、密封系统、降温除湿系统、刚性铰健康监测系统。

(3)对刚性铰的制造安装工艺进行研究。小箱梁四周以及小箱梁栓接面采用整体机加工工艺,小箱梁与支座的装配采用分阶段跑合试验来确保其装配精度。最后根据刚性铰现场安装精度要求,对斜拉桥的吊装控制精度提出要求。对多塔斜拉桥双悬臂状态下刚性铰合龙段吊装,提出了分级施加配重辅助快速移动荷载的施工方法。

1.4.4 强涌潮基础设计施工关键技术

(1)对主航道桥主墩基础大型钢套箱钢围堰的沉放控制技术进行研究,研究内容包括大型围堰组合定位系统、围堰快速稳定下沉技术、围堰沉放全过程控制技术,重点解决强涌潮影响下的围堰施工定位精度高、沉放控制难度大等关键技术。

(2)对强涌潮区钢吊箱围堰沉放施工技术进行研究。北副航道桥基础规模相对较小,承台底高程相对不深,基础采用钢吊箱围堰,沉放过程中充分利用涌潮的同时又采取有效措施抵抗潮水对围堰结构安全和沉放精度的影响;充分考虑江水高含沙率对有效封底混凝土厚度的影响,采取了有效的措施,保证了封底结构的安全。

(3)对单桩独柱结构的施工技术进行研究,包括 $\phi3.8m$ 超大直径钻孔灌注桩关键施工设备、关键施工组织和关键技术参数研究,单桩独柱结构采用预制节段拼装时墩顶墩梁固结构造施工技术,以及针对单桩独柱墩刚度小对施工精度、安全风险造成的巨大影响而采取的一系列应对措施。

1.4.5 强涌潮环境下桥墩抗冲磨性能研究

钱塘江河口尖山河段,涌潮流速可达 6~8m/s,同时潮水中含有大量的泥沙,潮水挟沙可能对混凝土结构造成冲磨损伤,且桥址处地表水氯离子含量为 1 675.0~5 565.6mg/L,在干湿交替条件下,对钢筋混凝土中的钢筋具有强腐蚀作用,从而引起钢筋锈蚀,导致混凝土胀裂剥落、结构破坏,危及建筑物的正常运行。此两种外部环境作用对混凝土保护层及钢筋分别产生磨蚀和腐蚀作用。第 12 章在国内外已有相关研究成果基础上,研究抗冲磨海工混凝土的配制技术、冲磨和氯盐交互作用下对混凝土性能的影响,通过试验模拟挟沙海水对混凝土结构的冲磨和侵蚀作用,评估混凝土结构的耐久性,不仅对准确评估强涌潮环境下桥梁耐久性及下部结构的科学管养提供理论支持,而且可以填补我国在此类环境作用下相关研究的空白,为今后相似环境作用下的基础建设工作提供数据支持,具有重大的社会和经济意义。

2 多塔斜拉桥结构体系研究

本章针对多塔斜拉桥的力学体系问题开展深入研究,重点解决多塔斜拉桥采用弱塔结构时如何通过结构体系的途径提高主梁竖向刚度;以及如何解决长主梁温度变形对结构受力的影响。

2.1 强涌潮环境的多塔斜拉桥方案

钱塘江尖山河段涌潮汹涌,河床易冲易淤,深槽摆动剧烈。根据嘉绍大桥桥位河床演变分析研究成果,受枯水期的走南河势和丰水期的分汊河势双重影响,桥位处河床底高程为 $-4.0\mathrm{m}$ 以上的深槽位置存在 $2\mathrm{km}$ 以上摆幅的可能。因此主航道桥的通航孔覆盖范围应有 $2\mathrm{km}$ 以上才能满足通航要求。同时,尖山河段的主航道代表船型为 $3\,000\mathrm{DWT}$,通航净宽要求不小于 $335\mathrm{m}$,通航水深要求为 $7.0\mathrm{m}$,桥区航道底高程按 $-4.0\mathrm{m}$ 考虑,需乘潮航行才能通过本工程区。为此,嘉绍大桥主航道桥采用桥跨布置为 $70\mathrm{m}+200\mathrm{m}+5\times428\mathrm{m}+200\mathrm{m}+70\mathrm{m}$ 的六塔斜拉桥结构,如图 2.1-1 所示。

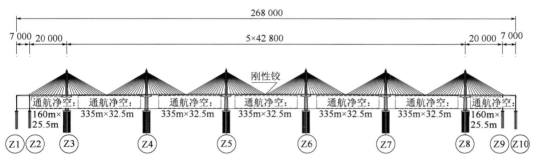

图 2.1-1 嘉绍大桥主航道桥桥型布置图(尺寸单位:cm)

采用上述桥型及桥跨布置使得河道主槽不论是处于极南还是极北位置,均能满足通航要求,如图 2.1-2 所示。

为最大限度地减小水中基础的尺度和规模,降低涌潮环境下的施工风险,同时满足桥墩阻水面积占江道过水面积比例应控制在 5.0% 以内的设计要求,避免工程建设对涌潮造成大的不利影响,嘉绍大桥主航道桥下部结构设计选择了结构简洁的索塔和基础方案。其中索塔采用独柱形式,上、下塔柱的断面为四周带倒角的矩形断面,上塔柱顶部断面尺寸横桥向为 $8.0\mathrm{m}$、顺桥向为 $10.0\mathrm{m}$,底部断面尺寸横桥向为 $8.8\mathrm{m}$、顺桥向为 $13.5\mathrm{m}$;下塔柱顶部断面尺寸横桥向为 $11.5\mathrm{m}$、顺桥向为 $16.0\mathrm{m}$,底部断面尺寸横桥向为 $14.0\mathrm{m}$、顺桥向为 $18.0\mathrm{m}$。塔柱由上至下为直线变化。索塔高度为 172.524～175.948 m。索塔承台基础外形选择采用圆形,承台顶高程设为 −4.5m,位于泥面以下,以控制阻水面积。最外侧两个边塔底圆形承台直径为 39m,厚 6.0m,桩基为 30 根钻孔桩,桩长 108m;中塔圆形承台直径为 40.6m,厚 6.0m,桩基为 32 根钻孔桩,桩长 113m。主航道桥索塔及其承台如图 2.1-3、图 2.1-4 所示。

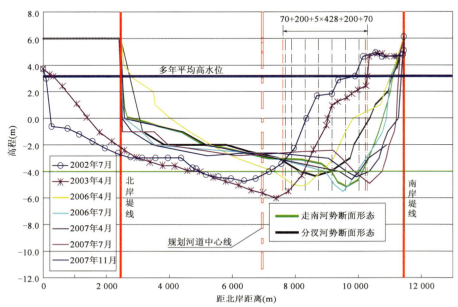

图 2.1-2　嘉绍大桥主航道桥布跨设计和预测河床断面的关系图(尺寸单位:m)

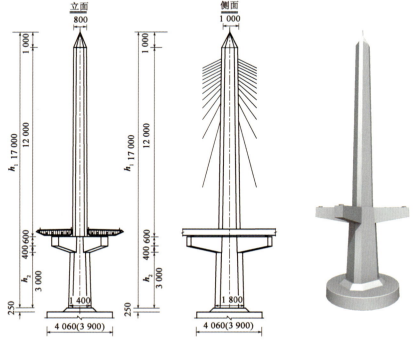

图 2.1-3　主航道桥独柱索塔设计方案(尺寸单位:cm)

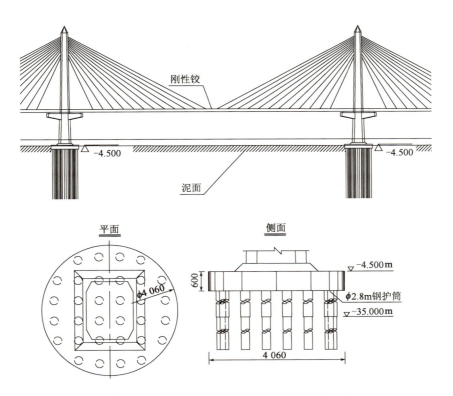

图 2.1-4 主航道桥承台结构布置图(尺寸单位:cm)

独柱索塔在涨落潮不同流向的投影面上均能有效控制阻水面积,同时圆形承台桩基础布置紧凑,基础规模小,可降低施工风险。承台采用圆形钢围堰施工,有利于抵抗涌潮作用力,降低钢围堰的制作和下沉难度。主梁斜拉索均锚固在一个塔柱上,斜拉索塔端锚采用钢锚箱的锚固方式。

2.2 多塔斜拉桥的结构体系与力学性能

2.2.1 常规斜拉桥的力学特点

斜拉桥是将柔性主梁通过拉索斜拉锚固在索塔上,通过索塔压弯受力实现主梁较大跨越能力的一种桥型,其中索塔是斜拉桥最重要的承力构件,索塔的承载能力直接决定斜拉桥的跨越能力。斜拉桥桥塔在斜拉索不平衡荷载作用下处于压弯受力状态,直立塔柱自身的抗弯能力有限,在常规双塔或单塔斜拉桥中,这一弱点可以通过索-梁-墩构成边跨承力体系进行弥补。常规斜拉桥边跨侧设置有过渡墩及若干辅助墩,给边跨主梁提供了良好的边界条件。这些边界条件通过斜拉索的传力,进一步改善了索塔的受力,通过设置强大的辅助墩和锚固在辅助墩上的斜拉索(背索),确保索塔具有较大的刚度,实现斜拉桥在中跨具备较大跨越能力,如图 2.2-1 所示。

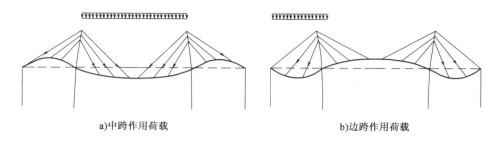

图 2.2-1　双塔斜拉桥的力学行为示意

采用加密边跨辅助墩的方式可提高斜拉桥索塔的承载能力,满足大跨斜拉桥受力要求,目前斜拉桥的主跨最大跨径已突破 1 000m。苏通大桥主跨 1 088m(图 2.2-2),边跨设置两个辅助墩,在辅助墩区域斜拉索索距加密辅助主跨受力。香港昂船洲大桥主跨 1 018m(图 2.2-3),边跨设置了三个辅助墩辅助主跨受力。目前世界上跨径最大的斜拉桥是俄罗斯岛大桥(图 2.2-4),主跨 1 104m。

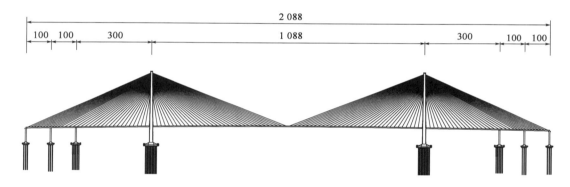

图 2.2-2　主跨 1 088m 的苏通大桥(尺寸单位:m)

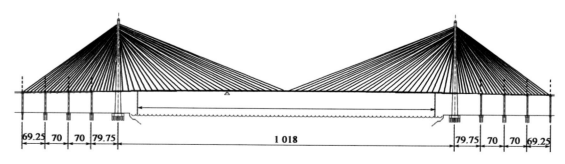

图 2.2-3　主跨 1 018m 的昂船洲大桥(尺寸单位:m)

图 2.2-4　主跨 1 104m 的俄罗斯岛大桥

边跨辅助墩和过渡墩在斜拉桥施工过程也起着重要作用。斜拉桥施工早期处于双悬臂状态,利用边跨合龙后辅助墩和过渡墩提供的边界条件,斜拉桥将施工状态转变为单悬臂受力,从而大大提高了斜拉桥施工状态下的结构安全。

2.2.2　多塔斜拉桥的力学特点

多塔斜拉桥,国外又称多跨斜拉桥(Multi-span Cable-stayed Bridge),是指具有 3 个及以上桥塔的斜拉桥。多塔斜拉桥尽管形式上和双塔或单塔斜拉桥相似,但随着塔数的增加,梁长的延长,多塔斜拉桥的受力特点和常规斜拉桥相比也发生了不同程度的变化。

(1)由于多塔斜拉桥中间塔两侧均无辅助墩或过渡墩和端锚索,索塔在斜拉索不平衡力作用下产生的弯曲荷载无法借助辅助墩和过渡墩进行传力,而主要靠索塔自身抵抗,因此索塔的纵向刚度更多地依赖索塔及主梁自身,导致在中跨竖向荷载作用下索塔纵向变形增大,塔底内力增加,同时导致多塔斜拉桥的主梁竖向刚度降低,如图 2.2-5 所示。

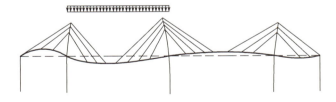

图 2.2-5　多塔斜拉桥的力学行为示意

(2)多塔斜拉桥跨数增加,联长延长,结构各个响应的活载影响线幅度和范围增大,使各个构件的活载效应变大。

(3)多塔斜拉桥随着塔数的增加,主梁总长度必然随着增长,使得主梁的温度变形量不断增加,边塔的温度内力也逐渐增加。同时,斜拉桥的索塔构件尺寸通常取决于主梁跨径而不会随着跨数的增加而增加,当多塔斜拉桥索塔数量达到一定数目时,主梁的温度变形就成了制约多塔斜拉桥设计的一个重要因素。

为深入研究多塔斜拉桥的主要受力特点,以嘉绍大桥为基本结构模型,分析当索塔数量从2个(普通双塔斜拉桥)逐渐增加到6个时,结构在汽车、温度等荷载作用下的索塔位移、索塔内力、主梁位移等荷载响应的变化规律。分析模型中索塔、拉索及主梁构造取嘉绍大桥结构方案,塔梁结构体系采用常规斜拉桥常用的半飘浮体系。各个塔数的多塔斜拉桥有限元模型如图2.2-6所示。

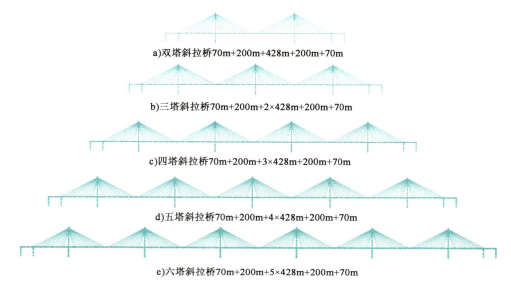

图2.2-6 不同索塔数量的多塔斜拉桥分析模型

(1)汽车活载响应规律

采用公路—Ⅰ级汽车荷载,按双向八车道布置,横向折减系数取0.5,纵向折减系数取0.96,并考虑1.15的偏载系数。对此不同索塔数量的多塔斜拉桥在汽车活载作用下的主梁跨中挠度、塔顶水平位移和塔底弯矩与双塔斜拉桥对应数值的比值,结果如图2.2-7所示。图中塔顶水平位移和塔底弯矩指中间塔,跨中挠度指最中跨主梁。

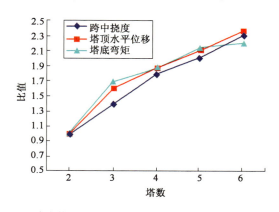

图2.2-7 索塔数量和跨中挠度、塔顶水平位移和塔底弯矩关系曲线

由图 2.2-7 可见，在汽车活载作用下，多塔斜拉桥随着塔数的增加，塔底弯矩、塔顶水平位移、跨中挠度逐渐递增，结构的整体刚度随着塔数的增加逐渐降低。在本桥算例中，当塔数超过 3 时，主梁竖向挠度已超过规范允许的 $L/400$（L 为主跨跨径），如表 2.2-1 所示。

汽车荷载作用下跨中挠度值比较（m）　　　　　表 2.2-1

桥塔数量	双塔	三塔	四塔		五塔		六塔		
位置	跨中	跨中	中跨跨中	边跨跨中	中跨跨中	边跨跨中	中跨跨中	次边跨跨中	边跨跨中
挠度值	0.61	0.85	1.10	0.93	1.23	0.97	1.41	1.38	1.08
与双塔的挠度比	1.00	1.39	1.80	1.52	2.02	1.59	2.31	2.26	1.77
挠跨比	1/701	1/503	1/389		1/347		1/303		
备注	满足规范		不满足规范要求						

图 2.2-8 给出了六塔斜拉桥中最外侧边塔塔底活载纵向弯矩影响线。从图 2.2-8 中可见，塔底纵向弯矩影响线范围达三个中跨和一个边跨，主梁跨中的竖向挠度和斜拉索索力影响线也有类似规律。结构响应的活载影响线幅度和范围增大是多塔斜拉桥的主梁挠度和塔底内力比随塔数增加而增加的主要原因。

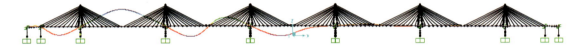

图 2.2-8　最外侧边塔塔底纵向弯矩影响线

（2）温度荷载响应规律

计算模型中的温度荷载取值：钢结构部分，体系升温按 25℃ 考虑，体系降温按 −37.4℃ 考虑；混凝土结构部分，体系升温按 13.7℃ 考虑，体系降温按 −21.2℃ 考虑。以降温工况为例，各种索塔数量的多塔斜拉桥结构在温度荷载下的边塔中塔柱及塔底温度内力、梁端水平位移计算结果分别见图 2.2-9、图 2.2-10。

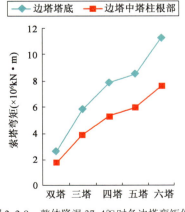
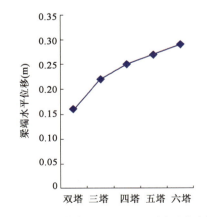

图 2.2-9　整体降温 37.4℃ 时各边塔弯矩值　　　图 2.2-10　整体降温 37.4℃ 时梁端水平位移值

由计算结果可见,在温度荷载作用下,边塔中塔柱以及塔底内力、主梁梁端水平位移都随着塔数增加而显著提高。当索塔数量达到6个,主梁连续长度为2 680m,在整体降温37.4℃时,梁端水平位移可达0.3m。过大的主梁温度变形对多塔斜拉桥结构的不利影响具体体现在:①边塔塔身应力过大,混凝土配筋设计无法满足要求;②塔底基础内力较大,使基础规模增大。以嘉绍大桥六塔斜拉桥设计方案为例,计算分析了以下两种结构模型:模型A——按照原始索塔构造图纸建模,其中中塔柱壁厚2m;模型B——截面外轮廓、上塔柱壁厚与模型A相同,中塔柱在模型A基础上,将壁厚由2m改为2.5m。

对模型A和模型B最不利荷载组合下索塔控制截面的名义拉压应力计算结果进行比较,见表2.2-2。

最不利荷载组合下索塔控制截面内力对比表　　　　表2.2-2

模型编号	控制截面	轴力(kN)	纵向弯矩(kN·m)	面积(m^2)	惯性矩(m^4)	名义拉应力(MPa)	名义压应力(MPa)
模型A	中塔柱以上20m处	-3.16×10^5	2.16×10^6	50.56	981.527	8.31	-21.05
	中塔柱根部	-3.51×10^5	2.69×10^6	82.9	1 477.06	8.34	-17.05
模型B	中塔柱以上20m处	-3.24×10^5	2.37×10^6	56.99	1 090.89	8.69	-19.48
	中塔柱根部	-3.61×10^5	2.91×10^6	82.9	1 477.06	9.20	-17.50

从上表中可以看出,模型A塔身在最不利荷载组合下的名义拉应力可达8.34MPa,导致索塔的截面配筋设计无法满足要求。由于温度变形量不受结构构造尺寸影响,即使局部增大索塔构造尺寸,索塔刚度的有限增加同样伴随着索塔温度内力的增加。表2.2-2中模型B增大截面尺寸,名义拉应力水平反而增大,使得整个问题解决呈恶性循环趋势。根据应力公式 $\sigma = \dfrac{N}{A} \pm \dfrac{My}{I}$,虽然从模型A到模型B,截面惯性矩增加的幅度11%大于弯矩增长的幅度9.7%,使得弯矩引起的应力下降,但是面积增加,截面的压应力储备下降,叠加起来名义拉应力反而增加,而名义压应力有所下降。

由前面的分析,可总结出多塔斜拉桥设计需解决的两大结构问题:

(1)结构体系刚度。多塔斜拉桥由于随着索塔数量的增加,在汽车活载作用下索塔的内力和变形增大,主梁竖向刚度也随之逐渐下降。而且距离边跨越远的中间侧索塔,上述不利影响表现得更加突出。其主要原因是中间索塔两侧均无辅助墩和过渡墩,索塔承受的斜拉索纵向不平衡荷载不能利用边跨桥墩提供的边界条件进行辅助受力;另一方面,多塔斜拉桥的影响线范围增加,导致索塔汽车活载内力增加,主梁竖向刚度下降,甚至不能满足规范要求。

(2)长主梁温度变形。多塔斜拉桥随着索塔数量的增加,主梁的连续长度也随之增长,所带来的不利影响是结构的温度荷载效应也不断递增,在嘉绍大桥六塔斜拉桥结构中,已经成了控制索塔设计的重要因素。

2.2.3　多塔斜拉桥对索塔刚度的要求

通过提高索塔或主梁刚度,可提高结构体系刚度并解决索塔温度受力较大的问题。以嘉绍大桥六塔结构为基本模型,结构体系采用半飘浮体系(索塔不设置 X 托架,主梁跨中不设置刚性铰),使桥塔及主梁刚度在 0.5~5.0 倍之间变化,分析各种变化幅度下主梁活载挠度、塔顶变形以及塔底弯矩的变化规律,计算结果见图 2.2-11。图中主梁挠度取中间跨跨中点在活载作用下的挠度,塔顶位移及塔底弯矩取中间塔计算结果。

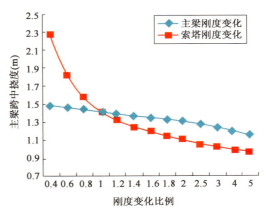

图 2.2-11　主梁跨中挠度与塔梁刚度关系

由分析结果可知,当索塔及主梁刚度逐渐增大,汽车活载引起的跨中主梁竖向变形逐渐减小。相对而言,主梁刚度变化时,规律曲线较平缓,即主梁活载变形对索塔刚度变化更敏感。

主梁刚度较大的斜拉桥通常称为部分斜拉桥,如日本揖斐川桥和木曾川桥。部分斜拉桥具有梁式桥的特性,适用跨径较小,这里不做详细讨论。以嘉绍大桥独柱索塔为基础,表 2.2-3 给出了将索塔刚度放大不同倍数时,主梁跨中挠度以及塔底弯矩的变化关系。

索塔刚度变化与主梁跨中挠度关系　　　表 2.2-3

索塔刚度增大倍数	跨中挠度（m）	挠 跨 比	是否满足规范要求	边塔塔底活载弯矩（kN·m）
1.0	1.41	1/304	不满足	2 534 361
1.5	1.24	1/345		2 718 942
2.0	1.11	1/386		2 896 929
2.5	1.05	1/408	满足	2 996 735

从表 2.2-3 计算结果可见,若将独柱索塔刚度增大至 2.5 倍,可使主梁跨中活载变形满足规范的要求,相应索塔塔底活载弯矩增大 1.18 倍。对应的中塔柱截面尺寸调整要求见表 2.2-4。

独柱索塔截面尺寸的调整表　　　表 2.2-4

项目	高度（顺桥向,m）	宽度（横桥向,m）	材质	壁厚（顺桥向,m）	壁厚（横桥向,m）	惯性矩（m⁴）
中塔柱(调整前)	11.3	8.80	C50	1.80	1.40	422
中塔柱(调整后)	28.3	8.80	C50	1.80	1.40	1 081

由表 2.2-4 结果可以看到,塔柱的壁厚不变,需将中塔柱的截面高度扩大至 2.5 倍,即由 11.3m 增加到 28.3m 时,才能使结构的整体刚度满足规范要求,此时独柱索塔方案因塔柱尺寸过大而变得不适用。

鉴于此,嘉绍大桥在方案论证阶段,借鉴希腊 Rion-Antirion 桥(主跨 560m 四塔斜拉桥)的经验,提出采用灯笼形索塔,塔形具体构造为:索塔的下塔柱为 $\phi21.0m$ 的圆柱体,到顶部逐渐过渡为尺寸为 31.3m×37.2m 的矩形截面;中塔柱为空间四个矩形截面柱体,截面尺寸为 5.2m×5.6m,中塔柱由下往上逐渐合并,上塔柱为一个塔柱,塔顶截面尺寸为 7.0m×7.0m,见图 2.2-12,效果图如图 2.2-13 所示。

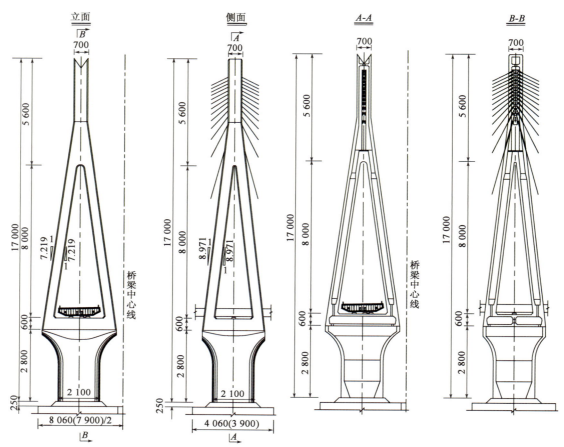

图 2.2-12　灯笼形索塔构造图(尺寸单位:cm)

图 2.2-13　灯笼形索塔方案桥梁效果图

采用灯笼形索塔方案,结构的活载变形计算见表 2.2-5。根据计算结果,主梁刚度可满足规范要求,且在最不利荷载组合下塔柱名义拉应力控制在 4MPa 以内,通过适当配筋能满足受力要求。

灯笼形索塔方案结构变形表 表 2.2-5

项目	部位	荷载	位移值(m)	位移绝对值之和
竖向	联间跨中	汽车荷载	0.334/−0.530	L/495,满足规范要求

由于嘉绍大桥处于强涌潮水域,桥梁基础设计方案应尽可能控制下部结构阻水率,减少桥梁施工对涌潮的影响;采用施工风险小的基础形式,减少恶劣水文环境对桥梁施工的影响。灯笼形索塔与独柱索塔方案相比,结构体量大,施工风险大,阻水率增加,对钱塘江涌潮的影响大,因此灯笼形索塔在钱塘江特殊的建设条件下是不适用的。在工程造价方面,灯笼形索塔方案比独柱形索塔方案造价增加 8.58 亿元,见表 2.2-6。

两种索塔方案经济性的对比 表 2.2-6

材料用量	独柱形索塔方案	灯笼形索塔方案	两方案差异
主梁钢材(t)	71 223.6	69 226.5	—
索塔混凝土(m³)	86 156.7	210 736.6	2.45 倍
墩身混凝土(m³)	13 096.0	22 404.1	—
承台桩基混凝土(m³)	209 436.8	403 111.6	1.92 倍
防撞设施钢材(t)	2 305	3 116	—
建安费(万元)	236 051	321 844	增加造价 8.58 亿元

2.3 多塔斜拉桥双排支座体系

2.3.1 双排支座体系的提出

根据《公路斜拉桥设计规范》(JTG/T 3365-01—2020)的规定,大跨径斜拉桥的主梁竖向支承体系大致可分成全飘浮体系、半飘浮体系和固结体系,如图 2.3-1 所示。

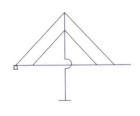
a)全漂浮结构体系

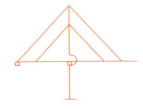
b)半飘浮结构体系

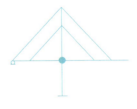
c)塔梁固结结构体系

图 2.3-1 斜拉桥结构体系示意

以嘉绍大桥六塔斜拉桥为基本模型,分别采用图 2.3-1 三种结构体系时,汽车荷载响应计算结果见图 2.3-2 和表 2.3-1。

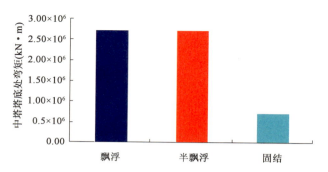

图 2.3-2　不同结构体系中塔塔底活载弯矩对比

各支承体系下六塔斜拉桥跨中挠度　　表 2.3-1

支承体系		跨中挠度(cm)			挠跨比	备　注
		边跨	次边跨	中跨		
体系1	飘浮	108	138	141	1/303	不满足规范
体系2	半飘浮	93	121	125	1/342	
体系3	固结	79	98	101	1/423	满足规范

从表2.3-1和图2.3-2分析结果可知,采用塔梁固结体系对多塔斜拉桥的汽车活载效应最有利,在索塔结构相同的情况下,采用塔梁固结结构体系相比其他结构体系可提高结构体系刚度,降低中间塔的汽车活载内力。因此,塔梁固结体系是解决多塔斜拉桥结构体系刚度问题的一种有效途径。

塔梁固结方式对塔与梁的纵向相对变形也进行了约束,这种结构体系首先要适应温度变形对索塔受力的影响,其次要解决塔梁约束的构造处理,因此塔梁固结体系通常应用于主梁联长较短的三塔斜拉桥,或者下塔柱柔度较大的索塔形式,同时主梁为混凝土结构,如滨州黄河大桥、赤石大桥、宜昌夷陵大桥、加拿大金穗大桥等。其中金穗大桥下塔柱采用双肢薄壁墩结构,如图2.3-3所示。赤石大桥为四塔混凝土斜拉桥,下塔柱采用双曲线造型以缓解温度荷载的影响,如图2.3-4所示。

图 2.3-3　加拿大温哥华金穗大桥

图 2.3-4　湖南郴州赤石大桥

嘉绍大桥联长长,且索塔下塔柱短,刚度较大,若采用塔梁固结体系,在温度荷载影响下,索塔及基础的受力比飘浮或半飘浮体系增加4倍以上,如图2.3-5所示。

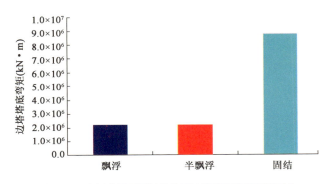

图 2.3-5　嘉绍大桥不同结构体系边塔塔底温度弯矩对比

受温度荷载影响,嘉绍大桥即使是在采用半飘浮体系情况下索塔最不利荷载组合应力已达8MPa以上,若采用塔梁固结体系将使索塔受力进一步恶化。另外嘉绍大桥索塔采用混凝土材料,主梁采用钢结构材料,塔梁固结在构造上处理难度也较大。因此嘉绍大桥不适宜采用塔梁固结结构体系。

飘浮和半飘浮结构体系在结构温度荷载受力及构造处理上较为有利,而塔梁固结体系对结构体系刚度有利。基于上述认识,本书研究融合飘浮体系和塔梁固结体系的优点,提出一种新型的斜拉桥结构体系——双排支座体系。双排支座体系是指,在斜拉桥索塔顺桥向两侧间隔一定距离设置塔梁竖向支座,从而同时实现塔梁之间的竖向约束和转动约束。该结构体系在力学行为上接近塔梁固结,而构造上表现为塔梁分离。由于塔梁竖向支座设置有一定间距,在力学上双排支座体系表现为索塔两侧主梁设有"刚臂"的塔梁固结受力方式,可以提供比普通塔梁固结构造更强大的塔梁约束。双排支座体系纵向塔梁之间即可以纵向不约束,也可以设置纵向约束,从而演变成飘浮型双排支座体系和固结型双排支座体系,如图2.3-6所示。

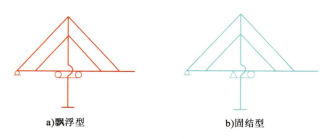

图 2.3-6　双排支座结构体系

2.3.2　双排支座体系力学性能

以嘉绍大桥为基本模型,对双排支座体系力学性能进行验证,有限元模型见图 2.3-7。

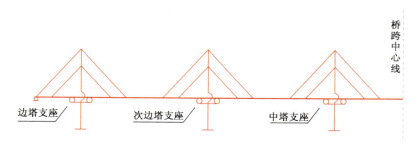

图 2.3-7　双排支座体系有限元模型示意图(仅表示一半对称结构)

(1)双排支座体系汽车活载响应

当多塔斜拉桥采用双排支座体系时,主梁跨中汽车活载变形计算结果和塔梁固结体系对比见表 2.3-2。各索塔塔顶纵向活载变形见表 2.3-3。

主梁跨中竖向汽车活载变形表　　　表 2.3-2

支承体系		跨中挠度(m)			挠跨比	备注
		边跨	次边跨	中跨		
塔梁固结		0.79	0.98	1.01	1/423	
双排支座体系	固结型	0.77	1.00	1.03	1/415	满足规范
	飘浮型	0.78	1.01	1.04	1/411	

索塔塔顶纵向汽车活载变形表　　　表 2.3-3

支承体系		塔顶水平位移(m)					
		边塔		次边塔		中塔	
塔梁固结		0.16	−0.08	0.24	−0.25	0.26	−0.27
双排支座体系	固结型	0.15	−0.07	0.25	−0.26	0.28	−0.28
	飘浮型	0.19	−0.10	0.26	−0.27	0.30	−0.30

从表 2.3-2、表 2.3-3 计算结果可见,在汽车活载作用下,双排支座体系的主梁竖向位移和塔梁固结体系基本一致,采用双排支座体系显著提高了结构体系刚度。

表 2.3-4 给出了双排支座体系与半飘浮体系以及塔梁固结体系在汽车活载作用下中塔活载弯矩对比。

中塔汽车活载弯矩值(kN·m)　　　　　　　　表 2.3-4

支承体系		塔底弯矩		中塔柱塔根处弯矩	
		最大值	最小值	最大值	最小值
半飘浮		2 716 124	-2 704 416	1 733 181	-1 725 627
塔梁固结		720 850	-706 850	1 420 033	-1 429 349
双排支座体系	固结型	922 661	-916 712	1 277 416	-1 285 484
	飘浮型	2 240 592	-2 250 990	1 163 479	-1 167 794

从计算结果可见，在汽车活载作用下，固结型双排支座体系和塔梁固结体系计算结果相接近，飘浮型双排支座体系和半飘浮型体系计算结果相接近。

（2）双排支座体系温度荷载响应特征

表 2.3-5、图 2.3-8 给出了在温度荷载作用下飘浮型双排支座体系与半飘浮体系和固结体系计算结果对比。

各支承体系下边塔塔底塔温度荷载弯矩(kN·m)　　　　表 2.3-5

支承体系	塔底弯矩		中塔柱塔根处弯矩	
	升温	降温	升温	降温
半飘浮	-1 493 102	2 203 798	-992 008	1 463 852
塔梁固结	-5 843 134	8 744 878	414 829	-616 103
双排支座体系(飘浮型)	-898 001	1 329 993	-747 384	1 110 046

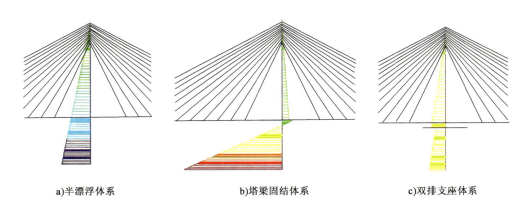

a)半漂浮体系　　　　b)塔梁固结体系　　　　c)双排支座体系

图 2.3-8　三种结构体系温度荷载下边塔弯矩图

从计算结果可见，飘浮型双排支座体系在温度荷载作用下的塔底弯矩远小于塔梁固结体系，同时也小于半飘浮体系。双排支座体系避免了塔梁固结体系存在的索塔温度荷载受力过大的问题。另一方面双排支座体系塔梁完全分离，也避免了塔梁固结在构造处理上的困难。

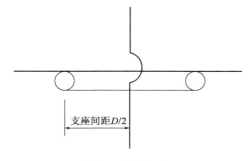

图 2.3-9 双排支座结构体系支座间距示意图

2.3.3 双排支座体系的合理支座间距

两排竖向支座的间距(图 2.3-9),是双排支座体系的一个重要体系参数。为了进一步研究双排支座体系的力学特征,以嘉绍大桥为基本模型,分析在不同支座间距下,桥梁结构在汽车活载、温度荷载作用下的力学行为。分别取双排支座间距 D 为 16m、26m、36m、46m、56m 五种情况。支座间距变化对结构响应的影响规律汇总见表 2.3-6、图 2.3-10 ~ 图 2.3-14。

双排支座体系支座间距变化对结构响应的影响规律　　　表 2.3-6

支座间距	结构响应	影响趋势	备注
支座间距逐渐增加	跨中挠度和塔顶水平位移	减小	不明显,见图 2.3-10
	索塔内力	减小	不明显,见图 2.3-11、图 2.3-12
	支座负反力	减小	趋势在支座间距较小时较为明显,当支座间距达到一定大小时,支座反力随着支座间距增大而减小的趋势逐渐减缓,见图 2.3-13
	支座总竖向力	减小	
	托架根部弯矩	增大	见图 2.3-14

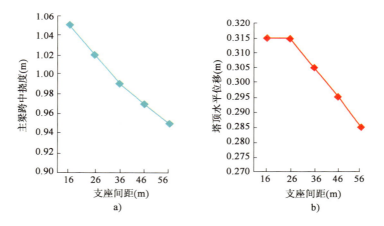

图 2.3-10 双排支座体系不同支座间距汽车活载变形比较图

从分析结果可得出双排支座体系支座间距变化对多塔斜拉桥结构受力的影响规律:

(1)增大双排支座体系支座间距对改善多塔斜拉桥结构体系刚度以及控制索塔内力有利,但效果不明显;

(2)双排支座体系在温度和汽车荷载作用下,支座可出现负反力,支座间距增加有利于控制支座负反力和支座总竖向力,但是当支座间距达到一定大小时,这种减缓趋势已经不明显;

(3)随着支座间距增大,支座托架根部的弯矩则会显著增大。

由上述影响规律分析结果可知,支座间距对索塔受力和结构体系刚度影响较小,支座间距的选取主要是从控制支座负反力及控制支座支撑托架的弯矩考虑。以由图 2.3-13、图 2.3-14 得到的嘉绍大桥参数优化分析情况为例,当支座间距为 46m 时,继续增大支座间距对负反力的影响已经趋缓。为控制托架根部弯矩,嘉绍大桥双排支座体系的支座间距取为 46m。

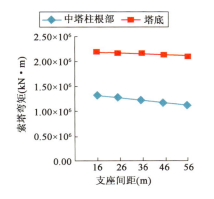

图 2.3-11　双排支座体系不同支座间距下中塔塔底汽车活载弯矩

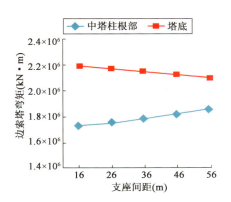

图 2.3-12　整体降温工况下边索塔弯矩

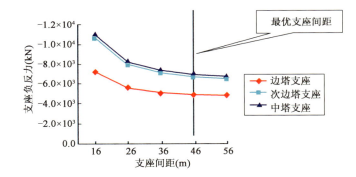

图 2.3-13　不同支座间距下各支座负反力(汽车活载)

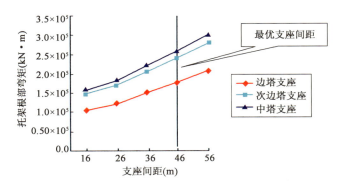

图 2.3-14　不同支座间距下托架根部弯矩(汽车活载)

2.3.4 双排支座体系的嘉绍大桥工程实践

双排支座体系的主要缺点：①采用双排支座体系要求将索塔对主梁的支撑延伸到顺桥向两侧，这对索塔的构造形式提出了新的要求；②双排支座体系通过力臂形成抗弯能力，因此支座可出现负反力工况。

(1) 索塔构造

嘉绍大桥采用独柱形索塔，钢箱梁按两个行车方向采用左右分幅，为从构造上实现双排支座体系的力学行为，索塔两侧设置间隔一定间距的塔梁竖向支座，索塔提出 X 形和工字形两种托架方案，如图 2.3-15、图 2.3-16 所示。

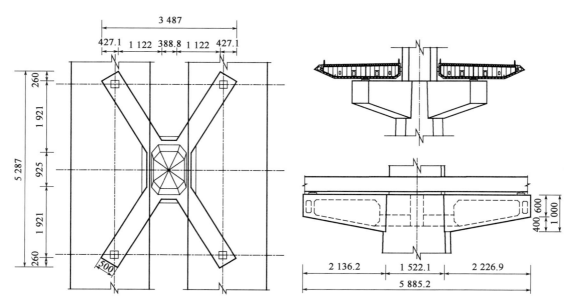

图 2.3-15 独柱索塔 X 形托架一般构造图（尺寸单位：cm）

工字形混凝土托架方案和 X 形混凝土托架方案均能满足受力要求，X 形混凝土托架方案受力明确，避免了混凝土悬臂梁的扭转受力，因此推荐采用 X 形混凝土托架方案，现场照片如图 2.3-17 所示。

(2) 支座负反力处理

由于最不利荷载组合下支座仍可出现负反力，通过在主梁支座位置设置主梁压重来抵消支座负反力，如图 2.3-18 所示。根据最不利工况受力分析，并预留一定安全储备，嘉绍大桥在边塔和次边塔支座区域设置压重质量 100t（单幅），在中塔支座区域设置压重质量 160t（单幅）。

(3) 施工阶段塔梁临时约束

由于双排支座体系将索塔对主梁的支撑延伸到索塔两侧，利用这个体系特点，悬臂施工阶段可以为斜拉桥提供更强大的塔梁临时约束。下面以嘉绍大桥为例进行说明。

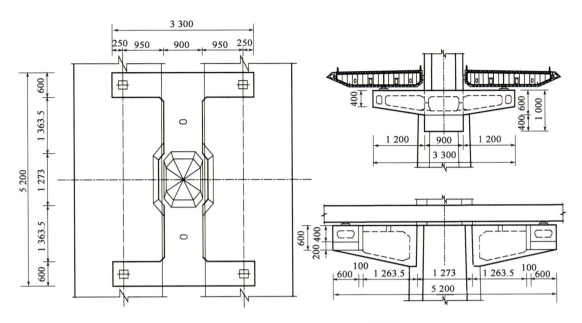

图 2.3-16　独柱索塔工形托架一般构造图(尺寸单位:cm)

图 2.3-17　嘉绍大桥独柱索塔 X 形托架现场照片

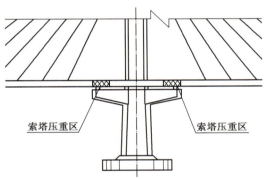

图 2.3-18　双排支座体系中的主梁压重

　　斜拉桥主梁与索塔之间共有 6 个相对自由度,分别为纵桥向、横桥向和竖向平动自由度,以及绕顺桥向水平轴、绕横桥向水平轴和竖轴的转动自由度。嘉绍大桥索塔采用 X 形空间托架,这 6 个塔梁相对自由度约束方式如图 2.3-19 和图 2.3-20 所示:①通过横向抗风支座提供横桥向平动自由度约束;②通过分布在索塔 X 形托架端部的 4 个竖向支座提供竖向平动自由度约束、绕顺桥向水平轴转动自由度约束和绕横桥向水平轴转动自由度约束;③通过在索塔四周安装 4 个规格为 PES7-55 纵向临时拉索提供纵桥向平动自由度约束,纵向临时拉索施工完毕后可拆除;④通过安装在 X 形托架端部的 4 个竖向支座侧面的临时牛腿来提供绕竖轴的转动自由度约束。

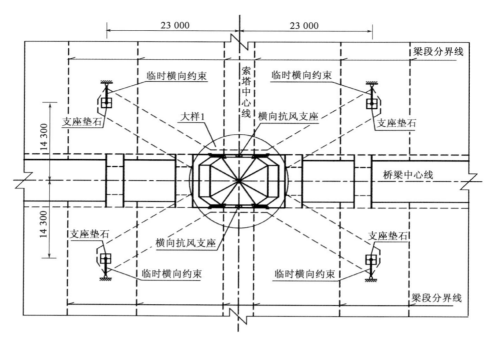

图 2.3-19　塔梁临时约束平面布置(尺寸单位:mm)

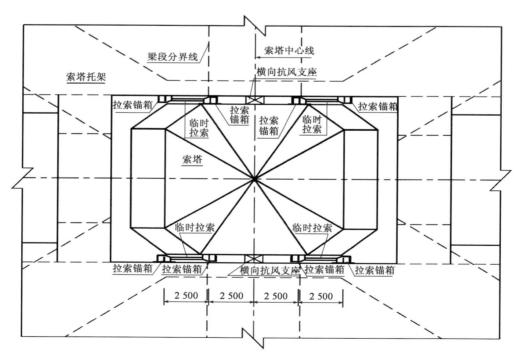

图 2.3-20　塔梁临时约束平面布置(大样1)(尺寸单位:mm)

为使临时牛腿能适应主梁和索塔之间由于温度变化产生的相对错动,临时牛腿与支座垫石之间设置橡胶垫,并通过安装在牛腿垫板上的高强螺栓将橡胶垫与支座垫石贴紧(图2.3-21、

图 2.3-22）。临时牛腿施工完毕后可拆除。

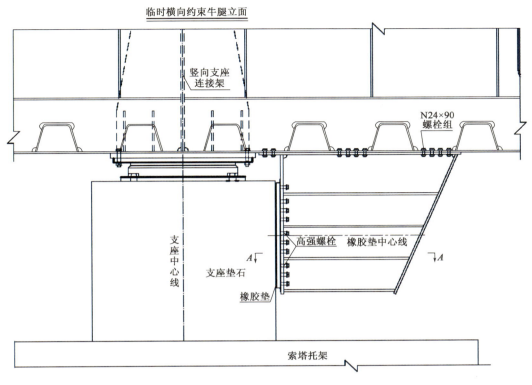

图 2.3-21 竖向支座侧面的临时牛腿（临时横向约束）

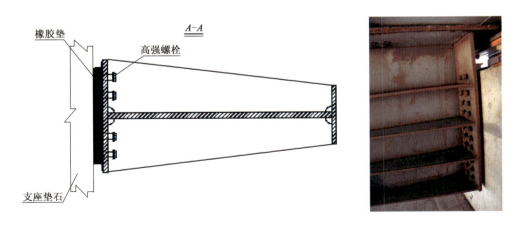

图 2.3-22 可滑移的临时横向约束大样

对比常规斜拉桥的塔梁临时约束，图 2.3-19 所示塔梁临时约束通过 28.6m×46m 间隔布置的 4 个竖向支座和横向临时牛腿形成"力臂"来提供绕顺桥向水平轴转动约束和绕竖轴的转动约束，因此塔梁临时约束的承载力更高。

塔梁临时约束的控制工况为极端情况下的不对称风荷载。对嘉绍大桥上述塔梁临时约束措施的有效性进行计算。由分析结果可见,斜拉桥结构在最大双悬臂状态即使不设置临时墩,在考虑百年最不利工况风荷载的作用下的安全性仍能得到保证,实际施工过程也充分证明了这一点。这对于有多个索塔同时进行悬臂施工,且无边跨辅助受力的多塔斜拉桥而言是十分有利且必要的。

2.4　设刚性铰的多塔斜拉桥结构体系

2.4.1　刚性铰的提出与应用

长主梁温度变形影响多塔斜拉桥结构受力安全,尽管通过增大索塔刚度方式可以加以解决,但据前面分析已知,这种方式在嘉绍大桥强涌潮建设条件下是不适用的。解决长主梁温度变形问题的另一种处理方式可以采用将主梁分联,设置伸缩缝,使长主梁的温度变形分解到几个变形单元中,从而减小温度变形对索塔及基础受力的影响。主梁设置伸缩缝后,对应位置需设置过渡墩以满足结构受力需要,如图2.4-1所示。

图2.4-1　伸缩缝+过渡墩方案效果图

但跨中增设伸缩缝和过渡墩的设计方式对于嘉绍大桥而言仍然难以适用,其主要缺点在于:①由于需要在全桥中间孔跨中设置一个桥墩,桥墩受船撞概率将大大增加,结构安全风险大。②由于嘉绍大桥处强涌潮水域,水中桥墩的增加意味着施工基础风险的增加,增加的桥墩也不利于控制河床的阻水面积。

为避免在中间孔中部设置过渡墩,嘉绍大桥提出采用无过渡墩的伸缩缝构造设计,梁体伸缩缝位置的受力通过主梁自身构造调整来满足。在本项目研究中,将这种特殊主梁构造命名为"**刚性铰**"构造。

刚性铰的设计目标是释放主梁两端的纵向相对轴向位移,同时约束其他自由度的位移,在适应主梁温度变形的同时,确保了桥面连续和行车舒适性。基本构造是将钢箱梁在跨中位置断开,在一侧钢箱梁内部放置小箱梁,小箱梁一端固定在另一侧钢箱梁上,另一端自由。外部大箱梁通过横隔板,在小箱梁两端提供与外部大箱梁接触的支点,通过这些支点,约束刚性铰位置钢箱梁的竖向弯矩和剪切、侧向弯矩和剪切以及扭转变形,将钢箱梁的弯矩、扭转和剪切受力转换为小箱梁和外部大箱梁之间的支反力。刚性铰构造的力学模型如图2.4-2所示。图中M、Q为主梁弯矩和剪力,F_1、F_2为大、小箱梁之间支反力,d为支反力间距。

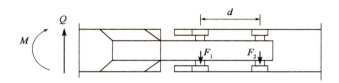

图2.4-2 刚性铰力学原理示意图

与"伸缩缝+过渡墩"模式相比,设置刚性铰达到了跨中设置伸缩缝的力学效果,同时又避免了在跨中设置过渡墩,降低船舶撞击的风险,景观效果也大大提升,如图2.4-3所示。两种方案详细对比分析见表2.4-1。

图2.4-3 伸缩缝+刚性铰方案效果图

"伸缩缝+过渡墩"方案与"伸缩缝+刚性铰"方案的对比分析　　　　表2.4-1

比较项目	伸缩缝+过渡墩	伸缩缝+刚性铰
施工风险	在深水区设置了一个过渡墩,在本桥的建设条件下,就等于增加了施工难度和施工规模	尽管多一个刚性铰,但为陆上施工,施工风险相比于施工下部结构较为可控
对涌潮的影响	中间过渡墩增大阻水率,对涌潮的影响增加,并增加河床冲刷区域	跨中无过渡墩,减小阻水面积,减小对涌潮的影响
船撞风险	中间过渡墩船撞风险大	避免了中间过渡墩的船撞风险
景观	从视觉上给人一分为二的感觉,削弱了整体效果,同时大小跨的布置也打乱了人的视觉效果与节奏感	景观协调,形成了很好的视觉效果与节奏感
技术难度	过渡墩为普通桥墩,设计及施工技术均较为成熟	首次在钢箱梁多塔斜拉桥中应用刚性铰构造,技术风险较大

由表 2.4-1 对比分析结果表明,过渡墩方案虽然技术风险小,但建设条件适应性差。采用刚性铰取代过渡墩,可避免或减小不可控制的涌潮和船撞等自然风险。

多塔斜拉桥中跨中设置刚性铰构造目前在国内外尚无先例,存在一定的技术风险。然而技术风险源自人的认知水平,而人的认知水平是可以通过科学研究进行提高解决的。综合上述比较,嘉绍大桥采用"刚性铰+伸缩缝"方案,将人力不可控的自然风险转移为人力控制的技术风险,通过技术进步来攻克刚性铰技术难题。

2.4.2 设刚性铰的多塔斜拉桥总体分析

嘉绍大桥主梁跨中设置刚性铰与主梁连续不设置刚性铰情况下的边塔受力对比见图 2.4-4 和表 2.4-2。

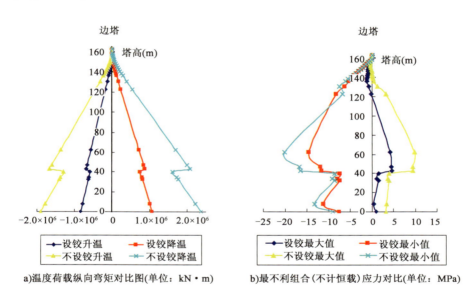

图 2.4-4 设刚性铰与不设刚性铰边塔受力对比图

设置刚性铰与不设置刚性铰最不利组合下边塔内力应力对比表　　表 2.4-2

塔位	控制截面	是否设铰	内力和应力值比较				设铰与不设铰内力之比			
			纵向剪力 F_z(kN)	纵向弯矩 M_y (kN·m)	名义拉应力(MPa)	名义压应力(MPa)	纵向剪力	纵向弯矩	名义拉应力(MPa)	名义压应力(MPa)
边塔	托架根部	设	1.70×10^4	1.44×10^6	3.51	−15.15	0.63	0.60	0.39	0.72
		不设	2.71×10^4	2.40×10^6	9.10	−21.05				
	中塔根部	设	1.74×10^4	1.70×10^6	4.10	−12.05	0.64	0.57	0.46	0.71
		不设	2.74×10^4	2.97×10^6	8.92	−17.05				
	塔底	设	1.80×10^4	2.68×10^6	1.19	−7.37	0.64	0.70	0.38	0.79
		不设	2.80×10^4	3.83×10^6	3.10	−9.35				

由表2.4-2计算结果可见,设置刚性铰后,温度荷载受力最大的边塔塔底内力比不设置刚性铰的塔底内力减小55%。由表2.4-2可知,在最不利组合作用下,跨中设置刚性铰后边塔和次边塔索塔内力减小21%～30%,名义拉应力减小41%～62%,名义压应力减小13%～31%。可见设置刚性铰可明显改善温度荷载(升温、降温)作用下的索塔内力,是确保嘉绍大桥独柱形索塔方案可行的前提条件。

2.4.3 刚性铰结构体系的优化

(1)次边塔塔梁纵向限位

双排支座体系分为固结型和飘浮型两种类型。根据多塔斜拉桥适应温度变形的需要,边塔及中塔应采用飘浮型双排支座体系,次边塔可选择固结型或飘浮型双排支座体系,如图2.4-5和图2.4-6所示。

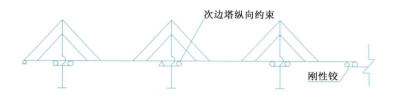

图2.4-5 设刚性铰双排支座体系(次边塔固结)

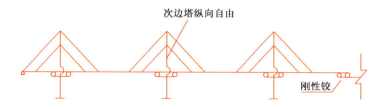

图2.4-6 设刚性铰双排支座体系(飘浮型)

飘浮型和次边塔固结两种结构体系下的刚性铰相对位移影响线对比见图2.4-7。表2.4-3为各静力工况下两种刚性铰双排支座体系的刚性铰位移响应对比。

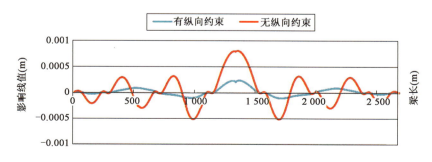

图2.4-7 次边塔有无纵向约束刚性铰相对位移影响线对比

各静力工况下刚性铰相对位移量(m)　　　　　　　　　　表 2.4-3

工况	荷载	次边塔纵向约束	飘浮
升温	整体升温	0.377	0.395
	梁截面正温差	0.091	0.100
降温	整体降温	-0.563	-0.591
	梁截面负温差	-0.028	-0.031
	汽车荷载	0.051/-0.059	0.145/-0.196
	活载顺风	0.000 2	0.000 3
	活载横风	0.002	0.002

从图 2.4-7 和表 2.4-3 分析结果可见,次边塔设置塔梁纵向限位后,刚性铰变形汽车影响线大幅度降低,汽车荷载引起的刚性铰变形从 0.196m 减小为 0.059m,同时刚性铰在温度和风荷载作用下的静载位移也有不同程度的减小。

次边塔塔梁纵向限位对结构总体刚度和索塔汽车荷载响应的影响分析见表 2.4-4 和表 2.4-5。表中还同时列出了不设刚性铰结构体系的计算结果。

不同刚性铰体系下主梁汽车荷载挠度　　　　　　　　　　表 2.4-4

双排支座体系		跨中挠度(m)		
		边跨	次边跨	中跨
体系 1	未设刚性铰	0.78	1.01	1.04
体系 2	设刚性铰,纵飘	0.78	1.03	1.19
体系 3	设刚性铰,次边塔固结	0.77	1.03	1.14

汽车荷载弯矩(kN·m)　　　　　　　　　　表 2.4-5

双排支座体系		主梁在中跨跨中弯矩		中塔塔根弯矩	
		最大值	最小值	最大值	最小值
体系 1	未设刚性铰	57 760	-30 570	2 340 672	-2 332 609
体系 2	设刚性铰,纵飘	25 478	-13 089	2 127 333	-2 224 320
体系 3	设刚性铰,次边塔固结	25 213	-12 978	2 192 987	-2 226 945

由表 2.4-4 及表 2.4-5 计算结果可见,斜拉桥在跨中设置刚性铰后,其中跨跨中刚度下降,汽车荷载挠度增加,而次边塔固结后,可提高结构的整体刚度;次边塔固结对索塔的汽车荷载弯矩影响很小。

表 2.4-6 给出了两种体系的动力特性对比。从分析结果可见,次边塔设置塔梁纵向限位后结构未出现纵飘振型,这意味着设置次边塔塔梁纵向限位支座可从结构动力性能上有效控制由于动载引起的刚性铰振动相对变形。

设置塔梁纵向限位支座动力特性分析表　　　　表2.4-6

振型阶数	设刚性铰,飘浮型		设刚性铰,次边塔固结	
	周期(s)	振型特征	周期(s)	振型特征
1	5.29	刚性铰两侧主梁异向纵飘振动,刚性铰竖向振动	—	—
2	5.17	刚性铰两侧主梁同向纵飘振动	—	—
3	4.73	主梁1阶竖向对称振动	4.84	主梁1阶竖向对称振动
4	4.59	索塔1阶横向对称振动	4.59	索塔1阶横向对称振动
5	4.47	索塔1阶横向反对称振动	4.47	索塔1阶横向反对称振动
6	4.33	边塔横向对称振动	4.33	边塔横向对称振动
7	4.02	主梁1阶反对称竖向振动	4.04	主梁1阶反对称竖向振动

总结上面分析可见,在设刚性铰的多塔斜拉桥结构体系中,将次边塔进行纵向约束处理可大大减小刚性铰的汽车荷载位移,控制刚性铰在动力荷载下的振动,从而改善刚性铰的工作环境,提高这一关键构造的使用寿命。次边塔设置纵向约束还可以提高主梁竖向刚度,弥补跨中设置刚性铰后对主梁刚度下降带来的影响。

嘉绍大桥塔梁纵向限位通过索塔顺桥向两侧与横梁之间设置限位支座,横桥向两侧与主梁之间设置4根规格为PES7-55的塔梁拉索来实现,如图2.4-8所示。

a)索塔纵向限位支座　　　　　　　　　　b)塔梁纵向拉索

图2.4-8　塔梁纵向限位装置现场

(2)设置刚性铰阻尼器

为进一步改善刚性铰的工作环境,避免刚性铰在日常车辆冲击、风荷载等动载下频繁振动,嘉绍大桥在刚性铰内部设置了阻尼器,单幅设置4套,全桥8套。

2.5　多塔斜拉桥最优合龙次序

常规双塔斜拉桥跨中仅有一个合龙口,其合龙次序十分明确,即先进行边跨合龙,最后进行中跨合龙。而多塔斜拉桥跨中有多个合龙口,因此塔斜拉桥施工控制需要研究解决跨中合龙口的合龙次序问题。

斜拉桥通常采用无应力状态控制法进行桥梁施工控制。所谓无应力状态控制法，是指一定的外荷载、结构体系、支承边界条件、单元的无应力长度和无应力曲率组成的结构，其对应的结构内力和位移是唯一的，与结构的形成过程无关。按照这个基本原理，只要控制好结构安装时的无应力长度，多塔斜拉桥成桥的内力状态和合龙次序无关。因此不同合龙次序不影响多塔斜拉桥结构的成桥内力和线形状态，最优合龙次序的确定应结合斜拉桥的结构体系特点，从施工过程结构的安全性、操作性和风险控制方面进行比选。

合龙顺序对多塔斜拉桥施工过程结构的内力、线形及主要构件（如刚性铰）的安装精度都会产生不同的影响，同时不同合龙顺序下的施工安全性和便利性也有所区别。对于嘉绍大桥，影响最优合龙次序选择的关键控制要素有以下四点：

（1）为实现无应力状态法施工监控，主梁需采用顶推方式进行合龙段安装，即合龙过程合龙口间隙必须可顶推调节；

（2）合龙段安装时，在另一侧悬臂端需实施压重来确保斜拉桥的平衡受力；

（3）两个次边塔（Z4和Z7塔）设置了永久塔梁纵向约束，施工过程无法解除，Z5塔和Z6塔之间的跨中位置设置释放轴向变形的刚性铰构造；

（4）为控制施工风险，应加快合龙施工过程，需控制斜拉桥最大悬臂等待时间。

六塔斜拉桥全桥共有5个跨中合龙口和2个边跨合龙口，合计7个合龙口。在2个边跨合龙后，中间5个合龙口的合龙次序共有5种排列组合，如图2.5-1～图2.5-5所示。

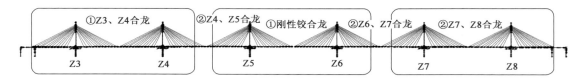

图2.5-1 六塔斜拉桥合龙方案1

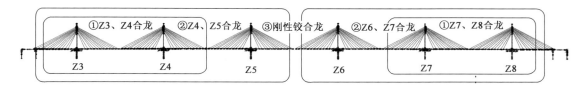

图2.5-2 六塔斜拉桥合龙方案2

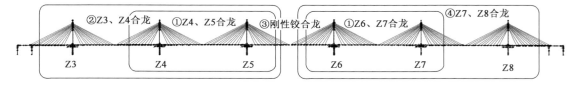

图2.5-3 六塔斜拉桥合龙方案3

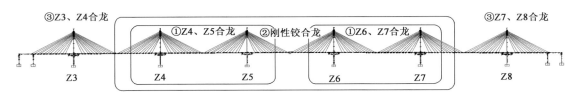

图 2.5-4　六塔斜拉桥合龙方案 4

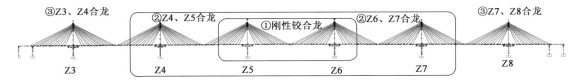

图 2.5-5　六塔斜拉桥合龙方案 5

结合前述四点关键控制要素,对上述合龙次序方案 1~方案 5 详细比选如下。

(1) 从顶推合龙要求进行比选

顶推合龙要求合龙口必须可调节,也就是说,必须解除一侧的塔梁临时约束才能实现这一目标。多塔斜拉桥中间索塔由于两侧均不设置过渡墩或辅助墩,中塔在吊装合龙段时结构仍处于最大双悬臂状态,因此多塔斜拉桥在跨中合龙过程中,中塔索塔塔梁临时约束是不能解除的,否则结构将处于静不定状态。

方案 1、方案 5 首先进行刚性铰梁段合龙,由于刚性铰梁段长度自身可调节,不需要解除 Z5、Z6 塔塔梁临时约束,避免了在最大双悬臂状态下解除塔梁临时约束。在刚性铰梁段合龙后,可解除 Z5、Z6 塔塔梁临时约束,并利用刚性铰梁段长度可调节的特点实现 Z4 和 Z5 塔、Z6 和 Z7 塔之间合龙段间隙的调整。因此合龙方案 1 和方案 5 适用于顶推合龙。

对于方案 2、方案 3、方案 4 而言,Z5、Z6 塔均是先分别和 Z4、Z7 塔合龙,再进行刚性铰合龙。Z4 与 Z5、Z6 与 Z7 塔合龙时,由于 Z4、Z7 塔设置了永久塔梁纵向约束,因此实现合龙口间隙的调整只能释放 Z5 和 Z6 塔的塔梁临时约束,而此时 Z5 和 Z6 塔仍处于最大双悬臂状态,因此无法解除其塔梁临时约束。所以合龙方案 2、方案 3、方案 4 不适用于顶推合龙。

(2) 从压重合龙要求进行比选

由于刚性铰合龙段质量达到 408t(单幅),嘉绍大桥采用在合龙施工的另一悬臂端实施压重来确保结构安全。经过总体结构计算,嘉绍大桥在 Z4、Z5 塔之间,以及 Z5、Z6 塔之间的跨中设置了永久压重,压重质量分别为 180t 和 265t(单幅)。不同合龙次序,其压重施加的结构体系不同,对桥梁施工过程的内力状态影响也不同。合龙方案 1 和方案 5(刚性铰先合龙)由于压重与合龙梁段是对称施加在独塔最大悬臂端,因此可直接抵消跨中合龙段带来的不利影响。而合龙方案 2、方案 3、方案 4(刚性铰最后合龙),压重作用在已经合龙的梁段上,其抵消合龙刚性铰合龙带来的不平衡力效果较差,并将引起结构较大的次内力,见图 2.5-6、图 2.5-7 和表 2.5-1。

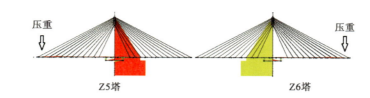

图 2.5-6 悬臂状态跨中压重产生的弯矩图

图 2.5-7 合龙状态跨中设置压重产生的弯矩图

跨中设置压重后效果比较   表 2.5-1

合龙方案		边跨悬臂状态压重合龙	边跨合龙状态压重合龙	
索塔响应		Z5、Z6 塔	Z5、Z6 塔	Z4、Z7 塔
塔梁纵向约束力(kN)		27/63	0	2 164/2 032
中塔根部	弯矩(kN·m)	42 459/43 855	172 499/188 397	94 923/82 805
	拉应力(MPa)	0.22/0.22	0.87/0.95	0.48/0.42

由表 2.5-1 计算结果可见,对于边跨悬臂状态下的压重合龙,施加压重后,塔梁纵向约束力可基本消除,Z5、Z6 塔中塔根部的附加拉应力可降低到 0.22MPa。而施加同样的压重对于边跨已经合龙的压重方案,塔梁仍有 2 164kN 的塔梁纵向约束力无法消除,且 Z4~Z7 塔仍存在将近 1MPa 的附加拉应力。为消除压重合龙后结构次内力,需进一步进行索力和成桥内力状态调整,这将大大增加斜拉桥施工监控的难度,因此从这个角度看,方案 1 和方案 5(刚性铰先合龙)优于其他合龙方案(刚性铰最后合龙)。

(3)从加快合龙工序要求进行比选

多塔斜拉桥跨中存在多个合龙口,如嘉绍大桥跨中存在 5 个合龙口,全桥合龙的过程延长。由于斜拉桥在合龙前结构处于最不利悬臂状态,因此在斜拉桥施工过程中应尽量控制结构悬臂等待的时间。

图 2.5-1~图 2.5-5 中用不同的方框代表合龙体系转换次序。在 5 种合龙次序中,方案 1 方框层次少,合龙工作仅需 2 个阶段完成;而其余 4 个方案方框层次多,需要 3 个阶段完成。由于每一阶段需要在上一阶段合龙体系转换工作完成后才能进入下一阶段,所以方案 1 合龙的工序最简单,合龙施工工期最短,对结构安全最有利。

(4)从对刚性铰成桥内力影响比选

从刚性铰吊装时机上看,方案 1 和方案 5 采用先刚性铰合龙后次边跨合龙,而方案 2～方案 4 采用先次边跨合龙后刚性铰合龙。在刚性铰之后的次边跨合龙工序是否会对刚性铰的内力状态产生影响呢?为此对施工过程影响刚性铰内力状态的工序进行分析。对于刚性铰先合龙方案,影响刚性铰成桥内力的体系转换工序包括:刚性铰安装(起重机松钩)、Z4 与 Z5 塔合龙、Z6 与 Z7 塔合龙、桥面起重机拆除、桥面二期恒载施加。对于刚性铰最后合龙方案,体系转换工序仅有刚性铰安装(起重机松钩)、桥面起重机拆除、桥面二期恒载施加。各种体系转换工序对刚性铰内力状态的影响可以通过刚性铰支座反力变化的情况来反映,具体计算数据见表 2.5-2 和图 2.5-8。

各种体系转换工序对刚性铰支座反力的变化影响　　　　表 2.5-2

体系转换工序	刚性铰前排支座反力(kN)	刚性铰后排支座反力(kN)
刚性铰 J1 梁段起吊安装	321	180
Z4、Z5 塔间合龙段安装	59	−34
Z6、Z7 塔间合龙段安装	30	−56
拆除桥面起重机	478	−450
桥面二期恒载	−255	193

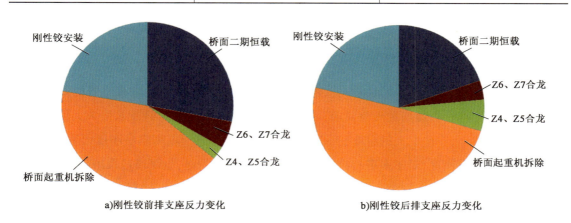

a)刚性铰前排支座反力变化　　　　b)刚性铰后排支座反力变化

图 2.5-8　体系转换对刚性铰受力状态的影响

从图 2.5-8 可见,体系转换对刚性铰内力的影响主要来源于刚性铰安装、桥面起重机拆除和桥面二期恒载施加三个工序,合龙先后次序对刚性铰成桥内力的影响所占比例很小。无论选择刚性铰先合龙方案,还是刚性铰最后合龙方案,结构体系转换对铰内力状态的影响都是不可避免。刚性铰成桥内力差异可不作为合龙顺序比选的主要考虑因素。

(5)比选结论

图 2.5-1～图 2.5-5 中提出的 5 种合龙方案的综合比较见表 2.5-3。

合龙方案综合比较表　　　　　　　　　表 2.5-3

合龙方案	方案 1	方案 2	方案 3	方案 4	方案 5
顶推合龙要求	√	×	×	×	√
压重合龙要求	√	×	×	×	√
加快合龙工序	2 个阶段完成	3 个阶段完成	3 个阶段完成	3 个阶段完成	3 个阶段完成
对刚性铰安装影响	较小	较小	较小	较小	较小
比较结论	推荐	—	—	—	—

根据顶推合龙和刚性铰压重合龙的施工要求,嘉绍大桥多塔斜拉桥适宜的合龙次序是先进行跨中刚性铰梁段合龙,后进行次边跨梁段合龙,图 2.5-1 ~ 图 2.5-5 中的方案 1 和方案 5 为适宜的合龙方案。方案 1 首先进行两两合龙,形成三个双塔斜拉桥,最后吊装次边跨合龙段,形成六塔斜拉桥。相比方案 5,方案 1 合龙体系转换次数少,工序简单,合龙施工速度快,有利于缩短合龙阶段悬臂等待时间,所以为最优合龙方案。

2.6　本章小结

以嘉绍大桥为基本结构模型,对多塔斜拉桥的力学性能进行了分析研究。研究结果表明,相对于双塔斜拉桥,多塔斜拉桥具有以下特征:①多塔斜拉桥中间索塔的边界条件发生变化,两侧无辅助墩,索塔在活载作用下的受力、变形均增大;②多塔斜拉桥结构各个响应的活载影响线幅度和范围增大,各个构件的活载效应变大;③多塔斜拉桥随着塔数的增加,主梁总长度必然随着增长,使得主梁的温度变形量不断增加,边塔的温度内力也逐渐增加。相比常规的双塔斜拉桥,在同样的结构体系和结构构造情况下,多塔斜拉桥体系刚度是其重要的薄弱环节,并导致主梁竖向刚度很难满足规范要求。此外,多塔斜拉桥由于主梁连续长度大大延长,超长主梁在温度变化下,产生巨大的温度变形影响索塔的受力安全。提高索塔刚度可直接改善多塔斜拉桥结构体系刚度,对于多塔斜拉桥的长主梁温度变形问题,也可通过采用超大规模索塔来加以解决。但是采用大刚度索塔使索塔体量增加,工程造价大幅度提高,同时基础规模也随着增大,不满足强涌潮环境下对阻水率的控制要求。

本书提出一种多塔斜拉桥创新结构体系,即"双排支座 + 刚性铰"结构体系。这种结构体系的要点为:索塔顺桥向两侧间隔一定距离设置塔梁竖向支座,实现塔梁之间的竖向约束和转动约束;主梁跨中设置伸缩缝,用刚性铰构造取代中间孔跨中的过渡墩;次边塔设置塔梁纵向限位支座。通过对这种创新结构体系的全面研究,主要得到的结论如下:

(1) 双排支座结构体系在力学行为上接近塔梁固结,而构造上表现为塔梁分离。双排支座体系能够有效提高多塔斜拉桥的结构体系刚度,改善中间塔受力,同时结构构造处理难度小,且避免了温度受力的影响。

(2)设置刚性铰解决了多塔斜拉桥长主梁温度变形问题。由刚性铰内部小箱梁的伸缩变形导致的几何非线性问题对刚性铰自身的支座反力有一定影响,但对总体结构的荷载响应影响可以忽略不计。

(3)次边塔设置塔梁纵向限位支座,可控制刚性铰的动力、静力变形,改善刚性铰的工作环境,提高结构体系总体刚度。

(4)对双排支座体系的重要参数——支座间距的研究结果表明,双排支座体系中支座间距的增大有利于提高结构体系刚度,改善索塔受力,但趋势不是特别显著。从支座体系自身而言,支座间距的增大可减小负反力和总支反力,但是支座托架根部的弯矩将提高。因此,支座间距的最优值应在支座反力和托架根部弯矩变化规律中寻求最佳平衡点。

(5)双排支座结构体系还有利于提高多塔斜拉桥在施工阶段的塔梁临时约束的抗不平衡荷载能力,避免设置临时墩。

多塔斜拉桥在施工过程主要特点:跨中设有多个合龙口,因而存在多种合龙次序的可能。采用无应力状态法进行施工控制,不同的跨中合龙次序不影响结构的成桥内力状态,最优合龙次序的确定应结合斜拉桥的结构体系特点,从施工过程结构的安全性、操作性和风险控制方面进行比选。根据顶推合龙和刚性铰压重合龙的施工要求,嘉绍大桥多塔斜拉桥适宜的合龙次序是先进行跨中刚性铰梁段合龙,后进行次边跨梁段合龙,在此基础上采用两两合龙方案,即先形成三个双塔斜拉桥,最后吊装次边跨合龙段,形成六塔斜拉桥,合龙体系转换次数少,工序简单,合龙施工速度快,有利于缩短合龙阶段悬臂等待时间,所以为最优合龙方案。体系转换对刚性铰内力的影响绝大部分来源于刚性铰安装、桥面起重机拆除和桥面二期恒载三个工序,因此无论选择刚性铰先合龙方案还是刚性铰最后合龙方案,结构体系转换对铰内力状态的影响都是不可避免,可不作为最优合龙次序比选的主要考虑因素。

3 多塔斜拉桥抗震性能研究

多塔斜拉桥由于桥跨连续长度长、索塔塔柱数量多,各个索塔在地震震动激励作用下动力响应相互制约,同时地震多点激励效应变得更加明显,因而表现出和普通斜拉桥不同的动力响应特征。本章对多塔斜拉桥的动力特性和抗震性能开展研究,主要内容包括:多塔斜拉桥采用跨中设刚性铰结构体系后对结构动力特性的影响及改进措施,地震行波效应和多点激励对多塔斜拉桥抗震性能的影响,河床的不均匀冲刷对多塔斜拉桥地震响应的影响,多塔斜拉桥的阻尼器减振设计四部分内容。

3.1 刚性铰对多塔斜拉桥动力特性影响研究

嘉绍大桥为了解决长主梁温度变形问题,在跨中设置刚性铰。多塔斜拉桥设置刚性铰构造与传统不设刚性铰构造的桥梁相比,在结构层面带来两个方面的变化:

(1)结构体系上的变化。钢箱梁在纵向振动方面不再是一个变形整体,而是划分成了两个变形单元。

(2)重量分布上的变化。由于刚性铰构造复杂,与标准梁段相比,刚性铰梁段重量较大;此外,为平衡刚性铰的重量,在刚性铰悬臂施工过程中,采取了在相邻跨跨中设置永久压重构造的措施。

表3.1-1为设刚性铰结构体系和不设刚性铰结构体系的前10阶振型的周期及振型特征对比。

设置刚性铰结构体系动力特性分析表　　　　表3.1-1

振型阶数	设刚性铰结构体系		不设刚性铰结构体系	
	周期(s)	振型特征	周期(s)	振型特征
1	5.29	刚性铰两侧主梁反向纵飘振动,刚性铰竖向振动	5.16	主梁整体纵飘振动
2	5.17	刚性铰两侧主梁同向纵飘振动	—	—
3	4.73	主梁1阶竖向对称振动	4.70	主梁1阶竖向对称振动
4	4.59	索塔1阶横向对称振动	4.59	索塔1阶横向对称振动
5	4.47	索塔1阶横向反对称振动	4.46	索塔1阶横向反对称振动
6	4.33	边塔横向对称振动	4.33	边塔横向对称振动

续上表

振型阶数	设刚性铰结构体系		不设刚性铰结构体系	
	周期(s)	振型特征	周期(s)	振型特征
7	4.02	主梁1阶反对称竖向振动	3.98	主梁1阶反对称竖向振动
8	3.41	主梁2阶竖向对称振动	3.39	主梁2阶竖向对称振动
9	2.86	主梁2阶反对称竖向振动	2.90	主梁2阶反对称竖向振动
10	2.78	刚性铰横向振动	2.87	索塔2阶横向反对称振动

从表3.1-1的对比分析可见，多塔斜拉桥设置刚性铰后，与不设置刚性铰桥梁的动力特性有以下区别：

（1）设置刚性铰后结构第1阶振型为主梁纵飘，表现为两种形式，即同向纵飘振动和反向纵飘振动。这种振动特征增大了刚性铰在动力荷载下发生振动变形的可能性。

（2）对于设刚性铰结构体系，索塔振型以及主梁竖向、侧向振动振型和未设置刚性铰斜拉桥基本一致，可见设置刚性铰构造没有改变主梁和索塔自身的振动特征，但是由于设刚性铰结构体系在跨中设置压重，因此同样的振型，振动周期略有增大。

（3）由于刚性铰梁段重量较大，所以设刚性铰结构体系在第10阶振型中出现了刚性铰的独立侧向振动振型。

根据前面分析可知，由于跨中设置刚性铰，主梁纵飘振型可发生同向振动和反向振动。同时由于刚性铰梁段重量较大，刚性铰局部易发生振动。为了改善刚性铰的工作环境，考虑在两个次边塔设置塔梁纵向约束，如图3.1-1所示。

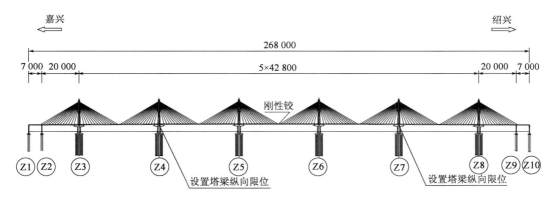

图3.1-1 索塔设置纵向限位支座(尺寸单位:cm)

对于跨中设置刚性铰的多塔斜拉桥，本书第2章进一步对比了设索塔纵向限位支座体系和不设纵向限位支座体系的前七阶振型的周期及振型特征。由对比分析结果可见，设置刚性铰多塔斜拉桥，在两个次边跨设置塔梁纵向限位装置后动力特性发生了如下变化：

（1）结构未出现纵飘振型，说明设置塔梁纵向限位支座可从结构动力性能上，有效控制由于动载引起的刚性铰振动相对变形，这将大大改善刚性铰的使用条件。

(2)设置塔梁纵向限位支座对钢箱梁以及索塔的局部振动动力特性没有明显影响。

对于设置刚性铰的多塔斜拉桥而言,由于跨中伸缩缝将主梁的纵向温度变形分解成两个单元,所以在次边塔设置塔梁纵向限位支座对结构的温度静力影响较小,但可大大改善刚性铰的使用条件。

3.2 多点激励对多塔斜拉桥地震响应的影响

地震是地壳快速释放能量过程造成的振动,由震源位置产生振动,在土层中以波的形态传播推进。由于地震波在地表传播过程中,到达不同索塔的先后次序不同,作用在索塔基础的地震波存在一定的时间滞后效应,这就是所谓的行波效应。对于多塔斜拉桥而言,随着索塔数量的增加,桥梁总长增大,索塔与索塔之间距离不断增加,因此输入不同索塔的地震行波效应越加明显。例如嘉绍大桥总长2 680m,当地震波以波速1 000m/s行进时,到达Z1墩和Z10墩的时间差可达2.68s,这使得两个墩之间的地震输入将存在较大的差异,因此对于多塔斜拉桥而言,多点激励效应对地震响应的影响是研究这种类型结构地震性能的重点内容。

3.2.1 多点激励效应的模拟方法

研究采用"大质量法"来模拟多点激励地震效应,基本方法为:将墩底及塔底群桩基础边界条件节点通过主从约束,形成变形整体,并对其中的主节点施加边界条件约束,其中除地震输入方向自由度释放外,其余自由度进行完全约束。对主节点设置一个比全部模型总质量大一个数量级的大质量M,在主节点地震输入自由度上施加地震时程荷载$F(t)$,如图3.2-1所示。其中$F(t)$按下式确定:

$$F(t) = M \times a(t) \tag{3.2-1}$$

式中:M——墩底或塔底桩基础边界条件在主节点施加的集中大质量;

$a(t)$——输入墩底或塔底桩基础边界条件的地震动加速度时程。

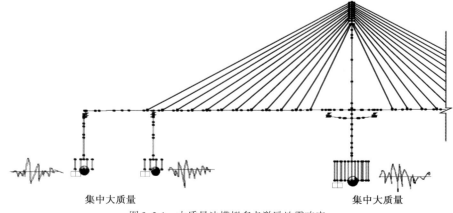

图3.2-1 大质量法模拟多点激励地震响应

地震波在地表传播的速度和土质情况有关,根据土质情况的变化,地震波速变化范围通常为 500~3 000m/s 之间。为论证不同剪切波速对多塔斜拉桥结构地震响应的影响,分别分析了以下四种波速的行波效应,分别为 500m/s、1 000m/s、2 000m/s、3 000m/s。地震加速度时程采用 100 年超越概率为 3% 的地震荷载,如图 3.2-2 所示。

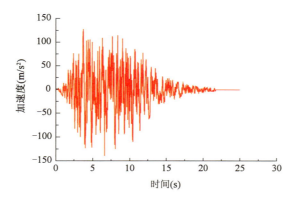

图 3.2-2　100 年超越概率为 3% 地震加速度时程曲线

3.2.2　行波效应对刚性铰地震位移的影响

不考虑行波效应,即地震对结构为一致激励下,刚性铰位移时程见图 3.2-3。当地震波波速分别为 500m/s、1 000m/s、2 000m/s、3 000m/s 时,考虑多点激励行波效应情况下,刚性铰地震荷载下相对位移时程比较见图 3.2-4~图 3.2-7。

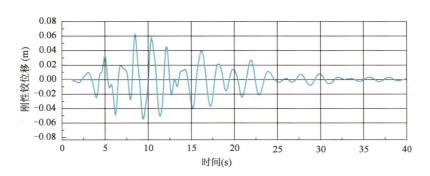

图 3.2-3　一致激励下刚性铰的地震位移时程

不同波速情况下,考虑行波效应对刚性铰地震最大位移的影响见图 3.2-8。

由图 3.2-2~图 3.2-7 对不同波速情况下行波效应对刚性铰地震位移的影响分析可见,行波效应对刚性铰的影响较大,且随着波速的减小,行波效应对刚性铰地震位移的影响越加显著,刚性铰地震位移呈显著增大趋势。考虑一致激励时,刚性铰地震位移仅 61mm,而在波速为 500m/s 的行波效应影响下,刚性铰的地震位移迅速增大至 247mm,可见对于多塔斜拉桥刚性铰地震响应分析,必须考虑行波效应的影响。

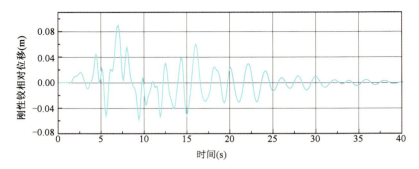

图 3.2-4　考虑行波效应(波速 $v=3\,000\,\text{m/s}$)刚性铰的地震位移时程

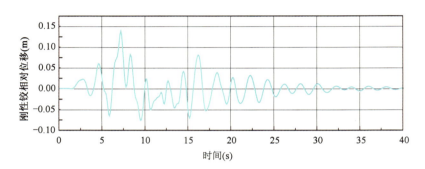

图 3.2-5　考虑行波效应(波速 $v=2\,000\,\text{m/s}$)刚性铰的地震位移时程

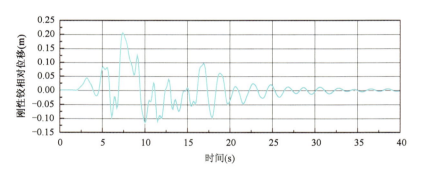

图 3.2-6　考虑行波效应(波速 $v=1\,000\,\text{m/s}$)刚性铰的地震位移时程

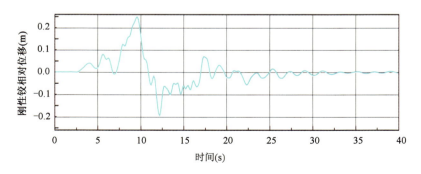

图 3.2-7　考虑行波效应(波速 $v=500\,\text{m/s}$)刚性铰的地震位移时程

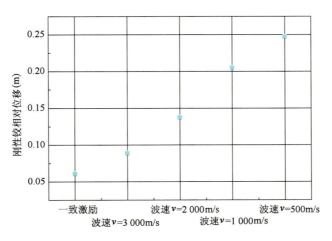

图 3.2-8　不同波速行波效应对刚性铰最大地震位移的影响

3.2.3　行波效应对多塔斜拉桥索塔地震响应的影响

当地震波波速分别为 500m/s、1 000m/s、2 000m/s、3 000m/s 时，多塔斜拉桥各个索塔的地震响应，包括塔顶位移、塔底弯矩以及塔底剪力响应，并与一致激励（不考虑行波效应）计算进行对比，相关分析结果规律曲线见图 3.2-9～图 3.2-14。由计算结果可发现：行波效应对多塔斜拉桥索塔地震响应有较大影响，尤其对塔底剪力地震响应影响显著。行波效应对多塔斜拉桥各个索塔的影响规律不同：对于边塔而言，行波效应对塔底剪力和弯矩都有一定程度的降低；对次边塔而言，行波效应可减小塔底剪力，但对塔底弯矩影响较小，除了波速在 500m/s 的情况外，在正常波速下，塔底弯矩变化不明显；对于中塔而言，考虑行波效应增大了塔底弯矩和剪力地震响应量。总体而言，行波效应可减小边塔基础地震响应，但对中塔而言，行波效应增大索塔基础的地震响应。

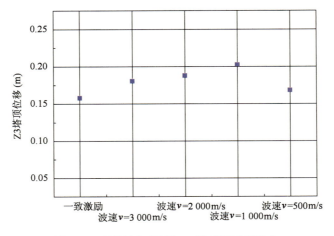

图 3.2-9　行波效应对边塔（Z3 塔）塔顶位移影响

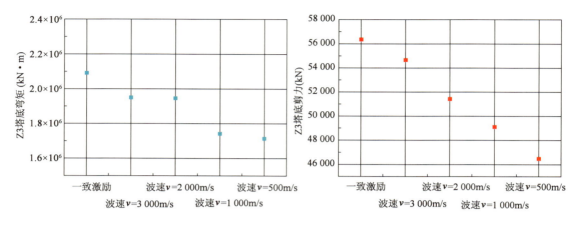

图 3.2-10 行波效应对边塔(Z3 塔)内力影响

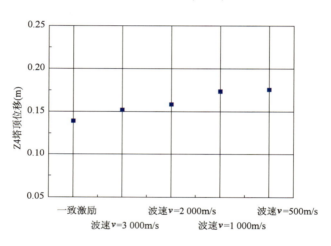

图 3.2-11 行波效应对次边塔(Z4 塔)塔顶位移影响

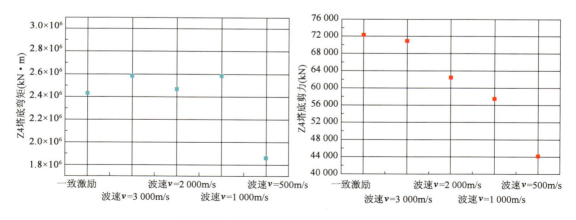

图 3.2-12 行波效应对次边塔(Z4 塔)内力影响

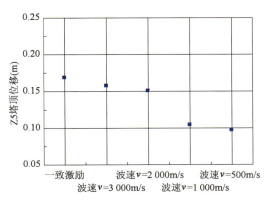

图 3.2-13　行波效应对中塔(Z5 塔)塔顶位移影响

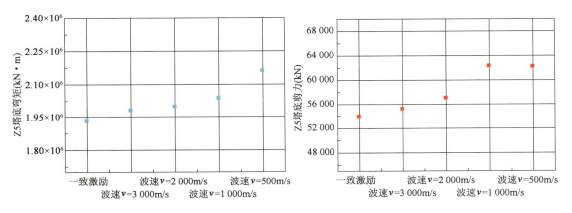

图 3.2-14　行波效应对中塔(Z5 塔)内力影响

3.3　河床摆幅对多塔斜拉桥索塔地震响应的影响

嘉绍大桥河床冲淤变幅大、主流摆动频繁。根据桥址处多年河床地形的变化规律,除了 2002 年和 2003 年尖山河段未进行大面积围垦前深槽宽度较大外,近年来由于尖山河段经过大面积围垦,受河段的弯道效应影响,河床深槽,即 -4.5m 高程河槽(索塔承台顶面以下)宽度约为 500~600m,即河槽宽度小于两个通航孔宽度。当河床深槽处于不同通航孔位置时,各个桥墩的一般冲刷深度也存在差异,对索塔基础边界条件也存在影响。根据 2011 年对河床地形的累积观测,河床深槽所在桥墩一般冲刷较非深槽所在的桥墩大 2~5m。本研究偏安全起见取冲刷差值 5m。具体在地震响应分析结构边界条件模拟过程中,将深槽航道所在位置相邻的两个索塔基础冲刷较其他索塔增大 5m。

以下将模拟河床摆动对嘉绍大桥多塔斜拉桥结构地震响应的影响,并与不考虑河床摆幅的情况进行对比。鉴于河床深槽宽度小于两个通航孔宽度,分别研究了四种情况下的河床深槽工况。

工况一:河床深槽处于 Z3、Z4 塔之间航道;
工况二:河床深槽处于 Z4、Z5 塔之间航道;
工况三:河床深槽处于 Z5、Z6 塔之间航道;
工况四:不考虑深槽摆幅,全断面冲刷一致。

(1)河床摆幅对刚性铰地震响应的影响

本节分析了各种河床摆幅工况下刚性铰地震位移响应的时程曲线。计算采用 100 年超越概率为 3% 的地震加速度时程,并考虑多点激励行波效应,行波速度为 2 000m/s,计算结果见图 3.3-1。由计算分析结果可见,河床摆幅对刚性铰地震位移响应影响较小,但当河床深槽位于刚性铰所在桥跨位置时,Z5、Z6 索塔基础冲刷较大,索塔柔度增加,导致刚性铰位移有所增大,但是总体影响较小。

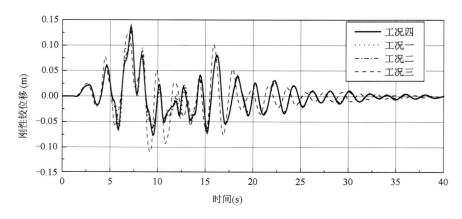

图 3.3-1 河床摆幅工况对刚性铰位移地震响应的影响

(2)河床摆幅对索塔地震响应的影响

分析在不同河床摆幅工况下,各个索塔的地震响应分析结果。计算采用 100 年超越概率为 3% 的地震加速度时程,并考虑多点激励行波效应,行波速度为 2 000m/s,计算结果见表 3.3-1。将各种河床摆幅工况下的索塔地震响应和不考虑河床摆幅(全断面一致冲刷)情况进行对比,分析结果见表 3.3-2。

河床摆幅对索塔地震响应影响计算结果 表 3.3-1

河床摆幅工况	边塔(Z3 塔)			次边塔(Z4 塔)			中塔(Z5 塔)		
	塔顶位移 (m)	塔底弯矩 (kN·m)	塔底剪力 (kN)	塔顶位移 (m)	塔底弯矩 (kN·m)	塔底剪力 (kN)	塔顶位移 (m)	塔底弯矩 (kN·m)	塔底剪力 (kN)
工况一	0.200	1 858 489	50 964	0.158	2 696 286	64 521	0.203	2 125 759	81 328
工况二	0.243	2 701 550	90 576	0.155	2 361 722	58 452	0.161	2 167 939	56 363
工况三	0.210	2 669 834	95 651	0.132	3 084 446	71 435	0.142	2 784 646	64 195
工况四	0.188	1 946 675	51 424	0.159	2 469 838	62 466	0.151	2 000 170	57 097

考虑河床摆幅与不考虑河床摆幅对索塔地震响应影响规律分析结果(%)　　表 3.3-2

河床摆幅工况	边塔(Z3塔)			次边塔(Z4塔)			中塔(Z5塔)		
	塔顶位移	塔底弯矩	塔底剪力	塔顶位移	塔底弯矩	塔底剪力	塔顶位移	塔底弯矩	塔底剪力
工况一	6	−5	−1	−1	9	3	35	6	42
工况二	29	39	76	−2	−4	−6	6	8	−1
工况三	12	37	86	−17	25	14	−6	39	12

注：表中正值表示地震响应量增大比例，负值表示地震响应量减少比例。

表 3.3-1 以及表 3.3-2 计算分析结果表明，考虑河床摆幅后由于索塔基础的冲刷深度不同，各个索塔相应的基础边界条件不同，这给索塔的地震响应带来较大影响。总体上，当河床深槽位于某个河道时，其余淤积的河道由于基础冲刷减少，对应的索塔塔底弯矩、剪力呈明显增大趋势。

3.4 多塔斜拉桥减振设计

嘉绍大桥共 6 个索塔，由于跨中设置了刚性构造，其中 2 个次边塔采用塔梁纵向约束，如图 3.4-1 所示。由于 2 个次边塔设置塔梁纵向约束，所以地震荷载作用下，这 2 个次边塔将承受很大的地震力。为了分散在地震荷载作用下索塔的地震受力，提高结构的抗震性能，其余 4 个索塔位置设置塔梁阻尼器。通过阻尼器来耗散输入结构的地震动能量，控制结构地震响应，同时可以将地震动荷载由次边塔分担给其余 4 个索塔。

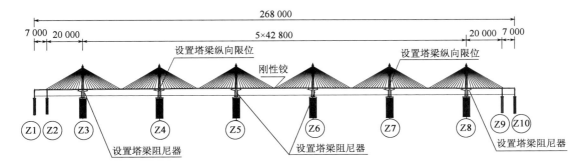

图 3.4-1　阻尼器安装位置(尺寸单位:cm)

黏滞阻尼器设计的核心问题是确定阻尼器的技术参数。阻尼器优化设计原则制订如下：①通过设置阻尼器控制索塔基础地震力，尤其是设置塔梁纵向约束的次边塔地震力，以及控制次边塔塔梁纵向约束作用力；②控制塔梁地震相对位移；③合理设定阻尼器阻尼力。通过建立结构动力计算模型，对结构在罕遇地震作用下，结构关键位置及阻尼器的地震反应进行了分析比较，结果如下：

(1) 塔底弯矩、剪力分析

在阻尼器参数变化情况下,各个索塔的塔底弯矩和剪力变化曲线见图 3.4-2 ~ 图 3.4-7 (图中,α 为非线性指数)。

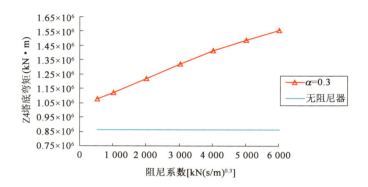

图 3.4-2　中塔塔底弯矩随阻尼系数变化

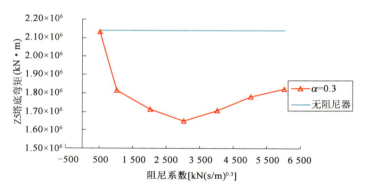

图 3.4-3　次边塔塔底弯矩随阻尼系数变化

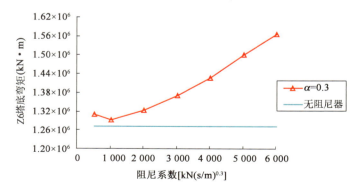

图 3.4-4　边塔塔底弯矩随阻尼系数变化

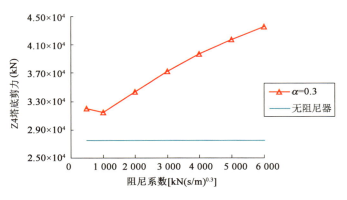

图 3.4-5　中塔塔底剪力随阻尼系数变化

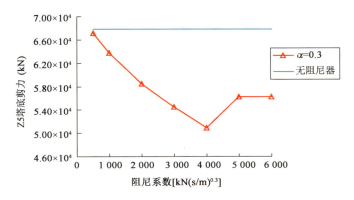

图 3.4-6　次边塔塔底剪力随阻尼系数变化

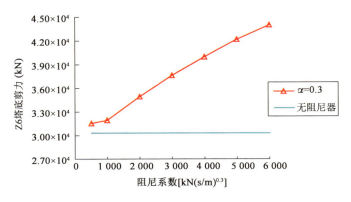

图 3.4-7　边塔塔底剪力随阻尼系数变化

（2）次边塔塔-梁连接力地震反应结果

次边塔塔-梁连接力地震反应结果如图 3.4-8、图 3.4-9 所示。

（3）阻尼器最大阻尼力及行程地震反应

边塔单个阻尼器最大阻尼力地震反应结果如图 3.4-10 所示。

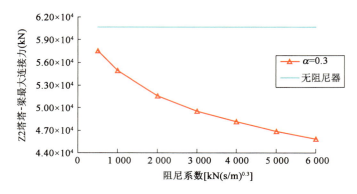

图 3.4-8　塔-梁连接力随阻尼参数变化

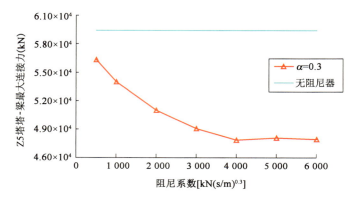

图 3.4-9　塔-梁连接力随阻尼参数变化

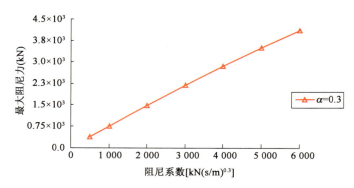

图 3.4-10　单个阻尼器最大阻尼力随阻尼参数变化表

边塔单个阻尼器行程如图 3.4-11 所示。

根据前述不同阻尼器参数计算结果,对阻尼器参数优化分析如下:

(1)随着阻尼系数的增大,边塔和中塔的塔底弯矩和剪力逐渐增大,而设置塔梁纵向约束的两个次边塔塔底弯矩和剪力逐渐减少,可见通过设置阻尼器有效地将主梁惯性力在各个索塔进行均匀分配。

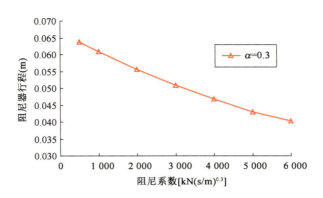

图 3.4-11　单个阻尼器行程随阻尼参数变化

（2）当阻尼系数取值 4 000kN(s/m)$^{0.3}$ 附近时，次边塔塔底弯矩剪力为最低，若继续增大阻尼系数，次边塔塔底的弯矩和剪力还略有增加。

（3）随着阻尼系数的增大，地震作用下虽然阻尼器的行程可逐渐降低，但阻尼器的阻尼力也逐渐增大。

综合上述分析，将阻尼器的最优参数取值为 4 000kN(s/m)$^{0.3}$，非线性指数取为 0.3，塔梁纵向黏滞阻尼器技术参数见表 3.4-1。单个索塔安装 4 套阻尼器，阻尼器安装后现场如图 3.4-12 所示。

塔梁纵向黏滞阻尼器技术参数　　　　　　　　　　　　表 3.4-1

类　型	项　目	数　值
动力阻尼参数	阻尼系数 c_α [kN(s/m)$^\alpha$]	4 000
	非线性指数 α	0.3
	额定阻尼力 (kN)	2 500
	最大行程 (mm)	±360

图 3.4-12　塔梁阻尼器安装现场（索塔一侧）

3.5 本章小结

本章对多塔斜拉桥结构进行动力特性分析和地震响应分析,得出以下结论:

(1)多塔斜拉桥设置刚性铰后,钢箱梁在纵向振动方面不再是一个变形整体,而是划分成了两个变形单元,同时由于刚性铰梁段重量较常规梁段大大增加,结构极易发生刚性铰局部振动,这将影响刚性铰的使用环境。若在次边塔设置塔梁纵向约束,结构不出现纵飘振型,说明设置塔梁纵向限位支座可从结构动力性能上有效控制由于动载引起的刚性铰振动相对变形,这将大大改善刚性铰的使用条件。

(2)次边塔设置塔梁纵向约束后,其在地震荷载作用下索塔地震力增加,通过在其他索塔位置设置阻尼器,可减少次边塔的索塔地震内力,提高多塔斜拉桥的抗震安全性。

(3)行波效应对刚性铰的影响很大,且随着波速的减小,行波效应对刚性铰地震位移的影响越加显著,刚性铰地震位移呈显著增大趋势;行波效应对多塔斜拉桥索塔地震响应有较大影响,尤其对塔底剪力地震响应影响显著。总体而言,行波效应可减小边塔基础地震响应,但对中塔而言,行波效应会增大索塔基础的地震响应。

(4)河床摆幅对刚性铰地震位移响应影响较小,但当河床深槽位于刚性铰所在桥跨位置时,索塔柔度增加,导致刚性铰位移有所增大,但是总体影响较小。河床摆幅会给索塔的地震响应带来较大影响。总体上当河床深槽位于某个河道时,其余淤积的河道由于基础冲刷减少,对应的索塔塔底弯矩、剪力呈明显增大趋势。

4 强涌潮环境分幅钢箱梁关键技术

嘉绍大桥索塔采用独柱形索塔,即索塔设置在桥轴中心线上,同时嘉绍大桥的设计标准为双向八车道,车道数较多导致桥面宽,单幅桥宽已经达到24m。鉴于此,嘉绍大桥钢箱梁按照两个行车方向设置在索塔两侧,分为左右两幅。本章对独柱形索塔分幅钢箱梁的合理结构形式进行研究。

4.1 超宽分幅钢箱梁结构设计

4.1.1 双索面和四索面比较

嘉绍大桥索塔采用独柱形,主梁采用分幅钢箱梁结构。分幅钢箱梁是指将钢箱梁按两个行车方向分为左右两幅,并设置在索塔两侧。为抵消主梁在空间斜拉索的作用下产生横向分力,两幅主梁之间设置横系梁。根据横系梁对两幅主梁的约束程度不同,可采用整体式和分离式两种类型。整体式分幅主梁的斜拉索采用双索面形式,在每个梁段的斜拉索锚固处设置较强的横系梁将两幅主梁形成受力整体,如图4.1-1所示。

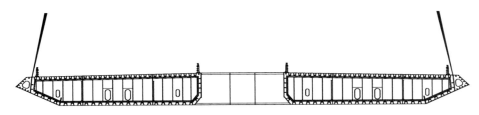

图4.1-1 双索面整体式分幅钢箱梁标准断面图

分离式分幅主梁的斜拉索采用四索面形式。主梁的横向受力通过内侧拉索解决,此时横系梁仅用来抵消两幅主梁之间拉索横向倾角产生的横桥向不平衡力,横系梁可以减弱或取消,如图4.1-2所示。

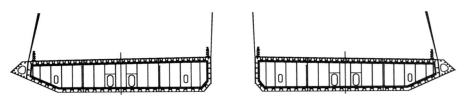

图4.1-2 四索面分离式分幅钢箱梁标准断面图

整体式和分离式分幅钢箱梁在以往工程实践中均有采用。双索面整体式分幅钢箱梁横向为静定结构,主梁横向受力明确,施工控制相对成熟简单。斜拉索具有索面少而有序、桥上驾乘人员视野开阔等优势,目前上海长江大桥、杭州江东大桥、舟山西堠门大桥等均采用该种形式的钢主梁。四索面分离式分幅钢箱梁内侧拉索索力有助于控制横桥向受力和变形,但横向为超静定结构,吊装施工控制难度高,采用该种形式主梁的有宁波外滩大桥、芜湖二桥等。嘉绍大桥分幅钢箱梁结构有以下特点:

①单幅主梁宽度宽。嘉绍大桥的设计标准为双向八车道,单幅主梁宽度达24m。

②左右幅箱的间距大。由于独柱索塔中塔柱横宽8.8m,因此横梁长度达到9.8m。

③钢箱梁跨中设置刚性铰构造。为满足刚性铰的安装需要和提高使用寿命,应严格控制左右幅主梁的横向变形。

④梁段运输吊装条件特殊,施工风险大。钱塘江尖山河段为强涌潮水域,潮差大,涌潮汹涌。低潮位时水浅,涨落潮时流速巨大,只能利用有限的高平潮时间进行钢箱梁运输吊装。根据试航试验成果,嘉绍大桥钢箱梁桥位定位吊装时间仅有1h左右,所以钢箱梁构造必须能满足快速吊装的要求。

结合本项目的结构特点和施工特殊性,适用的分幅钢箱梁结构形式分析如下:

(1)成桥横桥向受力及变形影响分析

双索面钢箱梁横桥向支点间距大,在活载作用下较四索面钢箱梁容易产生横向变形。由于嘉绍大桥主梁在跨中设置了刚性铰构造,钢箱梁横桥向受力变形不利于刚性铰安装及成桥后的结构受力。从确保刚性铰结构受力安全角度,适宜采用四索面分离式钢箱梁。两种不同形式钢箱梁在横向最不利荷载作用下,结构应力计算结果见表4.1-1。

钢箱梁控制位置局部应力情况(MPa)　　　　表4.1-1

构件	$S1$(最大主拉应力)		$S3$(最大主压应力)		σ_{MAX}(最大 Mises 应力)	
	双索面整体式钢箱梁	四索面分离式钢箱梁	双索面整体式钢箱梁	四索面分离式钢箱梁	双索面整体式钢箱梁	四索面分离式钢箱梁
顶板	30.0	40.1	−124.5	−49.1	111.3	42.7
顶板 U 肋	42.6	37.5	−79.0	−32.5	80.8	37.4
横隔板	120.0	25.0	−125.0	−66.9	145.0	30.0

根据表4.1-1构件应力分析结果,由于梁体宽达55.6m,采用双索面整体式钢箱梁,主梁横隔板及箱梁顶板在满布活载和自重作用下第二体系最大应力分别达到145MPa和111.3MPa,而采用四索面钢箱梁的钢结构应力安全储备高,对应主梁横隔板及箱梁顶板在满布活载和自重作用下第二体系最大应力为30MPa和42.7MPa,采用四索面钢箱梁整体应力水平要低于采用双索面钢箱梁。

(2)吊装施工风险分析

若采用双索面整体分幅钢箱梁设计,梁段的左右幅梁与横梁为一个整体,梁段施工过程则只能采用整体节段预制吊装方式。嘉绍大桥整体梁段的质量达400t以上。根据起吊设备的吊装能力分析,单幅梁起吊时需设置两个吊点,左右幅梁各设置一台桥面起重机起吊。如图4.1-3所示。由于起吊过程中梁体横向受到四点支撑,形成一个超静定结构,若左右幅不能同步起吊,横向四点的吊点力将不均匀分配,严重时将影响桥面起重机的设备安全,因此该类型分幅钢箱梁对左右幅桥面起重机起吊的同步性提出了严格要求。

图4.1-3 单幅双吊点起吊

为具体说明,建立有限元模型对左右幅不同步起吊的影响进行定量分析。计算采用大型通用有限元软件ANSYS进行,钢箱梁、钢横梁均采用板壳单元SHELL63进行模拟,起重机的钢丝绳采用只受拉杆单元LINK10进行模拟。为模拟左右幅钢箱梁起吊的不同步,通过对LINK10单元的固定端施加不同的竖向位移荷载来实现。计算采用的几何模型和有限元离散模型见图4.1-4和图4.1-5。左右幅梁段含横梁合计质量为425.6t。

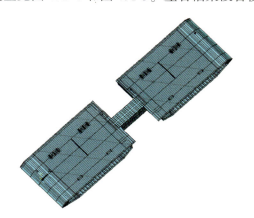

图4.1-4 钢箱梁整体起吊几何模型　　图4.1-5 钢箱梁整体起吊有限元离散模型(1/2)

考虑左右幅钢箱梁处于多种不同步起吊状态时结构的受力情况,针对以下两种不同步状态进行计算分析。

工况一:右幅钢箱梁总体相对左幅钢箱梁起吊偏高2cm,即右幅钢箱梁内、外吊点钢丝绳顶端施加向上的2cm竖向位移荷载,而左幅钢箱梁内、外吊点钢丝绳顶端仍为固结约束。

工况二:右幅钢箱梁总体相对左幅钢箱梁起吊偏高5cm。

两种工况下左右幅桥面起重机四个吊点的力大小变化情况见表4.1-2。由计算结果可见,当左右幅起吊高度相差2cm时,右幅起重机内侧吊点力增加570kN;当左右幅起吊高度相差5cm时,右幅起重机内侧吊点力增加1 310kN,增加将近一倍,这种情况下起重机的安全已无保证。在强涌潮水域中进行施工,如此苛刻的同步起吊要求无疑增加了施工的难度和风险。

各种起吊工况下起重机吊点力（kN） 表 4.1-2

吊点位置	右幅外侧	右幅内侧	左幅内侧	左幅外侧	梁段总重
同步起吊	1 010	1 118	1 118	1 010	4 256
起吊偏差 2cm	770	1 687	460	1 339	
起吊偏差 5cm	367	2 427	0.3	1 461	

为缓解左右幅不同步起吊对桥面起重机的影响，分幅钢箱梁整体起吊可采用单幅单点起吊的施工方式，即单幅梁仅设置一个桥面起重机起吊点，具体工程如宁波外滩大桥。宁波外滩大桥为确保梁段起吊过程中结构的受力稳定和横向线形控制，在梁段起吊过程中左右幅梁段之间除了永久横系梁外，还增设临时横梁，如图 4.1-6 所示。

图 4.1-6 单幅单吊点起吊（宁波外滩大桥）

单幅单点起吊过程对桥面起重机而言为静定结构，左右幅不同步起吊对桥面起重机影响减小。考虑到钢箱梁顶板的吊点承载力是有限的，为分散结构受力，单幅梁横向仍需设置多个吊点。为确保桥面吊点受力安全，左右幅同步起吊的要求仍然存在。此外，由于起吊过程梁体只设置两个支点，因此分幅钢箱梁起吊过程梁体的横向变形无法避免，这又不利于刚性铰的顺利安装。

综合上述分析，考虑到主梁宽度较大，采用双索面整体钢箱梁的受力变形对刚性铰有影响，且横梁受力较为不利，其整体起吊过程对起重机同步性要求高，施工风险大。采用四索面钢箱梁有利于刚性铰的安装，且结构横桥向受力安全性高。利用内侧斜拉索的作用，主梁吊装可采用双幅钢箱梁独立吊装方案，将分体钢箱梁的施工变为常规钢箱梁的吊装施工，避免了左右幅起重机同步起吊的要求，大大降低了施工风险。

4.1.2 横梁布置的优化

四索面分幅钢箱梁结构横向受力可通过内侧斜拉索来支撑，左右幅梁段之间的横梁主要作用是抵消斜拉索张拉产生的横向水平力。通常塔高会远大于主梁宽度，所以斜拉索张拉横向水平分力较小，因此四索面钢箱梁可不必在每个梁段设置横梁。四索面钢箱梁横梁数量的减少，不仅降低材料用量、控制工程造价，还简化了钢箱梁的吊装。另一方面，由于横梁可提高两幅主梁横向刚度,整体协调承受横向作用力,提高施工安全性,横梁数量也不能布置过少。为得到最优的横梁布置方式,以下对嘉绍大桥四索面分幅钢箱梁横梁的设置间距进行多情况的对比分析。对比计算采用的模型如下。

模型一:每间隔1/4跨设置高4m、宽3.0m的箱形横梁;
模型二:每间隔3个梁段(横梁间距60m)设置高4m、宽3.0m的箱形横梁;
模型三:每间隔1个梁段(横梁间距30m)设置高4m、宽3.0m的箱形横梁;
模型四:每个梁段(横梁间距15m)设置一道高4m、宽3.0m的箱形横梁。

(1) 从动力特性论证横梁间距对梁体整体性影响

横梁数量越多越密,左右幅钢箱梁的整体性越强,左右幅两幅梁发生彼此错动的振型的频率也随之升高。对不同模型动力振型形态的分析发现,模型一发生左右幅主梁错动的振型为第12振型,频率为0.378 41/s;模型二发生左右幅主梁错动的振型为第13振型,频率为0.393 91/s;模型三发生左右幅主梁错动的振型为第14振型,频率为0.402 91/s;模型四发生左右幅主梁错动的振型为第16振型,频率为0.419 91/s。可见横梁设置得越少,在振型上两幅桥的一致性越差,发生彼此错动的振型阶数靠前,频率值也随之减小,多横梁模型的两幅桥振动一致性好于少横梁或无横梁模型。由于内侧斜拉索对钢箱梁的整体受力也有贡献,从动力特性具体数值计算结果看,不同横梁数量钢箱梁的整体性差异并不大。

(2) 静力计算论证横梁间距对梁体横向受力影响

横梁的设置是为了抵消拉索产生的横向水平分力,以及使两幅主梁协调变形共同承受横向作用力。横梁设置越多,间距越密,横梁受力越均匀,内力、应力峰值也越小。另一方面,由于横梁的设置,使得两幅桥之间受力相互影响,尤其在活载作用下。当汽车荷载仅作用在一幅桥上时,设置横梁时另一幅桥纵横向弯矩值比不设横梁时大。当横梁数量增多时,两幅桥相互影响的增量反而减少,这主要是因为横梁数量增多,两幅桥之间传力途径增多,主梁受力更加均匀,内力应力峰值减小。由于结构的横向刚度增大,主梁在活载和横风作用下横向弯矩减小,但因主梁纵向弯矩较横向弯矩大很多,因此主梁角点应力变化很小。各荷载工况和最不利组合下横梁、单幅主梁应力极值见表4.1-3、表4.1-4。仅单幅桥作用活载时另一幅主梁内力和应力极值见表4.1-5。

各荷载工况和最不利组合下横梁应力极值(MPa) 表4.1-3

模型	隔1/4跨		60m间距		30m间距		15m间距	
应力	上缘	下缘	上缘	下缘	上缘	下缘	上缘	下缘
活载(最大值)	17.7	17.8	13.4	13.2	11.2	11.0	8.6	7
活载(最小值)	-19.5	-19	-14.3	-14.1	-11.7	-11.6	-8.5	-7.1
活载横风	26.2	26.3	22.7	23	22.5	22.6	12.6	11.5
最不利(最大值)	49.1	68.9	45.3	61.0	46.3	61.2	27.2	33.2
最不利(最小值)	-83.5	-64.2	69.8	55.3	-67.7	-53.3	-36.5	-22.3

各荷载工况和最不利组合下单幅主梁应力极值（MPa） 表 4.1-4

模型	隔 1/4 跨		60m 间距		30m 间距		15m 间距	
应力	上缘	下缘	上缘	下缘	上缘	下缘	上缘	下缘
活载（最大值）	46.7	47	46.1	47	45.6	47	45.6	47
活载（最小值）	−38.5	−67.4	−38.6	−66.4	−38.7	−65.6	−38.7	−65.6
活载横风	12.9	13.8	12.4	13.5	12.4	13.4	11.4	12.6

仅单幅桥作用活载时另一幅主梁内力和应力极值 表 4.1-5

模型	荷载工况	内力（kN·m）		应力（MPa）	
		弯矩 y	弯矩 z	上缘	下缘
隔 1/4 跨	单幅行车（最大值）	3.61×10^4	1.27×10^4	18.4	24.9
	单幅行车（最小值）	-3.50×10^4	-1.50×10^4	−23.7	−28.5
60m 间距	单幅行车（最大值）	3.61×10^4	9.85×10^3	18.9	25.2
	单幅行车（最小值）	-3.56×10^4	-1.27×10^4	−23.8	−28.4
30m 间距	单幅行车（最大值）	3.60×10^4	9.45×10^3	18.9	24.6
	单幅行车（最小值）	-3.56×10^4	-1.27×10^4	−23.8	−28.3
15m 间距	单幅行车（最大值）	3.59×10^4	5.21×10^3	18.7	24.7
	单幅行车（最小值）	-3.52×10^4	-9.61×10^3	−23.8	−27.6

注："单幅行车"工况结果为仅在一幅桥上施加移动荷载对另一幅产生的内力、应力值。

从以上静力分析结果来看，横梁数量越多，横风作用下两幅桥横向受力整体性越好，各横梁受力越均匀，横梁内力极值越小，从而主梁的横向弯矩也随之减小。但从总体来看，无论何种横梁设置方式，各荷载工况作用下横梁的内力都较小，其中受力最大的"1/4 跨布置三道横梁"模型在最不利组合作用下横梁的上、下翼缘最大拉压应力均在 100MPa 以内，远低于钢材的容许应力值。而且横梁的设置对主梁应力的降低影响很小。因此，加密横梁对主梁和横梁自身应力改善的意义已不大，反而增加了钢材的用量。

（3）现场施工风险控制

从施工角度来看，施工中需要设置一定数量的横梁来平衡拉索力引起的横向水平分力，以保证施工顺利和安全。

综合静动力分析结果、施工因素、经济性等角度考虑，嘉绍大桥设计采用全桥每隔 60m 设置一道高 4m、宽 3m 的箱形横梁，箱形横梁之间对应横隔板位置设置一道高 4m 的工字形横梁。即全桥标准跨主梁间隔一个梁段设置横梁，如图 4.1-7 所示。图中左右幅之间较粗的横梁代表箱形横梁，较细的横梁为工字形横梁。嘉绍大桥钢箱梁现场如图 4.1-8 所示。

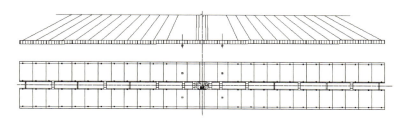

图 4.1-7　嘉绍大桥钢箱梁梁段横梁布置设计图

图 4.1-8　嘉绍大桥钢箱梁现场

考虑到刚性铰受力较常规梁段复杂,为提高结构的安全性,刚性铰梁段左右幅之间横梁做强化处理,每个刚性铰梁段均设置一道箱形横梁,使左右幅刚性铰协同受力。

4.2　强涌潮区钢箱梁的运输

4.2.1　强涌潮区钢箱梁运输的可行性

由于涌潮河流具有涌潮汹涌、潮差大、流速大等水文特点,大型构件通过水路运输施工风险极高。钱塘江水域同类型桥梁(如杭州江东大桥、九堡大桥等)的施工方案多采用在桥位现场做整节段拼装,再搭设顶推平台进行顶推施工架设的方法。

嘉绍大桥主航道桥规模庞大,桥梁总长 2.68km,主梁采用栓焊流线型扁平钢箱梁,各梁段均为分幅结构形式,全桥共计 374 个梁段(单幅),单幅钢箱梁分段质量为 192～408t 不等,钢箱梁总运输量为 7.7 万 t。若将顶推方法用于嘉绍大桥,所需要的资金、人员和设备的投入成本太高:

(1)大型钢箱梁构件在桥址附近进行总成拼装,需投入大量的人员、设备和资金进行厂房基础设施的建设,并占用大量的耕地;

(2)需要架设大量的顶推施工支架,并配置多种顶推施工专用设备,其顶推施工的工装成本投入巨大;

（3）采用顶推施工时，施工期间往往只能从配置有顶推设施的一端向另一端逐步顶推作业，其作业面受到限制，无法使多个作业面同步施工，大大影响建桥架设周期，无形中进一步增加大桥的建设成本。

相比顶推施工方案，采用水路运输架设的方式技术成熟完备，且运输成本较低，可节省多达数亿元的建设成本。但在如此恶劣的水文条件下进行钢箱梁水上运输与架设施工作业，在世界桥梁史上也并无先例。钱塘江尖山河段属于不正规半日型潮汐，河水每日两涨两落，桥位设计潮型的潮位、流速过程曲线见图4.2-1。由于桥位施工水域水深受潮汐的影响，进出施工水域船舶只有在水深、流速达到船舶航行要求时才能航行。由图4.2-1可见，在高平潮时间段内水深条件较好且流速基本为零，在这个时间段内，运梁船舶具备进入桥位进行钢箱梁吊装作业的条件，但要求船舶必须按照潮汐的变化规律选择恰当的时机进入桥位进行吊装作业。

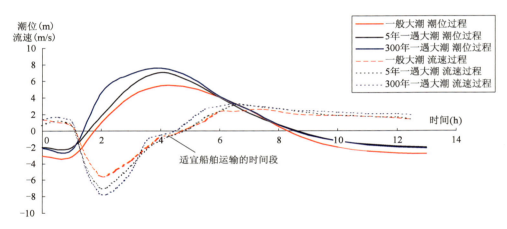

图4.2-1　一般大潮及设计潮型潮位、流速过程

4.2.2　强涌潮区钢箱梁运输方案

具体实施过程中，首先选择一个适宜候潮的地点，运梁船舶先提前到达指定地点候潮，等待涨潮后水深达到航行要求时起航，并确保在高平潮前及时到达桥址处进行定位与吊装作业，并在退潮之前及时退出。

（1）候潮锚地和起锚时机

经多次勘察嘉兴水域实际情况以及走访当地有长期航行经验的船运公司负责人和船长，认为候潮锚地选择嘉兴港海盐白塔山锚地为宜，见图4.2-2，并将澉浦锚地作为备用锚地。

海盐白塔山锚地至桥址仅40km，正常航行耗时不超过2h，大潮正常航行约100min、小潮约115min。根据2011年7月1日—2012年至6月30日一年的潮位观测数据，桥南站涨潮历时为2h15min~5h40min，年平均涨潮历时为3h14min，即在涨潮过程船舶有足够的时间在高平潮前从候潮锚地到达桥位。

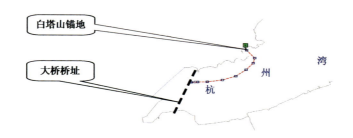

图 4.2-2　候潮锚地至桥址航线示意图

考虑涨潮时间与水深的相应关系,为确保运梁船舶有足够的航行水深,同时保证运梁船舶能在高平潮前到达桥位并完成定位与吊装前的准备工作,运梁船舶应在涨潮后 2h,即高平潮前约 2h 起锚出发(以乍浦潮汐时刻表为依据)。

(2)返港时机的选择

由于桥址水域在潮汐作用下,能够提供给运梁船舶进驻、定位、起吊和撤离的时间非常有限,为确保整个作业期间人员设备的安全,运梁船舶在钢箱梁节段快速挂钩起吊后,应及时驶离桥址危险水域,防止落潮后水位快速下降,导致船舶搁浅。

根据 2011 年 7 月 1 日—2012 年 6 月 30 日一年的潮位观测数据,桥南站落潮最大历时为 7h10min ~ 10h15min,年平均落潮历时为 9h12min。桥北站落潮最大历时为 6h55min ~ 10h15min,年平均落潮历时为 9h10min。由于落潮周期比涨潮周期时间要长,其水位下降速度与水流流速均会小于涨潮时期。但在高平潮结束后,水流流向将发生变化。此时,已定位的运梁船舶将受反向水流的影响,会失去定位精度,这将直接影响到吊装安全。所以,钢箱梁挂钩起吊必须在高平潮结束前,一旦发生延误,就应该立即停止吊装,避免发生吊装安全事故。同时让运梁船舶有足够的时间和航行水深返回锚地。

4.2.3　强涌潮区钢箱梁运输适航试验验证

为验证强涌潮河段船舶运输的可行性,2008 年 9 月 7 日—10 月 15 日分 8 个航次进行了适航试验,如表 4.2-1 所示。

适航试验航次表　　　　表 4.2-1

航次	时间	船舶名	装载状态	定位方法	潮高(m)
第一航次	2008 年 9 月 7 日	海工 5 号	空载	抛艏锚	6.18
第二航次	2008 年 9 月 9 日	澎湃 6 号	空载	抛艏锚	4.41
第三航次	2008 年 9 月 10 日	澎湃 8 号	600t	抛定位锚	4.11
第四航次	2008 年 9 月 11 日	澎湃 8 号	600t	抛艏锚	4.44
第五航次	2008 年 10 月 12 日	澎湃 6 号	700t	抛艏锚	5.63

续上表

航　次	时　间	船　舶　名	装载状态	定位方法	潮高(m)
第六航次	2008年10月13日	澎湃6号	700t	抛艏锚	6.17
第七航次	2008年10月14日	澎湃6号	700t	抛定位锚	6.37
第八航次	2008年10月15日	澎湃6号	700t	抛艏锚	6.69

第一阶段4次适航试验在全年最小高潮（2008年9月7日—11日）期间进行，分为二次空载、二次配载和二种船舶定位方法的适航试验：方法一，利用运梁船舶自配的锚泊设备对船舶定位；方法二，用绞锚艇抛定位锚的方式辅助运梁船舶快速定位。第二阶段4个航次的适航试验在潮汐较大、天气状况较恶劣的2008年10月12日—15日之间进行。

试验结果表明，运输船舶和作业船舶都能从锚地安全航行至桥址处，并能从桥址处安全返回锚地。抛锚定位达到了预期效果，用抛定位锚方法船舶定位，定位锚的放置和绞起可在当天完成，在桥址处船舶定位时间为50~60min。8次适航试验与潮汐关联图见图4.2-3~图4.2-10。

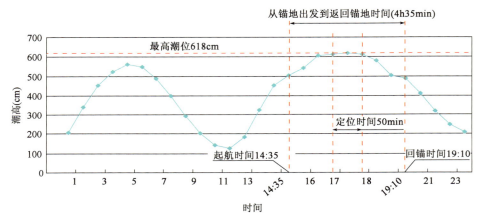

图4.2-3　第一航次航行时间与潮汐关联图

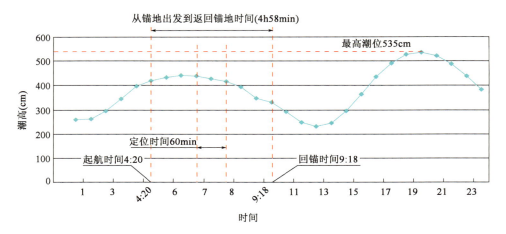

图4.2-4　第二航次航行时间与潮汐关联图

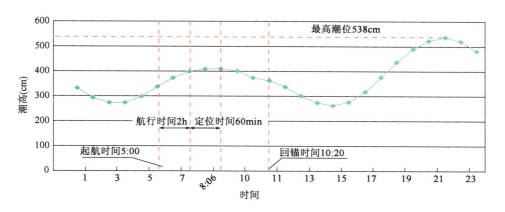

图 4.2-5　第三航次航行时间与潮汐关联图

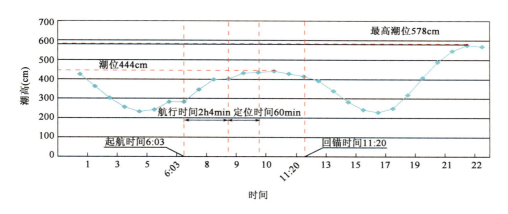

图 4.2-6　第四航次航行时间与潮汐关联图

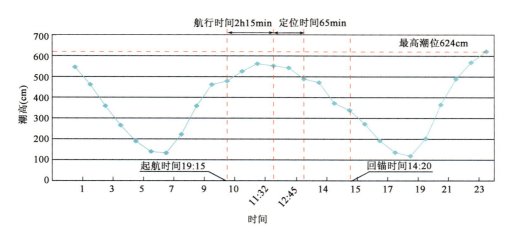

图 4.2-7　第五航次航行时间与潮汐关联图

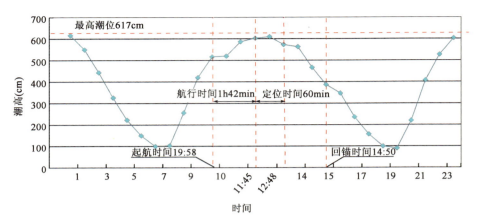

图 4.2-8　第六航次航行时间与潮汐关联图

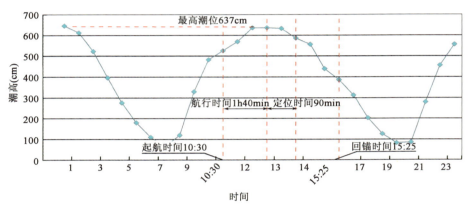

图 4.2-9　第七航次航行时间与潮汐关联图

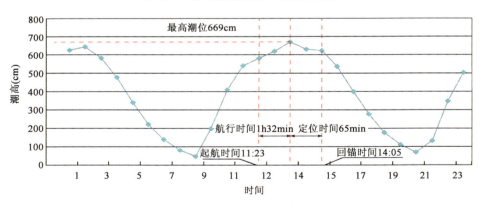

图 4.2-10　第八航次航行时间与潮汐关联图

经过对水文资料的研究分析,并通过多达 8 个航次的实船配载适航试验,结果证明,嘉绍大桥通过制订严谨的钢箱梁运输施工方案,桥址水域具备运梁船舶进行水上运输、定位与吊装作业条件,但施工过程必须根据潮汐规律严格控制船舶定位和吊装时间。适航试验表明,可提供的船舶定位和吊装时间约 1h。

4.3 四索面分幅钢箱梁的快速吊装技术

嘉绍大桥主梁采用四索面分幅钢箱梁,分幅钢箱梁结构构造上由左右幅梁段及横梁三部分组成,如图 4.3-1 所示。

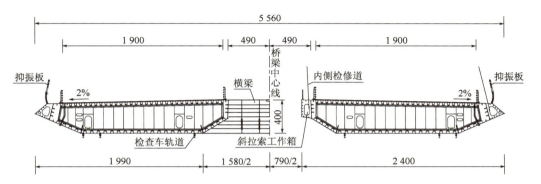

图 4.3-1 嘉绍大桥钢箱梁梁段一般构造图(尺寸单位:cm)

为满足强涌潮条件下钢箱梁快速吊装的需求,控制施工风险,采用左右幅梁段独立吊装,即左右幅中间横梁断开。左右幅分别采用一台桥面起重机独立吊装到位,如图 4.3-2 所示。相比常规分幅钢箱梁的整体吊装工艺,左右幅梁段独立吊装需增加一个横梁现场安装的工序。由于横梁长度达 9.8m,横梁的起吊以及就位安装工作将大大增加现场施工难度,降低悬臂施工工效,同时施工过程中还需解决空间索面张拉时的梁体横向受力问题。

针对上述问题,本书研究提出一种新型的双幅钢箱梁悬臂快速独立吊装方式。其主要思路是将横梁工地连接构造进行优化调整,将横梁中间段做短,简化横梁施工,悬臂施工

图 4.3-2 嘉绍大桥钢箱梁吊装

过程用临时横梁代替永久横梁受力,具体施工步骤为:

(1)钢箱梁横梁上设置两个工地连接接头,将横梁横桥向分为三段,整幅梁体分解为左右两部分和横梁中间段三部分进行吊装施工。其中横梁中间段尺寸尽可能小,使其重量满足使用桥面汽车起重机安装的施工条件。在形状上将横梁中间段做成上宽下窄的"倒梯形",方便其入口安装。

减小尺寸后的箱形横梁中间段顶板长度 1.7m,底板长度 1.5m,总质量 5.2t,如图 4.3-3 所示;工字形小横梁中间段顶板长 3.49m,底板长 3.29m,横梁中段总质量 3.7t,如图 4.3-4 所示。现场情况如图 4.3-5 所示。

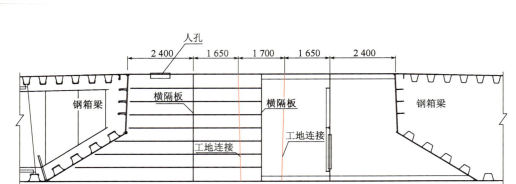

图 4.3-3 箱形横梁横向分段构造图(尺寸单位:mm)

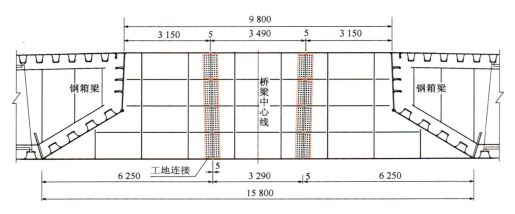

图 4.3-4 工字形横梁横向分段构造图(尺寸单位:mm)

a)箱形横梁

b)工字形小横梁

图 4.3-5 横梁现场

（2）钢箱梁悬臂吊装施工时,首先将左右两幅箱梁梁段分别吊装到位,并安装各自的工地接头,见图 4.3-6。

图 4.3-6　钢箱梁左右幅独立吊装

在钢箱梁吊装的工序中,受水文条件制约,必须在短时间内完成与起重设备吊具的连接,并脱离运输船只,以避免由于恶劣水文条件引起的船只搁浅、失控、倾覆等安全事故。传统钢箱梁的吊装连接工艺多采用销接,具体做法是将钢箱梁上的吊耳与起重设备吊具上的吊耳销孔进行对位,之后打入销轴,完成连接。该工艺的不足之处是容易受外部施工环境干扰,在水流速度大、水面波浪起伏的情况下,由于船只晃动导致吊耳销孔难以顺利对位,同时销轴本身自重及尺寸较大,穿销、打销操作困难,降低了连接速度,影响整个吊装过程的施工效率,增加了运输船只在复杂水文条件中长时间驻船产生危险的概率。

为此,特别研制了一种操作方便、连接迅速、受外部因素干扰小、安全可靠的钢箱梁起重吊装连接装置,确保钢箱梁与起重设备吊具准确、快速连接及分离,从而提高水上吊装施工作业的高效性及安全性。本装置包括吊架和与钢箱梁快速连接的吊钩,在吊架的下部设有至少两个绳套组,每个绳套组有两条绳套。该新型装置设计为吊具与钢箱梁之间通过滑轮组与无头钢丝绳进行软连接,其中每个吊点在吊具主梁上对应位置设有4个定滑轮,每片滑轮上预先套有无接头钢丝绳,钢箱梁上每个吊点设有2个吊耳,每个吊耳通过销轴各与两片滑轮串联。具体构造及安装流程见图 4.3-7。钢箱梁与软连接挂钩安装过程见图 4.3-8。

该软连接装置的特点是通过钢丝绳套作为软连接部分,可适应由于复杂水文条件引起的船舶晃动,提高连接速度和精度,并且钢丝绳套可通过人力搬动,操作简便快捷,大幅提高施工效率。

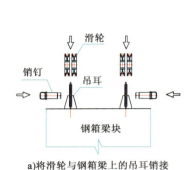 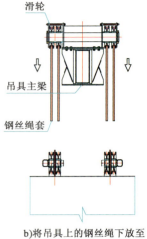 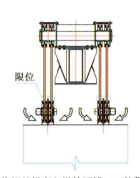

a) 将滑轮与钢箱梁上的吊耳销接　　b) 将吊具上的钢丝绳下放至钢箱梁滑轮槽以下　　c) 将钢丝绳套入滑轮下槽口,拉紧限位

图 4.3-7　软连接挂钩工作原理示意图

图 4.3-8　钢箱梁与软连接挂钩安装过程

（3）在左右幅梁段之间安装长度可调节的临时横梁,将左右幅钢箱梁临时固定,张拉斜拉索,进行下一个梁段的悬臂吊装,见图 4.3-9。

临时横梁结构可用于抵消施工过程中左右幅梁体产生的横向水平分力,提供左右幅梁体临时约束,同时具备长度自调节功能。该临时横梁构造中间部分为大圆管形式,两端为小圆管,小管与梁体采用高强螺栓进行固定,如图 4.3-10、图 4.3-11 所示。大小圆管相互嵌套,形成活动接头。同时在大小管的端头各设置牛腿,牛腿之间安装千斤顶,通过千斤顶调节临时横梁的长度,临时横梁长度调节到位后,将千斤顶锁定,约束活动接头长度方向的变形。

图4.3-9 采用临时横梁抵消水平分力

图4.3-10 临时横梁现场

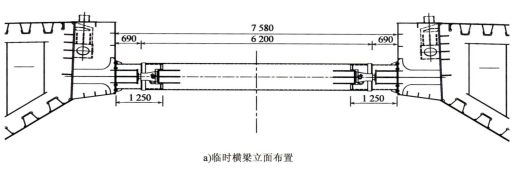

a)临时横梁立面布置

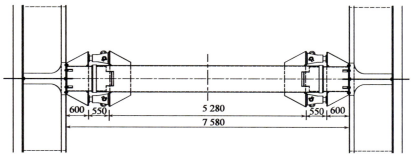

b)临时横梁平面布置

图4.3-11 临时横梁构造(尺寸单位:mm)

(4)在栈桥上用履带式起重机将横梁中间段移送到桥面,通过桥面上的汽车起重机移动并安装横梁中间段,如图4.3-12所示。

临时横梁可以周转使用,主梁的永久横梁一旦安装,该永久横梁对应的梁段及其之前梁段上的临时横梁都可以拆除。标准梁段的施工流程如图4.3-13所示。

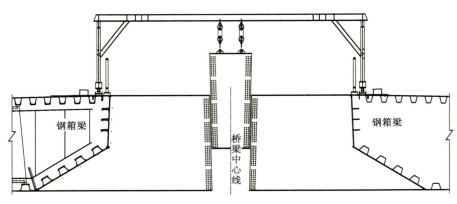

a) 横梁中间段入口

b) 通过起重机运输到桥面

c) 横梁中间段安装完毕后

图 4.3-12　横梁中间段安装

本方案提出的四索面分幅钢箱梁吊装方法具有以下特点和优点：

（1）左右幅钢箱梁分别吊装，将结构化整为零，避免了左右幅钢箱梁作为整体吊装的施工风险和难度；

（2）在横梁中间段安装前，采用临时横梁代替永久横梁，永久横梁可以滞后安装，永久横梁施工不占用悬臂吊装时间，施工工序紧凑；

（3）横梁中间段体积小、重量轻，形状为"倒梯形"，入口方便，施工难度小；

（4）临时横梁长度可以调节，可用于调整左右幅悬拼过程的轴线线形误差，避免合龙时轴线误差累积。

嘉绍大桥钢箱梁采用本书提出的独立吊装方案，成功克服了强涌潮水域钢箱梁运输吊装风险大的困难，全桥 374 片钢箱梁在 1 年内顺利吊装完成。

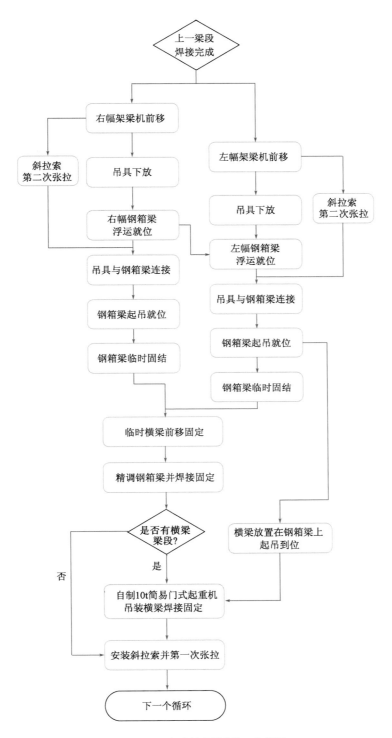

图 4.3-13 标准梁段吊装施工流程图

4.4 分幅钢箱梁新型涡振控制技术

分幅式钢箱梁在常遇风速下的涡激振动是结构抗风需重点研究的问题。桥梁主梁的涡激振动属于受迫振动,其机理为:当主梁上有风作用时,主梁的两侧及尾流中将产生周期性脱落的旋涡,并由一侧向另一侧交替脱落,周期性脱落的旋涡会使主梁表面的空气压力呈周期性的变化,其结果是使主梁梁体上产生周期性变化的力,当这种涡激力的周期与桥梁的某阶振动频率接近时,主梁就会发生周期性的受迫振动。大跨度桥梁具有结构较柔、自重轻、阻尼小等特点,在较低的风速下即可发生涡激振动,涡激振动带有自激和自限双重性质。虽然涡振不会像驰振、颤振那样发散振动,从而带来很大的风荷载使结构产生毁灭性的破坏,但当涡脱频率接近桥梁的固有频率时,会激发出较大的振幅,形成涡激共振,有可能造成结构的疲劳破坏,并影响桥面行车的舒适性。

4.4.1 分幅钢箱梁的涡振现象及原理

目前研究涡振的方法可大致归纳为:解析法、数值模拟法、风洞试验方法。由于目前的研究水平和计算方法的限制,解析法和数值模拟法均有很大的局限性,不能精确地反映桥梁主梁的涡振性能;而根据风洞试验获取的主梁涡振性能,虽然未从理论上对涡振进行说明,但它基于结构缩尺模型获得的最直接数据,具有最直观有效的参考价值。因此,在实际工程中,利用节段模型预估主梁涡振响应是一种有效的途径。

嘉绍大桥成桥状态主梁 1∶20 大尺度节段模型涡振试验分别在西南交通大学 1 号风洞(XNJD-1)和 3 号风洞(XNJD-3)中进行,如图 4.4-1 所示。模型参数见表 4.4-1。

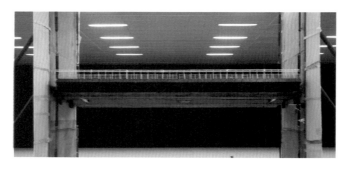

图 4.4-1 大尺度模型试验(XNJD-3 风洞)

针对成桥状态,在均匀流场下,首先进行了梁段的涡激振动试验。试验攻角为 ±5°、±3° 和 0°,结构阻尼比取为 0.3%。试验结果表明,主梁在 0°攻角和 ±3°攻角下均出现了较大振幅的涡激振动,主梁涡振振幅均方根(RMS)值达到了 135mm,具体如图 4.4-2 所示。发振风速区间 11~17m/s,属于嘉绍大桥桥面高度处的常遇风速。

大尺度涡振节段模型主要参数　　　　　　表 4.4-1

参 数 名 称		单 位	实桥值	相 似 比	模 型 值
几何尺度	长度 L	m	69.2	$\lambda_L = 1:20$	3.46
	宽度 B	m	55.6	$\lambda_B = 1:20$	2.78
	高度 H	m	4.0	$\lambda_m = 1:20$	0.2
等效质量（成桥）	质量 m	kg/m	48 914	$\lambda_m = 1:20^2$	122.29
	质量惯矩 J_m	kg·m²/m	10 779 121	$\lambda_J = 1:20^4$	67.37
频率（成桥）	对称竖弯 f_h	Hz	0.269 0	1:9.7	2.61
风速（成桥）	风速 v	m/s	—	$\lambda_v = 1:2.06$	—
阻尼	阻尼比	—	1		0.25%

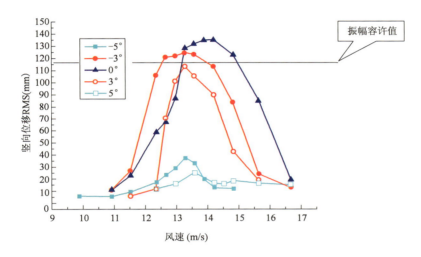

图 4.4-2　嘉绍大桥分幅主梁涡振振幅-风速曲线（阻尼比 0.3%）

根据分幅钢箱梁的流场分布和变化特性，主梁发生涡激振动的原因如下：旋涡产生于开槽区域的静风空间内，在来流的影响下在背风侧梁段形成周期性的脱落，产生较大的涡激力引起桥梁的涡激共振，如图 4.4-3 所示。

图 4.4-3　主梁旋涡脱落示意图（原始断面）

由《公路桥梁抗风设计规范》(JTG/T 3360-01—2018)，成桥状态涡激振动的振幅容许值为：

竖向 $[h_a] = 0.04/f_h = 0.04/0.269 = 0.149 \text{m} = 149 \text{mm}$

上述振幅容许值除以 $\sqrt{2}$ 得到均方根（RMS）振幅容许值：竖向 $[h_a] = 105 \text{mm}$。

由图 4.4-2 可见，嘉绍大桥分幅钢箱梁(原始断面)涡激振动振幅均超过规范要求值 105mm，需要采取有效措施予以控制。

4.4.2 分幅钢箱梁的涡振控制

分幅钢箱梁涡振控制措施通常有以下两种手段：

(1)中央开槽区气动措施，减弱开槽区域的旋涡强度，从源头上防止大能量旋涡的形成。具体采用的措施有梁底设置导流板、中央开槽半封闭和中央开槽扰流措施，如图 4.4-4～图 4.4-6 所示。

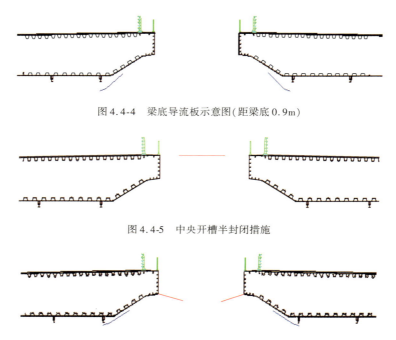

图 4.4-4　梁底导流板示意图(距梁底 0.9m)

图 4.4-5　中央开槽半封闭措施

图 4.4-6　中央开槽扰流措施

风洞试验结果表明，气流通过导流板后将形成速度较高的射流，有利于冲击中央开槽侧的主旋涡，并将主旋涡分离为几个能量较小的旋涡，从而使主旋涡尺寸减小能量减弱，涡激力也随之减弱。导流板在正攻角下的制振效率与导流板与梁底的距离近似成正比关系，且离开梁底的距离在 0.9m 时制振效果最好。然而当导流板距离梁底 0.9m 时，将和梁底检修车发生冲突，因此在构造上无法实现，其他中央开槽区域设置其他气动装置(图 4.4-5、图 4.4-6)制振效果不明显，且对主梁自身气动参数影响也较大，实际中实现的难度也较大。

(2)减弱或屏蔽桥面来流，防止中央开槽区域的大能量旋涡向下游脱落，使其在中央开槽区域内部消耗能量，减弱其周期性作用力。主要采用桥面风障的方式，通过加高桥面两侧的静风区高度，可防止桥面来流汇入中央开槽区域的旋涡中增加其强度，以减弱大能量旋涡对下风侧主梁产生的涡激力，如图 4.4-7 所示。

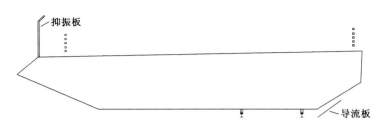

图 4.4-7　桥面设置风障(抑振板)措施

西堠门大桥等类似工程的实践证明,设置桥面风障对抑制分幅式钢箱梁涡激振动效果明显。然而由于桥面风障具有较大的高度(大于4m)和较小的透风率,将显著提高主梁的风阻系数。例如西堠门大桥设置风障后,结构的风阻系数从1.2增大到1.8,增加近50%,这将大大影响桥梁在台风下的结构安全。为克服不利影响,西堠门大桥采用了活动风障的处理手段,即桥面风速较大时降低风障并限制车辆行驶。

嘉绍大桥为了克服直接在桥面设置风障对风阻系数的不利影响,采用高度较小、透风率较大的"类风障"构造来进行涡振控制。由于这种桥面挡风构造主要用于控制涡振,功能不同于传统风障,故本书将此构造称为"抑振板"。研究中对比了多种抑振板措施,如图4.4-8所示。

经过反复风洞试验,最后建议在工程中选用高度为2.9m(计入以下检修道栏杆的高度)、透风率为50%的抑振板。该抑振板可有效抑制涡激振动,其在0.3%结构阻尼比情况下的涡振风洞试验结果见图4.4-9。相应主梁的风阻系数为1.6(不加抑振板时为1.3)。

4.4.3　抑振板构造设计

嘉绍大桥抑振板高度为2.9m,由上、下两部分组成。下部分为弧形的下立柱,下立柱之间安装圆管及钢条形成检修道栏杆;上半部分为T形截面的上立柱,上立柱之间安装半椭圆形的钢障条;立柱上、下两部分之间采用高强螺栓进行连接。整个抑振板采用钢结构,通过重防腐进行涂装保护,全部构件与桥梁同寿命,免更换,养护维修方便。嘉绍大桥实桥安装的抑振板见图4.4-10。

嘉绍大桥抑振板可实现集三项功能于一体:①栏杆功能,安装在桥梁检修道区域,具有检修道栏杆功能;②小型风障功能,立柱与障条形成阻风构造,对桥梁小型车辆起到风障的作用,但是区别于常规的桥梁风障,由于构造高度小于常规风障,障条数量和间距小,对桥梁形成的风阻力小,桥梁抗风安全系数高;③抗涡振功能。

嘉绍大桥荷载试验得到的主梁竖向振动频率和阻尼比见表4.4-2,其中各阶振动阻尼比均大于0.5%,针对安装抑振板工况,采用接近实桥的结构阻尼比继续进行试验。试验的阻尼比分别提高到0.38%和0.46%,后者与桥梁实测阻尼比接近,前者显著低于实测值。试验结果如图 4.4-11、图 4.4-12 所示。

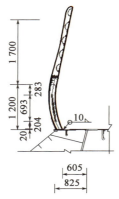
a) 抑振板A（H=2.9m，透风率30%）

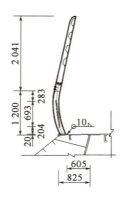
b) 抑振板B（H=3.24m，透风率40%）

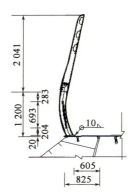
c) 抑振板C（H=3.24m，透风率50%）

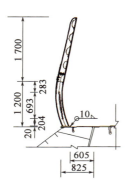
d) 抑振板D（H=2.9m，透风率30%）

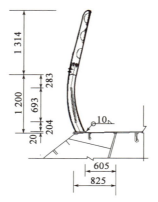
e) 抑振板E（H=2.5m，透风率30%）

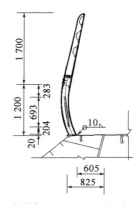
f) 抑振板F（H=2.9m，透风率50%）

图 4.4-8　多种抑振板措施（尺寸单位：mm）

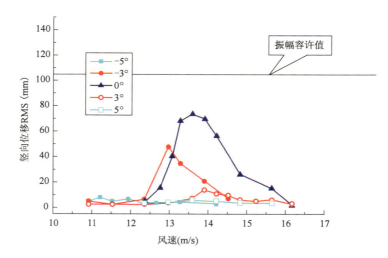

图 4.4-9　增加抑振板后的减振效果（阻尼比0.3%）

4 强涌潮环境分幅钢箱梁关键技术

图 4.4-10 嘉绍大桥主梁上安装的抑振板

桥跨结构自振特性参数测试结果   表 4.4-2

序号	振型描述	实测频率(Hz)	计算频率(Hz)	实测阻尼比(%)
1	主梁正对称竖向弯曲	0.27	0.23	0.71
2	主梁反对称竖向弯曲	0.31	0.27	0.81
3	主梁正对称横向弯曲	0.34	0.29	1.11
4	主梁正对称竖向弯曲	0.35	0.33	0.69
5	主梁反对称竖向弯曲	0.40	0.38	0.65
6	主梁正对称竖向弯曲	0.45	0.43	0.51
7	主梁反对称竖向弯曲	0.47	0.43	0.72

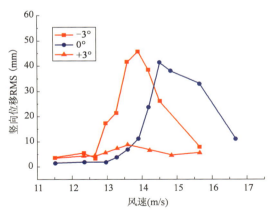

图 4.4-11 竖向涡振响应(阻尼比 0.38%)   图 4.4-12 竖向涡振响应(阻尼比 0.46%)

图 4.4-11 及图 4.4-12 所示试验结果表明,通过桥面设置抑振板构造,嘉绍大桥在桥梁实测阻尼比下,结构涡振振幅远低于允许值。

4.5 本章小结

根据嘉绍大桥分幅钢箱梁梁体宽、整体吊装难度大,以及强涌潮水域钢箱梁快速吊装的要求,提出分幅钢箱梁的新型构造设计。斜拉索横向采用四索面结构,即单幅主梁设置两根斜拉索,钢箱梁横梁设计兼顾了结构横向受力需要以及施工安全性和经济性,选择间隔一个梁段设置一道工字形横梁和箱形横梁。主要结论如下:

(1)分幅钢箱梁采用四索面、少横梁设计,使左右幅梁段可独立吊装施工,避免了整幅钢箱梁整体同步吊装的要求,降低了施工风险,为强涌潮钢箱梁快速吊装提供了可能;有效控制了钢箱梁的横向受力和变形,适应了刚性铰的施工和受力要求。

(2)钢箱梁采用独立吊装工艺,设计了临时横梁来代替施工过程中箱梁的受力需要。将横梁工地结构进行优化,将横梁中间段做小,降低了横梁施工难度,提高了施工工效。

(3)针对分幅钢箱梁涡激振动问题,提出一种新型振动控制措施,即桥面设置抑振板,不仅可以有效控制涡振大小,与传统风障措施相比,由于抑振板高度减小,透风率增加,对主梁风阻系数的影响小。

5 多塔斜拉桥钢箱梁外部检修设备研发

根据嘉绍大桥特点,本章研究可实现过塔过墩功能的检查车,以减少检查车的数量,并解决 X 托架索塔的钢箱梁检修盲区问题,实现钢箱梁养护维修的无盲区全覆盖。主要内容分为以下三部分:①轨道系统及桁架系统研发;②动力系统、驱动制动系统以及变轨旋转系统研发;③电控系统研发。

5.1 转体检查车

5.1.1 转体检查车研发背景

嘉绍大桥主梁采用全钢结构,为实现运营阶段对钢箱梁外表面涂装的养护维修,钢箱梁外部设置了养护维修专用设备,即钢箱梁外部检查车。根据钢箱梁外部检修的需要,检查车的设计需满足钢箱梁检修范围的无盲区全覆盖,如图 5.1-1 所示。

嘉绍大桥桥跨布置为:70m + 200m + 5 × 428m + 200m + 70m = 2 680m,索塔以及跨中刚性铰将钢箱梁检修划分为 10 个检修区段,如图 5.1-2 所示。同时钢箱梁左右分幅,全桥共有 20 个检修区段。采用常规检查车,全桥需要 20 台检查车才能满足需要。嘉绍大桥索塔采用独柱索塔形式,并设置 X 托架对钢箱梁进行竖向支撑,X 托架区域部位的钢箱梁若采用常规检查车形式,存在检修无法到达的盲区,如图 5.1-3 所示。

图 5.1-1　嘉绍大桥钢箱梁现场

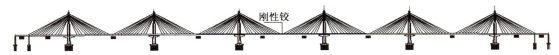

图 5.1-2　嘉绍大桥钢箱梁检修区段划分

5.1.2 转体检查车工作原理

根据上述嘉绍大桥多塔斜拉桥钢箱梁结构特点,拟研发适用于多塔斜拉桥的可转体检查车,实现检查车的过塔过墩功能,减少检查车的数量,并解决 X 托架索塔的钢箱梁检修盲区问题,实现钢箱梁养护维修的无盲区全覆盖目标。

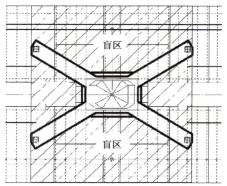

图 5.1-3　传统钢箱梁外挂检查车布置在 X 索塔盲区

转体检查车除了直线行走外,还需通过变轨转体实现过塔过墩以及检修索塔 X 托架盲区功能。转体过塔过墩动作原理:首先通过驱动装置转动旋转轨道将一侧轨道进行变轨,旋转变轨后通过左右驱动装置的协调动作,进行检查车顺时针或逆时针转体。转体动作为可逆动作,实施逆向动作即实现检查车转体还原。

转体检查车有直线行走、变轨、转体、斜行、转体还原五大基本动作。其中,变轨:通过驱动装置90°转动旋转轨道;转体:检查车在直线行走姿态下进行顺时针或逆时针转体;斜行:检查车在转体姿态下直线行走;转体还原:检查车由转体姿态归位到直线行走姿态,如图5.1-4所示。

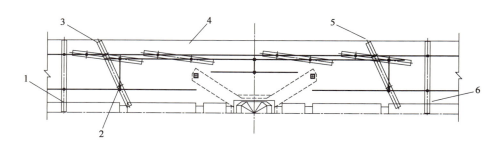

图 5.1-4　嘉绍大桥检查车过塔原理示意图

1-直行;2-变轨;3-转体;4-斜行;5-转体还原;6-直行

由于检查车可以过塔过墩,全桥钢箱梁以刚性铰伸缩缝为界,左右幅各一台检查车,全桥仅需设置四台检查车。

5.1.3　主要研究内容

检查车研发工作包括以下内容:

(1)检查车轨道系统及桁架系统设计。包括根据钢箱梁的外表面形状及设计荷载确定桁架结构,设置升降平台,并根据检查车转体功能目标进行轨道系统设计。

(2)检查车动力系统、驱动制动系统以及变轨旋转系统设计。确定检查车的动力驱动方式、制动方式,以及旋转轨道的旋转驱动方案设计等。各系统的研发均充分考虑设置足够的安全保护措施,确保检查车安全运行和工作。

(3)检查车电控系统设计。为确保检查车各基本动作(如直线同步行走、转体、转体还原)的顺畅完成,设计电控系统对左右两轨道驱动装置进行控制,完成协调动作。

(4)检查车的调试安装。由于研发的检查车功能复杂,为确保检查车安全可靠运营,在试验场地及桥位分别对检查车进行基本功能测试。测试内容主要包括:行走轮能否正常转动、转向机构能否正常转向、左右升降平台能否正常起升、各电器元件及各传感器能否正常工作、检查车各项安全保护措施是否工作正常等。

5.2 检查车轨道系统设计

5.2.1 轨道系统布置及动作设计

检查车采用传统悬挂式汽车起重机方案,即驱动机构通过钢轮倒置于 H 形钢轨道上。车架与驱动机构相连,在驱动装置作用下运行。

轨道系统是检查车行走和承载的基础,嘉绍大桥选定轨道规格型号为 HM250×175,设计吊点间距 L 为 3m。根据嘉绍大桥钢箱梁的结构形式和墩台(过渡墩、辅助墩、索塔 X 托架)的特点以及检查范围等进行研究。为了实现检查车过塔过墩功能,轨道系统除了纵向主行走轨道外,还设置了横向辅助轨道、纵向辅助轨道,各轨道之间通过旋转轨道进行变轨衔接。各轨道设置轨道连接支架与钢箱梁梁底固定。

轨道的布置和结构需满足以下几点要求:①纵向主轨道根据墩台进行最大范围布置,使其不受墩台宽度不同的影响,保持一致;②合理布置横向及纵向辅助轨道,使检查车过墩时与桥体不发生干涉;③合理布置索塔 X 托架区域辅助轨道,以满足该区域的无盲区全覆盖。

以往同类结构在转体过程中,检查车为单轨支撑,如图 5.2-1 所示。嘉绍大桥将检查车转体过程的轨道支撑调整为双轨支撑,使检查车在转体过程的结构安全性和稳定性更有保证。过渡墩、辅助墩和索塔三种不同的墩,根据前述轨道布置要求,通过平面布置及三维模拟进行轨道布置研究。轨道布置如图 5.2-2、图 5.2-3 所示。

根据嘉绍大桥钢箱梁的检修要求,检查车需完成以下特殊转体动作:过渡墩转体、辅助墩转体、检查车转体过塔并检修 X 托架横桥向盲区。上述三个功能目标均可通过转体检查车的直线行走、变轨、转体、斜行、转体还原五大基本动作组合完成,如表 5.2-1 所示。

图 5.2-1　同类检查车转体示意图(单轨支撑过塔)

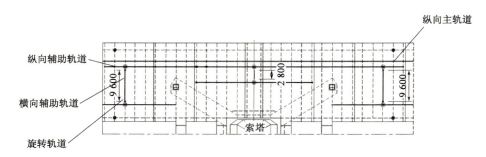

图 5.2-2　索塔轨道布置(尺寸单位:mm)

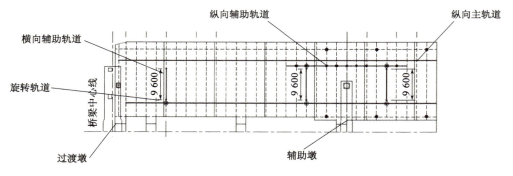

图 5.2-3　过渡墩、辅助墩轨道布置(尺寸单位:mm)

检查车转体动作设计汇总表　　　　　　　　　　　　　　　　表 5.2-1

转体动作	动作目的	动作步骤	示　意　图
过渡墩转体	检修过渡墩盲区	①左侧(右侧)驱动装置变轨; ②顺时针(逆时针)转体 75°; ③转体还原; ④左侧(右侧)驱动装置变轨还原	图 5.2-4

5 多塔斜拉桥钢箱梁外部检修设备研发

续上表

转体动作	动作目的	动作步骤	示意图
辅助墩转体	检修辅助墩盲区并穿越辅助墩	①左侧(右侧)驱动装置变轨; ②顺时针(逆时针)转体83°; ③转体穿越; ④转体还原; ⑤左侧(右侧)驱动装置变轨还原	图 5.2-5
检查车过塔并检修X托架横桥向盲区	检修索塔X托架横向盲区并穿越索塔	①左侧(右侧)驱动装置变轨; ②顺时针(逆时针)转体83°; ③转体穿越索塔或部分动作还原进入X托架横桥向边跨侧盲区; ④转体还原; ⑤左侧(右侧)驱动装置变轨还原	图 5.2-6

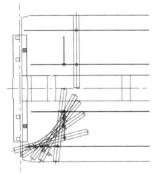

图 5.2-4 检查车过渡墩转体动作示意

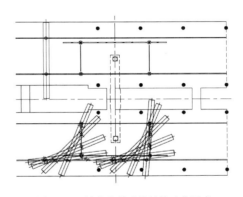

图 5.2-5 检查车辅助墩转体动作示意

在图 5.2-6 动作步骤中,检查车可直接穿越索塔,也可在穿越过程中部分还原转体动作进入 X 托架中跨侧或边跨侧盲区。

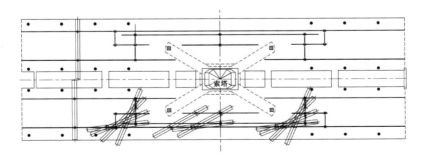

a) X 托架盲区边跨侧盲区

图 5.2-6

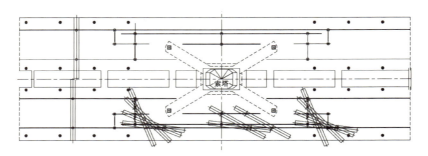

b) X 托架盲区中跨侧盲区

图 5.2-6　检查车过塔并检修 X 托架盲区动作示意

5.2.2　旋转轨道设计

旋转轨道由连接座、回转支承、轨道组成。旋转轨道两端设可自动复位的安全挡块和轨道搭板卡块。自动复位的安全挡块用于保证检查车跨轨道断面行进的安全性。轨道搭板卡块用于保证旋转轨道与固定轨道的搭接平整和准确对位,如图 5.2-7 所示。

图 5.2-7　旋转轨道结构

5.3　检查车桁架系统设计

检查车桁架系统主要承受自重以及维护人员、检修设备等重量。桁架系统主要由主桁架、龙门架以及升降小车组成,如图 5.3-1 所示。设计参数见表 5.3-1。

检查车设计参数　　　　　　　　　　表 5.3-1

项　　　目		设　计　参　数
桁架设计荷载	均布(kN/m^2)	0.3
	集中(kN)	3.5
工作运行速度(m/min)		0～10(可调速)
最大横向轮距(mm)		13 200
最大轴距(mm)		580

续上表

项　　目	设　计　参　数
整车全长(mm)	29 000
主体车架宽(mm)	1 900
主体车架高(mm)	1 150
平台距箱梁底部距离(操作空间)(mm)	1 995
检查车质量(t)	≤11

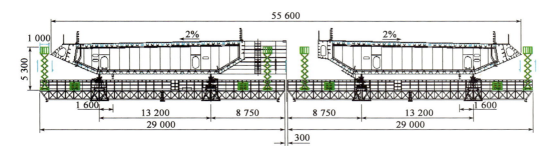

图 5.3-1　检查车总体安装示意(尺寸单位:mm)

主桁架是检查车的工作平台,主要用于承受自重以及人员、维护设备等重量并保障人员通行。桁架选用 6061-T6 航空铝合金管材制作并设置预应力钢丝绳,以减小结构自重并提高海洋环境下的结构耐久性。为了方便运输,将桁架由中间分成两部分,两段桁架(每段长 14.5m,总长 29m)由凸缘连接盘通过螺栓连接,如图 5.3-2 所示。

龙门架用于连接桁架与行走机构,是桁架系统主要的承载结构。为保证承载的要求,龙门架采用 Q345D 材料。为方便桁架的安装,龙门架采用上平台与 U 形架组合,使用螺栓连接的设计。考虑减小桁架铝合金局部应力,增加龙门架与主桁架的接触面积(直腹杆 3 个节点处于 U 形架内),龙门架 U 形架采用下宽上窄的结构,如图 5.3-3 所示。

为了满足钢箱梁翼缘的检查要求,在检查车两端的桁架平台上设置液压升降小车。升降小车可在桁架平台上沿横桥向移动,以保证箱梁翼缘部分检查的全覆盖。升降小车采用翻转组合式的护栏设计,应满足其护栏高度大于或等于 1.2m,且升降小车回到最低位置时整车高度不超过检查车桁架护栏高度的要求,如图 5.3-4 所示。

升降小车采用布置专用轨道的方式防止其受风荷载的作用产生倾翻,如图 5.3-5 所示。采用位移传感器控制的方式实现升降小车与检查车行走的互锁性,保证升降小车使用时的安全。

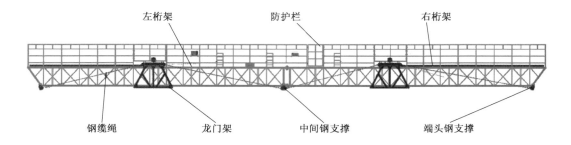

图 5.3-2 检查车桁架系统

图 5.3-3 龙门架侧面和立面

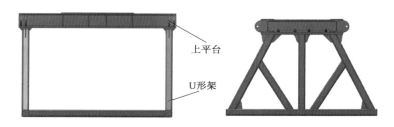

图 5.3-4 升降小车示意　　图 5.3-5 升降小车防倾翻示意

5.4 检查车行走系统、制动及变轨回转装置

5.4.1 驱动方式设计

检查车可供选择的驱动方式有液压传动和电力传动两种。液压传动是用液体作为工作介

质来传递能量和进行控制的传动方式。液压传动有以下优点：①体积小、重量轻；②可无级调速，且调速范围大；③液压泵和液压马达之间用油管连接，在空间布置上彼此不受严格限制；④由于采用油液为工作介质，元件相对运动表面间能自行润滑，磨损小，使用寿命长；⑤操纵控制简便，自动化程度高；⑥容易实现过载保护；⑦液压元件实现了标准化、系列化、通用化，便于设计、制造和使用。但液压传动也存在以下不足：①维护要求高；②液压元件维修较复杂；③对油温变化较敏感；④系统效率较低；⑤无法保证严格的传动比。电力传动是由发电机或电池组输出电能使电动机驱动机构运动的传动方式，可通过电动机和减速机驱动行走轮，通过变频调速实现系统无级调速。电力传动具有调速范围广，输入元件、输出元件（电动机）及控制装置可分置安装等优点。由于电子技术在信号处理和速度方面占有很大的优势，且不用燃料、无污染、无噪声、工艺简单、造价低，所以广泛应用于工农业生产、交通运输、国防科技等各方面。

　　桥梁检查车使用周期为每个月1~2次，使用频率较小且要求与大桥同寿命使用。因此，需要检查车驱动系统的使用寿命较长，可靠性高，维护方便等。根据大桥实际情况，以电机行走、回转驱动作为驱动方案完全满足检查车行车、转体及安全性方面的要求，最终采用了电机驱动作为检查车驱动方案。

　　根据供电方式的不同，传统方式下检查车电源主要采用汽油发电机、柴油发电机、滑触线三种供电方式，随着电池技术的飞速发展，电池组供电已作为一种新的供电方式被广泛应用和推广。每辆检查车的检修距离2km左右，考虑锂电池、发电机、滑触线这三种供电方式各有优劣，详细比较见表5.4-1。

动力源方案比较　　　　　　　　　　　　　　　　　表5.4-1

比较项目	锂电池方案	发电机方案	滑触线方案
投资	初期投资相对较高	相对较低	因运行距离远，初期投资高
现场安装	容易，只需将电池组放在检查车平台上，用螺钉与检查车安装、固定	容易，通过发电机自带的机械锁定装置即可放置在平台上	因为铺设在桥下，需要运载机械，会耗费大量的人力、物力，对安装质量的要求会很高
固定位置	检查车任意位置	检查车任意位置	固定在钢箱梁外部
操作的方便性	简单，只需合上空气开关	比较简单，需先接通点火开关，再调节风门大小，正常后合上自带的空气开关	简单，只需合上大桥配电箱的空气开关
可靠性	高，电池在放电过程中，电压衰减小，而且逆变器工作范围较大，输出电压、频率精度高	相对较高，电压输出波动较小	相对较低，当直线距离较长时，电压降较大；滑触线易膨胀，炭刷易磨损，造成接触不良
安全性	较高，电池单体有过流、过热保护，电池组内部有保护单元和散热通道，并通过新能源汽车电池管理系统(BMS)进行充放电智能管理	相对较低，汽油和柴油均属于易燃物品，存在安全隐患	相对较高，通过绝缘材料覆盖

续上表

比较项目	锂电池方案	发电机方案	滑触线方案
环保性	对环境无污染	运行时,有大量浓烟产生,并伴随刺耳的噪声,污染环境	对环境无污染
维护保养	根据检查车运行情况,每月运行1~2次,符合电池组的维护保养原则,工作量相对较小	需要定期更换润滑油,清洁或更换空滤和润滑油过滤器的滤芯,工作量相对较小	需定期检查滑触线和电刷,因为电刷容易磨损,需定期更换,工作量及成本相对较大

以上三种供电方案都有其各自的特点,比较而言,锂电池供电方案具有操作简单、运行风险小、安全可靠性高、后期维护保养简单、对环境无污染等优点,是目前国家正在推广的一种新能源形式,因此采用该方案作为检查车的供电方式。

锂电池设计已知条件(以下参数均是根据检查车在50%额定负载下运行所计算的数据):锂电池组输出的功率 $P = 3.312/(0.9 \times 0.88) = 4.18 \text{kW}$;锂电池组的额定电压 $U = 115\text{V}$;额定功率下锂电池组续航时间 $T = 8\text{h}$。

计算结果:锂电池组输出的电流 $I = 4.18 \times 1000/115 = 36.3\text{A}$;锂电池组的容量为 $36.3 \times 8 = 290.4\text{A} \cdot \text{h}$。根据计算选择标称电压为115.2V、容量为300A·h的锂电池组,如表5.4-2所示。

锂电池参数表   表5.4-2

序号	项目	常规参数	备注
1	额定容量	300A·h	0.33C 放电@25℃
2	标称电压	115.2V	
3	充电最高电压	131.4V 或单体最高3.65V	
4	充电方式	CC/CV	
5	充电电流	70A	
6	充电时间	~5h	
7	正常工作电流	96A	
8	持续最大工作电流	158A	
9	工作温度范围	充电:0~45℃	
		放电:-10~60℃	
10	车载储存温度	-10~60℃	
11	电池单体仓库储存温度范围	一个月:-20~45℃	

5.4.2 制动方式设计

检查车在行走时可以随时安全有效实现制动,且在驻车进行梁底检修时也能保证制动安全。制动方式包括:电机抱闸制动、电磁顶轨制动和手动丝杠制动。三种制动功能相互独立,可以最大限度地确保检查车运行作业安全。制动装置具体设计如下:

(1)电机制动采用自带抱闸功能的专业制动电机,电机断电情况下对输出轴进行抱轴,达到制动停车的目的,电机制动器如图5.4-1所示。在系统断电或故障情况下,为实现手驱动行走,需手动释放该功能。

(2)电磁顶轨制动器安装在驱动箱墙板上,位于行走轨道两侧,如图5.4-2所示,断开系统电源,顶轨制动器在阀体内制动弹簧作用下,通过活塞杆顶推摩擦片与轨道腹板摩擦实现制动。电磁顶轨制动是在电机制动的基础上增加的又一制动功能,该功能的增加可弥补电机制动出现故障后的制动安全问题。

 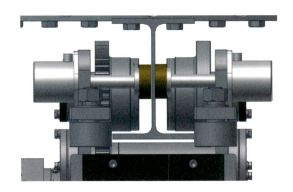

图 5.4-1　电机制动器　　　　　图 5.4-2　电磁顶轨制动示意

(3)手动制动安装在驱动箱墙板上,位于行走轨道两侧,如图5.4-3所示,是通过转动手轮带动丝杠顶压轨道腹板实现制动。手动制动是在电机制动及电磁制动的基础上增加的机械制动功能,该功能可有效地解决检查车驻车制动后的制动安全问题。

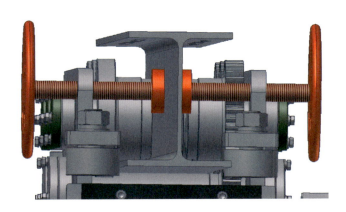

图 5.4-3　手动丝杠制动示意

5.4.3　行走及回转机构设计

(1)行走机构设计

左右行走小车行走轮全部为驱动轮(左右各3组);可提高行走驱动力并防止行走小车在

轨道上打滑,无论直线行走还是过墩及侧移行走,左右行走小车始终跨在两根轨道上移动,而且单边轮组(3组)最少有2组轮始终接触轨道,可克服轨道接缝或不平整时的行走障碍,从而保证整个装置平衡稳定运行。行走机构设计布置如图5.4-4和图5.4-5所示。

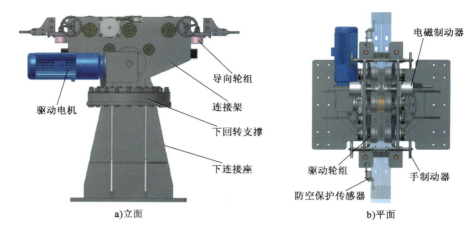

图 5.4-4　机构布置一(不设旋转驱动)

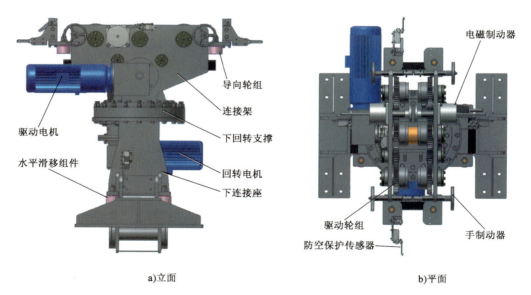

图 5.4-5　机构布置二(设旋转驱动)

(2)回转减速方案设计

由于回转驱动减速比较大,可采用螺旋锥齿和多级直齿减速两种方案。螺旋锥齿减速方案:减速比大,机构简单,强度高,成本小,但体积较大;多级直齿加锥齿减速方案:每级减速比小,需采用多级减速,机构复杂,成本较高,但体积小,可选性多,而且角度编码器安装方便。由于受到回转机构尺寸限制及功能要求(安装角度编码器实现检查车同步及转体控制),最终采用多级直齿加锥齿减速,如图5.4-6所示。

5 多塔斜拉桥钢箱梁外部检修设备研发

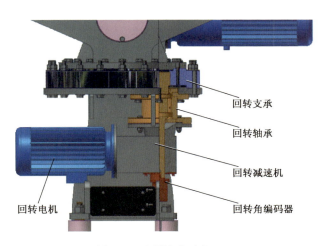

图 5.4-6 回转机构示意

（3）直线同步及转体控制设计

检查车在钢箱梁轨道上运行，由于检查车自身的加工和装配误差、负载不平衡、轨道的摩擦和平行度等诸多因素的影响，会造成两侧行走的不同步，当累积误差达到最大时，会形成卡轨的现象。传统调偏采用在旋转机构上安装限位传感器和滑移补偿的方式来实现专用检查小车的同步行走及转体控制。旋转机构上下回转盘上分别安装限位传感器和位置挡块作为检查车行走时车体是否偏转的感应元件，原理图如图 5.4-7 所示。

检查车左右小车不同步时，车体会发生偏转，当偏转累积到一定量时，传感器将触碰位置挡块，检查车控制系统通过有效的逻辑判断，确定左右小车的快慢，再相应地调快或调慢单侧小车以达到左右小车同步行走。该方案在检查车同步直线行走的控制上能满足要求。但因为行程开关本身的响应角度大和控制范围小，需要人为设定调速时间等，其调偏效果差，且不能满足小车转体控制上的设计要求。

根据行走机构的结构特点，用精度高、响应时间短的编码器（图 5.4-8）实现闭环控制，达到良好的同步运行效果。编码器的电气参数见表 5.4-3。

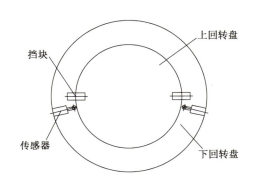

图 5.4-7 采用限位传感器和滑移补偿的同步控制原理图

图 5.4-8 绝对值编码器

编码器的电气参数 表5.4-3

供 电 电 压	10~30VDC	测 量 精 度	1/4 096
电流损耗	最大2.2W	圈数	4 096
分辨率	2^{12}	编码形式	二进制

采用在行走小车上安装角度编码器和滑移补偿的方式实现专用检查小车的同步行走及转体控制。角度编码器需标定一初始角度,检查车直线行进时若左右小车不同步,车体发生偏转,待偏转角度达到设定的纠偏角度后,检查车控制系统通过有效的逻辑判断,确定左右小车的快慢,再相应地调快或调慢单侧小车以实现左右小车同步行走。检查车做转体动作时,其控制系统通过角度编码器测定的车体偏转角判断检查车位置,以便准确控制左右小车速度的大小,保证检查车实现平顺转体。角度编码器的使用满足了检查车同步直线行走,平顺转体过墩、塔的功能要求。

①直线行走。a. 当两侧行走机构中心位置在一条水平线时,按清零按钮,将此时编码器的角度 θ_1 作为相对零度位置。b. 假设在前进方向,左侧快于右侧,编码器顺时针旋转,编码器值增大,此时的角度为 θ_2。当 $\theta_2 - \theta_1$ 的值大于 $0.1°$ 时,右侧速度不变,左侧速度减小;右侧快于左侧时,编码器逆时针旋转,编码器值减小;当 $\theta_2 - \theta_1 < -0.1°$ 时,左侧速度不变右侧速度减小。编码器检测旋转角度实质上检测的是两侧行走机构的相对位移,因为编码器的检测精度高、传输速率快,控制器响应时间短,形成位置闭环控制,可以很好地实现同步运行控制,避免卡轨现象的发生。

②转体行走。图5.4-9所示为变轨运行示意图。假设图中左右行走为前进方向,在变轨模式下,通过程序设定在两侧行走机构处于同一水平位置时,让右驱动先运行,控制器检测与

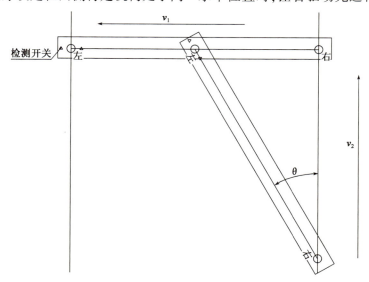

图5.4-9 变轨运行示意图

左驱动连接的编码器的角度是否达到设定值;如果达到,左右驱动同时运行,运行的速度通过模拟量手柄进行无级调速。在 $0° \leq \theta < 45°$ 时,将右驱动的变速运动 v_2 看作恒速运行,左侧 v_1 相对右侧做变速直线运动,通过分析 $v_1 = v_2 \times \tan\theta$;当 $45° \leq \theta < 90°$ 时,v_1 看作匀速运行,$v_2 = v_1/\tan\theta$。因为装配误差以及轨道摩擦阻力和形变的不同,在相等的时间内,左右驱动的位移不是 $\tan\theta$ 的关系,在累积误差达到一定时,滑动侧会出现机械撞击。为了防止该现象发生,在滑动龙门侧前后安装位置保护检测开关,使引起撞击侧的驱动减速,从而实现平滑变轨。

5.5 行车安全方案设计

5.5.1 主轨道安全保护

转体检查车轨道断点多,为保证检查车的行车安全,在轨道末端设置了固定挡块,如图 5.5-1 所示;在与旋转轨道对接处设置自动复位挡块,如图 5.5-2 所示。

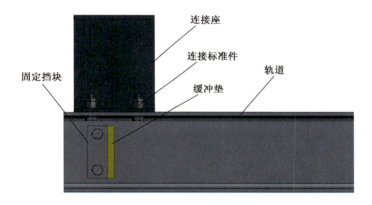

图 5.5-1 轨道末端挡块

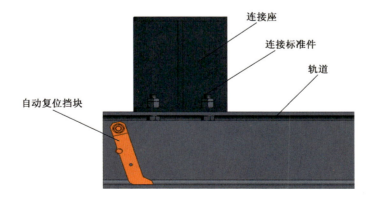

图 5.5-2 固定轨道与旋转轨道对接处

自动复位挡块由可旋转的挡块和拨块组成,可旋转的挡块内嵌磁力机构,使其可任意停留于轨道腹板各位置;拨块安装在驱动箱墙板上,位于行走小车两端。当检查车经过可旋转挡块时,拨块便将挡块由位置Ⅰ拨动至位置Ⅱ,由此完成挡块自动复位功能,原理如图 5.5-3 所示。挡块自动复位功能的应用,其目的在于保证检查车在经过自动复位挡块后挡块处于安全位置,有效地保证了检查车跨轨道行进的安全性能。

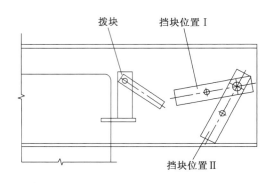

图 5.5-3　挡块自动复位原理图

由于挡块自动复位机械故障,或人为疏忽,可能在旋转轨道两端没有放下机械挡块,容易造成检查车脱轨的危险。为了安全,在检查车左右两侧行走机构前端装有危险检测开关,当检测到行走部分开始脱离轨道时立即停车。轨道缺陷探测安装在驱动箱墙板上,位于行走小车两端,通过探路传感器紧贴轨道翼板以检测轨道间隙是否过大、是否连续实现轨道缺陷探测,原理如图 5.5-4 所示。轨道缺陷探测可有效避免受人为操作及轨道缺陷等因素造成检查车脱轨的危险。

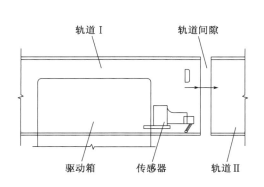 

图 5.5-4　轨道缺陷探测原理图

5.5.2　旋转轨道安全保护

(1)90°旋转限位。旋转轨道具有 90°旋转限位功能。该功能采用在旋转盘上安装机械限位块的方式实现,原理如图 5.5-5 所示。旋转限位功能的增加,杜绝了操作人员的转轨误操作,有效地保证了检查车在转轨过程中的安全性。

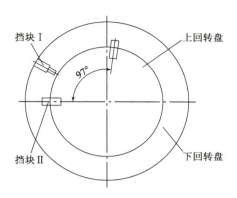

图 5.5-5　90°限位原理图

(2)旋转轨道对中停车。检查车到达旋转轨道处,必须让检查车的行走部分处于旋转轨道的中心位置时才能对轨道进行旋转,否则轨道在检查车自身重力的作用下会反方向旋转,误伤工作人员。采用在旋转轨道中部布置挡块,驱动箱墙板中部安装对中传感器实现停车,原理如图 5.5-6 所示。

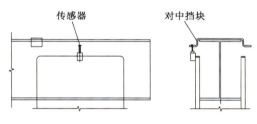

图 5.5-6　对中停车原理图

该功能的增加有效地保证了检查车进入旋转轨道的安全性,更有利于检查车变轨转体动作的顺利实施,实物如图 5.5-7 所示。

图 5.5-7　对中停车构造现场实物

(3)旋转轨道对齐卡块。轨道的回转用变频器驱动电机调速控制,在回转轨道和固定轨道的对接处设有机械连接块,在回转前需要取下连接块,如果不取下机械连接块,会使变频器因负载过大而报警,同时也影响回转电机使用寿命。所以从安全角度考虑,旋转应采用电气开关手动控制,调速采用电位器调速,使电机的速度可以无级调速并快速变轨到位,如图5.5-8所示。

图5.5-8　旋转轨道搭板卡块

5.5.3　电气安全保护

(1)接地故障保护。电气产品随着使用年限的增加,线缆和绝缘外壳有磨损、老化的现象;当工作人员意外接触系统带电部分时,利用漏电保护器的剩余电流检测实现接地故障保护,防止人身触电事故及漏电引起的电气火灾和电气设备损坏事故。

(2)驱动电机保护。电机作为检查车唯一的行走和回转驱动,需要对其性能进行保护,以使电机正常安全运行。利用变频器的检测和保护功能,当电机出现过载、过流、欠压、缺相等故障时,变频器停止运行,使电机自由停车,避免烧毁电机绕组,影响检查车的正常运行。

5.5.4　外部设备用电控制

检查车是检修桥梁的一种实用型设备,为工作人员提供了一个运载工具和工作平台。检查车上配置了升降平台,如果在升降平台升起时,由于工作人员的疏忽,开动检查车,会对升降平台上的工作人员造成意外的伤害,如撞上金属物或倾倒,因此必须对升降平台进行控制。在升降平台的最低位置安装位置检测开关,当检测开关检测到最低位置时,才能启动操作系统。为了工作人员的人身安全,禁止在检查车运行时,使用控制系统提供的外部电源,通过一个简单的开关互锁回路,使外部用电和系统工作不能同时进行。

5.5.5　风速检测报警保护

在有江海的区域,由于受地理位置因素的影响,常有大风现象。为了保护人身安全,检查车禁止在设定的风速以上运行。当风速超过设定值时,风杯检测出此时的风速,通过报警仪发出声光信号,并且传递信号给主控制器切断检查车的运行信号,停止工作。风速报警仪如图 5.5-9 所示。

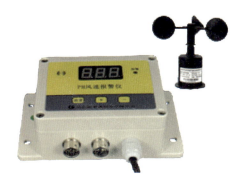

图 5.5-9　风速报警仪

5.6　检查车的安装与调试

5.6.1　检查车的安装

嘉绍大桥全桥共布置 4 台转体检查车,根据各检查车负责养护的区域,选择安装位置分别位于 Z4 塔与 Z7 塔。检查车安装前准备工作为:

(1)轨道系统全部按图纸要求安装完成,检验合格;
(2)检查车所有零部件制作完工,检验合格;
(3)检查车各部件按要求运输至指定吊装位置。

检查车具体安装步骤如图 5.6-1 所示。

图 5.6-1　检查车安装步骤示意

(1)总装。

在指定场地按设备总装图完成检查车的各部件安装固定及各电器件的线缆连接,检查车总成如图 5.6-2 所示。

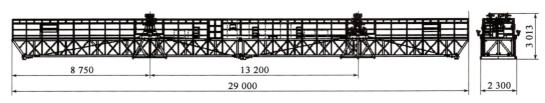

图 5.6-2　检查车总成示意图(尺寸单位:mm)

(2)基本功能测试。

检查车在吊装前应进行基本功能测试,测试内容主要包括:行走轮、转向机构、左右升降平台、各电器元件及各传感器等能否正常工作。

(3)卸装主轨道。

拆除指定墩台处 2 段主轨道,解除小车的行走功能使驱动轮停止转动、电磁制动装置处于开位,将轨道穿入左右行走小车,闭合电磁制动及手制动螺杆将其固定。具体如图 5.6-3 所示。

图 5.6-3　轨道卸装

(4)吊装。

在对应桥面上安装卷扬机 2 套或者准备 20t 汽车起重机 2 台,使用吊装质量≥5t 的吊装带,吊钩放下的吊装钢丝绳不得与钢箱梁边缘有摩擦接触,如图 5.6-4 所示。将检查车桁架设备吊装到位后,固定轨道。轨道固定完毕后,放下吊钩,取下吊带,吊装工作结束。

5.6.2　检查车的调试

检查车吊装完成后进行全桥跑合调试,主要测试检查车及轨道系统是否满足设计要求。根据检查车的实际使用情况,按区域(过渡墩区域、辅助墩区域、索塔区域)进行测试。具体检测项目如下:

(1)检查车基本功能:

①启动是否平稳,测启动时间(设计启动时间≤2s)。

②行走是否平稳,行走速度(设计值 0~10m/min)及其调速可控性;观察左右轮组是否同步行走,如发生不同步,能否自动纠偏。

③各机构及传感器是否正常工作。
④制动可靠性(设计制动时间≤1s,理论计算制动距离8.5mm)。
⑤测电源续航能力(设计续航时间≥8h)。
⑥液压升降平台的升降与检查车行走的互锁功能。
⑦驱动小车进入旋转轨道的自动对中停车功能。
⑧回转是否平稳,测回转速度(设计回转速度0~3r/min)。
⑨旋转轨道处的误操作风险规避功能(只能沿正确的方向转动90°)。
⑩转体斜行状态是否平顺稳定。
⑪检查车桁架与桥墩的碰撞风险规避。
⑫正、逆向转体功能。
⑬变轨行进时左右驱动小车速度自动调节功能。

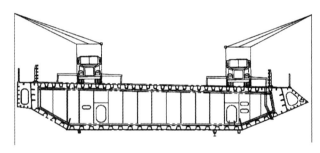

图 5.6-4　检查车桁架吊装示意

(2)轨道系统:

①在区间检查车行走到距离轨道支架最远点时测量该点的轨道挠度,同时在运行过程中目测检查轨道其他位置是否变形过大。

②专用检查车经过旋转轨道时是否平顺,旋转轨道与主轨道连接、各安全组件等是否满足设计及行车要求。

(3)区域扫盲:

过渡墩区域、辅助墩区域、索塔区域检查车能否实现全覆盖,无死角。

检查车现场测试见图 5.6-5。

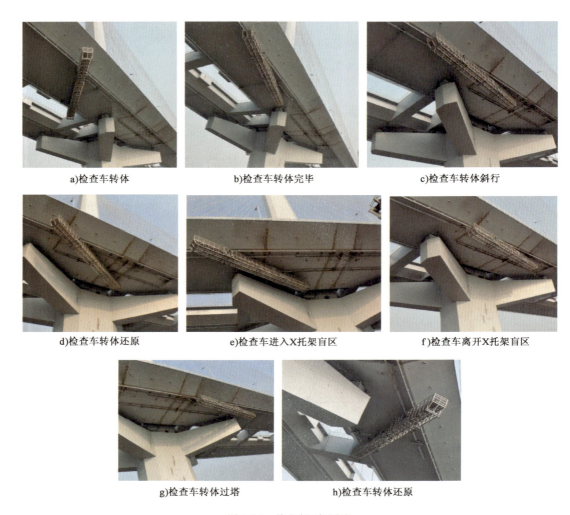

图 5.6-5 检查车现场测试

5.7 本章小结

嘉绍大桥检查车具有转体过塔过墩功能,同时可实现索塔 X 托架区域钢箱梁的无盲区全覆盖。研发的检查车具有以下技术特点:

(1)在墩、塔处安装旋转轨道和辅助轨道以实现变轨过墩、塔及区域全覆盖(如 X 托架根部等),转体过程检查车采用双轨支撑,安全性、可靠性好;

(2)采用挡块自动复位、旋转轨道安全保护、旋转轨道对中停车、旋转轨道对齐卡块等安全措施,有效地保证了检查车跨轨道行进的安全性能;

(3)工作平台采用铝合金桁架结构,在满足刚度、强度和稳定性要求下,极大地减轻了设备的整机总重;

（4）驱动方式采用电驱动，供电方案采用锂电池方案，既保证了系统整机用电要求，又体现了环保的设计理念；

（5）采用精度高、响应时间短的编码器实现闭环控制，达到良好的同步运行效果，保证了检查车设备可靠的控制性能。

上述技术特点解决了多塔斜拉桥钢箱梁养护维修技术难点问题，为未来超长多跨结构养护设备研发积累了宝贵的经验。

6 刚性铰设计关键技术

根据刚性铰的功能要求以及多塔斜拉桥钢箱梁的结构特点,本章提出的刚性铰结构设计方案不仅能适应其在多塔钢箱梁斜拉桥全桥结构中的力学边界条件,包括变形边界条件和弯、扭、剪等受力边界条件,还充分兼顾了制造加工及安装的要求。设计方案对运营阶段的维修更换以及长期耐久性提供充分的考虑与保证措施。研究的核心是通过构造设计实现刚性铰滑动自如、安装便捷、维护容易、更换方便的目标,而不是通过提高刚性铰加工制造的精度来达到目标。

6.1 刚性铰技术国内外发展概况

6.1.1 混凝土主梁刚性铰

刚性铰是一种特殊的大型主梁机械构造,该构造可实现主梁的纵向伸缩变形,释放轴向力,且同时可抵抗弯矩、剪力和扭矩,以满足梁体的受力需要,并确保桥面平顺。根据对国内外应用情况调查,该项技术目前主要应用于混凝土连续梁桥和地锚式混凝土梁斜拉桥(背索锚固在桥台上的一种斜拉桥)中,尤其预应力混凝土梁式桥中应用较多。连续梁桥中通过设置跨中刚性铰构造,可缓解联长过长对下部结构的温度受力影响以及地震荷载对下部结构的影响,同时取消联与联间的过渡墩,避免了边中跨跨径不同带来的景观问题。具体工程实例有美国 Oakland 海湾大桥引桥、新 Benicia Martinez 桥(位于美国加利福尼亚州,跨越 Carquinez 海峡)、奥泰桥(位于美国圣地亚哥南部,2007 年 3 月通车),如图 6.1-1~图 6.1-4 所示。

图 6.1-1 美国 Oakland 海湾大桥引桥

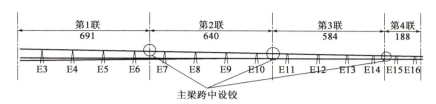

图 6.1-2 美国 Oakland 海湾大桥引桥(尺寸单位:m)

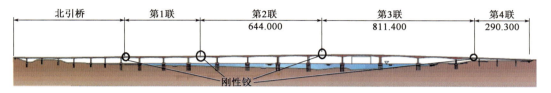

图 6.1-3 美国新 Benicia Martinez 桥(尺寸单位:m)

图 6.1-4 美国圣地亚哥奥泰桥

湖北郧阳汉江大桥为主跨 414m 地锚式斜拉桥,主梁设置了可伸缩装置,见图 6.1-5。

a)总体桥型

b)主梁边跨与桥台固结

c)主梁跨中设置伸缩缝

图 6.1-5 郧阳汉江大桥

日本菅原城北大桥为主跨238m钢箱梁斜拉桥,在斜拉桥边跨与相邻预应力混凝土连续刚构连接位置,取消过渡墩,设置刚性铰构造,见图6.1-6。

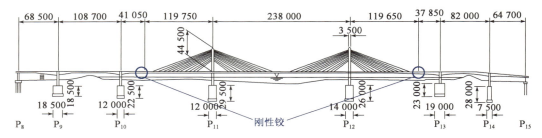

图6.1-6 日本菅原城北大桥斜拉桥桥型布置图(尺寸单位:mm)

混凝土梁桥结构中应用刚性铰构造的主要特点为:

(1)混凝土梁桥的特点是梁体刚度较大、整体变形小,尤其侧向刚度大,主体结构所受恒载比例大,成桥活载比例小。同时梁式桥设计通常把刚性铰设置在恒载弯矩较小的跨中或1/4跨位置,且在结构合龙后进行体系转换让刚性铰参与受力,结构恒载大部分由主梁承受,刚性铰构造承担少量可变荷载。由于刚性铰受力较小,其内部构造尺寸相应也比较小,设置在梁体跨中断缝处的小箱梁可视为运营阶段可变荷载引起梁端相对变形的约束构造。如Oakland海湾大桥引桥刚性铰内部两个小梁采用圆管形式,见图6.1-7。

图6.1-7 Oakland海湾大桥引桥刚性铰构造

日本菅原城北大桥采用刚性铰构造联系连续刚构桥和钢斜拉桥,小箱梁锚固在混凝土连续刚构端部,利用混凝土梁桥相对钢主梁整体刚度大的特点,刚性铰纵向仅设置一排支座,见图6.1-8。美国新Benicia Martinez桥采用非对称刚性铰构造,利用梁式桥侧向刚度大,受力变形小的特点,刚性铰不设置侧向受力支座。

(2)由于混凝土结构可塑性强,混凝土主梁在刚性铰支座局部力施加的位置可设置整体横隔板,刚性铰小箱梁与主梁连接处的局部受力也可通过厚度较大的端横隔板来满足要求,由于横隔板体量大,局部受力安全性高,如图6.1-8日本菅原城北大桥、图6.1-9美国新Benicia Martinez桥所示。

（3）混凝土结构可在桥位现场浇筑成形，混凝土梁体和小箱梁可分别施工，刚性铰不需要整体吊装，施工风险小且刚性铰构造精度调整余地大。图 6.1-10 给出了美国新 Benicia Martinez 桥刚性铰总体施工流程，首先利用挂篮吊装刚性铰小箱梁，小箱梁与另一侧主梁端部连接固定后，小箱梁外部主梁可以按照正常梁段的悬臂浇筑工艺施工。刚性铰支座可在小箱梁安装到位后浇筑混凝土并固定，见图 6.1-11。

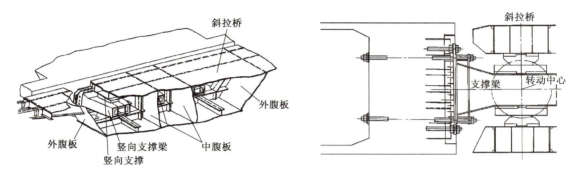

图 6.1-8　日本菅原城北大桥斜拉桥连续刚构刚性铰构造

图 6.1-9　美国新 Benicia Martinez 桥刚性铰构造

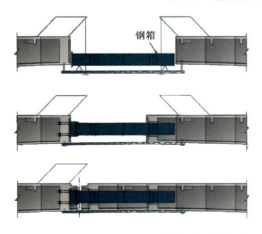

图 6.1-10　美国新 Benicia Martinez 桥刚性铰总体施工流程

图 6.1-11　美国新 Benicia Martinez 桥支座安装

美国奥泰桥主梁采用预制节段拼装施工,刚性铰小箱梁体量小,采用架桥机直接吊装就位,如图 6.1-12 所示。

图 6.1-12　美国圣地亚哥奥泰桥刚性铰小箱梁架桥机安装

与梁式桥相比,斜拉桥跨度大且主梁为柔性结构,因此斜拉桥刚性铰的受力比梁桥刚性铰大,同时斜拉桥温度变形大,对刚性铰的变形能力要求增加。为满足结构受力需要,斜拉桥刚性铰小箱梁构造尺寸也较大,例如湖北郧阳汉江大桥刚性铰构造在混凝土梁内部设置 4 个 1m 高的小钢箱梁,小钢箱梁四周设置 8 个滑板支座,由于小箱梁受力较大,如果刚性铰采用非对称结构形式,小箱梁直接与主梁连接固定,则小箱梁将会影响主梁的整体受力变形,同时还需要解决小箱梁和主梁的刚度过渡问题。为了避免这个不利情况,郧阳汉江大桥跨中刚性铰采用对称结构,如图 6.1-13 所示。

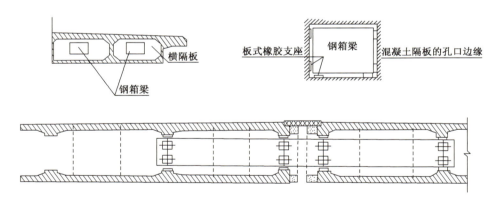

图 6.1-13　郧阳汉江大桥跨中刚性铰构造

刚性铰支座是刚性铰构造中容易发生损坏的部件,如果处理不当容易在运营阶段发生病害。郧阳汉江大桥刚性铰支座采用比较简易的构造形式,其中支座摩擦副由 5mm 不锈钢板和橡胶块构成,如图 6.1-14 所示。郧阳汉江大桥 1994 年通车,2010 年检查发现刚性铰支座破损严重,橡胶老化,固定型钢与不锈钢板发生接触变形,支座摩阻增大。由于支座安装空间狭小,支座发生损坏后的维修更换非常困难,如图 6.1-15 所示。

图 6.1-14　郧阳汉江大桥刚性铰小箱梁及支座

图 6.1-15　郧阳汉江大桥刚性铰支座病害

6.1.2　钢箱梁刚性铰

国内外目前还未有在钢箱梁斜拉桥中应用刚性铰技术的实例。嘉绍大桥刚性铰构造是世界上首次在大规模多塔斜拉桥中采用。多塔斜拉桥钢箱梁中的刚性铰设计有以下特点和难点:

(1)钢结构对刚性铰构件之间的装配精度要求高,制造和现场安装难度也较大。以往刚性铰应用于混凝土结构中,由于主梁采用混凝土材料,小箱梁尺寸也较小,可以将小箱梁与外部主梁在现场分别施工成形,即先安装小箱梁后施工外部主梁,或先施工外部主梁后安装内部小箱梁,小箱梁精度可在现场调节和控制。钢箱梁通常采用工厂整体预制、现场节段拼装的施工方式,因此钢箱梁刚性铰无法采用先安装内部小箱梁,后安装外部主梁的施工次序。另一方面,由于多塔斜拉桥刚性铰小箱梁所需受力尺寸大,若先施工外部主梁,小箱梁现场安装施工风险高。

(2)多塔斜拉桥刚性铰受力大。刚性铰在混凝土梁桥中受力较小,而多塔斜拉桥是一种柔性结构,主梁成桥内力中恒载比例下降,汽车、温度、风等其他可变荷载所占比例增加,因此在斜拉桥中刚性铰将承受与普通主梁几乎同等大小的力,小箱梁构造不仅仅是约束梁端相对变形的次要受力构造,包含小箱梁在内的整个刚性铰梁体应该被视为一个需要和普通梁体具有相同承载力的特殊梁段,需要设置较为强大的小箱梁构造来满足其受力需要。由于刚性铰的受力增大,内部刚性铰支座的受力也会随着增大,支座对主梁局部构造处理的难度也增加,同时支座对滑移面精度的要求也更加苛刻。

(3)多塔斜拉桥刚性铰纵向相对变形大。多塔斜拉桥的特点是联长,刚性铰的伸缩变形量大。嘉绍大桥主梁长度达2 680m,且主梁为钢结构,相比以往混凝土结构,温度变形大得多,刚性铰小箱梁的受力长度延长。

(4)钢箱梁耐久性设计要求高。刚性铰的变形功能主要是指发生在刚性铰支座处的纵向滑移功能。刚性铰内部存在众多的支座和滑移面,这些滑移面之间须平行于刚性铰温度变形方向,才能确保其滑移"自如"。刚性铰支座的受力不同于普通支座,由于刚性铰支座在小箱梁四周均布置,在刚性铰交变内力作用下,支座交替发生拉压受力,其受力状态变得更加复杂。在长期伸缩滑动情况下支座构件会发生磨损,影响刚性铰使用寿命。通过以往工程实践发现,刚性铰支座是刚性铰的易损构件,已出现的刚性铰病害也集中体现在支座损坏上。嘉绍大桥刚性铰为全钢封闭结构,刚性铰内部高温环境影响支座使用寿命,同时考虑到以往刚性铰构造的主要构件更换养护有一定难度,因此必须重视刚性铰在运营阶段的可检、可修,并采取一定的耐久性措施,确保其使用寿命。

6.2 刚性铰总体方案设计

6.2.1 总体设计方案

刚性铰的构造设计既要满足其结构受力,又要兼顾其对制造安装精度的要求,同时要对运营状态的养护维修予以充分的考虑。这也是刚性铰技术难点所在。本书采用的主要设计理念是通过构造调整措施而非一味提高制造精度来确保刚性铰现场安装精度。

刚性铰构造是在主梁内部与主梁轴线平行设置两个小箱梁,每个小箱梁与主梁之间沿轴线间隔四周设置滑动支座进行约束以实现刚性铰基本功能,即释放梁体纵向变形,约束主梁剩余5个空间自由度,保证扭、弯、剪等受力和变形协调。小箱梁在主梁内部的构造可以纵向对称布置,即伸缩缝两侧主梁内部均设置小箱梁;也可纵向非对称布置,即仅在伸缩缝一侧主梁内部设置小箱梁,另一侧小箱梁直接与主梁固定。刚性铰基本构造如图6.2-1所示。

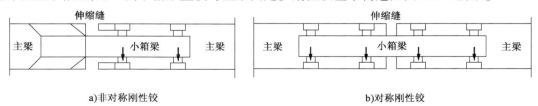

图6.2-1 刚性铰基本构造示意图

小箱梁与主梁四周相互平行的滑动支座组可约束小箱梁与主梁横桥向及竖向相对平动自由度,释放纵向相对平动自由度;小箱梁与主梁四周的滑动支座纵向设置两排,将小箱梁与主梁的相对转角变形进行约束;主梁内部横向设置两个小箱梁,将伸缩缝两侧主梁的相对扭转自由度进行约束,如图6.2-2所示。图中T为主梁扭矩,$T_1 \sim T_4$为小箱梁扭矩,$R_1 \sim R_4$为小箱梁支座反力。

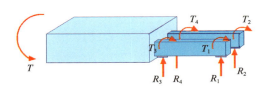

图6.2-2 刚性铰抗扭工作原理

多塔斜拉桥刚性铰总体构造设计应结合总体结构受力特点,并根据钢主梁构造特点以及施工要求来确定。钢箱梁通常采用工厂整体预制、现场节段拼装的施工方式,因此钢箱梁刚性铰适宜将小箱梁预先内置于钢箱梁内部,固定随梁吊装后,再安装到位。小箱梁与外部大箱梁安装时要求滑移面要尽可能与受力变形方向平行,以确保刚性铰的顺畅滑移。小箱梁与外部主梁在工厂整体预制,使小箱梁与外部主梁的组装精度调整在预制场完成,有利于确保小箱梁具有足够的安装精度。梁段预制完毕后,先整体在工厂进行组装和预拼,最后将主体结构解体后,在桥位现场安装工地接头还原整体结构。

多塔斜拉桥刚性铰梁段位于全桥跨中无轴力区域,也是斜拉桥的合龙梁段。根据小箱梁的构造不同,刚性铰的总体构造可采用非对称布置或者对称布置。当刚性铰采用对称布置时,小箱梁深入伸缩缝两侧主梁内部,两侧主梁均需设置双排支点约束小箱梁受力。刚性铰采用非对称布置时,小箱梁深入伸缩缝一侧主梁内部,小箱梁与另一侧主梁直接固定。这两种刚性铰构造形式在结构受力上均可行,但在梁段吊装条件上有所差异。根据前面分析,对于采用钢主梁的刚性铰结构,小箱梁必须内置于外部主梁内部,作为整体进行吊装。上述两种不同的刚性铰总体构造对应的梁段划分和起吊方式分别见图6.2-3和图6.2-4。

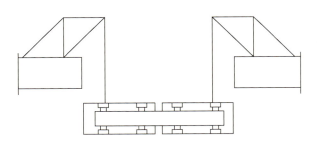

图6.2-3 采用对称构造时的刚性铰吊装

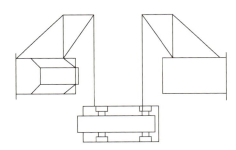

图6.2-4 采用非对称构造时的刚性铰吊装

刚性铰小箱梁内置于主梁内部后,梁段重量将提高近一倍。根据嘉绍大桥刚性铰受力需要确定的梁段构造,钢箱梁内置小箱梁构造长度(伸缩缝单侧)约为10m,质量约为400t(单幅),刚性铰采用图6.2-3中对称构造时合龙段吊装长度为20m,合龙段质量约为800t(单幅);采用图6.2-4非对称构造时,合龙段吊装长度为10m,质量约为400t(单幅)。嘉绍大桥钢箱梁标准梁段单幅质量约200t,桥面起重机起吊能力为280t。由以上数据可以发现,采用两台桥面起重机抬吊刚性铰合龙时,图6.2-3所示对称刚性铰构造现有施工设备不能满足要求,而采用

图6.2-4所示非对称刚性铰构造时,现有施工设备可满足要求。因此从实际施工情况分析,嘉绍大桥多塔斜拉桥应采用非对称刚性铰构造。刚性铰构造位于斜拉桥跨中位置,非对称刚性铰构造长度比对称刚性铰短一半,重量也比后者轻一半,采用非对称刚性铰构造还有利于结构在成桥状态下的受力安全。

根据非对称刚性铰构造的受力模式,结合钢箱梁结构的构造特点,对嘉绍大桥刚性铰构造进行详化设计,如图6.2-5～图6.2-7所示。

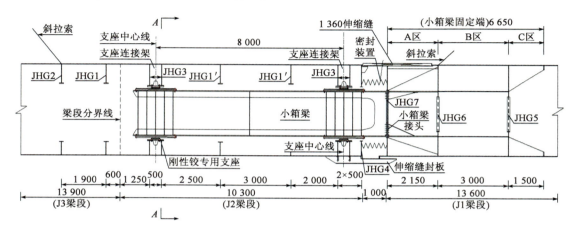

图6.2-5 刚性铰立面(尺寸单位:mm)

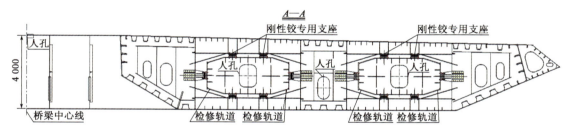

图6.2-6 刚性铰断面(尺寸单位:mm)

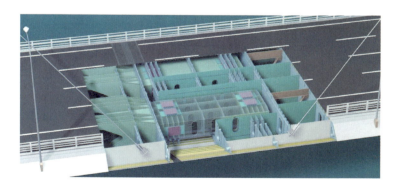

图6.2-7 刚性铰效果图(半幅)

小箱梁、外部大箱梁以及与小箱梁固定的梁段是刚性铰的主要受力构造,根据现场吊装要求,将工地连接设置在小箱梁固定端位置,将刚性铰主要构造分为两个梁段。刚性铰小箱梁及其外部大箱梁作为合龙段称为 J2 梁段,小箱梁在 J2 梁段内进行滑移,在伸缩缝处固定在另一侧 J1 梁段上。考虑到 J2 梁段受力特殊,构造复杂,在 J2 梁段的相邻梁段设置 J3 梁段,作为 J2 梁段与标准梁段的过渡构造。J3 梁段同时预留作为刚性铰小箱梁安装调试以及后期维修养护的操作空间,如图 6.2-5 所示。刚性铰小箱梁与外部大箱梁纵向设置两排滑动支座,支座间距 8m。在设置支座横断面上,小箱梁与大箱梁之间顶底板设置两个支座,两侧各设置一个支座,单幅钢箱梁横桥向设置两个小箱梁,以满足刚性铰整体及小箱梁自身的抗扭需要。

6.2.2 关键技术问题

根据嘉绍大桥刚性铰的总体设计方案,在具体细节设计时要解决好以下技术难点:

(1) 关键构造设计

特殊难点问题有:刚性铰 J2 梁段外部箱梁的合理构造设计,使其在支座局部荷载作用下的局部应力满足规范要求;小箱梁与 J1 梁段连接固定构造设计,小箱梁与 J1 梁段箱梁刚度存在差异,同时刚性铰工地连接也设置在这个位置,J1 梁段小箱梁固定端的构造处理要实现小箱梁与大箱梁的刚度过渡,还要确保工地连接的顺利安装。

刚性铰支座布置在小箱梁四周,受到正负弯矩交变荷载,支座拉压状态交替出现,对支座摩擦副性能提出了更高的要求。同时刚性铰支座需满足刚性铰装配时精度调节的要求,以及运营受力状态下可更换的要求。

设置在刚性铰位置的伸缩缝变形量大,变形状态复杂,预留安装构造深度浅,同时还要解决好伸缩缝运营状态下对钢结构的振动冲击问题。

(2) 制造安装精度控制

刚性铰支座形成的 48 个滑移面的平行精度是决定刚性铰能否顺利工作的关键。这 48 个滑移面分布在左右两幅钢箱梁的四个小箱梁上,受制造和现场安装精度误差因素影响大,应采用合理的制造安装工艺,确保刚性铰装配精度符合要求,同时要方便现场施工操作。

(3) 耐久性问题

在实际运营阶段,刚性铰耐久性设计是保证其长期使用寿命的重要保证。刚性铰构造存在对结构耐久性不利的几个因素需要加以解决:①由于小箱梁需要在梁体内伸缩滑移,在钢箱梁端部需要预留小箱梁滑移的空间,所以刚性铰结构自身不能做到内部密封。由于钢结构内部涂装防护困难,如果不能采取措施将钢箱梁内部密封,在环境湿度影响下会带来内部钢结构锈蚀的问题。②钢箱梁结构由于钢板的导热性能好,在太阳辐射影响下钢板温度升高,而钢箱梁内部封闭,热量难以散发,导致钢箱梁内部容易产生高温。长期的高温环境对刚性铰支座摩擦副的使用寿命会带来影响,加速摩擦副的磨耗。因此应采取措施控制钢箱梁内部的环境温度。③刚性铰内部空间狭小,在构造设计时尽管已经最大限度地提供操作空间,然而相比其他常规钢结构构件,刚性铰主要构件的日常养护及维修更换仍然存在一定的操作困难。

6.3　刚性铰力学边界条件分析

6.3.1　刚性铰伸缩位移分析

刚性铰伸缩位移可通过总体杆系有限元模型理论计算确定,荷载考虑整体升降温、局部温差、汽车活载、运营风荷载的组合计算结果。

嘉绍大桥运营阶段引起刚性铰变形的工况有温度荷载、汽车荷载、风荷载和地震荷载等。地震荷载是一种偶然动力荷载,由于不控制刚性铰设计,所以这里不考虑。温度荷载引起的结构变形特点是缓慢变化。汽车和风荷载对结构的影响包括静力效应和动力效应,其中车辆振动、冲击以及风的脉动成分会引起结构的振动响应。为控制刚性铰的累计滑移量,将次边塔(Z4 和 Z7 塔)塔梁进行纵向限位约束;在其余索塔塔梁纵向及刚性铰内部设置阻尼器,如图 6.3-1 所示。由前面章节分析可知,上述结构体系措施,可以减小和抑制刚性铰在汽车、风等荷载影响下的滑移,刚性铰的滑移形态主要受温度控制。

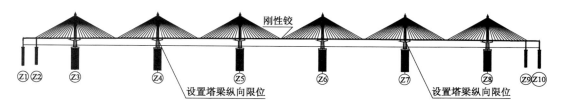

图 6.3-1　塔梁纵向限位结构体系示意图

表 6.3-1 中列出刚性铰 J1、J2 梁段端部在汽车活载、温度(体系温差、截面温差、日温差等)作用下的结构相对变形量。在结构弹性变形影响下,小箱梁发生弯曲时刚性铰伸缩缝和支座也可发生一定程度的转角变形,最不利荷载组合下伸缩缝和支座的转角变形计算结果见表 6.3-1 和表 6.3-2。

刚性铰 J1、J2 梁端在汽车活载和温度作用下相对变形量　　表 6.3-1

工况	荷　　载	纵向相对位移(m)	相对转角(rad)	相对剪切变形(m)
升温	整体升温	0.377	-3.24×10^{-4}	0.000 2
	梁截面正温差	0.092	4.37×10^{-4}	0.000 4
	升温组合合计	0.469	-4.93×10^{-4}	0.000 6

续上表

工况	荷载	纵向相对位移(m)	相对转角(rad)	相对剪切变形(m)
降温	整体降温	-0.563	4.84×10^{-4}	-0.0003
	梁截面负温差	-0.028	-1.38×10^{-4}	-0.0012
	降温组合合计	-0.591	6.54×10^{-4}	-0.0015
汽车活载		0.051/-0.059	$3.95 \times 10^{-3} / -4.1 \times 10^{-3}$	0.0011/-0.0027
活载+温度		0.520/-0.650	$4.64 \times 10^{-3} / -4.59 \times 10^{-3}$	0.0018/-0.0042

最不利荷载组合作用下刚性铰支座转角量(rad)　　　表6.3-2

支座位置			最不利组合		支座位置		最不利组合	
	荷载工况		最大	最小		荷载工况	最大	最小
内侧小箱梁	固定端侧	竖1	2.24×10^{-3}	-7.70×10^{-4}	外侧小箱梁	竖5	2.26×10^{-3}	-7.80×10^{-4}
		竖2	2.24×10^{-3}	-7.70×10^{-4}		竖6	2.26×10^{-3}	-7.80×10^{-4}
	自由端侧	竖3	3.00×10^{-4}	-2.40×10^{-4}		竖7	3.20×10^{-4}	-2.50×10^{-4}
		竖4	3.00×10^{-4}	-2.40×10^{-4}		竖8	3.20×10^{-4}	-2.50×10^{-4}
	固定端侧	横1	9.00×10^{-5}	-9.00×10^{-5}		横3	9.00×10^{-5}	-9.00×10^{-5}
	自由端侧	横2	1.10×10^{-4}	-1.00×10^{-4}		横4	1.10×10^{-4}	-1.00×10^{-4}

根据表6.3-1计算结果,刚性铰桥面处伸缩缝计算位移量为1 170mm,相对转角0.009 23rad,相对剪切变形量为6mm。由表6.3-2刚性铰支座的转角变形计算结果可见,刚性铰支座转角变形很小,其中小箱梁固定端一侧的支座转角变形相对较大,最大值为0.002 26rad,而小箱梁滑动端支座的转角变形则要比固定端小一个数量级。

根据前面极端位移分析结果,选取变形能力为1 360mm伸缩缝及刚性铰支座,安全系数1.23。支座伸缩缝的转角变形均小于0.01rad,从适应施工误差和安全考虑,支座的转角能力要求0.01rad,伸缩缝的变形技术参数确定见表6.3-3。

刚性铰伸缩装置主要设计技术参数　　　表6.3-3

位置	伸缩量	竖向转角	横向转角	剪切变形
刚性铰	1 360mm	0.02rad	0.01rad	±5mm

6.3.2 刚性铰构件内力和支座反力分析

刚性铰的基本受力原理是将原主梁断面的弯矩、扭矩、剪力转换为刚性铰内部小箱梁顺桥向间隔布置的两个支点的支反力,如图6.3-2所示。

假设刚性铰截面的弯矩为M、剪力为Q、小箱梁内部支点间距为d、支座反力为F_1和F_2。经力学推导可以得出支座反力F_1和F_2与截面弯矩、剪力的关系:

$$F_2 = M/d \tag{6.3-1}$$

$$F_1 = M/d + Q \tag{6.3-2}$$

式中：F_2——刚性铰小箱梁自由端侧支座反力；
F_1——刚性铰小箱梁伸缩缝侧支座反力。

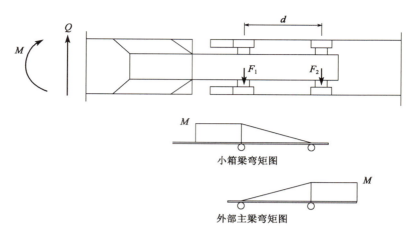

图 6.3-2　刚性铰内力要素示意图

由式(6.3-1)和式(6.3-2)分析可发现刚性铰内部构造的内力分布特点：

①刚性铰把截面的弯矩转换为顺桥向间隔布置的支点反力，反力大小与支座的间距 d 成反比；

②刚性铰外部主梁和容纳其中的内部小箱梁，都存在一个附加的剪力；

③在刚性铰双排支座反力中，靠近伸缩缝侧的支座反力大（还要叠加上断面自身剪力），远离伸缩缝侧的支座反力小。

为了验证上述定性分析结果，以嘉绍大桥为例，对刚性铰的内力分布以及支座反力分布特征通过空间杆系有限元进行定量计算。

（1）刚性铰构件内力分析

通过杆系单元全桥静力分析，得到嘉绍大桥刚性铰各部分构造内力，其最不利荷载组合下的内力计算结果见图 6.3-3 ~ 图 6.3-6。

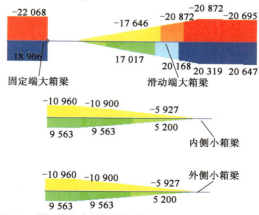

图 6.3-3　最不利组合下刚性铰横向弯矩 M_z 图（单位：kN·m）

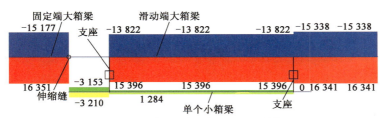

图 6.3-4 最不利组合下刚性铰扭矩 M_x 图(单位:kN·m)

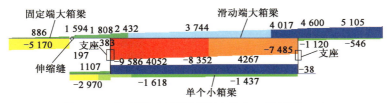

图 6.3-5 最不利组合下刚性铰竖向剪力 F_z 图(单位:kN)

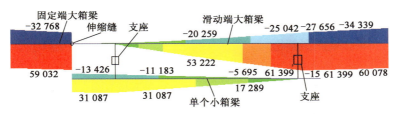

图 6.3-6 最不利组合下刚性铰纵向弯矩 M_y 图(单位:kN·m)

从图 6.3-3～图 6.3-6 刚性铰内力值可以归纳出刚性铰内力分布规律如下：

①刚性铰小箱梁与滑动端大箱梁通过支座连接,由支座逐渐完成刚性铰内力传递,由固定端到滑动端,小箱梁的弯矩逐渐减小,滑动端大箱梁弯矩逐渐增大。该区段内滑动端大箱梁的剪力比正常梁段大,增大的剪力与小箱梁剪力形成自平衡。

②大箱梁的扭矩转换为两个小箱梁的一对竖向剪力差,两个小箱梁自身扭矩很小。

③单幅梁内的两个小箱梁纵横向弯矩值基本相等,内力值大小基本等于固定端大箱梁的纵向弯矩和横向弯矩的一半,可见两侧小箱梁受力基本对称。

(2)刚性铰支座反力分析

对刚性铰支座反力响应进行计算,单幅主梁模型上共计 8 个竖向支座,4 个横向支座。通过全桥静力计算分析得到的刚性铰支座的受力分析结果见表 6.3-4 和图 6.3-7。

最不利荷载组合作用下刚性铰支座受力(kN)　　表 6.3-4

支座位置			成桥	最不利组合		支座位置			成桥	最不利组合	
				最大值	最小值					最大值	最小值
内侧小箱梁	固定端侧	竖1	-369	1 325	-3 291	内侧小箱梁	滑动端侧	竖3	194	2 293	-887
		竖2	-366	468	-2 428			竖4	219	2 444	-950
		合力	-731	2 025	-5 967			合力	412	4 114	-1 162

续上表

支座位置			成桥	最不利组合		支座位置			成桥	最不利组合	
				最大值	最小值					最大值	最小值
内侧小箱梁	固定端侧	横1	0.7	1 258	-1 329	外侧小箱梁		竖7	218	2 374	-883
	滑动端侧	横2	64	1 361	-1 193			竖8	193	2 339	-948
外侧小箱梁		竖5	-363	465	-2 404			合力	411	4 075	-1 144
		竖6	-361	1 289	-3 072			横3	0.7	1 258	-1 329
		合力	-729	1 981	-5 686			横4	64	1 361	-1 193

注：竖向支座正值为底板支座受压，负值为顶板支座受压。

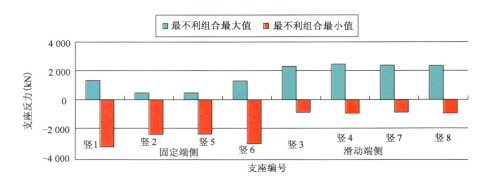

图 6.3-7　刚性铰支座反力计算结果示意图

将表6.3-4和图6.3-7中支座进行编号，如图6.3-8所示。由表6.3-4和图6.3-7刚性铰支座反力计算结果可总结得出支座受力的规律如下：

①对于单幅主梁来说，近风嘴侧小箱梁支座反力较远风嘴侧小箱梁支座反力略小，但是差距并不明显，内外侧小箱梁受力基本对称。

②小箱梁固定端侧支座反力较自由端侧大。

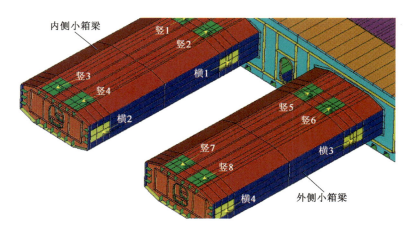

图 6.3-8　刚性铰支座编号及反力分布图

③对于小箱梁固定端侧支座,顶板支座受力较大;对于小箱梁滑动端侧支座,底板支座受力较大。其主要原因是刚性铰整体受到的正弯矩大,而负弯矩小。

④由于小箱梁承受扭矩,小箱梁顶底板的两处支座受力大小不同,小箱梁固定端侧,靠近单幅梁外侧的支座受力较大;小箱梁滑动端侧,靠近单幅梁内侧的支座受力较大。固定端侧顶底板横向两处支座的受力不均匀性大于滑动端侧,尤其是箱梁承受负弯矩时,固定端底板处的支座不均匀性比较明显。受此影响,小箱梁固定端底板,靠近单幅梁内侧位置的支座,图6.3-8中编号为2和5,支座反力最大值仅为468kN和465kN。

综合以上分析,刚性铰小箱梁竖向支座最大反力值出现在远风嘴侧小箱梁,固定端侧、顶板、靠近单幅梁外侧的位置,图6.3-8中编号为1,支座反力最大值为3 291kN。

侧向支座受力是由风荷载引起的,主要有以下规律:

①风荷载作用下单幅桥内的小箱梁侧向支座受力均匀,但是迎风侧一幅桥的受力要大于背风侧的一幅桥;

②受上一条规律影响,小箱梁侧向支座中,固定端近风嘴侧及滑动端远风嘴侧的支座反力较大,最大反力值为1 361kN,而固定端远风嘴侧及滑动端近风嘴侧的支座反力较小,约为1 258kN。

根据刚性铰支座反力分析结果,在对刚性铰进行构造设计时支座力控制工况如下:

工况1:最大竖向弯矩+扭矩+剪力作用。支座受力分配情况为:

竖向支座1、2——各加载3 000kN(共6 000kN),方向向下;

竖向支座3、4——各加载2 100kN(共4 200kN),方向向上;

竖向支座5、6——各加载165kN(共330kN),方向向下;

竖向支座7、8——各加载1 400kN(共2 800kN),方向向上。

工况2:最大横向弯矩作用。横向支座1~4各加载1 500kN。

6.3.3 刚性铰伸缩变形非线性效应影响分析

刚性铰运营阶段在不同温度下,随着刚性铰的伸缩变形,小箱梁结构状态也在发生变化,由此产生了刚性铰伸缩缝变形非线性问题。为了分析该非线性效应对结构受力的影响程度,本节分析刚性铰在不同变形状态下,对结构以及刚性铰自身受力的影响。计算分析刚性铰的三种不同位移状态,如图6.3-9所示。

刚性铰位移状态1:主梁在升温作用下伸长680mm至最大值,此时支座向固定端侧移动,即最靠近固定端,以下简称"靠近固定端";

刚性铰位移状态2:支座位于设计中位点位置,以下简称"中心位置";

刚性铰位移状态3:主梁在降温作用下收缩680mm至最小值时,此时支座向远离固定端侧移动,以下简称"远离固定端"。

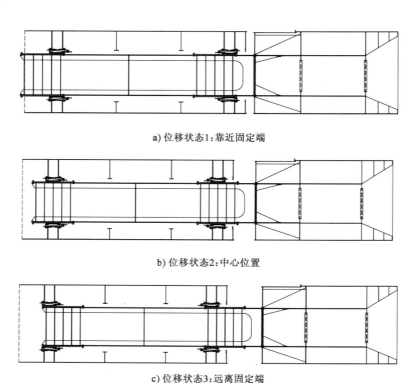

图 6.3-9 刚性铰三种位移状态

(1)对结构整体刚度的影响

刚性铰发生变形后主梁变形情况见表 6.3-5。

刚性铰变形后主梁变形情况(m)　　　　　　　　表 6.3-5

支座位置	正位移	负位移	绝对值之和
靠近固定端	0.352	-0.545	0.897
中心位置	0.354	-0.548	0.902
远离固定端	0.355	-0.551	0.906

由表 6.3-5 计算结果,从变化趋势上看,随着支座远离固定端,主梁变形增大,主梁的刚度逐渐下降,结构的总体刚度也随之降低。但是从绝对值上看,这种影响很小,不到 1%,因此计算上可以忽略不计刚性铰变形的影响。

(2)对刚性铰自身受力的影响

刚性铰发生变形后刚性铰运营阶段(恒+活工况)内力的变化情况见表 6.3-6。从表 6.3-6 中可以看出,在恒+活工况下,对于扭矩和横向弯矩来说,支座离固定端越远,弯矩越小;对于竖向弯矩来说,支座远离固定端时,固定端的纵向正负弯矩均减小,小箱梁的竖向正弯矩增大,负弯矩减小;而滑动端的竖向正弯矩减小,负弯矩增大。从绝对值上看,刚性铰发生变形后对刚性铰构件内力的影响幅度均在 5% 以内。

刚性铰变形后刚性铰小箱梁内力变化表　　　表6.3-6

单元		支座位置	横向剪力(kN)	竖向剪力(kN)	扭矩(kN·m)	竖弯(kN·m)	横弯(kN·m)
小箱梁	内侧	靠近固定端	−26/−103	963/−2 603	3 106/−3 062	20 714/−9 666	1 248/−2 594
		中心位置	−26/−103	961/−2 534	3 180/−3 135	20 979/−8 852	1 236/−2 438
		远离固定端	−27/−104	957/−2 461	3 263/−3 218	21 245/−8 083	1 224/−2 297
	外侧	靠近固定端	−26/−103	946/−2 784	3 106/−3 062	20 964/−9 817	1 248/−2 594
		中心位置	−26/−103	948/−2 716	3 180/−3 135	21 193/−8 960	1 236/−2 438
		远离固定端	−27/−104	948/−2 643	3 263/−3 218	21 421/−8 146	1 224/−2 297

刚性铰发生变形后运营阶段(恒+活工况)竖向支座反力的变化情况及百年风荷载下的侧向支座反力变化情况见图6.3-10。从图6.3-10中可以看出，对于竖向支座，在恒+活工况下，随着支座远离固定端，固定端侧顶底板相邻支座不均匀性增加，靠单幅梁外侧的支座反力增大，靠内侧两支座反力减小；滑动端侧支座反力值均增大。对于横向支座，在恒+百年横风工况下，随着支座远离固定端，横支座反力值均减小。

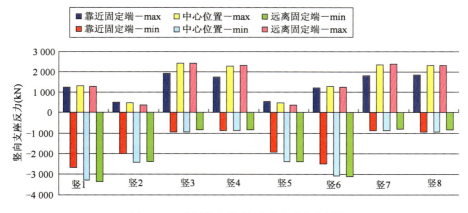

图6.3-10　刚性铰变形后竖向支座反力对比图

结论：刚性铰变形非线性效应对结构总体荷载响应影响很小，极端情况的荷载响应差异不超过1%，对刚性铰内力的影响幅度在5%以内。刚性铰变形非线性效应对刚性铰支座反力荷载响应影响较大。

6.4　刚性铰关键受力构造设计

6.4.1　刚性铰小箱梁设计

刚性铰小箱梁是刚性铰固定端与滑动端之间的传力枢纽，也是主桥两联间的重要连接构造。根据刚性铰总体设计方案，单幅钢箱梁内部设有横向对称的两个小箱梁。由于多塔斜拉桥中刚性铰受力大，对小箱梁的受力要求提高，小箱梁应在构造允许的情况尽可能采用较大尺寸的结构。

根据嘉绍大桥钢箱梁的构造情况,小箱梁断面形状为近八边形,梁高2.0m,两小箱梁中心间距7.9m,小箱梁两端支座中心纵向间距为8.0m,小箱梁全长10.8m,顶底板及腹板厚度均为30mm,均设有高260mm、厚20mm的板式加劲肋。小箱梁两端受力点处四周与大箱梁之间设置支座,其中顶底板各两个,侧向各一个。顶底板支座处小箱梁内各设置5道间距375mm的横隔板,小箱梁跨中处设置一道横隔板。小箱梁基本构造三维图和一般构造见图6.4-1和图6.4-2。

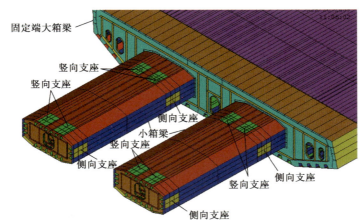

图6.4-1 小箱梁基本构造三维图

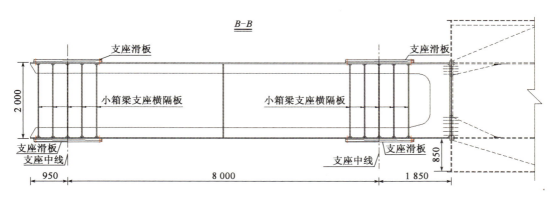

图6.4-2 小箱梁一般构造(尺寸单位:mm)

前述设计的小箱梁构造的抗弯惯量是大箱梁刚度的1/5,若将小箱梁板厚提高,可将刚度进一步增大,假设小箱梁截面惯量增大一倍,对总体结构刚度以及小箱梁内力影响计算结果见表6.4-1,表中I_0表示设计采用的小箱梁截面惯量。

小箱梁刚度变化对全桥刚度和刚性铰内力的影响　　　　　　　表6.4-1

小箱梁截面惯量	I_0	$2I_0$	结构响应变化情况
主梁跨中竖向变形(m)	0.354/−0.548	0.349/−0.539	−1.6%
刚性铰固定端纵向弯矩(接头处)(kN·m)	38 460/−21 147	41 759/−23 022	8.6%/8.9%

从表 6.4-1 计算结果可见,当小箱梁刚度增大一倍时,结构总体竖向刚度仅提高 1.7%,刚性铰内力变化不到 10%,可以看出小箱梁截面板厚进一步提高对结构总体结构响应影响已经很小,由于进一步增加小箱梁板厚,提高小箱梁刚度,将使小箱梁接头受力增大,对小箱梁接头设计不利,因此推荐的小箱梁构造尺寸是合理的。

6.4.2 小箱梁接头设计

根据刚性铰总体设计方案,小箱梁与刚性铰 J1 梁段设置工地接头,考虑到焊接容易产生焊接残余应力和变形,对小箱梁受力不利,因此小箱梁接头采用栓接方式。

综合钢结构制造和现场施工可操作性,小箱梁接头采用"内法兰"螺栓连接构造。即在小箱梁端部设置厚度为 40mm 的端板,端板上开设螺栓孔,直接与相邻 J1 梁段的端横隔板进行内部螺栓连接,如图 6.4-3 所示,现场照片如图 6.4-4 所示。

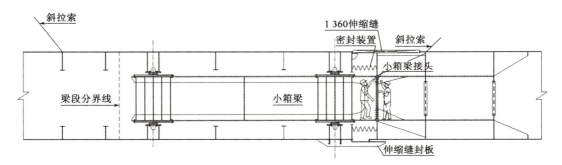

图 6.4-3 小箱梁内法兰螺栓接头构造

图 6.4-4 小箱梁内法兰螺栓接头现场

小箱梁固定端采用"内法兰"结构构造有以下优点:J1 梁段与小箱梁构造交叉少,加工界面清晰,便于现场制造和工地连接还原;接头螺栓均设置在小箱梁内部,避免在外部高空作业,接头的施工安装及后期养护维修都十分方便。

"内法兰"螺栓接头构造存在以下不利因素:螺栓受力不均匀,外侧螺栓受力较大,内侧螺栓受力小;螺栓接头两侧对接面平行度要求高,而且左右幅共四个小箱梁对接面均要求保持平行,精度控制要求高。为了克服上述困难,在小箱梁结构构造细节上采取了以下措施:

①将小箱梁端部的局部刚度提高,尽可能使螺栓接头断面受力上接近平截面假定,使内侧螺栓充分参与受力。具体构造措施为将小箱梁端头顶底板加劲肋上下连成整体,如图 6.4-5 所示;增大对接板板厚,设计采用小箱梁端板和 J1 梁段端部对接横隔板厚度均为 40mm,栓接后总厚度为 80mm。

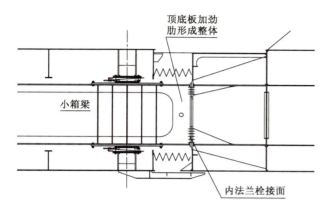

图 6.4-5　小箱梁端部加劲肋构造及实物

②根据螺栓受力规律合理选取螺栓规格。接头外侧受力较大螺栓采用规格 M30,接头内侧受力较小螺栓采用规格 M24。同时螺栓采用双螺母固定,提高螺栓连接可靠性。

③螺栓拼接面通过整体机加工确保对接精度。J1 梁段内的小箱梁接头构造在制造时采取"反向拼装"的总装次序,即先确保螺栓接头的安装精度,后将相关板件焊接。具体方式为:J1 梁段制造时预留接头固定端构造不焊接,先将小箱梁与固定端构造临时栓接固定,之后再将 J1 梁段内的接头固定端构造与梁体焊接,总装完毕后拆离小箱梁接头临时栓接,并在现场还原安装。

④预留小箱梁接头安装现场精度调节措施。拼接面采用正交腰圆螺栓孔,其中 J1 梁段小箱梁固定端板件开水平向腰圆孔,小箱梁端板开竖向腰圆孔,以适应接头横桥向和竖向各 1cm 的施工误差。在小箱梁接头受力较小的内侧设有 4 个 M36 定位销,安装接头螺栓前首先插打定位销,将小箱梁临时固定,然后再安装其余连接螺栓,如图 6.4-6 所示。

6.4.3　小箱梁固定端设计

小箱梁与主体梁段(J1 梁段)的连接固定是刚性铰构造设计的难点。由于小箱梁梁高 2m、主体梁段梁高 4m,两者截面形式及刚度差异较大,小箱梁固定端构造的主要目标是将小箱梁根部的弯矩和剪力顺利地传递到 J1 梁段的顶底板。为此将小箱梁顶底板及腹板延伸至固定端大箱梁内部,并通过小箱梁板厚以及加劲肋形式的过渡变化,将力逐渐传递给 J1 梁段顶底板。固定端大箱梁构造划分为 A 区、B 区、C 区三个区域,见图 6.4-7。

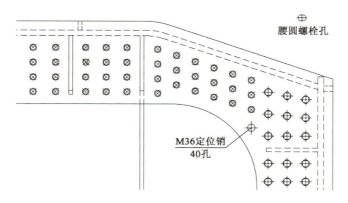

图 6.4-6 腰圆螺栓孔及定位销

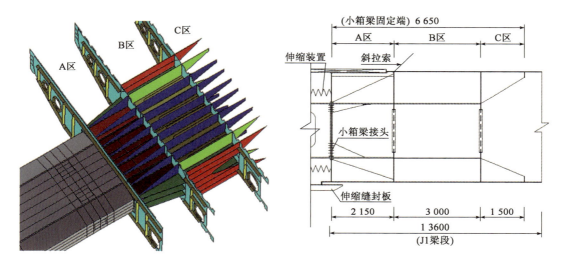

图 6.4-7 小箱梁固定端基本构造（尺寸单位：mm）

A 区为应力扩散区，位于图 6.4-7 中 JHG6 与 JHG7 横隔板之间，长度 2.15m。该区域小箱梁延伸段板厚为 30mm，内侧与 J1 梁段小箱梁加劲肋对应设置三角形小加劲板，小箱梁外部设置三角形大加劲板，与顶底板连接，内外侧加劲板均为 20mm 厚。通过小箱梁内外加劲肋尺寸差异变化，将小箱梁应力向外侧吸引。

B 区为传力过渡区，位于图 6.4-7 中 JHG5 与 JHG6 横隔板之间，长度为 3m。该区域小箱梁延伸段板厚减小为 20mm，外侧与 J1 梁段顶底板用 20mm 厚矩形板连接。通过矩形板使 J1 梁段顶底板逐步参与受力。为满足小箱梁侧向受力需要，在小箱梁延伸段腹板两侧各增设一块纵板，纵板与小箱梁延伸段腹板之间也通过矩形板连接。

C 区为传力收尾区，位于 JHG5 横隔板外部，长度为 1.5m。该区域小箱梁延伸段构造取消，与 B 区矩形板对应设置 16mm 厚的 T 形加劲板，将应力全部顺利地传递到大箱梁顶底板。

为了验证上述构造处理的有效性，采用板壳有限元模型对小箱梁固定端在最不利工况下

的局部受力进行计算,具体计算结果如下:

(1)最大竖向弯矩+扭矩

竖向弯矩+扭矩作用下,刚性铰固定端大箱梁各板件应力云图见图6.4-8~图6.4-12。

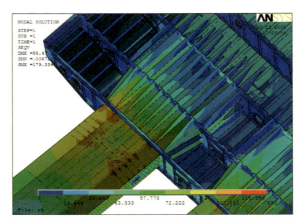

图6.4-8　竖向荷载作用下刚性铰小箱梁总体 von Mises 应力云图

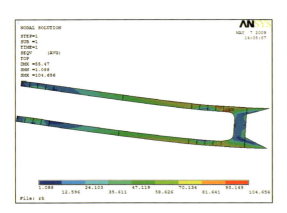

图6.4-9　小箱梁加劲肋 von mises 应力云图

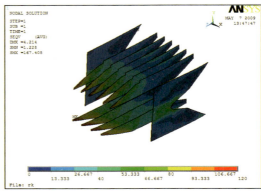

图6.4-10　小箱梁延伸段加劲板 von Mises 应力云图

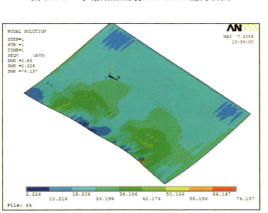

图6.4-11　顶板 von Mises 应力云图

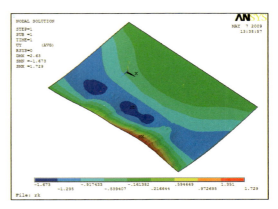

图6.4-12　顶板局部变形图(最大局部竖向位移1.7mm)

图 6.4-8 中显示,当固定端大箱梁受到竖向弯矩和扭矩同时作用时,受力最大的地方出现在小箱梁与固定端大箱梁相交处,即小箱梁根部。

随着小箱梁深入固定端内部,各板件的应力逐渐减小。在固定段内部,应力较大的位置出现在小箱梁延伸段顶底板加劲板与小箱梁延伸段相连位置,最大 Seqv 应力为 167.4MPa。这些加劲板将小箱梁的力逐渐传至固定端大箱梁的顶底板上,起到应力扩散的作用,同时也使得大小箱梁刚度顺利过渡。固定端大箱梁其余板件大部分应力水平均在 140MPa 以下。根据图 6.4-12 计算得到的 J1 梁段钢箱梁顶板局部变形结果,在小箱梁受力情况下,J1 梁段顶板局部变形仅 1.7mm,对行车基本不构成影响。

(2)最大横向弯矩

根据计算结果可知:横向最不利弯矩荷载作用下,应力最不利位置出现在固定端小箱梁腹板与 JHG6 相交处,最大 von Mises 应力为 45.0MPa,应力云图见图 6.4-13,固定端箱梁应力水平较低,满足规范要求。

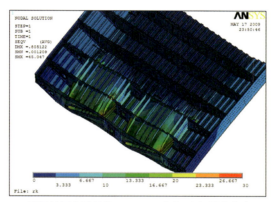

图 6.4-13　刚性铰固定端总体 von Mises 应力云图(最大值为 45.0MPa)

6.4.4　刚性铰滑动端箱梁设计

小箱梁所滑移工作的钢箱梁区域称为刚性铰滑动端,编号 J2 梁段。根据对刚性铰构造的内力分析,该 J2 梁段钢箱梁比普通梁段承受较大的附加剪力,因此在梁段构造处理上,应采取措施提高梁段的抗剪能力。为此该区段钢箱梁在小箱梁两侧共设有四道纵隔板,外套大箱梁内部的横隔板及纵隔板共同构成网格状传力体系。在板单元制造时,纵隔板不断,横隔板中断,以保证受力。由于普通梁段钢箱梁内部不设置纵隔板,为确保纵隔板的有效锚固,将 J2 梁段内的四道纵隔板延伸到相邻 J3 梁段,如图 6.4-14 所示。

为提供小箱梁滑动空间,J2 梁段钢箱梁在小箱梁工作位置横隔板设有中间开孔,其中在小箱梁支座安装位置设置两道间距 50cm、厚度 30mm 的横隔板,编号 JHG3。JHG3 横隔板设有支座连接架,以提供小箱梁支座的受力支承点。JHG3 横隔板构造设计上为满足支座局部受力需要,在横隔板开孔位置四周均设置了倒角加劲板,如图 6.4-15 所示。J3 梁段内的横隔板对应也开设孔洞,并预留作为刚性铰小箱梁后期养护维修的工作区间。

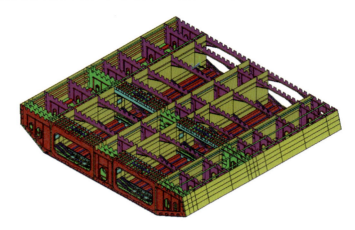

图 6.4-14　滑动端大箱梁构造三维图

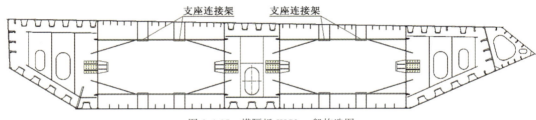

图 6.4-15　横隔板 JHG3 一般构造图

为验证刚性铰滑动端大箱梁构造设计的合理性,采用板壳有限模型进行最不利工况下的局部应力验算。

（1）竖向荷载作用下,刚性铰滑动端箱梁各板件应力云图见图 6.4-16～图 6.4-18。从结果可以看出,在竖向弯矩作用下,应力较大的位置出现在横隔板 JHG3 支座连接架附近,最大 Von Miese 应力 183.4MPa,其余板件大部分应力均在 140MPa 以下均满足规范要求。

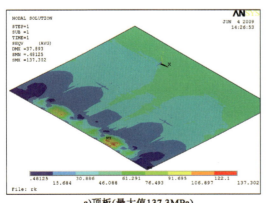
a) 顶板（最大值137.3MPa）

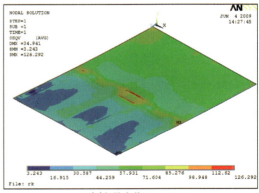
b) 底板（最大值126.3MPa）

图 6.4-16　顶板、底板 von Mises 应力

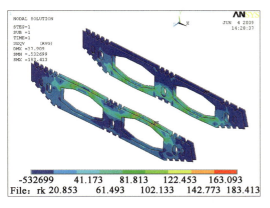
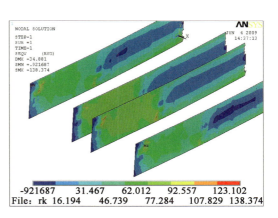

图 6.4-17　支座横隔板 JHG3 von Mises 应力　　　　图 6.4-18　纵隔板 von Mises 应力

（最大值为 183.4MPa，出现在支座受力处）　　　（最大值 138.4MPa，出现在与 JHG3 横隔板交接处）

（2）横向荷载作用下，应力最不利位置出现在横向支座垫板处，如图 6.4-19 所示，最大 Von Mises 应力为 43.1MPa，其余板件应力水平较低，满足规范要求。

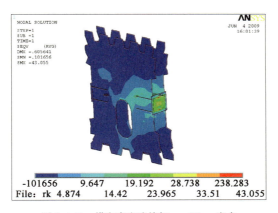

图 6.4-19　横向支座连接架 von Mises 应力

6.5　刚性铰专用支座设计

6.5.1　刚性铰支座选型

刚性铰支座形式上可选用滚轴支座或滑板支座，普通滑板支座适应支座转角能力差，可采用球型滑板支座。

（1）滚轴支座

滚轴钢支座由支座滚轴组、顶板、底板组成，如图 6.5-1 所示。一个滚轴钢支座滚轴组由 5 个滚轮组成。两端两个滚轮端部设置齿轮，底板设置齿条，形成齿轮和齿条的配合，同时对滚轮形成径向定位；齿轮的分度圆和滚轮的外径相同，齿轮通过平键和滚轮相连。滚轮端部的联板通过 M16 的螺钉将 5 个滚轮联结成滚轮组。通过联杆的约束,可保证 5 个滚轮组成的滚轮组同步运动,而通过滚轮端部齿轮和齿条的约束,又实现了刚性铰内部所有滚轮组的同步运动。底板由两块楔形板组成,底板的端部设置支架,当滚轴钢支座的磨损达到一定量时,通过螺杆调节楔形板,使滚轴钢支座与小箱梁和大箱梁紧密接触。支座的底板开有 36mm 宽的键槽,滚轮和底板之间设有平键,对滚轮形成轴向定位。滚轮外表面经过特殊热处理,其接触强度、耐磨性良好;滚轮与滚轮轴之间的衬套采用特殊材料制成,耐磨性良好。一套滚轴支座组件质量为 5.7t。

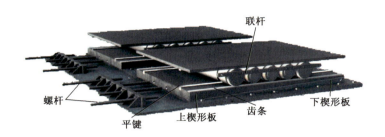

图 6.5-1　滚轴支座构造示意

（2）球型滑板支座

球型滑板支座其通过摩擦副实现小箱梁纵向滑移,通过中座板凸球面与下座板凹球面之间组成球面摩擦副来实现支座的转动性能要求,支座的转动力矩与支座承载力、摩擦系数以及支座球半径有关而与转角无关。球型滑板支座构造示意如图 6.5-2 所示。

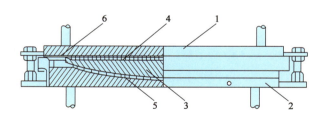

图 6.5-2　球型滑板支座构造示意

1-下座板;2-上座板;3-中座板;4-平面不锈钢滑板;5-球面不锈钢滑板;6-密封装置

滚轴支座优点是滚动摩擦系数小,支座磨损小,但适应转角能力差,支座的转角变形可能会对滚轴支座的受力变形产生影响,而且滚轴支座对刚性铰小箱梁局部应力影响较大。球型滑板支座能适应梁体较大的转角,缺点是摩擦阻力略大,且摩擦副长期运营会产生磨损,这个缺点可以通过采用高性能摩擦副进行解决。

综合上述比较,刚性铰支座形式采用球型滑板支座。球型支座通过支座连接架固定在外部主梁上,滑板设置在小箱梁上。单个小箱梁设置 12 套球型支座,单幅设置两个小箱梁,左右两幅全桥共 48 套刚性铰支座。

6.5.2 刚性铰专用支座设计要点

刚性铰专用支座采用球型滑板支座,普通球型支座的基本构成包括上座板、中座板和下座板。支座的滑移通过中座板和下座板之间的平面摩擦副实现,支座的转动通过中座板和上座板之间的球面摩擦副实现,如图6.5-3所示。

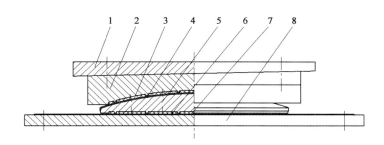

图6.5-3 普通球型支座的基本构成和工作原理

1、2-上座板;3、4-球面摩擦副;5-中座板;6、7-平面摩擦副;8-下座板

尽管球型支座是目前较为常见的一种桥梁支座形式,但由于在刚性铰构造中支座的使用条件发生了一定变化,需要对普通球型支座进行改进和优化。刚性铰对支座的特殊技术要求主要有以下几方面:

①传统桥梁支座通常受力为单向受压,在刚性铰构造中,支座对称安装在小箱梁上下缘和左右两侧,当顶板支座受压时,底板支座就脱空不受力,反之也一样,因此刚性铰支座在运营状态主梁正负弯矩变化下,会发生交替受力;

②刚性铰支座在小箱梁装配过程中,还需一个精度调节过程,这就要求支座自身具有一定的高度调节能力;

③由于支座在小箱梁上下左右对称布置,因此在支座更换过程中,只能通过将支座高度降低来实现支座拆除,而且整个高度调低过程要求在支座受荷状态下完成,支座重新安装时要求支座调高并预紧到原始状态;

④刚性铰构造空间狭小,养护维修难度较大,因此对摩擦副的使用寿命应提出更高的要求。

针对刚性铰支座的上述四点特殊要求,对用于刚性铰的球型支座还需在以下几方面进行改进和研发:①研发使用高性能、长寿命的支座摩擦副;②支座设置减振构造,使其具备减振卸载功能;③支座具备预紧功能及可无级调高更换。

6.5.3 平面摩擦副优化设计

球型支座的使用寿命取决于平面摩擦副的使用寿命。普通球型支座通常使用镶嵌在中座板平面上的聚四氟乙烯板和固定在下座板上的316L镜面不锈钢板构成摩擦副。聚四氟乙烯

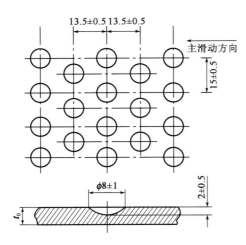

图 6.5-4 聚四氟乙烯滑板表面储脂坑
（尺寸单位：mm）

板表面设置约 2mm 深的储脂坑，如图 6.5-4 所示。

支座摩擦副的实际寿命和接触应力有关，接触应力越低，支座的线磨耗率越低。在刚性铰支座选型时，采用比正常受力需要更大规格的支座型号，通过增大支座摩擦副的接触面积，降低支座摩擦面的压应力，以提高支座使用寿命。其中顶底板支座在最不利荷载组合下的支座反力理论计算值为 3 291kN，顶底板刚性铰支座选用承载力为 8 000kN 的支座类型，对应的摩擦面最大应力为 18MPa；侧向支座在最不利荷载组合下的支座反力理论计算值为 1 361kN，选用承载力为 4 000kN 的支座，对应的摩擦面最大应力为 14MPa。由于最不利工况组合出现概率较小，因此在正常运营阶段，实际支座的接触应力还会更低。

试验表明，聚四氟乙烯滑动板在 5201 硅脂润滑条件下与不锈钢板摩擦时，在常温条件下（35℃±5℃），聚四氟乙烯板压应力为 30MPa 时满足下列要求：摩擦系数 $\mu<0.03$，线磨耗率 $\kappa\leqslant15\mu m/km$。根据实测刚性铰滑移规律预测的支座年滑移总行程为 208.8m，以支座使用寿命 30 年考虑，支座累计滑移 6.3km，滑动板磨耗深度不超过 0.1mm。所以采用聚四氟乙烯板 + 不锈钢作为摩擦副完全可以满足刚性铰支座使用要求。

摩擦副的磨耗性能与储脂坑的排列方向也有关系，图 6.5-5 为聚四氟乙烯滑板与 316L 精轧不锈钢板磨耗试验后的情况。其中试件应力为 $\sigma=30MPa$，相对滑动速度为 $v=8mm/s$。图 a）为聚四氟乙烯滑板滑动方向与主位移方向平行，线磨耗率为 $3.68\sim7.88\mu m/km$；图 b）为聚四氟乙烯滑板滑动方向与主位移方向垂直，线磨耗率为 $39.58\mu m/km$，聚四氟乙烯滑板表面有明显磨耗的划痕。因此在支座聚四氟乙烯滑板组装时，必须注意聚四氟乙烯滑板上储脂坑的排列方向。

a）摩擦方向与主位移方向平行　　b）摩擦方向与主位移方向垂直

图 6.5-5 聚四氟乙烯滑板磨耗后的情况

聚四氟乙烯滑板在无硅脂润滑时的线磨耗率远大于有硅脂润滑时的线磨耗率,而且长距离磨耗会加速硅脂的流失。为此在刚性铰专用支座上通过球冠衬板外侧设置注硅脂通道,在支座累计滑移到一定长度以后(累计滑移每隔3km),使用装满硅脂的气动油枪在不需要拆卸支座的条件下直接对平面滑板补充硅脂,保证聚四氟乙烯滑板永久处于硅脂润滑状态,进一步改善聚四氟乙烯板的耐磨性能,提高刚性铰专用支座的使用寿命。并且在滑板周围设置有一圈橡胶密封圈,不仅可以防尘,还可以防止硅脂在往复的摩擦中渗出,并能够防止硅脂的干枯与硬化。注硅脂孔与密封圈详细结构见图6.5-6。

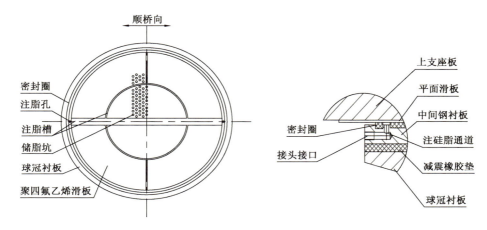

图6.5-6 注硅脂孔与密封圈

补充硅脂采用气动油枪。在需要补充硅脂的时候,将注硅脂通道下的左右两边接头接口的堵头螺栓卸下;在其中一端使用装满硅脂的气动油枪注射硅脂,待硅脂注满之后以另一端接头接口溢出硅脂为标准,说明硅脂已注满;此时重新扭上堵头螺栓,补充硅脂完成,当达到下一个补充硅脂周期之后再重新注射硅脂。

6.5.4 支座无极调高及预紧设计

传统支座调高方式通常有两种,液压调高和螺旋机械调高。液压调高方式是通过在外部设置一压力泵与支座内部管道连接,用高压将特殊填充材料注射到支座内部盆腔,将嵌入底盆的盆塞顶升,填充材料在常温下就可在盆腔内固化成为支座的一承载部件,以此来实现支座的高度调节,如图6.5-7所示。该方案只能进行调高而不能进行调低。

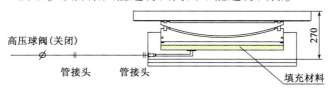

图6.5-7 液压调高原理图(尺寸单位:mm)

螺旋机械调高是在支座内部加工出内外螺纹,依靠螺纹的旋合来进行支座的调高或调低,如图6.5-8所示。缺点是当支座进行调高以后,所受竖向力由螺纹部分承担,对螺纹强度要求高,因此以上两种方式均不适合刚性铰专用支座的调高要求。

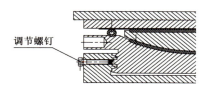

图6.5-8 螺旋机械调高原理图

根据以上分析,刚性铰支座提出采用楔形板调高的方式。该方案也属于机械调高的一种,但与上述的螺纹调高存在本质的差别。楔形板调高方案是通过将下支座板制作成两块互相配合的楔形面,在一定压力状态下通过外力拉动或推动楔形板运动,在达到理想状态的时候再锁定调节螺母,从而达到对整个支座的调高或调低的要求,考虑到刚性铰支座要求在受荷状态下进行高度调节,为提高楔形板调高的能力,采取了以下措施:

①借助于外力实现对楔形板的推和拉。综合分析考虑通过在刚性铰小箱梁相应位置设计反力架,利用液压千斤顶进行支座的调高与调低最为适宜,如图6.5-9所示。

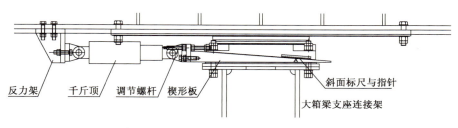

图6.5-9 液压千斤顶楔形板调高方案

②在楔形板上下面贴四氟板,以降低楔形板滑动时的摩擦阻力。

分析刚性铰结构的特殊性,采用液压千斤顶楔形板调高有以下优势:

a. 楔形板调高方案既可调高又可调低,这在支座安装过程中是必须具备的条件;

b. 楔形板调高方案更换支座更加容易,只需对楔形板卸载调低即可;

c. 楔形板调高方案配合液压千斤顶可实现支座反力的测定;

d. 楔形板调高方案可以精确测定调高量,通过在斜面设置标尺与指针可以精确地读取调高量;

e. 楔形板调高方案还可以利用钢箱梁的热胀冷缩原理实现支座的自动卸载调低功能。

通过几种调高方案的比较,楔形板调高方案更适于刚性铰结构。关于楔形板斜度的确定,楔形板的斜度如果过大,则调高会比较困难;斜度过低,则调高量将比较小。综合刚性铰实际条件,在安装过程中每个支座从最低到最高提供13mm的调节空间,调高量一般为预紧作用,不用过大,设定为3mm;而支座调低的目的是给安装和更换留下足够的空间,所以设定为10mm较为适合,综合支座整体尺寸以及安装空间的限制,楔形板斜度最终确定为4°,楔形板与下支座板斜面间的最大相对滑移量为200mm,可实现支座调高3mm,调低10mm。

在支座调高或调低的过程中,为了能够获得准确的支座高度变化量,在下支座板与楔形板之间设置标尺及指针,高程变化量通过斜面的相对滑移量(标尺读数)反映出来。具体操作办法是在下支座板上粘贴刻度标尺,在楔形板上粘贴指针,通过标尺读取斜面滑移值,再换算出支座高度变化量。标尺刻度最大50,以1mm为单位依次递减,最小-150,单位mm,在支座安装到位之后安装上指针和标尺,指针对准0刻度,如图6.5-10所示。

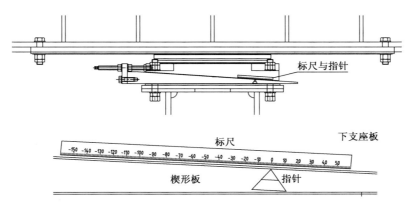

图6.5-10 标尺与指针

由于楔形板角度为4°,支座的高度调节量可以通过下式直接换算得出:

$$\kappa = \chi \cdot \sin 4° = 0.07\chi \tag{6.5-1}$$

式中:κ——支座高度调节量;

χ——标尺读数。

由式(6.5-1)可见,图6.5-10指针刻度值每变化1mm,支座高度变化0.07mm。

当对楔形板实施推力时,支座高度上升,同时支座实施预紧;当对楔形板实施拉力时,支座高度下降,同时支座卸载。受力模式分别见图6.5-11和图6.5-12。

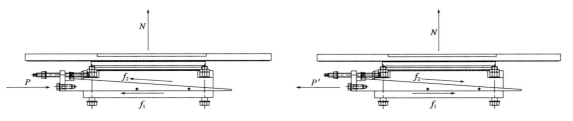

图6.5-11 竖向支座楔形板推力状态下受力分析　　图6.5-12 竖向支座楔形板拉力状态下受力分析

在楔形板推力状态下,推力值和支座竖向力的关系推导如下:

$$P = (N - g_1) \cdot (\mu_1 + \mu_2 + \sin\alpha) - \mu_1 g_2 \tag{6.5-2}$$

同理,在楔形板拉力状态下,拉力值和支座竖向力的关系推导如下:

$$P' = (N - g_1) \cdot (\mu_1 + \mu_2 - \sin\alpha) - \mu_1 g_2 \tag{6.5-3}$$

式中：P、P'——推力、拉力；

N——支座反力；

g_1——支座除楔形板外上部分的重量，为9.18kN；

g_2——楔形板重量，为2.12kN；

μ_1、μ_2——楔形板底面、斜面摩擦系数；

α——楔形板楔形角度，为4°。

式(6.5-2)和式(6.5-3)适用于顶板支座，当支座设置在侧面时，g_1、g_2取值为0，当支座设置在底板时，g_1、g_2取值符号相反。通常情况下由于支座竖向力较大，计算时可忽略支座自重影响，将g_1、g_2取值为0。楔形板顶底面的摩擦系数可以通过试验确定。楔形板底及斜面镀铬层与聚四氟乙烯表面摩擦系数与支座预紧力的试验结果如图6.5-13和图6.5-14所示。

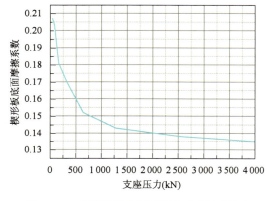

图6.5-13　楔形板底面摩擦系数与支座压力关系

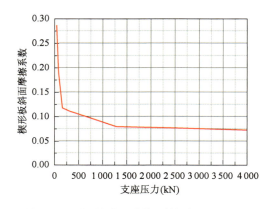

图6.5-14　楔形板斜面摩擦系数与支座压力关系

根据楔形板实测摩擦系数，根据前面推导公式得到的支座竖向力和支座增高卸载所需楔形板推拉力关系如图6.5-15所示。

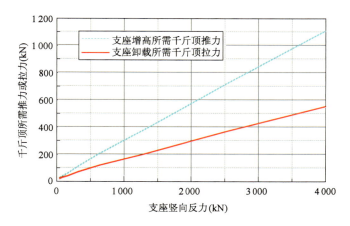

图6.5-15　支座竖向力和支座增高卸载所需楔形板推拉力

为防止支座出现脱空现象,中座板(球冠衬板)上增加一层橡胶垫,并在中间设置剪力榫防止聚四氟乙烯滑板与不锈钢板对磨引起的橡胶剪切变形,如图 6.5-16 所示。

图 6.5-16　专用支座球冠衬板结构

刚性铰安装专用支座的时候,通过给支座施加一个预紧力(单个顶板支座设计预紧力 200kN,单个侧向支座设计预紧力 100kN),压缩减振橡胶,使得每个支座在刚性铰复杂的受力环境下避免出现脱空现象,保证每个支座与大小箱梁始终处于紧密连接状态,进一步保证刚性铰的使用性能以及专用支座的使用寿命。球冠衬板中间设置减振橡胶还可缓冲交变荷载和往复弯矩引起的对支座冲击作用,减小刚性铰专用支座承受的应力峰值,起到缓冲作用,提高刚性铰与支座结构的安全性。减振橡胶垫材料选用氯丁橡胶,根据支座整体高度要求与限制确定 10mm 作为减震橡胶垫的厚度。

刚性铰专用支座的整体方案如图 6.5-17 和表 6.5-1 所示。

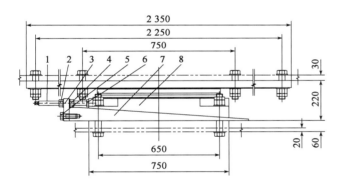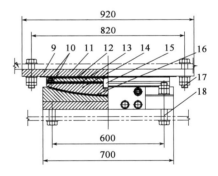

图 6.5-17　刚性铰专用支座总体设计图(尺寸单位:mm)

刚性铰专用支座部件表　　　　　　　　　表 6.5-1

序号	名　　称	材　　料	数量	用途及要点说明
1	调节螺杆	40Cr 调质	2	实现支座调高与调低
2	调高螺母	40Cr 调质	2	支座调高用
3	固定板	45	1	支座调节后的固定作用
4	调低螺母	40Cr 调质	2	支座调低用
5	连接螺栓	40Cr 调质	4	螺纹及端面达克罗处理
6	锁紧螺母	45	2	支座高度调整后的锁紧
7	楔形板(含四氟滑板)	ZG20Mn(PTFE)	1	通过楔形调高实现拆卸的功能
8	下支座板	ZG20Mn	1	镶嵌球面滑板(含螺钉)

续上表

序号	名　　称	材　　料	数量	用途及要点说明
9	上支座板(含不锈钢板)	Q355NHD(316L)	1	滑动面的平面度小于1mm
10	密封圈	聚氨酯橡胶	2	密封滑移面
11	平面滑板	聚四氟乙烯	1	活化黏结
12	中间钢衬板	Q355NHD	1	球冠衬板一部分
13	减振橡胶垫	氯丁橡胶	1	缓冲活载引起的冲击
14	球冠衬板	ZG20Mn	1	镶嵌平面滑板(含螺钉)
15	剪力卡榫	40Cr	1	承载水平力
16	球面滑板	聚四氟乙烯	1	活化黏结
17	上连接螺栓 M33×140	40Cr 调质	8套	连接与固定支座
18	下连接螺栓 M33×210	40Cr 调质	4套	连接与固定支座

支座主要技术条件归纳如下:①竖向荷载依靠刚性铰小箱梁—上支座板—平面滑板—中间钢衬板—球冠衬板—球面滑板—下支座板—楔形板—大箱梁支座连接架垫板之间的传递完成;②转角依靠球冠衬板的球面与球面滑板的转动来完成;③纵向位移是依靠嵌在中间钢衬板上的平面滑板与支座上的不锈钢板之间形成的摩擦副来实现;④耐磨性能:采用了聚四乙烯作为滑动材料,确保支座的耐磨耗性能;⑤减振卸载:通过减振橡胶垫的阻尼作用延长结构传力的时间,减缓活载引起的冲击,避免刚性铰和支座出现局部应力集中的状况,提高了刚性铰与支座结构的安全性,延长了刚性铰的使用寿命;⑥无级调高:在支座的下部设置楔形调高装置,以实现支座高度的无级调整,既可调高也可调低,安装更换方便。

6.5.5　刚性铰支座摩擦性能试验验证

为了对刚性铰的使用性能进行验证,进行了刚性铰模型试验,模拟刚性铰在最不利工况受力状态下,刚性铰发生反复纵向滑移时,支座的磨损情况。试验工作分为两个,一个是刚性铰1:4比例模型试验;另一个是刚性铰1:2比例偏载模型试验。

(1)刚性铰1:4比例模型试验(第一次)

试验模型及加载方案如图6.5-18所示。对应内部刚性铰支座接触应力12.4MPa。试验采用10s为一个周期,每周期行程为24cm,运动速度为2.4cm/s。在第一次试验中,分别采用了3种不同类型支座(无球铰的滑板支座、超高分子量聚乙烯材料的球铰支座和聚四氟乙烯材料的球铰支座)。

采用高分子聚乙烯的无球铰滑板支座时,刚性铰在工作状态推拉初期(小于200次),机构能纵向自由伸缩。随着推拉时间增加,支座摩擦力逐渐增大,滑板材料磨损严重,运动时,刚性铰抖动明显,滑动时有较大的噪声,并很快(600次左右)出现明显的金属摩擦声,停止试验,取出支座后,发现材料已损坏,如图6.5-19所示。

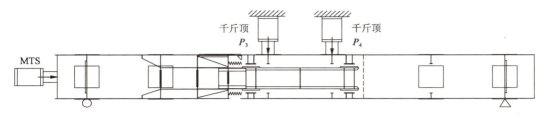

图 6.5-18　工作性能试验加载及边界条件模拟（立面）

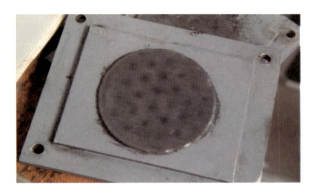

图 6.5-19　试验到 600 次时支座材料的磨损情况（滑移行程 144m）

采用超高分子聚乙烯球铰支座时,刚性铰在工作状态下,能纵向自由伸缩,其运动平顺,无明显的噪声;至 1 000 次时,由于部分硅脂挤出,支座附近的构件有轻微抖动;至 9 000 次,抖动逐渐明显,至 10 000 次,支座材料发生摩擦损坏。支座的磨损情况如图 6.5-20 所示。

图 6.5-20　第一次试验中超高分子聚乙烯球铰支座磨损情况（滑移行程 2.4km）

采用聚四氟乙烯球铰支座时,刚性铰在工作时,能纵向自由伸缩,其运动平顺,无较大的噪声;至 1 000 次时,由于部分硅脂挤出,支座位置有轻微抖动,以后并未出现抖动加剧的现象;至 10 000 次,取出支座发现材料发生摩擦损坏,其磨损状况略好于高分子聚乙烯支座,试验中根据 MTS 控制设计显示,支座摩擦系数稍小于超高分子氟乙烯支座。支座的磨损情况如图 6.5-21 所示。

图 6.5-21　第一次试验中聚四氟乙烯球铰支座的磨损情况（滑移行程 2.4km）

试验的结果表明，采用普通滑板支座，由于支座缺乏调节转向能力，支座受力不均，支座材料很快磨坏；而改用球铰支座后，耐磨性能用显著提升，表明刚性铰内支座不宜采用无球铰的滑板支座。并且在试验的条件下，采用聚四氟乙烯材料的滑动支座其磨损状况略好于采用超高分子量聚乙烯支座。分析原因有二，一是摩擦系数大小对磨耗性能的影响，二是温度对材料磨耗性能的影响。表 6.5-2 为两种材料在不同应力下摩擦系数的对比。由表 6.5-2 可见，相同压应力下改性超高分子量聚乙烯滑板的摩擦系数高于聚四氟乙烯板，且改性超高分子量聚乙烯导热性较差，高温下抗压性能降低，在 2.4cm/s 的滑动速度下，摩擦产生的热量在没有任何降温措施的条件下对滑板的磨耗性能将产生负面影响，故该条件下改性超高分子量聚乙烯的磨耗性能低于聚四氟乙烯。综合考虑，决定采用聚四氟乙烯作为刚性铰专用支座的滑板材料，并且在试验条件和支座结构上进一步做出优化方案。

改性超高分子量聚乙烯与聚四氟乙烯的摩擦系数对比表　　表 6.5-2

压应力(MPa)	改性超高分子量聚乙烯 $\mu = 1.6/(15 + \sigma_m)$	聚四氟乙烯 $\mu = 1.2/(10 + \sigma_m)$
15	0.053	0.048
30	0.036	0.030
36	0.031	0.026
45	0.027	0.022
60	0.021	0.017

(2) 刚性铰 1:4 比例模型试验（第二次）

本次试验中将原来的 2.4cm/s 的滑动速度改为 0.8cm/s，改用带有橡胶层的有球铰的滑板支座，根据第一次试验结果，选用聚四氟乙烯材料。反复运动到 60 000 次时，支座在试验中的磨损情况见图 6.5-22。

由图 6.5-22 可见，在经历 60 000 次总计 14.4km 的磨耗后，储脂坑还能清晰可见，磨损厚度为 0.2mm 左右，即磨耗距离为 14.4km 的条件下线磨耗率大概为 13.9μm/km，该值作为刚性铰专用支座滑板的线磨耗率是一个不错的数据，完全能够满足刚性铰专用支座对滑板耐磨性的要求。

图 6.5-22　推拉 60 000 次时支座的磨损情况（滑移行程 14.4km）

(3) 刚性铰 1:2 比例偏载模型试验

为了分析刚性铰在偏载情况下支座的磨损状况,采用 1:2 比例模型试验进行研究。刚性铰偏载受力情况下,支座的受力将增大,同时支座发生一定的转角,根据总体计算,对应偏载情况下支座聚四氟乙烯滑板的竖向应力提高为 20.5MPa,且支座加载时考虑一定的转角,试验模型如图 6.5-23、图 6.5-24 所示。

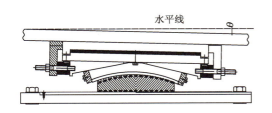

图 6.5-23　偏载试验支座安装示意图

图 6.5-24　偏载试验支座模型现场

支座的运动方式:40s 为一个周期,每周期行程 60cm,速度为 1.5cm/s。在不同加载循环次数情况下,支座聚四氟板的磨耗情况见图 6.5-25。从图 6.5-25 可以得出:20 000 次的时候滑板磨损 0.25mm,累计滑动距离 12km,线磨耗率 20.8μm/km。相比不考虑刚性铰偏载情况,线磨耗率有所增大。

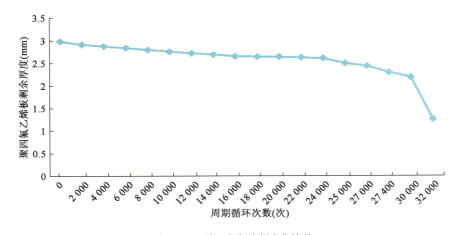

图 6.5-25　聚四氟板磨损变化情况

根据测试,在试验前 30 000 次推拉的过程中,试验支座的磨耗基本与推拉次数成正比,继续实施试验可观察到支座的损坏现象:在 30 000~32 000 次过程中聚四氟板的磨损速度急剧增加,这是因为聚四氟板的凹孔被磨平,凹孔中的硅脂耗尽,摩擦系数上升,并进一步导致了削刮现象的发生。试验支座滑动材料磨耗情况如图 6.5-26 所示。

图 6.5-26　试验支座滑动材料磨耗

6.5.6　刚性铰支座拆除更换

支座的更换往往是在使用若干年后,耐磨板出现严重磨损现象后进行,其原理是通过外力将楔形板拉出,调低支座从而方便更换球冠衬板上的聚四氟乙烯滑板,其方法有使用液压千斤顶卸载和自动卸载两种方式。

（1）液压千斤顶卸载

采用液压千斤顶卸载楔形板,每个小箱梁需配备一套液压千斤顶及高压油管,总计需要四套,具体步骤为：

①记录楔形板上的刻度尺数据,支座安装还原时,楔形板刻度尺应回到原位。楔形板刻度尺示意图见图 6.5-27。

②卸下需更换支座的锁定螺杆上的锁定螺母以及连接下支座板与大箱梁支座垫板的连接螺栓,支座锁定螺杆示意图见图 6.5-28。

图 6.5-27　刚性铰楔形板刻度尺　　　　　图 6.5-28　刚性铰支座锁定螺杆

③将预先置放在刚性铰中的液压千斤顶安装在反力架与连接座上,接上液压油管,打开油泵车电源,将油压手柄缓慢向回油方向扳动,使油压缓慢上升,直到支座楔形板开始松动,此时

支座预紧力已经完全卸载,可以利用手拉葫芦与焊接在大箱梁顶部的吊环将支座下半部分拉出来,更换四氟滑板或其他需要更换的部件,如图 6.5-29 所示。

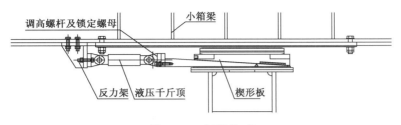

图 6.5-29 楔形板卸载

④更换好支座部件之后,先把支座下半部分推进支座安装位置,把连接螺栓以及锁定螺杆装上,此时先不要紧固,调节螺母先不锁死,重新安装液压千斤顶,根据需要施加预紧力,预紧力达到要求之后旋紧锁定螺母以及连接下支座板与大箱梁支座连接架垫板的连接螺栓,卸下液压千斤顶放回原位,完成支座更换。

侧向支座更换原理与竖向支座原理相同,但需要注意的是,由于支座安装在小箱梁的侧向,所以需要先将支座用起吊葫芦吊在预先设置在箱梁顶部的吊环上,且连接在下支座板与大箱梁支座连接架垫板上的螺栓不能完全卸载,只能松开而不是完全卸下,将球冠衬板与下支座板通过设置在上面的工装连接孔用连接板连接成一个整体,将这个整体用起吊葫芦固定在吊环上,将楔形板用起吊葫芦固定在同一个吊环上,以防支座下半部分坠落,见图 6.5-30。

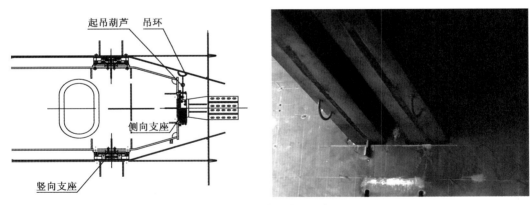

图 6.5-30 侧向支座更换

(2)自动卸载

通过人工安装操作液压千斤顶实现支座的调低,调节力的大小有上限要求。自动卸载功能的原理是预先在安装有上支座板的小箱梁上设置反力架,见图 6.5-31。

在单个支座需要更换的时候,在一天中的极冷(或极热)温度时间点通过连杆连接反力架与楔形板,卸下调高螺杆上的锁定螺母以及连接下支座板与大箱梁支座连接架垫板的连接螺栓,在一天的温度变化中根据钢箱梁热胀冷缩原理,大小箱梁发生相对位移,小箱梁带动反力架、连杆,拉出楔形板,一起朝一个方向移动,大箱梁向相反方向移动,在同一天中的极热(或极冷)温度时间点,大小箱梁发生最大相对位移,此时楔形板实现自动调低卸载功能,并可方便地实现支座的更换,待支座更换完之后利用相同原理可还原支座初始安装状态。

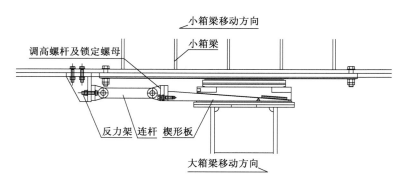

图 6.5-31 支座自动卸载原理

(3)支座维修更换对结构安全影响分析

刚性铰设计本着运营阶段可维修、可更换的思路,本节对刚性铰后期维修更换状态下的结构受力及变形性能进行研究。

拆除竖向单个支座时,剩余竖向支座最大反力计算结果见表 6.5-3,横向支座的反力见表 6.5-4,考虑到支座更换可选择气温和风力较为合适的时段,计算仅考虑恒+汽车荷载这一基本组合。表 6.5-5 给出了拆除单个竖向支座时,该处支座脱空产生的活载变形。表中支座编号见图 6.3-8。

单个竖向支座更换时竖向支座在恒+满载工况下反力表(kN)　　表 6.5-3

编号	最值	正常	拆竖1	拆竖2	拆竖3	拆竖4	拆竖5	拆竖6	拆竖7	拆竖8
竖1	最大值	673	—	1 062	698	901	695	730	670	718
	最小值	-2 140	—	-3 167	-1 907	-2 537	-2 227	-2 057	-2 090	-2 217
竖2	最大值	292	1 157	—	456	171	357	390	298	300
	最小值	-1 779	-3 404	—	-2 089	-1 482	-1 915	-1 958	-1 790	-1 797
竖3	最大值	1 698	1 593	1 819	—	2 650	1 710	1 768	1 763	1 671
	最小值	-703	-726	-751	—	-1 047	-709	-749	-743	-700
竖4	最大值	1 549	1 809	1 408	2 627	—	1 551	1 530	1 528	1 615
	最小值	-591	-743	-541	-1 070	—	-592	-598	-587	-631
竖5	最大值	348	380	407	367	349	—	1 607	148	434
	最小值	-1 820	-1 931	-1 951	-1 852	-1 823	—	-3 749	-1 454	-2 049
竖6	最大值	920	969	958	984	921	1 431	—	1 182	980
	最小值	-2 317	-2 266	-2 419	-2 421	-2 282	-3 405	—	-2 753	-2 153
竖7	最大值	1 655	1 631	1 659	1 723	1 634	1 499	1 965	—	2 626
	最小值	-655	-657	-657	-697	-651	-582	-857	—	-1 029

续上表

编号	最值	正常	拆竖1	拆竖2	拆竖3	拆竖4	拆竖5	拆竖6	拆竖7	拆竖8
竖8	最大值	1 581	1 630	1 589	1 554	1 645	1 685	1 507	2 583	—
	最小值	-632	-661	-635	-629	-669	-661	-698	-1 044	—

注：竖向支座正值为底板支座受压，负值为顶板支座受压。

单个竖向支座更换时横向支座在恒+满载工况下反力表(kN)　　　　表6.5-4

编号	最值	正常	拆竖1	拆竖2	拆竖3	拆竖4	拆竖5	拆竖6	拆竖7	拆竖8
横1	最大值	292	290	287	291	104	292	473	291	262
	最小值	-291	-301	-296	-293	-96	-291	-457	-292	-255
横2	最大值	346	348	307	348	286	346	339	347	397
	最小值	-219	-219	-181	-218	-280	-219	-214	-218	-273
横3	最大值	292	290	454	291	261	292	298	291	105
	最小值	-291	-301	-459	-293	-256	-291	-295	-292	-95
横4	最大值	346	348	339	348	397	346	307	347	285
	最小值	-219	-219	-213	-218	-272	-219	-181	-218	-280

注：支座反力正负值分别表示两侧横向支座受压。

支座更换时更换的支座在活载(满载)工况下竖向变形量(mm)　　　　表6.5-5

位移方向	拆竖1	拆竖2	拆竖3	拆竖4	拆竖5	拆竖6	拆竖7	拆竖8
向上	0.4	0.2	1.1	1.0	0.2	0.5	1.0	1.0
向下	-0.6	-0.4	-0.7	-0.6	-0.4	-0.7	-0.6	-0.6

由表6.5-3、表6.5-4计算结果可见，拆除单个顶底板支座时刚性铰剩余支座的最大反力均出现在与之相邻的支座，但是支座反力最大值均未超过其承载力；拆除竖向支座对侧向支座的响应很小。由表6.5-5计算结果可见，由于顶底板采用双支座，在拆除单个支座时，该支座的位移均在2mm以内，对结构影响很小。因此可以得出：对单个支座进行维修更换时，可完全不限制交通。

6.6　刚性铰伸缩缝

6.6.1　刚性铰伸缩缝研发要点

根据总体计算确定的刚性铰伸缩缝主要技术参数，嘉绍大桥刚性铰伸缩缝的伸缩量高达1 360mm，目前大跨度桥梁中伸缩量超过500mm的伸缩装置通常采用模数式伸缩装置和单元式多向变位梳形板伸缩装置。受到刚性铰小箱梁固定端构造限制，钢箱梁桥面可提供的安装深度不能超过20cm。伸缩量1 360mm的模数式伸缩装置的构造深度需要65cm左右，因此刚性铰适宜采用构造深度要求小的单元式多向变位梳形板伸缩装置，见图6.6-1。单元式多向变位伸缩缝的另一个优点是伸缩缝可逐块维修更换，这种类型的伸缩缝在维修时不需要完全中断交通。

图 6.6-1　单元式多向变位梳形板伸缩装置构造示意

结合刚性铰结构特点，对传统单元式多向变位伸缩缝在以下方面进行优化和提升。

（1）传统伸缩装置通常位于过渡墩位置，两侧主梁均设有支座，支座下方是桥墩，因此伸缩装置仅发生转角和纵向变形。而刚性铰伸缩装置位于全桥跨中位置，下方不设桥墩，底部没有直接支撑结构，因此伸缩装置除了需要适应两侧主梁之间的纵向变形外，还需要适应由于梁端弹性变形引起的剪切变形。

（2）传统伸缩装置构造直接安装在混凝土梁或有安装空间的钢梁上，而刚性铰伸缩装置安装在薄钢板上，在车轮冲击荷载作用下，会产生比混凝土梁不利的局部变形。同时由于钢板的固有阻尼小，在车轮反复冲击荷载作用下，更容易发生局部振动，而影响桥面行车的平稳性以及伸缩装置的使用寿命。另外钢板振动产生的噪声，经过钢箱梁的共鸣作用进一步放大，也严重影响了环境和行车舒适性。

（3）对梳齿板的构造深度应进一步优化，减少对刚性铰内部构造空间的侵入，以利于刚性铰的制造和结构受力。

研究通过理论分析、原型试样试验等研究手段，结合刚性铰伸缩装置特殊的使用环境，对装置的结构性能、对梁端复杂多自由度变形的适应性、减振性能、抗冲击性能等关键技术问题展开深入细致的研究，拟解决的关键问题包括：①伸缩装置与钢箱梁的连接部件的合理设计问题；②刚性铰伸缩装置对梁端复杂多自由度变形的适应性问题；③刚性铰伸缩装置的减振、抗冲击问题。

6.6.2　刚性铰伸缩缝设计方案

单元式多向变位伸缩缝主要构成包括多向变位铰、跨缝梳齿板、固定梳齿板以及不锈钢滑板板等。总体方案如图 6.6-2 所示。

根据刚性铰的结构特点，各主要部件进行优化设计如下：

(1) 跨缝梳齿设计

伸缩缝的构造深度决定于跨缝梳齿的高度。为确定跨缝梳齿板的合理高度,将其简化为简支梁受力结构进行力学计算,校核其在最不利受力状态下的弯曲变形所引起的应力和挠度是否满足要求,即最大应力 $\delta_{max} < [\delta]$;最大挠度 $f \leqslant 1/600$。

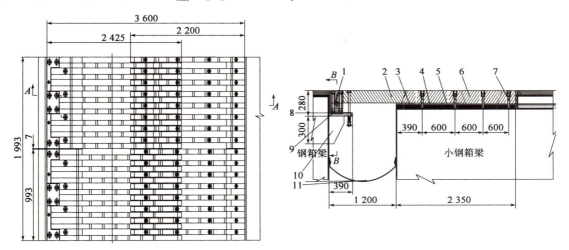

图 6.6-2 单元式多向变位梳形板桥梁伸缩装置结构示意图(尺寸单位:mm)

1-多向变位铰;2-跨缝梳齿钢板;3-不锈钢滑线;4-消能减振块;5-弹性混凝土;6-固定梳齿钢板;7-安装螺栓组;8-支撑托板;9-消能减振支座;10-加强肋板;11-排水装置

力学验算分析参数为:

①材料允许应力:Q345D 材料的 $[\delta] = 275$ MPa;

②计算荷载:公路—I级荷载重车后轴重力 $P = 2 \times 140$ kN,后轮着地宽度 × 长度 $= 600 \times 200$ mm;

③取汽车冲击力系数: $\mu = 0.3$;

④取安全系数: $n = 2.0$。

最终验算结果为伸缩装置跨缝板厚度应不小于119.0mm,最终设计选用厚度为125.0mm,完全能满足应变要求。

刚性铰伸缩装置位于全桥跨中位置,下方不设桥墩,因此伸缩装置除了需要适应两侧主梁之间的纵向变形外,还需要适应由于小钢箱梁的弹性变形而发生小量的转角和剪切变形。在单元式多向变位梳形板桥梁伸缩装置原有设计的基础上,在跨缝板齿端部的上表面增设坡形面设计,下底面增设弧形面凸块设计,与多向变位铰处的支撑弹簧共同作用来满足桥梁的剪切变形要求。如图 6.6-3 ~ 图 6.6-5 所示。

(2) 多向变位铰设计

单元式多向变位梳形板桥梁伸缩装置通过多向变位铰的支承座与转轴之间产生竖向转动变形,

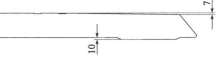

图 6.6-3 跨缝板齿端结构示意图(尺寸单位:mm)

满足桥梁的竖向转角要求。为满足大桥竖向转角 0.02rad 的设计要求,经计算分析伸缩装置跨缝板与上支座及下支座的移位量应不小于 2.45mm,考虑橡胶垫的变形量最终设定为 5mm,见图 6.6-6。

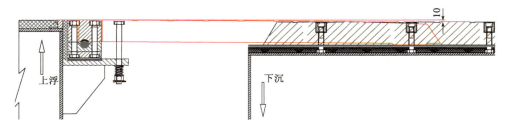

图 6.6-4　大钢箱梁侧上浮,小钢箱梁侧下沉,装置产生转角结构示意图(尺寸单位:mm)

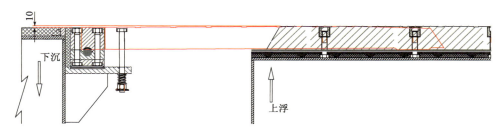

图 6.6-5　大钢箱梁侧下沉,小钢箱梁侧上浮,装置产生转角结构示意图(尺寸单位:mm)

横向转角性能通过底盘、横向变位机构和中间转轴之间的转动,将桥梁的平面转角变位均匀地分配到每一个单元模块中。为满足大桥横向转角 0.01rad 的设计要求,经计算分析装置与梁体间的移位空间应不小于 5.01mm,考虑橡胶垫的变形量及竖向转角移位量的要求,装置与梁体安装后的转角移位量设定为 15mm,见图 6.6-7。

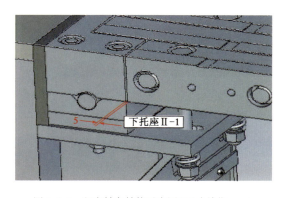
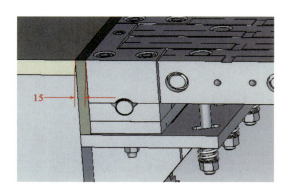

图 6.6-6　竖向转角结构示意图(尺寸单位:mm)　　图 6.6-7　横向转角结构示意图(尺寸单位:mm)

在多向变位铰轴座与支撑平台之间增设两块高阻尼橡胶支座,通过橡胶支座的消能变形来减弱车辆通过装置时对跨缝板冲击所带来的冲击力和振动,降低装置的噪声。如图 6.6-8 所示。

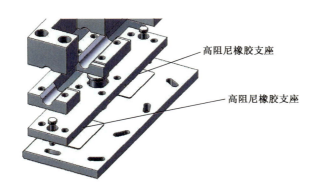

图 6.6-8　在多向变位铰与支撑平台之间增设橡胶支座的结构示意图

(3) 不锈钢滑板底层设计

在不锈钢滑板与钢箱梁结合面之间增设高阻尼减振垫和 Rb-Krete 聚氨酯弹性混凝土层。Rb-Krete 是一种聚氨酯类聚合物弹性混凝土,能同时把伸缩缝和桥梁板粘接起来,材料不仅有弹性,同样也有很高的硬度,并且耐磨,具有很高的软化温度,在最炎热的天气里也不会软化,其弹性使它在与各材料粘接后不会收缩开裂。通过其弹性变形吸收交通承载力,并把压力平均分散到桥梁板上,同时会根据桥梁板承受压力大小而伸缩。其技术参数如表 6.6-1 所示。

固化后的 Rb-Krete 聚合物弹性混凝土 (A+B+C)　　表 6.6-1

物理特性	ASTM 测试方法	要　求
压缩强度	D695	20.16MPa
弹性在 5% 的挠度时	D695	≥90%
倾斜剪切混凝土黏结强度		≥1.72MPa
冲击强度(落球试验),14d 032℉(0℃)条件下 −20℉(−29℃)条件下 @158℉(70℃)条件下	D3209	无裂缝 无裂缝 无裂缝
混合后使用时间		10min24℃条件下

高阻尼减振垫设定每米一块与梳齿板相对应,方便后期的维护更换。弹性混凝土层具有良好的调平、黏结和防腐性能。橡胶垫板和弹性混凝土层组合能提高隔振和阻尼消能性能,降低噪声。伸缩缝固定梳齿板安装在梁体预留槽口表面,从上到下分别为梳板厚 135mm + 不锈钢滑板 5mm + 高阻尼橡胶垫 25mm + Rb-Krete 聚合物弹性混凝土层 15mm,合计安装深度 180mm,如图 6.6-9 所示。

不锈钢板底层的减振层具体施工步骤:

①首先对钢板表面进行手工喷砂处理,表面除锈清洁度要求为 Sa2.5 级,表面粗糙度为 Rz40~60μm,如图 6.6-10 所示。

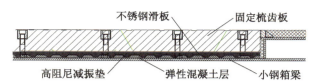

图 6.6-9　在固定梳板与钢箱梁之间增设高阻尼材料和弹性混凝土层的结构示意图

图 6.6-10　钢板表面喷砂处理

②在槽区内涂刷黏结剂并浇筑 Rb-Krete 聚氨酯弹性混凝土，如图 6.6-11 所示。

图 6.6-11　弹性混凝土施工

③在混凝土上表面抹平后立即按编号要求铺设减振垫板和不锈钢板，同时安装固定梳板，如图 6.6-12 所示。在弹性混凝土浇筑 2h 后固化可开放交通。

图 6.6-12　高阻尼橡胶垫及不锈钢板安装

(4)排水设计

为解决伸缩缝排水橡胶由于小箱梁构造顶起导致积水的问题,在小箱梁两侧开设排水橡胶泄水管构造,如图 6.6-13 所示。

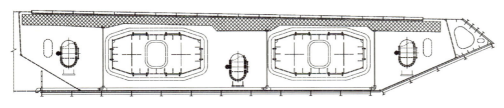

图 6.6-13　伸缩缝排水系统

6.6.3　刚性铰伸缩缝减振性能试验验证

(1)试验室模型试验

试验模型选取伸缩装置两端的试验平台部分(图 6.6-14),包括活动大箱梁在外侧小箱梁中轴线上方的桥面部分,固定大箱梁在外侧小箱梁中轴线上方的桥面部分和外侧小箱梁的部分顶板。

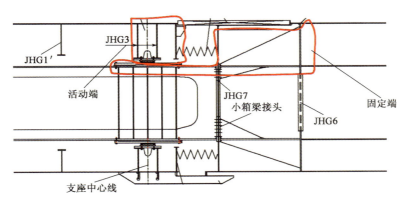

图 6.6-14　平台固定端和活动端的示意图

实际加工后的试验模型如图 6.6-15 所示。采用作动器 + 楔形钢板 + 橡胶板在试验室模拟车轮荷载的作用,作动器采用北京佛力系统公司生产的 500kN 的双出杆双作用电液伺服。

将伸缩装置安装在试验平台上,处于最长的状态。斜向正弦荷载由竖向力和水平力组合而成,竖向力幅值 50kN,水平力幅值 10kN,频率 1Hz、3Hz、5Hz、7Hz、10Hz,轮载面积 0.6m × 0.2m。分别将车轮布置在以下六个不同部位,测试伸缩缝的减振效果。

车轮位置 1:纵向在跨缝梳齿板根部,横向位于伸缩装置单元中心。

车轮位置 2:纵向在跨缝梳齿板根部,横向位于伸缩装置单元边缘。

车轮位置 3:纵向在伸缩缝中央,横向位于伸缩装置单元中心。

车轮位置 4:纵向在伸缩缝中央,横向位于伸缩装置单元边缘。

车轮位置5：纵向在固定梳齿板上方端部，横向位于伸缩装置单元中心。
车轮位置6：纵向在固定梳齿板上方端部，横向位于伸缩装置单元边缘。

a)试验模型　　　　　　　　　　　　　b)作动力施加

图6.6-15　伸缩缝试验模型及动力荷载施加方式

通过测试设置在模型底部的竖向力传感器合力，并与外部作用力峰值之比作为传振系数，测试结果如表6.6-2所示。

伸缩缝模型传振系数测试结果　　　　表6.6-2

加载频率	1(Hz)	3(Hz)	5(Hz)	7(Hz)	10(Hz)
位置1	0.76	0.82	0.72	0.50	0.38
位置2	0.74	0.82	0.78	0.48	0.42
位置3	0.72	0.78	0.36	0.28	0.26
位置4	0.74	0.82	0.46	0.32	0.28
位置5	0.76	0.86	0.76	0.50	0.36
位置6	0.72	0.84	0.78	0.48	0.38

传振系数的试验结果可见整个伸缩装置系统有一定的减振能力，竖向力传感器的合力都小于施加的外荷载。加载频率对传振系数的影响也很大，对应于3Hz的加载频率，传振系数最大，减振效果最差对应于7Hz以上的加载频率，传振系数均小于0.5；加载频率越高，传振系数最小，减振效果最好。以汽车轴距2.8m考虑，当车辆以80～100km/h通过伸缩缝时，其加载频率为8～10Hz，结合表6.6-2试验数据来看，伸缩缝的传振系数均能达到0.5以下，可见设计的伸缩缝有很好的减振效果。

（2）室外实车过缝噪声试验

将伸缩装置模型安装在槽道中，处于最长的状态。重车（重车轴重约140kN，如图6.6-16所示）以两种方式通过伸缩缝：①车速分别20km/h、40km/h、60km/h、80km/h匀速通过伸缩装置上方；②重车匀速行驶，车速分别为20km/h、40km/h，到达伸缩装置上方时制动。实车跑行试验车内噪声见表 6.6-3。

图 6.6-16　实车跑车过缝试验伸缩装置布置图

实车跑行试验车内噪声　　　　　　　　　　表 6.6-3

工　况	20km/h 匀速	40km/h 匀速	60km/h 匀速	80km/h 匀速
未过伸缩装置时的车内噪声(dB)	81	82.4	80.3	81.6
过伸缩装置时的车内噪声(dB)	82.1	82.9	83.8	84.7

实车跑车过缝试验的最大竖向位移 <10mm。车内噪声在 80～85dB 之间,通过伸缩装置时的噪声高于未通过伸缩装置时的噪声,不过噪声增加不多,最大只有 3.5dB。

6.7　刚性铰阻尼器

刚性铰阻尼器安装在小箱梁下方,单个小箱梁安装两套,全桥共计 8 套。根据总体计算优化分析结果,单套阻尼器的动力参数见表 6.7-1。由于刚性铰阻尼器主要用于抑制日常运营状态下的结构小幅振动,因此阻尼器的非线性指数取 0.2,以提高刚性铰在低速振动时的阻尼器减振效果。

刚性铰阻尼器力学参数　　　　　　　　　　表 6.7-1

项目	阻尼系数 c_α	非线性指数 α	额定阻尼力	最大行程
参数	640kN(s/m)$^\alpha$	0.2	400kN	±680mm

由于刚性铰阻尼器设置在钢箱梁内部,为防止刚性铰阻尼器失效对结构带来的不利影响,保护钢结构自身,刚性铰阻尼器过载保护装置。根据钢构件的承载力大小,阻尼力限制值为 400kN,即当阻尼力超过 400kN 时,阻尼器可自动断开。刚性铰阻尼器的过载保护的试验数据见图 6.7-1。

刚性铰阻尼器在刚性铰内部的安装方式如图 6.7-2、图 6.7-3 所示,单个小箱梁阻尼器质量约 0.9t,采用汽车起重机起吊至小箱梁工作区域入口,通过工装设备滑移至安装位置后,一端与相应的预埋件进行栓接固定,另一端由于栓接在小箱梁底部,但在场内跑合试验阶段,暂不安装在小箱梁上。现场安装如图 6.7-4 所示。

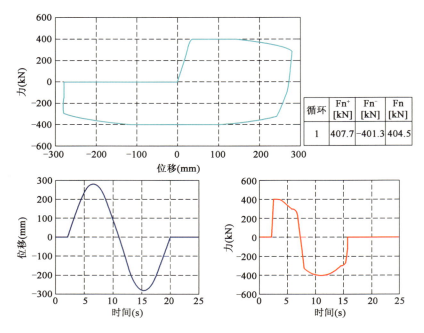

图 6.7-1　刚性铰阻尼器过载试验本构曲线

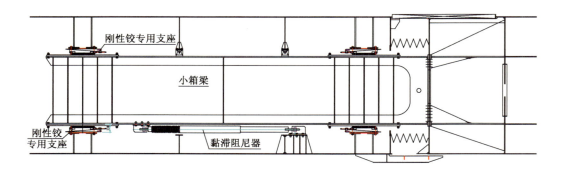

图 6.7-2　刚性铰阻尼器安装立面示意图

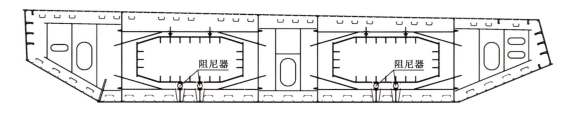

图 6.7-3　刚性铰阻尼器安装截面示意图

图 6.7-4　刚性铰阻尼器安装

6.8　刚性铰密封系统

为实现刚性铰内部空气与外部大气环境隔绝的目的,需在伸缩缝处的小箱梁四周设计并安装专用的隔热密封节。此外,为确保刚性铰除湿降温机组正常运转,同时考虑功耗能效比以及操作便捷性与安全性,应将刚性铰特殊工作区域与普通钢箱梁隔开。

由于刚性铰装置特殊的功能要求,隔热密封节须适应小箱梁的伸缩特性,即满足从 320 ~ 1 680mm 的正常工作范围。生活当中,我们常见的汽车或列车所用的密封节多由橡胶制造而成,其主要作用是实现车辆的转向作用,并在一定程度上实现密封功能,且由于结构笨重,不能压缩,因而并不适用于刚性铰装置。为此,我们需要对密封节进行全新的结构设计,并采用新材料新工艺,使之适用于刚性铰装置伸缩缝,并具备隔热密封、防火防潮、轻便耐久寿命长等特点,其技术要求参数如下:

①工作行程:1 000mm ± 680mm;

②化学稳定性好,抗老化指标不小于 30 年;

③材料具备防火、自熄性能;

④工作温度:-20 ~ 70℃;

⑤伸缩自如,保证密封性,使用寿命不小于 30 年。

根据刚性铰的结构特点,刚性铰内部专用设施集中在滑动端 J2 节段内,J3 分段仅为小箱梁提供备用检修空间,而固定端 J1 节段仅包含有小箱梁固定端构造,均为焊接结构,因而所需要的做隔热密封处理的主要是滑动端 J2 分段内小箱梁节段的工作区域。刚性铰装置的密封设计主要包括有:

①在刚性铰小箱梁节段工作区与检修区之间设计专用隔热门,并另设隔热帘进行缓冲,确保刚性铰与普通钢箱梁间的隔热效果;

②在伸缩缝处,设计专用密封节构造,将刚性铰装置与外界大气环境隔绝开,以保证除湿降温机组工作效率;

③在整个伸缩缝位置的外轮廓设置伸缩缝封板构造,确保刚性铰梁段的流线型外形,并提供刚性铰外部构造的维修养护空间。

刚性铰内部密封隔热设施布置如图6.8-1所示。

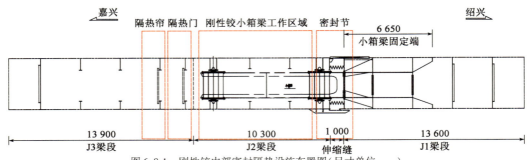

图6.8-1 刚性铰内部密封隔热设施布置图(尺寸单位:mm)

(1)隔热门与隔热帘

滑动端大箱梁J2节段与检修区大箱梁J3分段的隔热采用设置专用隔热门,隔热门选用冷库专用的隔热材料,其主要技术性能参数如下:

①规格:5 300×2 600×100(mm)。

②库板。

面板:双面压花铝0.8mm(轧筋);

夹芯:聚氨酯(PU)不含阻燃剂;

投料密度≥40kg/m³;

导热系数≤0.025W/m²·K;

吸水率≤2.2%(体积分数);

抗压强度≥220MPa;

自熄参数≤10s。

③库门:手动全埋回归门,门洞1 700×700(mm)双面压花铝,锌合金铰链、索。

④预埋件:3mm厚铁板、5号角钢。

⑤把手:PVC材质(含螺钉)。

⑥偏心钩:镀锌(含PVC螺塞)。

刚性铰隔热冷库板如图6.8-2所示。

此外,为保证普通钢箱梁与刚性铰小箱梁工作区域隔热效果,在设置有隔热门相邻的横隔板上,另行设置一道隔热帘,用于缓冲普通钢箱梁与刚性铰内的温度差,从而更好地发挥除湿降温机组的工作效能。

(2)密封节

在刚性铰伸缩缝处,为保证密封节不影响刚性铰正常工作,则密封节需具备超高的压缩比,其伸缩范围应大于刚性铰装置的有效设计值,即 1 000mm±680mm,为此,密封节的材料选择至关重要。

图 6.8-2　刚性铰隔热冷库板

为确保密封节具备超高压缩比的需求,常规橡胶密封节构造已不适用,通过比选,最终选用了具有重量轻、强度高、防火难燃、自洁性好,不受紫外线影响、抗疲劳、耐扭曲、耐老化、使用寿命长的建筑膜结构。建筑膜详细技术参数如下:

①拉伸强度:4 400/4 200N/5cm。

②剥离强度:>130N/5cm。

③降噪参数:15dB。

④适用温度:(-30℃)~(+70℃)。

⑤防火标准:DIN4102B1。

⑥撕裂强度:550/550/5cm。

⑦透光率:10%。

⑧紫外线辐射:T-UV0%。

⑨表面处理:PVDF。

此外,为确保建筑膜能完整包裹小箱梁节段,还需要适应小箱梁八边形的外形结构,设置一个可伸缩的安装骨架,骨架优选不锈钢钢管,模拟外伸式晾衣架结构,制成 X 形伸缩骨架,可实现超大压缩比的结构特点,适应刚性铰的需求。伸缩缝密封节如图 6.8-3、图 6.8-4 所示。

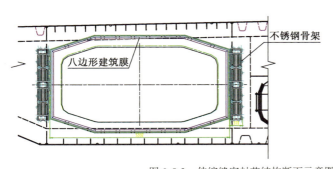 

图 6.8-3　伸缩缝密封节结构断面示意图

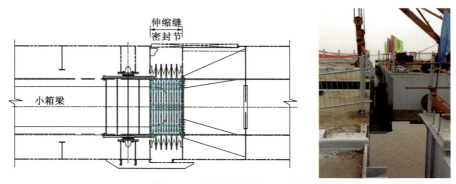

图 6.8-4 伸缩缝密封节立面示意图

（3）伸缩缝封板

为了保证刚性铰处钢箱梁外表面的流线型,提高结构的抗风性能,同时提供刚性铰外部维修养护的工作平台,在钢箱梁风嘴四周及钢箱梁底板上设置纵向 1.49m 宽,10mm 厚的伸缩缝封板。封板上横向每隔 1.6m 设置一个 10mm 厚的倒 T 形加劲肋,加劲肋另一端固定在固定端大箱梁 J3 梁段上。伸缩缝封板构造见图 6.8-5、图 6.8-6。

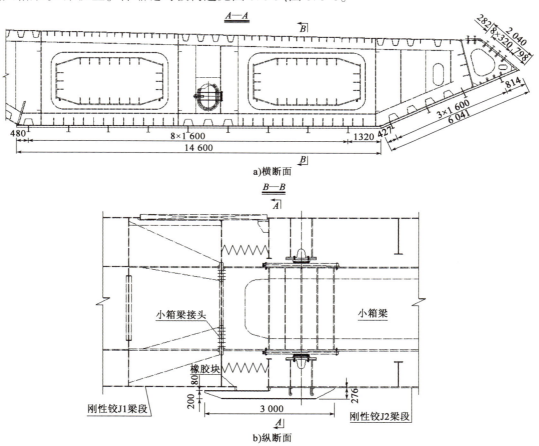

图 6.8-5 刚性铰伸缩缝封板构造（尺寸单位:mm）

图 6.8-6　伸缩缝封板现场安装

6.9　刚性铰降温除湿系统

6.9.1　技术要求及热源分析

由于刚性铰在大桥中的重要性很高，其状态希望是稳定而且可靠的，但大桥钢结构内部的环境比较恶劣，高温、高湿等情况时有发生，由此，对刚性铰内部环境的控制就非常必要而且重要，特别提出刚性铰环境控制这一系统。但过高的控制要求也会增加系统运行的能耗，同时，系统的运行稳定性也会降低，因此，根据刚性铰的设计参数，对内部环境提出如下要求：①空气相对湿度要小于 50%RH；②空气温度要小于 30℃。

钢箱梁边界上的热交换复杂，既有对流换热，又有太阳辐射换热等。太阳辐射换热就必须知道太阳辐射强度，对流换热则必须确定箱梁边界周围的空气温度。对于桥梁刚性铰而言，其钢结构的导热性很好，假定为稳态传热，通过对刚性铰周围环境的分析，热源主要来自两方面，一方面是顶板传热，另一方面是相邻钢箱梁的传热。外界温度一般会低于刚性铰，我们不做热源分析。外部环境参数：①大桥周围空气的极端条件为 -10~35℃，75%；②钢箱梁内空气的极端条件约为 -10~70℃，75%。下面进行计算分析。根据热力学导热量计算公式：

$$\Phi = \lambda \times A \times \Delta t / \delta \tag{6.9-1}$$

式中：λ——导热系数（W/m·K）；

A——面积（m²）；

Δt——温差（K）；

δ——厚度（m）。

碳钢导热系数为 45W/m·K；面积选取 1m²。式（6.9-1）可以计算出单位时间导热量。

对于日照传热量，主要集中在顶板，加上顶板路面铺装的保温蓄热作用，与刚性铰内部的

温差 Δt 较大。嘉绍大桥桥位某日实测的钢箱梁内外温度关系如表 6.9-1。钢结构不同部位的温度变化实测值见图 6.9-1。

钢箱梁内外某日实测温度（℃）　　　表 6.9-1

时间	6:00	7:00	8:00	9:00	10:00	11:00	12:00	13:00	14:00	15:00	16:00	17:00	18:00
梁外	30.5	31.0	32.0	34.0	35.5	36.0	36.5	36.5	37.0	37.5	37.5	37.0	35.0
梁内	31.0	30.5	31.5	33.5	35.5	37.5	40.0	42.0	43.0	44.0	45.5	46.0	45.0

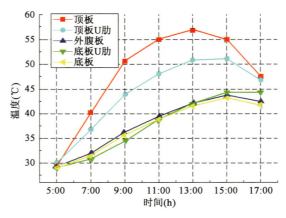

图 6.9-1　钢箱梁各部位温度变化曲线

从图 6.9-1 可以看到，在 05:05 时，钢箱梁顶板的外侧部分温度率先升高，这是由于这一部分钢板较薄，热容量较小，温度升高快。在最不利情况下，桥面板与刚性铰内部的温差 Δt 可以达到 15℃ 以上。式(6.9-1)中顶板壁厚取 16mm，因此，单位面积导热量为 $45 \times 1 \times 40 / 0.016 = 42$kW；对于相邻钢箱梁的传热，温差稍小，但也可能会达到 10℃，隔板壁厚取 12mm，单位面积导热量为 $45 \times 1 \times 10 / 0.012 = 37$kW。

由以上计算可知，刚性铰结构的导热量是非常高的，已经大大超出了空调设计的范围，常规空调设计范围的最大值为 500w/m²。因此，必须采取高效隔热措施，降低结构综合导热量，并辅助常规制冷降温。或者采取大风量强制全新风对流，将热量带走，采取常规制冷的方法是不可取的。

6.9.2　新型降温除湿设计方案

参考空调行业的设计准则："热负荷集中场所首先考虑采用通风方式降温，具体计算方法参考自然通风，一般由于散热量无法确定，通常的做法是采用换气次数进行设计"。空调只是针对采用通风仍不能达到要求时采取的补充措施。结合以上内容，设计了一套空气处理设备，以换热降温辅助制冷降温的形式，极大地节约了制冷的能耗，并降低了制冷频率，提高了设备的稳定性，非常适合桥梁的使用环境，完全可以满足设计要求。

刚性铰 J2 梁段由密封系统隔离开的 4 个刚性铰专用支座区域，空间约为 200m³/个，平面面积为约 55m²。根据要求的设计标准,刚性铰划分为 4 个设计区域,每个区域配置一套应用蒙特专利 DryCool™ 技术的空气处理设备。该设备将除湿机与压缩机制冷结合成一个整体,利用除湿原理的高低温区域与制冷原理的高低温区域配合,形成高效节能的产品,在整个空调设备的独特设计下,可以适应 <75℃ 的极端工作温度。其具备以下两项功能。

(1) 冷却

结合本项目特点:温度要求不高、无水干燥环境等,采用复合式降温手段,即以风冷降温(换热降温)的方式将温度控制在大气温度 +5℃ 范围内,再利用压缩机制冷的方式进一步降温至安全范围。这一装置的特点是能耗极低、稳定性很高、温度调节范围小、空气过滤要求高。针对这些特点中的不利因素,对设备进行了改进,分别设计了较大的换气风机和较方便的过滤组件。

设备降温性能指标:最大降温能力为室外温度 +3~5℃,最大风量为 2 500m³/h。最大换气次数为 12 次/h,设备工作温度为 <75℃。为了应对极端不利条件,设备内部集成了压缩机降温功能,主要目的是应对极少数的温度过高情况,但这一功能仅为辅助功能,功率与运行频率很低。

(2) 除湿

刚性铰的湿度控制自然也是必须要考虑的。由于增加的冷却装置是一种换气设计,使得湿度的负荷较高,因此除湿的设备要求要比同体积封闭空间的高,而且,除湿的能耗也要尽量减小。为此将除湿设备的处理风量选择为 270m³/h,较刚性铰体积略大,有利于应付极端高湿环境(例如雨季),湿度控制要求并不高,为 60%~65%,也利于能耗降低。由于整个空调设备是 2 500m³/h 的处理风量,除湿空气要经过混合后才送入刚性铰,这也有利于降低除湿设备处理后的空气温度。

6.9.3 设备研发

经过对市场上的几种机型比较,节能型新风处理机较为合适,但仍有不适应需求环境的地方,需要进行改造。而且,这种新型设备的定型产品不多,选型受限。因此,选择蒙特 DryCool HD 型设备为原型机,进行一些改造研制,见图 6.9-2。为了 HD 能够正常稳定的工作,设计了一个利用室外空气循环降温的设备,将 HD 至于其中,确保了其处于最佳的工作温度,同时,室外空气还可以用来针对刚性铰较高温度时,低能耗的迅速降温。新型研制设备命名为刚性铰温湿度控制机组,型号为 CCU2500,见图 6.9-3。

CCU2500 的工作原理如下:工作模式分为高温和常温两种,当梁内温度高于 30℃ 时,采取高温模式,设备运行在大风量循环模式,全新风的将室外空气送入梁内,迅速降温。当梁内温度低于 30℃ 时,进入低温模式,梁内空气循环,经 HD 设备除湿降温后,送入梁内。

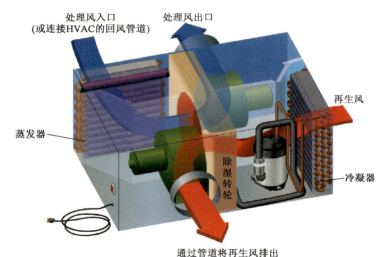

图 6.9-2　DryCool HD 设备原理图

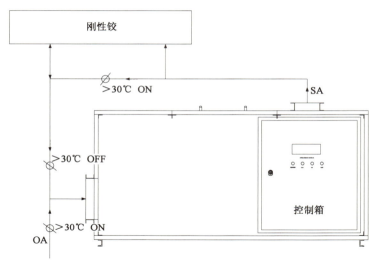

图 6.9-3　CCU2500 工作原理

由于刚性铰内部结构特殊,为保证除湿降温机组的正常工作运转,除湿机位置设置于刚性铰检修区横隔板之外,通过专用风管并通过底板 U 肋连接刚性铰小箱梁的工作区域,将出风口直接正对刚性铰支座,利用机组送风降温的功能达到设计目标。CCU2500 送风方式如图 6.9-4 所示。

（1）控制方案

在主缆用空气处理设备的控制功能中,有庞大的信息处理能力,针对本项目,则做了较大删减。基本方案是采用 PLC 控制,通过 485 接口,将温湿度信号上传至中控室。同时,中控室可以远程控制设备启停,并进行远程参数设定。控制逻辑如下：

①除湿功能根据刚性铰的湿度情况自行启动；

②冷却功能是刚性铰温度情况自行启动；
③自降温功能则根据设备内部温度自行启动。

以上三个功能启动的优先级别为自降温最高,冷却次之,最后是除湿。三个功能独立运行,由同一 PLC 控制器协调管理。

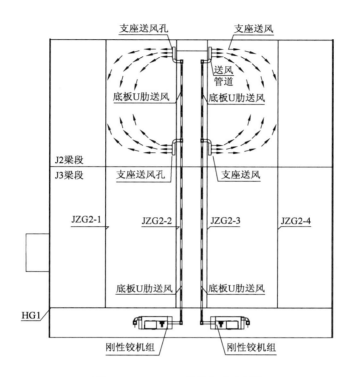

图 6.9-4　CCU2500 送风方式示意图

（2）环境适应

CCU2500 型空气处理设备除了具备以上功能外,最重要的改进是适应钢箱梁内的恶劣环境,钢箱梁的内部环境温度完全不同于室外,60~70℃的情况时有发生,常规设备无法正常运行,但受到结构限制,设备必须置于钢箱梁内部,且必须在外界高温环境时启动工作,因此,设备本身增加了自降温功能,这项功能的实现与刚性铰冷却的原理相同,但并没有增加一套冷却设备,而是利用原设计进行了改造,实现自降温功能而不增加能耗。

（3）能量回收

经过对刚性铰的环境进行的模拟分析,空气处理设备的运行频率相对较高,为了能够最大限度地节约能耗,CCU2500 将除湿机常用的能量回收模块引入设计,可以在除湿机启动时,降低除湿机功率消耗 10%~20%。这一功能是辅助设计,不影响设备的运行,不参与设备的空气处理流程,且为机械式物理换热,基本不需维护,是一项低成本的节能解决方案。

6.10 刚性铰小箱梁拆除更换系统

对桥梁刚性铰内部的小箱梁构造,提出一种牵引轨道系统,可用于在小箱梁固定端解除后,将小箱梁牵引至刚性铰检修区域进行检修。

6.10.1 小箱梁拆除维修构造

小箱梁牵引轨道系统由支架、轨道、可升降钢轮组、牵引反力架四部分构成,如图 6.10-1、图 6.10-2 所示。

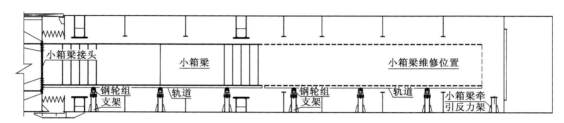

图 6.10-1 刚性铰小箱梁检修牵引轨道系统纵向布置图

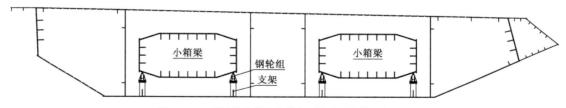

图 6.10-2 刚性铰小箱梁检修牵引轨道系统横向布置图

小箱梁牵引轨道系统各个组成部分的设计方案如下:

①支架。支架顺桥向均布在小箱梁滑移行程范围内,支架的顺桥向间距布置满足:在小箱梁移动过程中至少有三个支架进行支撑,支架横向布置在小箱梁轨道下方,单个小箱梁横向设两个支架。

②牵引反力架。小箱梁牵引反力架布置在检修区端部,用于固定牵引装置,将小箱梁牵引就位。

③轨道。轨道通长焊接在小箱梁底板上,如图 6.10-3 所示。单个小箱梁底板焊接两个轨道。

④可升降钢轮组。可升降钢轮组安装在支架上,由滚轮、销轴、滚轮支座、限位螺栓和高度调节螺栓构成,如图 6.10-3 所示。其中高度调节螺栓通过攻丝孔固定在滚轮支座上,螺柱端头顶在支架顶板上,通过拧动高度调节螺栓,实现钢轮组的升降功能。限位螺栓用来对钢轮组进行限位。

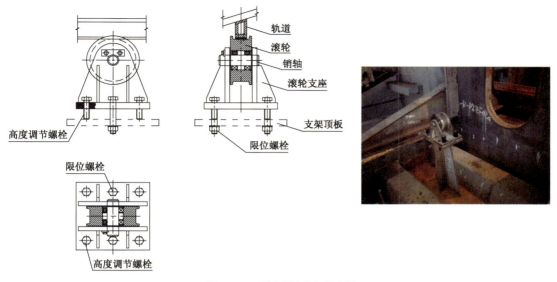

图 6.10-3　可升降滚轮组构造图

小箱梁牵引轨道系统工作原理：在 J3 分段内部设置一套电动卷扬驱动系统，该系统利用大功率电机，配合二级减速器和配套的钢丝绳绳筒，可带动小箱梁在滑动端 J2 分段与检修区 J3 分段内往返滑动。首先拧动可升降钢轮组的高度调节螺栓，将钢轮组升起，并顶紧小箱梁轨道；解除小箱梁固定端接头，在小箱梁牵引反力架上安装牵引装置，将小箱梁牵引至维修位置，如图 6.10-4 所示。

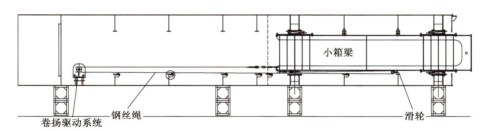

图 6.10-4　小箱梁检修牵引装置示意图

维修完毕后将小箱梁牵引至安装位置，安装小箱梁接头，拧动可升降钢轮组的高度调节螺栓，将钢轮组下降，脱离小箱梁轨道。

6.10.2　小箱梁拆除对结构安全影响分析

分析当一个小箱梁退出工作，全桥不中断交通时的结构受力状况。计算仅考虑恒＋汽车荷载这一基本组合，其中汽车荷载考虑以下三种工况：①满载工况：此工况研究在不影响正常交通情况下，钢梁受力是否满足容许应力；全桥按 10 车道考虑。②偏载工况：即更换小箱梁所在的梁不行车，仅另一幅桥行车工况；单幅桥按 5 车道考虑。③部分限流工况：即非维修桥幅满载行车,维修桥幅仅考虑3车道行车。

在上述三种工况下的主梁结构响应计算结果见表6.10-1,剩余小箱梁支座的反力计算结果见表6.10-2和图6.10-5,表中支座编号见图6.3-8。

各汽车荷载工况下主梁结构响应汇总表　　　　表6.10-1

荷载工况	结构响应		刚性铰彻底维修状态			恒+汽车（正常状态）
			恒+满载工况	恒+偏载工况	恒+部分限流	
汽车荷载	挠度（m）		0.359/−0.558	0.230/−0.422	0.316/−0.498	0.354/−0.548
			0.917	0.652	0.814	0.902
小箱梁	内力 M_y(kN)	Max	28 271	14 891	24 474	19 928
		Min	−15 537	−9 263	−13 665	−10 951
	应力（MPa）	上缘	38.1/−74.5	21.1/−44.1	34.0/−62.1	27.9/−59.5
		下缘	74.5/−38.1	44.1/−21.1	62.1/−43.5	59.5/−27.9
固定端箱梁	内力 M_y(kN·m)	Max	28 271	14 891	24 474	38 827
		Min	−15 537	−9 263	−13 665	−21 080

单个小箱梁退出工作时各汽车荷载工况下支座反力表（kN）　　　　表6.10-2

状态		正常状态		拆除小箱梁					
荷载工况		恒+满载		恒+满载		恒+偏载		恒+部分限流	
工况	支座编号	最大值	最小值	最大值	最小值	最大值	最小值	最大值	最小值
拆除外侧小箱梁	竖1	673	−2 140	1 298	−2 498	607	−1 862	607	−1 862
	竖2	292	−1 779	2 720	−5 035	1 056	−2 136	1 413	−3 356
	竖3	1 698	−703	2 540	−1 284	1 386	−641	1 481	−641
	竖4	1 549	−591	2 433	−1 201	1 407	−512	1 407	−561
	横1	292	−291	593	−398	110	−355	464	−355
	横2	346	−219	378	−302	378	−1	378	−223
拆除内侧小箱梁	竖5	348	−1 820	1 132	−2 928	666	−2 060	666	−2 060
	竖6	920	−2 317	1 484	−3 111	727	−1 666	727	−1 918
	竖7	1 655	−655	2 537	−1 184	1 511	−693	1 511	−693
	竖8	1 581	−632	1 987	−862	1 214	−421	1 214	−421
	横3	292	−291	365	−399	50	−399	286	−399
	横4	346	−219	406	−259	406	8	406	−189

从表6.10-1中可以看出,无论何种工况,刚性铰小箱梁和大箱梁的刚度和强度均满足规范要求。从刚度上来看,更换一个小箱梁时,偏载工况和限流工况的主桥挠度均小于正常状态;满载工况的挠度较正常运营状态有所增大,但挠度和为L/467较L/400的刚度要求仍有较大富裕。从受力上来看,满载工况和限流工况较正常运营状态小箱梁的内力分别增大了42%和23%,但二者总体应力水平较低,亦满足钢结构210MPa以内的强度要求。因此,从受力角

度,当对刚性铰其中一个小箱梁进行更换维修时,全桥可以不中断交通。但是从表6.10-2及图6.10-5计算结果可见,若一个小箱梁退出工作,则在满载情况下部分支座的最大反力会增大到5 035kN,支座的承载力以及小箱梁的局部受力都难以满足要求,但是限制荷载情况下剩余支座的最大反力在容许范围内。

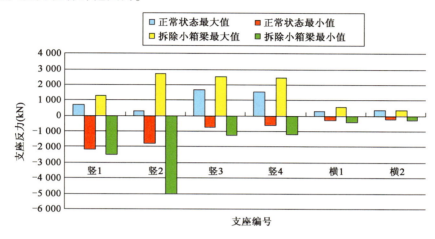

图6.10-5　恒+满载工况下外侧小箱梁退出工作时支座反力变化情况

综上分析可以得出结论:当单个小箱梁退出工作时,应对车流量进行限制(非维修桥幅满载行车,维修桥幅3车道行车),但不必完全中断交通。

6.11　刚性铰健康监测系统

6.11.1　小箱梁轴力监测系统

刚性铰小箱梁与外套大箱梁,两者通过刚性铰专用支座实现力的传递。在桥梁运营过程中,受车辆活载、温度等作用,小箱梁伸缩滑移,小箱梁固定端部轴力应等于各专用支座的滑动摩擦力之和。然而,当各专用支座若出现伸缩不顺畅甚至卡死等异常工作状况时,将导致小箱梁端部轴力发生改变,因此通过监测小箱梁固定端部轴力可以间接地反映出刚性铰专用支座的工作状况。对小箱梁固定端部轴力进行预警,以此作为管养人员判定刚性铰支座工作是否正常的指标之一。

(1)监测截面位置及测点布设分析

根据小箱梁自由端和固定端两排支座的布置,小箱梁承受轴力时的轴力图见图6.11-1。图中所示相当于自由端支座B点所受拉力为P_1,固定端支座C点所受拉力为P_2,故小箱梁固定端根部CD段的所受轴力为P_1+P_2。由此,为监测小箱梁整体所受轴向力大小,须将轴向应变计布设安装在小箱梁固定端根部CD段内。

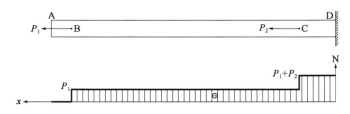

图 6.11-1　小箱梁轴力图

根据上述分析,并考虑固定端支座距离固定端部较近,根据圣维南原理,确定监测截面布置在距小箱梁固定端 550mm 处,该截面面积为 518 789mm²。在整个断面上,为了尽可能降低加劲板的影响,应变监测点布设时除断面中线位置外,均选择布设于两加劲板中间位置。监测截面位置及测点布设见图 6.11-2。测点处布设光纤光栅应变计。

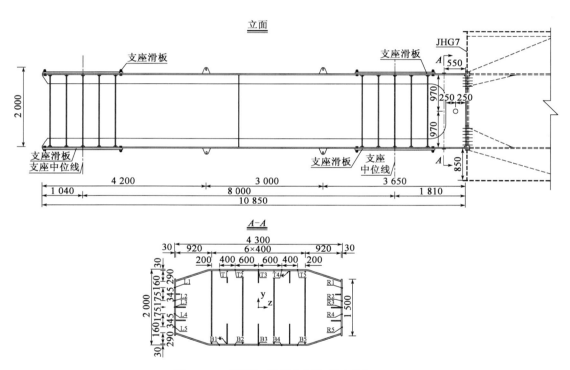

图 6.11-2　监测截面及测点布设(尺寸单位:mm)

根据理论推导可知,小箱梁轴力与左右侧应力之和、上下侧应力之和或全部的应力总和均构成线性关系。由此,依据广义胡克定律即可计算获取轴力。

$$N = \frac{A}{10} \cdot (\sigma_{L1} + \sigma_{L2} + \sigma_{L3} + \sigma_{L4} + \sigma_{L5} + \sigma_{R1} + \sigma_{R2} + \sigma_{R3} + \sigma_{R4} + \sigma_{R5}) \quad (6.11\text{-}1)$$

$$N = \frac{A}{10} \cdot (\sigma_{T1} + \sigma_{T2} + \sigma_{T3} + \sigma_{T4} + \sigma_{T5} + \sigma_{B1} + \sigma_{B2} + \sigma_{B3} + \sigma_{B4} + \sigma_{B5}) \quad (6.11\text{-}2)$$

(2)小箱梁轴力监测系统构建

小箱梁光纤光栅应变计在梁厂内进行安装,主要有截面位置及测点定位、贴片位置打磨、应变计粘贴施焊及解调仪测试等步骤,现场实施照片见图6.11-3~图6.11-8所示。

图6.11-3　截面位置及测点定位划线

图6.11-4　贴片位置打磨

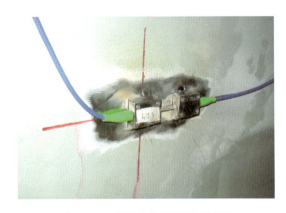

图6.11-5　光纤光栅应变计粘贴施焊

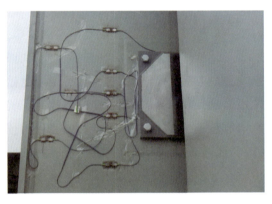

图6.11-6　小箱梁腹板处应变计布设

图6.11-7　光纤光栅应变计解调仪测试

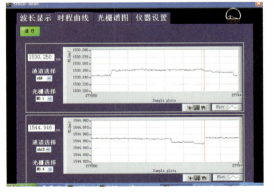

图6.11-8　光纤光栅应变计解调仪显示界面

6.11.2 支座累计位移监测系统

大桥投入运营后,刚性铰专用支座的摩擦副在不停地往复运动,易造成磨损或破坏,是相对薄弱的核心部位。支座的累计位移即支座累计磨损里程,是支座工作状况的直接反映。在大桥运营期间实时监测支座的位移情况,具有十分重要的意义。刚性铰支座操作空间小,设备安装空间小。为克服以上问题,设计的位移监测设备应尽量精度高、小型化,便于安装和后期的维护检修,并要具有较高的可靠性和稳定性。位移监测采集和处理设备应具有较高的精度和可靠性,同时能够在箱梁内安装和工作。

依据桥梁的结构特点和刚性铰支座摩擦副的使用寿命,拟定位移监测子系统的主要功能目标:①实时记录支座的实时位置;②实时记录支座的累计位移;③预警功能,当累积位移行程超过10km,小于15km,监测系统界面显示黄色预警,提示养护人员加强巡检观测,而超过15km时,监测系统界面显示红色预警,提示大桥养护管理部门对刚性铰专用支座进行维修或更换。

研发的支座累计位移监测子系统应具有如下特点:

①高灵敏度的位移计和采集信号调理器,具有高可靠性和稳定性;

②实时位移和累计位移计算,显示,实时累计告警;

③历史数据存储、查询、分析,可用于位移与轴力的联合分析评估。

根据以上需求分析,调研国内外监测系统位移监测方法和实例,研究专门针对刚性铰专用支座研究位移测试方法和技术。在可靠性、安装便捷性、小型化等方面对比多种位移测试方法,选取合适的位移传感器。根据传感器的特点,开发高可靠性的数据采集处理设备,设计数据传输网络,设计并开发实时采集和累计行程计算软件。

(1)支座位移监测传感器

国内外应用于桥梁支座位移监测的传感器主要有电流型拉绳位移计、光纤光栅拉绳位移计、振弦式直线位移计、非接触式电涡流测距仪。

电流式拉绳位移计(图6.11-9)测量原理:钢绳的测量端固定在被测物体上,另一端通过弹簧发条被缠绕在线箍鼓轮上。被测物体产生位移时,拉动与其相连接的钢绳,钢绳带动传感器传动机构鼓轮和传感元件电位器同步转动;当位移反向移动时,传感器内部的回旋装置将自动收回绳索,并在绳索伸收过程中保持其张力不变,电位器连接的集成电路板而输出一个与绳索移动量成正比例的电信号。特制的不锈钢绳在鼓轮上自动均匀,保证输出电流信号具有良好的线性和准确性。由于活动部件采用柔性的拉绳,能够适应纵向位移和横向的小量位移,同时在振动环境下能够正常工作,优良的工业级拉绳式位移计产品外壳及其结实,具有IP66的防护等级,灵巧的机械结构使其具有较小的体积,在不间断运行环境下具有较高使用寿命。

图 6.11-9 电流型拉绳位移计

光纤光栅式拉绳位移计测量原理:通过活动部件钢丝绳带动传感器内部的鼓轮转动,带动传感元件同步转动。不同之处是传感元件是刻画光栅的光纤器件,被测物体产生位移时,光栅中心波长产生成比例变化。与电流式拉绳位移计比较,此种传感器不受电磁干扰的影响,具有较好的输出性能,同时光纤光栅式位移计更换时需要专门的特定波长的传感器匹配,同时需进行光缆熔接工作,更换和维护不方便。而电流式拉绳式位移计具有较好的可替换性。

直线式振弦位移计为内部采用振弦式传感器或滑动变阻器原理。传感器固定安装在支座的上支座板,传感器活动拉杆固定在支座下支座板上,拉杆与下支座板同步滑动,同时带动内部传感器拉伸或压缩。该传感器应用于严格直线位移的场合。本项目应用的刚性铰支座处于微振环境,同时具有小量的横向位移,会对直线式位移计产生破坏性影响。

电涡流测距仪系统中的前置器中高频振荡电流通过延伸电缆流入探头线圈,在探头头部的线圈中产生交变的磁场。当被测金属体靠近这一磁场,则在此金属表面产生感应电流。与此同时该电涡流场也产生一个方向与头部线圈方向相反的交变磁场。经过转换器算法,来测定头部线圈到金属导体表面的距离等参数。电涡流测距仪采用电涡流原理进行非接触式的测试,具有精度高,可靠性好的特点,但是此种传感器价格昂贵,量程较小,寿命较短。

综合以上比较分析,采用电流输出型的拉绳式位移计比较适合于刚性铰支座的位移监测应用。

(2)支座位移数据采集方案

采用电流输出型拉绳式位移计测量支座位移,后端需采用电流型数据采集器,为尽量减少系统信号衰减,支座位移采集器安装于刚性铰内部,安装区域具有微振动强烈、夏季高温的恶劣环境,为保证数据采集的可靠性和稳定性,本研究采用专门为桥梁监测开发的独立式智能数据信号调理器(图 6.11-10)进行数据采集。

智能数据信号调理器内部在一个主板上集成信号调理电路、AD 转换器、FPGA 高速运算、MCU 微控制器、网络通信、直流电源输出等多个模块,实现对传感器输出信号的放大、隔离、滤波、激励以及线性化、AD 转换等功能。对于 4~20mA 标准电流信号,调理器采样电阻为 250Ω 精密电阻。电流信号采集原理为通过测量已知电阻器两端的压降对这个电流值进行检测。电阻为精密型测量电阻器,具有极其小的温度漂移系数,保证测量的精度。

图 6.11-10　独立式信号调理器

智能信号调理器的数据输出为标准以太网数据,协议采用国际标准 Modbus/TCP 协议,并根据桥梁监测的系统需求,进行了协议剪裁和精简,使其更适合于大容量数据传输的场合,系统内部具有看门狗电路,自动监控系统的运行,出现软件异常自动进行重启,从而实现不间断运行。调理器采用 IEEE1588 时钟同步协议,实现多个信号调理器同步采集,同步时钟精度达到 $2\mu S$,满足桥梁监测时钟同步的要求。

同时兼容以太网供电 POE 技术,作为受电端,通过网络电缆同时进行获取 48V 电源和传输数据信号网络。内部采用 DC/DC 转换式稳压电源,为传感器供电。每台信号调理器外部有两条接线线缆,1 根网络电缆同时进行供电和数据信号网络传输,1 根信号线缆连接到传感器设备,从而使设备使现场的电缆布置更加简洁。

智能数据信号调理器基于 IP 通信设计,通过局域网进行数据传输,采集相对精度为 0.1%,满足位移监测的需求,智能信号调理器为工业级全封闭金属外壳结构,具有 IP65 防护等级,外部接线端口均采用航空插头形式,保证连接的可靠性。

本系统监测的刚性铰专用支座的最大位移量为 1 360mm,设计采用的高精度传感器位移计测量范围为 1 500mm,相对输出精度为 0.1%。绝对精度为 ±1.5mm,分辨率为无限小,能够满足观测的需求。拟设置实时位移的精度为 0.01mm,累计位移的精度为 0.01mm。实时位移的采集频率设置为 1Hz,即每秒钟采集 1 次比较合适。

2012 年 5～10 月,刚性铰内场测试过程中同步进行验证。在进行刚性铰跑合试验前进行准备,安装了 8 组位移传感器,以及相匹配的数据采集设备即信号调理器、交换机、采集计算机等。在试验过程中,尤其是刚性铰推拉试验过程中,同步进行数据记录,其中 1 组传感器的测试数据见图 6.11-11、图 6.11-12。由图可知,记录的实时位移和累计位移值与加载过程的加载设备的记录值完全吻合。

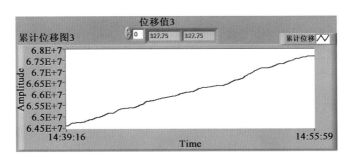

图 6.11-11　跑合试验累计位移

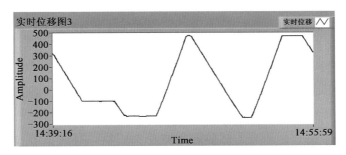

图 6.11-12　跑合试验实时位移

6.11.3　温湿度监测及智能控制系统

刚性铰小箱梁专用支座需要较好的工作环境温度和湿度条件，刚性铰内部设置有专用的除湿降温系统，包括除湿空气处理设备，和进排风管道等。确保刚性铰内部的环境温度和湿度在设计范围内。在通常情况下采用通风换气的方式进行降温，采用换气次数进行设计，在温度持续较高的情况下采用启动空调进行降温。

为实现刚性铰小箱梁温湿度的远程监测，监测项要求设计智能温湿度控制系统，实时采集四个小箱梁的温度和相对湿度值，在监控中心显示温湿度数据，并与降温除湿系统自身的控制系统形成双回路控制设计，辅助降温除湿系统进行工作。从而保证刚性铰内部关键设备的温湿度条件，延长使用寿命。

主要实现方案为在每个小箱梁工作密闭空间内设置 1 台高精度温湿度传感器，温湿度传感器具有本地显示和远程传输功能。大箱梁内部布设 1 套高精度温湿度传感器，以及刚性铰位置所在区域的大气环境的温湿度传感器 1 套，整个刚性铰共设置 6 套，同时检测三个区域的温湿度值：小箱梁工作密闭空间，大箱梁内，大气环境。通过统一的数据采集设备，将数字信号传输到监控中心，与设定的最佳工作温度和相对湿度目标运算输出控制命令，使除湿降温系统工作，将温湿度控制在最佳温度和相对湿度范围内。拟定的最佳温度范围为 <30℃，相对湿度为 <50%RH。

温湿度智能控制主要研究温度和湿度双参数控制理论，研究经典 PID 算法（比例-积分-微分算法)和 Fuzzy 模糊控制算法,研究两种算法在小箱梁温湿度控制中的应用效果。

(1)温湿度监测

小箱梁工作密闭区间温度和相对湿度的监测的准确性和稳定性非常重要,采用温湿度仪

图 6.11-13　刚性铰内温湿度仪

(图 6.11-13)进行监测,监控钢箱梁和刚性铰内空气温湿度状况,辅助指导钢箱梁及刚性铰的养护维修工作,并协助除湿机工作。其安装使用环境虽然为密闭空间,但在初始安装和检修过程中不免会有腐蚀性气体和尘埃存留在设备运行环境,同时小箱梁部位的微震动环境对普通的温湿度仪的稳定运行是巨大的挑战,经过大量比选,研究采用奥地利益加义公司生产的室外型高精度温湿度仪。针对本项目的高腐蚀性海洋环境特点,专门配置的温湿度探头采用独有专利镀膜技术,防污染,防腐蚀,具有长期稳定性,并可单独进行校准。该产品可墙面安装,采用探头和电路板分离式设计,探头为具有专利镀膜技术,并可单独拆卸,进行标定校准。电路板为金属外壳,具有防辐射和防电磁干扰的功能,适宜于恶劣的工业环境。该温湿度仪的相对湿度精度范围为 ±1.5%(对于 0~90% 相对湿度和 23℃ 范围),温度精度范围为 ±0.3℃。选配的透明的 LED 显示屏可本地显示温度和湿度值,作为温度计使用。方便检修人员在现场检查检测。

小箱梁环境内部安装信号调理采集器,就近将温湿度仪数据转换为数字信号,通过刚性铰监测专用机柜内安装的交换机。进入健康监测光纤环网,传输到监控中心。

(2)温湿度智能控制

小箱梁环境除湿系统采用瑞典蒙特公司生产的专用降温除湿设备,该设备内部配置 PLC 控制器实现本地智能控制和自动运行。PLC 控制器外部提供 RS485 串行接口,支持外部设备的远程连接和设备管理。

温湿度智能控制分两种模式,模式 1 为手动控制模式,模式 2 为自动控制模式。手动控制模式工作原理如下:读取小箱梁环境温湿度数值,与设置的温湿度目标值进行比较,如果读取的温湿度值在目标允许范围内,则不进行操作;如果读取的温湿度值偏离允许范围,则提示人工操作,操作人员则手动操作除湿器进行工作,直到温湿度值回到允许范围内。自动控制模式下,为实现降温除湿设备的远程控制和管理,服务于温湿度智能控制的目标,外部温湿度智能控制回路建议采用成熟的上位机下位机通信模式。

上位机即监控中心计算机,运行温湿度智能监测和控制程序,读取外场小箱梁环境的温湿度信号,进行显示和实时预警。同时以智能 ModBUS/RTU 协议与下位机 PLC 建立实时通讯连接,以固定时间间隔读取控制器的状态信息,进行显示。温湿度仪输出的温度和湿度数据作为输入,与设定的温湿度目标值一起作为参数输入参与控制器程序运算,控制器的输出指令通过实时通讯连接下发到下位机执行。下位机即 PLC 可编程逻辑控制器,作为本地控制单元,其

执行预先编制的程序代码,以端口扫描的顺序方式执行。与上位机建立通信连接,接收上位机发送的命令后,将其转换为对应设备的启停或模拟量下发给对应的物理设备,实现设备运行的过程控制。下位机 PLC 是成熟的现场控制产品,具有可靠性高,操作简单,使用方便的特点。上位机计算机具有强大的运算和存储性能,安装智能温湿度控制软件。在上位机上通过.dll文件调用 PLC 的接口,建立与 PLC 的通讯连接。

6.11.4 支座远程可视化视频监控系统

刚性铰专用支座在长期温度、横风以及交通荷载交变复杂的作用下,会出现许多突发或耦合现象,长期效应下有可能造成支座偏移、脱空、磨损或卡死,需要定期对支座的运行状态进行检查。大箱梁和四个小箱梁之间的共有 48 套支座,数量较多,检查维护工作量大。而刚性铰内空间狭小,人工操作检查非常不便,迫切需要开发能够自动化远程的检查方式。

为实现对刚性铰专用支座的信息化监控,开发支座环境和磨损状况远程可视化视频监控系统(图 6.11-14)。主要方案为在大箱梁内部设置视频监控摄像机,摄像机视频信号通过以太网络传输到监控中心,操作人员在监控中心的电脑显示屏直观查看箱梁内支座的工作环境、工作状态以及磨损情况。

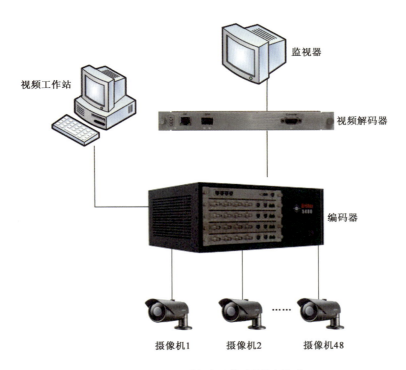

图 6.11-14　可视化视频监控系统设备构成

视频监控系统有以下几个难点：①安装在刚性铰内部，由于空间狭小，构件包括支座、阻尼器，选用的摄像设备应具有足够的视角范围和合适的视距，较高的分辨率，保证观察的画面的清晰度满足监测的需求。②另外通过分析选取合适的安装位置，以保证足够多的画面内容呈现在摄像机的视野范围内。③摄像机数量多，位置集中，需合理分配供电线缆和视频电缆，以保证足够的数据传输质量，视频流顺畅。④需要选用符合本项目环境要求的适应性强的设备；具有较高的可靠性，无须经常维护。小箱梁内部温度和相对湿度对视频系统的要求较高，同时小箱梁位置为主跨跨中位置，属于微振环境，设备安装应考虑抗震性能。

针对以上难点，首先选择采用基于视频编解码器的网络数字视频系统结构方案，前端刚性铰内部采用视频编码器连接摄像机，传输采用工业以太网络，后端选用软件解码器在计算机上显示，通过硬件解码器将画面输出到监视器上，同时在局域网络上设置网络视频存储设备进行视频存储管理。

基于视频编解码器的 IP 网络视频监控系统是一种多层次、分布式、简单高效的数字视频监控系统，属于第三代视频监控系统，可与最新的 IP 网络摄像机在同一个网络中兼容使用。最大的特点是画面无损传输，保证视频画面完成稳定、可靠的视频采集任务。

智能视频监控系统研究分为设备研究和网络设计两部分。设备研究主要是对摄像机、图像转换设备和视频监控软件进行研究和开发，小箱梁环境的高温度、高湿度、光线不足，和微震动环境；选择近距离高解析度数字摄像机，摄像机及其防护装置应能具有耐高温、耐高湿度、镜头防抖功能、机身防抖功能、红外夜视功能；在全黑的环境中仍能清晰显示。

视频编解码器是一种实现音视频数据编码、网络传输处理的专用设备，它由音视频编码器接口、网络接口、音视频接口、RS422/RS485 串行接口、RS232 串行接口等构成。视频接口连接摄像机，编解码器输出为以太网信号，辅以功能强大的管理及操控软件，可组成现代化高清晰 IP 数字视频监控系统。系统具有良好的扩展性和兼容性。

网络设计主要基于本系统的设备情况，设计带宽大，可靠性高的传输网络用与视频监控网络，保证视频传输的流畅，清晰。结合其他网络的布置情况，设计独立与其他数据网络的专门的工业以太网络用于视频图像传输。

根据上述的设备和网络方案，2012 年 10 月结合刚性铰跑合试验前，在箱梁制造厂进行设备安装与调试，组建网络和测试环境。跑合试验过程中，进行视频监控运行测试。选择的摄像机在无光线的箱梁底部拍摄的画面见图 6.11-15，清晰度满足监控的要求，网络传输无延迟，画面流畅。

图 6.11-15　跑合试验视频截图

6.12 刚性铰工作性能实桥验证

2013年5月交通运输部公路科学研究院对嘉绍大桥进行了交工验收荷载试验。静力荷载试验加载方式是采用单辆重约350kN的三轴载重汽车作为等效荷载(图6.12-1),模拟设计活载所产生的内力值。

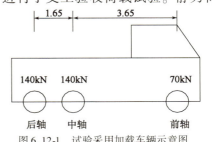

图6.12-1 试验采用加载车辆示意图
(尺寸单位:m)

6.12.1 刚性铰成桥静载试验观测

针对刚性铰最不利荷载效应,加载工况为Z5~Z6塔之间的中跨跨中对称满载加载,加载车辆为72辆,见图6.12-2。图6.12-2满载工况的静力试验荷载效率(试验荷载效应与设计标准活载效应比值)为99%。

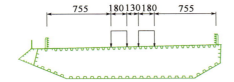 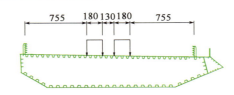

图6.12-2 试验加载车辆纵向及横桥向布置示意图(尺寸单位:cm)

满载工况下,实测刚性铰纵向变形量及与计算值对比见表6.12-1。

满载作用下刚性铰纵向变形测试结果　　　　表6.12-1

测点编号 位置	小箱梁	实测值(cm)	计算值(cm)	校验系数
左幅	1	-2.6	4.0	0.65
	2	-2.7		0.68
右幅	1	-2.4	4.0	0.60
	2	-2.6		0.65

由表计算结果可见,在跨中满载荷载作用下刚性铰纵向变形值很小,实测值仅为2.6cm。

6.12.2 刚性铰日变形规律观测

对嘉绍大桥健康监测系统实测的刚性铰相对滑移记录曲线进行观察分析。选取具有代表

性的两日数据:

①2013年10月1日,当日车流量达到通车以来的顶峰38 720辆;

②2013年8月21日,当日台风"潭美"到达嘉绍大桥,桥面最大风速达到8级。

10月1日24小时内的刚性铰滑移曲线见图6.12-3,其中9min内曲线局部放大见图6.12-4,当天24h内环境温度及钢箱梁内部温度变化曲线见图6.12-5。

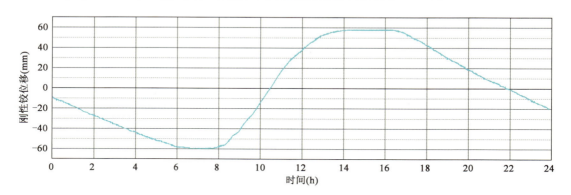

图6.12-3 2013年10月1日嘉绍大桥刚性铰实测位移曲线

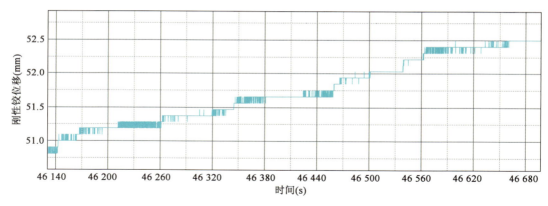

图6.12-4 2013年10月1日嘉绍大桥刚性铰位移时程曲线(局部)

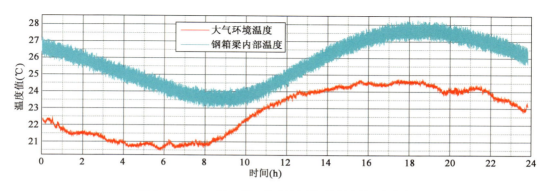

图6.12-5 2013年10月1日嘉绍大桥钢箱梁内外温度曲线

2013年8月21日24h内的刚性铰滑移曲线见图6.12-6,其中400秒内曲线局部放大见图6.12-7。当天24h内瞬时风速变化曲线见图6.12-8。

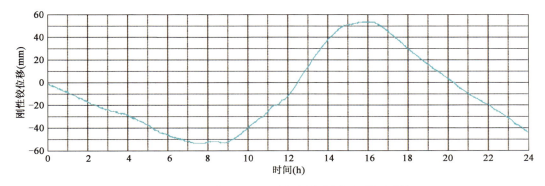

图6.12-6　2013年8月21日嘉绍大桥刚性铰实测位移曲线

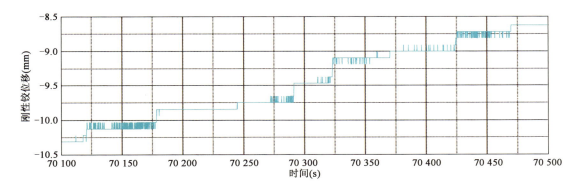

图6.12-7　2013年8月21日嘉绍大桥刚性铰位移时程曲线(局部)

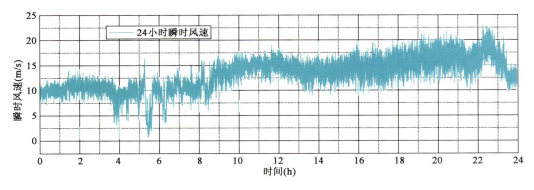

图6.12-8　2013年8月21日嘉绍大桥桥面实测瞬时风速

从图6.12-6、图6.12-7中24h位移实测数据情况上看,不论是在活载较大的时间段或者风速较大的时间段,嘉绍大桥刚性铰整体位移基本和环境温度变化趋势相吻合,呈正弦变化。从图6.12-4、图6.12-7短时局部时程曲线可知,刚性铰位移时程曲线基本上呈阶梯形状态的单调变化,局部有0.1mm以下幅度的局部高频微振,后者主要受仪器精度误差影响。由此可以判断,刚性铰位移形态是主要受温度影响的缓慢运动,未出现受风、车辆动力效应引起的局部振动。根据这一规律分析,刚性铰每日的纵向累计位移量可计算为日温差引起的刚性铰日滑移行程幅值的2倍。

6.12.3 刚性铰年累计位移预测

刚性铰累计位移是指刚性铰在其一定的使用寿命期内的累计滑移量。刚性铰支座摩擦副使用寿命和刚性铰累计滑移量有关。根据前面分析,刚性铰变形主要受温度荷载影响,汽车及风荷载对刚性铰的累计位移贡献很小。大气每日温度呈正弦周期变化,每日的累计位移量计算为日温差引起的刚性铰日滑移行程幅值的2倍。

2013年8月1日至10月22日中51天(除去部分数据丢失)的日温差和刚性铰行程幅度关系数据汇总见图6.12-9。

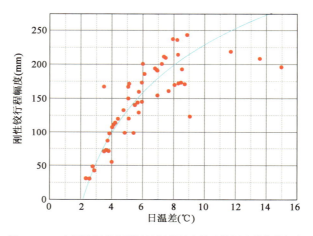

图6.12-9 实测日温差和刚性铰行程幅度关系数据及其曲线拟合

由图6.12-7可见,尽管温度变化是刚性铰滑移的主要外部因素,但刚性铰日滑移行程幅值与日温差并非简单的线性关系,主要原因是刚性铰滑移行程受温度变化速度、风、温度梯度情况等多因素影响。由于这些影响因素十分复杂,很难进行定性判断。为了对刚性铰日滑移行程幅值有一个预测,通过滑移幅值与日温差观测数据统计分析建立相关关系。

将图6.12-7离散点观测数据进行最小方差曲线拟合得到的日温差和刚性铰行程幅度关系函数为:

$$y = -1\,298T^{-0.142\,5} + 1\,164 \tag{6.12-1}$$

式中:y——刚性铰日滑移行程幅度(mm);

T——日温差(℃)。

拟合曲线和实际数据的对比见图6.12-7。由此可得到刚性铰日累计滑移量和日温差的非线性函数关系:

$$d = 2 \times y = 2\,328 - 2\,596 T^{-0.1425} \qquad (6.12\text{-}2)$$

根据嘉绍大桥桥址附近 1971—2000 年 30 年气象观测统计数据,影响气温日较差冬季大夏季小,最大气温日较差在 19.5~21.3℃ 之间,一般出现在 2、3 月份。最大温差累年平均值约为 16 度左右,如表 6.12-2 所示。根据式(6.12-2),在 16℃ 日温差影响下,刚性铰日累计滑移位移估算为 580mm,年滑移总行程估算为 208.8m。以刚性铰支座摩擦副失效时的累计滑移行程为 15km 计算,刚性铰支座预计使用寿命为 72 年。

累年各月最大气温日较差(℃)　　　　表 6.12-2

站名	月 份												年平均
	1	2	3	4	5	6	7	8	9	10	11	12	
海盐	17.7	17.8	19.8	16.1	15.5	14.8	18.1	12.3	12.5	15.7	16.5	16.1	16.1
平湖	16.0	16.9	20.0	16.5	17.7	14.9	13.9	12.6	15.8	18.4	17.2	18.4	16.5
上虞	18.0	17.5	21.4	19.4	16.5	14.8	14.8	14.2	13.0	15.7	17.0	17.9	16.7

由于计算时采用的日温差为各月最大值的平均值,所以上述得到的是偏保守的计算结果。上述预测还需在刚性铰今后的运营过程中进行进一步的观察验证。

6.13 本章小结

根据刚性铰的内力设计特点,进行了关键受力构造设计:小箱梁与大箱梁工地连接采用"内法兰"构造形式;采用分区段刚度过渡的方式进行了刚性铰固定端构造的合理设计;外套大箱梁采用四道纵隔板的构造处理方式解决提高钢箱梁节段抗剪性能;刚性铰支座采用球型支座,支座摩擦副采用了聚四乙烯作为滑动材料,并设置硅脂填充通道,确保支座的耐磨耗性能,通过减振橡胶垫减缓活载引起的冲击,支座设置楔形调高装置,以实现支座高度的无级调整;刚性铰伸缩缝采用单元式多向变位伸缩缝,通过对活动铰以及跨缝梳齿板细节的优化提高刚性铰伸缩缝的转角和剪切变形适应能力,降低刚性铰的安装构造深度要求,在活动铰局部下方设置减振垫,在不锈钢滑板下方设置弹性混凝土+减振橡胶垫来提高刚性铰伸缩缝的抗冲击性能;刚性铰内部设置了具有过载保护装置的特殊阻尼器。

为确保刚性铰在运营阶段的耐久性,研究采取了以下措施:

①在刚性铰小箱梁伸缩位置设置密封装置,将刚性铰内部环境与外部环境隔绝开来,在刚性铰内部也设置了局部密封隔离设备,形成一个刚性铰局部小环境;

②研发高效节能的刚性铰降温除湿设备,通过热交换辅以降温制冷的方式提高设备的稳定性,实现对刚性铰内部温湿度环境的同步控制;

③在刚性铰内部设置一种可以将小箱梁拆除,并牵引至刚性铰 J3 梁段的装置,以备在刚

性铰内部空间无法满足结构维修更换需要时，可以将小箱梁移出 J2 梁段，进行刚性铰的彻底维修。

为直观获得刚性铰的工作状态和环境参数，指导刚性铰的日常维修养护，刚性铰建立了有针对性的健康监测系统，重点对刚性铰安全状况、内部环境状况和支座的使用状况进行适时跟踪监测：

①刚性铰伸缩功能的丧失会通过小箱梁轴力的突变反映出来，因此，首先建立了小箱梁轴力观测预警系统；

②支座的磨损状况与其摩擦副的累计滑移行程有直接联系，因此，建立了刚性铰支座滑移状态和累计滑移监测系统；

③为降低检修人员工作强度，建立刚性铰小箱梁远程视频监控系统，实现对刚性铰支座状况的实时观察；

④建立刚性铰内部温湿度环境监控系统对刚性铰的运行环境进行跟踪观测。

7 刚性铰的制造与安装

鉴于刚性铰装置功能上的需要，刚性铰的结构设计多采用中厚板钢材焊接成形，同时，刚性铰各小箱梁需在滑动端大箱梁内同步来回自由伸缩，刚性铰各个构造的制造、加工以及系统组装等精度要求极高。经仔细分析刚性铰各个构件的细部结构设计特点，针对性地制定并优化零部件的装配顺序和焊接工艺，加强质量控制措施，保证结构装焊质量与外形尺寸精度，对核心构件小箱梁做整体消应并进行机加工处理，提高各个支座面的安装平行精度。此外，在刚性铰系统组装时，对部分构造提前做防腐涂装处理，预置并安装调试刚性铰专用球形支座，针对刚性铰装置的系统组装精度要求，制定专项跑合试验方案，通过单个小箱梁跑合试验，单幅刚性铰跑合试验与双幅联动跑合试验来测试并验证系统的组装与调试精度达到设计要求，从而减少桥位安装调试工作量，加快合拢速度，降低施工风险。

对刚性铰吊装施工解决以下问题：①根据刚性铰 J2 梁段重量重的特点，研究制定可行的压重、起吊控制方案，保证刚性铰起吊过程中索塔及主梁结构的安全。②对桥面吊机进行设备改造，实现刚性铰合龙段同步抬吊；③制定合理的全过程起吊工艺，保证刚性铰工地连接构造的顺利安装，将刚性铰的制造精度在现场实现零误差还原。

7.1 刚性铰制造安装要点分析

7.1.1 48 个支座滑移面平行度控制

刚性铰装置的工作原理可以简化为四个轴线平行的"活塞装置"：小箱梁节段即为"活塞"，滑动端大箱梁即为"活塞腔体"，两轴为一组，即单幅刚性铰装置；两组为一整体，即整幅刚性铰装置。为保证整幅刚性铰装置的顺利滑动，其四个"活塞"中心轴线安装的平行精度至关重要，见图 7.1-1。单个小箱梁外壁共有 12 个专用球型支座滑板，由于刚性铰小箱梁与滑动大箱梁间采用专用球型支座进行支撑与滑动，支座滑板滑移面相当于"活塞"与"活塞腔体"的接触面，单个小箱梁的 12 个支座滑移面必须保证高度平行，"活塞"才能在"腔体"内自由往返伸缩，整个刚性铰装置要求四个小箱梁外壁上的 48 个支座滑板滑移面均保持高度的平行，方能使整个刚性铰装置达到自由伸缩的目的。

为达到这一目的，将刚性铰组装过程分为三个环节进行控制：首先是通过精确的制造工艺和支座的安装调试保证单个小箱梁12个滑移面的平行；其次是在小箱梁装配过程中要保证单幅箱梁两个小箱梁与桥轴线的平行；最后在左右幅箱梁整体预拼时要确保左右幅四个小箱梁与桥轴线的平行。

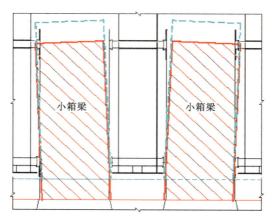

图7.1-1　小箱梁安装误差对刚性铰伸缩功能影响示意图

7.1.2　四个小箱梁内法兰栓接面的密贴

根据刚性铰梁段现场架设的需要，小箱梁在与固定端连接的部位设置"内法兰"形式的工地连接。单幅箱梁设置两个小箱梁"内法兰"接头，左右幅共四个，见图7.1-2。

a) J1梁段固定端侧栓接面　　　　　　　　　b) J2梁段小箱梁侧栓接面

图7.1-2　小箱梁工地连接的"内法兰"构造

小箱梁接头内法兰拼接板必须严格密贴平行，螺栓孔错位不得超过2mm，才能确保接头的顺利安装，其中四个栓接面平行度均应同时满足如下检验标准：采用0.25mm的塞尺检查，塞入面积应小于75%。

直接通过制造安装精度控制实现双幅四个小箱梁固定端拼接面的严格平行难度较大。经研究，J1梁段内的小箱梁接头构造在制造时采取"反向拼装"的总装次序：J1梁段制造时预留小箱梁接头固定端构造不焊接（固定端A区构造），先确保小箱梁螺栓工地接头的安装精度，后将相关板件焊接。"内法兰"螺栓拼接面两侧的板件均通过整体机加工。现场安装时，优先完成刚性铰单幅 J1 梁段和 J2 梁段的小箱梁接头施工,斜拉桥悬臂施工累计误差由刚性铰 J2 和 J3 梁段的普通钢箱梁工地连接消化处理。

7.2 刚性铰小箱梁制造精度控制

刚性铰小箱梁节段作为关键性的构造,特别是每个小箱梁外表面上共计 12 个专用支座滑移板安装位置,其平行精度越高,对系统产生的误差影响就越小,必须采用非常规加工工艺确保外壁板的平行精度。对小箱梁制造提出精度要求如表 7.2-1 所示。

小箱梁装配焊接允许公差　　　　　表 7.2-1

序号	简　图	项　目	允许偏差(mm)
1		节段长度 L	±5
		节段宽	0,−1
		节段高	0,−1
		端口对角线差	±2.0
2		节段旁弯 f	±2.0
		节段扭转 Δ	±1.0
		平面度	≤1.0/全宽
		顶底板及两侧腹板平行度	±5.0

根据小箱梁制成后的设计精度要求,小箱梁的制造重点在结构制作时,按小箱梁制作检查项目规定值或允许偏差的要求进行严格的质量控制,减少工序误差,满足和达到设计精度要求。

(1)小箱梁顶底板在 2 000 吨数控折弯机上进行精确折弯,用激光精确切割的检验样板对小箱梁顶底板折弯精度进行检验,确保顶底板折弯精度达到设计要求;

(2)小箱梁横隔板采用数控切割机精确下料,然后进行板边机加工,保证横隔板下料精度;

(3)顶底板及腹板长加劲肋采用龙门多头自动 CO_2 焊接机进行多根加劲肋同时焊接,减少焊接变形;

(4)小箱梁装配在专用胎架上进行拼装,各结构焊尽可能采用小箱梁翻身进行平焊,减少立焊和仰焊;

(5)小箱梁端头拼接板栓接腰圆孔加工时,J1 梁段固定端拼接板、JHG7 横隔板与小箱梁端头拼接板一同装夹钻孔,然后再各自进行铣腰圆孔。

小箱梁整体装焊完毕后,为保证加工过程中不因焊接内应力释放而影响小箱梁的整体加工精度,应在加工前,对小箱梁整体节段进行振动消应处理。

(1)振动时效设备性能参数选择

扫描频率范围(转速):扫描频率范围为1 000～8 000r/min。该频率即为附加工件的交变应力频率范围,可覆盖构件一阶或二阶固有振动频率。稳速精度:即为振动过程中,电机稳定转速精度:±1r/min。额定功率与最大激振力:频率额定输出功率为2.2kW,最大激振力为40kN,可振构件质量200t。加速度测量范围:加速度传感器一般置于共振峰处,其加速度测量范围是0～99m/s²。

(2)振动工艺

支撑点选择4点支撑,支撑物采用橡胶或木头支撑点分别距两端各(2/9)L处,其中L=10 850mm,(2/9)L=2 400mm。见图7.2-1中的"□"。激振点(电机)刚性固定在构件中部,或某一端部。如图7.2-1中的"○"。考虑电机施力位置,可在节段翻身后对另一侧顶板进行振动消应处理。加速度传感器远离激振点,置于构件端部。如图7.2-1中的"⌐"。

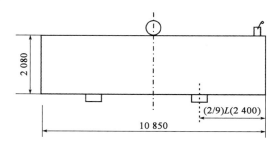

图7.2-1　小箱梁振动消应示意图(尺寸单位:mm)

扫描选择时效:①调整较小偏心距,采用手动扫频,当频率达到N0时发生共振,记录打印该频率。②调整较大偏心距(满距的80%),选择亚共振频率(时效转速N时),N时=N0 - 100r/min。③时效时间即点N时转速下振动时间一般为30min左右,并打印(a - t)曲线。振后扫频:振后记录a - f(a - n)曲线。

由于小箱梁结构均为厚板结构焊接而成,现有的焊接工艺方法使得结构焊接后会产生焊接残余应力,并使结构表面产生微量变形,对于常规结构而言,焊接所产生的微量变形不影响结构强度,但会影响精密构件的安装精度,因此,小箱梁在组装焊接时,应提前考虑机加工艺方案,并提前考虑机加工量,即提高小箱梁外壁板板厚(设计板厚30mm,采用40mm厚板下料),为装焊后的整体加工做准备。

采用XK2755×250 - 2M/27×20双刀柱数控铣镗床进行机加工,铣削加工小箱梁的顶底面、两个侧面、检修轨道以及小箱梁端头拼接板面和竖向腰圆孔,保证小箱梁精度要求。机加工过程中用激光跟踪测量仪进行精确检测(精度0.01mm)。以控制小箱梁机械加工精度。小箱梁机加工精度要求见表7.2-2,机加工后小箱梁见图7.2-2。

小箱梁机加工精度要求　　　　　　　表 7.2-2

序　号	加　工　内　容	精度要求
1	小箱梁节段长度	≤±2mm
2	支座安装区域平面度	≤0.2mm
3	支座安装区域(上下或左右)平行度	≤0.5mm
4	支座安装区域与栓接端垂直度	≤0.5mm
5	表面粗糙度	≤12.5μm

图 7.2-2　机加工后的小箱梁

7.3　刚性铰小箱梁装配精度控制

7.3.1　小箱梁入仓安装及其调整

刚性铰节段各个组成部分分别制造加工完毕后,需对系统进行组装,其组装过程所需控制的重点是各个小箱梁与对应的大箱梁滑动端 J2 分段间的相对位置。此时,小箱梁与大箱梁的中心轴线平行精度,将直接影响到刚性铰装置的成桥使用效果。单幅刚性铰内小箱梁纵向预拼装允许公差见表 7.3-1。

单幅刚性铰内小箱梁纵向预拼装允许公差　　　　　　　表 7.3-1

项　目	允许偏差	简　图	测量位置
单幅 J2 大箱梁内的两个小箱梁纵向长度差 |L|	≤3mm		两侧腹板
相邻两个小箱梁纵向平行度 |B1-B2|	≤3mm		有支座垫板的位置
相邻两个小箱梁水平高差 |H1-H2|	≤2mm		有支座垫板的位置

小箱梁入仓前先进行支座进仓。拆除连接支座下半部分与上支座板的 4 个连接螺栓;将支座分解为上支座板与剩下结构两部分,利用起重机起吊上支座板到小箱梁相应位置,用 M33×140 螺栓将上支座板及保护木板一起固定在小箱梁上,如图 7.3-1、图 7.3-2 所示。

图 7.3-1　分解支座现场

图 7.3-2　上支座板吊装

拆除上支座板之后,下半部分涂有硅脂的平面四氟滑板裸露在外需要塑料薄膜遮盖防尘。球冠衬板处于脱空状态也需要固定,具体办法是在两个连接板之间焊接一块临时固定挡板,利用两颗 M10×20mm 的螺栓将挡板和球冠衬板上固定在一起,从而使球冠衬板与下部结构连成一体,待支座安装完成后拆除临时挡板,见图 7.3-3。

图 7.3-3　焊接临时挡板实物图

支座的下半部分固定在一起之后,将这部分置于支座安装位置;对于小箱梁下面的竖向支座,可以将支座下半部分置于大箱梁相应位置(图 7.3-4)的千斤顶上。待小箱梁滑移到位后,逐渐顶起支座。对于小箱梁顶面的竖向支座,分别在大箱梁上焊接吊环(图 7.3-4),用起吊葫芦将刚性铰专用支座下半部分吊在大箱梁上(图 7.3-5)。待小箱梁滑移到位后,逐渐松起吊葫芦,缓慢将支座落在上支座板上。

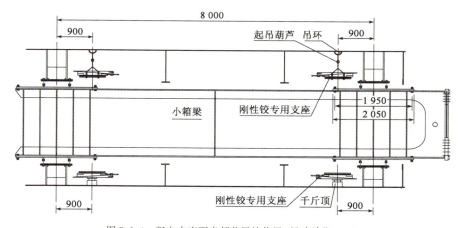

图 7.3-4　竖向支座下半部分置放位置(尺寸单位:mm)

图 7.3-5　小箱梁上的竖向支座下半部分吊装示意

对于侧向刚性铰专用支座,将支座下半部分放置在大箱梁相应位置(图 7.3-6)上。待小箱梁滑移到位后,用起吊葫芦将支座吊装到位并用螺栓将支座与大箱梁支座垫板拧紧固定,安装到位之后支座高度调到最低,以方便支座全部安装完成之后刚性铰小箱梁的调平。

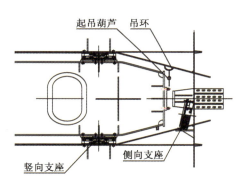

图 7.3-6　侧向支座下半部分置放位置

刚性铰小箱梁单个分段自重约 600kN,在安装专用支座滑板后,总重量约 670kN,小箱梁需要做整体横向水平滑动进仓,现有的各类起重设备受 J2 分段结构限制,不能利用吊装落位的方式进行安装。为保证小箱梁顺利入仓,经研究分析可以利用小箱梁在大箱梁 J2 与 J3 分段内部的检修滑动滚轮支架,采用平板车推送进仓的安装方式,通过平板车多次推送与换位,配合临时工装支撑门架可完成入仓的步骤,操作方便,且安全可靠。小箱梁准备好了以后,启动液压小车向 J2 梁段内推送,推送步骤如下:

(1)液压小车行驶到小箱梁底部,其位置以与 J1 箱梁连接端的小箱梁外侧对齐液压小车,另一端则悬出 4m,同时顶升液压小车,使其中心高度为 3.4m,比 J2 钢箱梁中心高 30mm,如图 7.3-7 所示。

(2)同时开动液压小车,将小箱梁缓慢向 J2 钢箱梁移动,直到小箱梁端头轨道位于滚轮上方后停止,如图 7.3-8 所示。

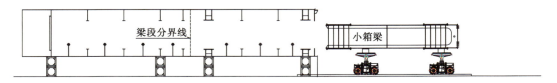

图7.3-7 小箱梁入仓步骤1

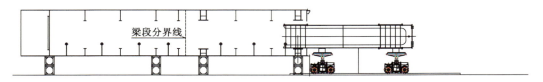

图7.3-8 小箱梁入仓步骤2

(3)将第一排液压小车下降并拆除托架,前排小车替换后排小车,继续开动液压小车,使小箱梁安装到位。小车在安装行进过程中通过升级调节,避免小箱梁端头与滚轮撞击,如图7.3-9所示。

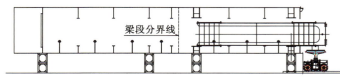

图7.3-9 小箱梁入仓步骤3

小箱梁入仓施工现场如图7.3-10所示。

图7.3-10 小箱梁入仓施工

刚性铰小箱梁支座面上的各个专用球型支座安装后,利用激光经纬仪和全站仪配合测量并调整小箱梁节段在滑动大箱梁J2分段工作区内的空间位置,小箱梁中心轴线与主梁纵向中心线相平行。基于小箱梁机加工处理的实际精度,在测量定位时,可通过测量底板面水平偏差与端面铅垂误差得出小箱梁中心轴线的实际位置,要求定位后底板实测误差小于0.5mm。小箱梁定位测量如图7.3-11所示。

如有偏差,利用支座的高度调节装置进行微调。具体措施是通过激光水平仪进行小箱梁关键位置点的记录,利用支座的调高与调低完成刚性铰小箱梁的水平调节。小箱梁节段调位合格后,对各个专用支座的紧固螺栓施拧,将调节支座高度的楔形板调节螺杆锁紧。

图 7.3-11　小箱梁定位测量

7.3.2　小箱梁固定端的"反向拼装"装配

小箱梁与 J1 梁段固定端 A 区部件进行工地栓接,由于栓接面为内法兰面,横桥向共四个,平行精度控制难度大。为确保栓接精度,将固定端 A 区构造独立出来形成一个立体单元进行制造,J1 梁段 JHG6 横隔板处的小箱梁螺栓面与 JHG6 分离开来并入固定端 A 区,固定端 A 区立体单元制造完毕后首先与小箱梁进行栓接,并与 J1 梁段其他板件临时固定参与小箱梁跑合试验,四个小箱梁接头构造均精度调整到位,跑合试验通过后,再将固定端 A 区与 J1 梁段端头 JHG6 横隔板焊接。

小箱梁固定端 A 区部件采用机加工工艺,保证与小箱梁连接面的密贴,如图 7.3-12 所示。零件下料时在其长度、宽度或厚度方向加放适量机加工余量。

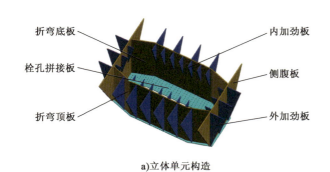 

a)立体单元构造　　　　　　　　　　　b)栓接面机加工

图 7.3-12　小箱梁固定端 A 区立体单元

上述制造工艺由于左右幅四个小箱梁的内法兰栓接面是在自由状态下进行螺栓安装,因此四个小箱梁栓接面的平行度可达到"零误差"的程度,此外小箱梁固定端 A 区部件的栓孔拼接板加厚,又减少了 JHG6 横隔板的焊接变形对连接面的影响。独立制造总装的小箱梁固定端 A 区构造如图 7.3-13 所示。

图 7.3-13　独立制造总装的小箱梁固定端 A 区构造

7.4　刚性铰跑合试验

7.4.1　跑合试验目的

跑合试验是指设置外部牵引装置对小箱梁模拟抽拉,通过测试抽拉过程的摩阻力来校核验证小箱梁的组装精度。由于小箱梁与大箱梁之间的装配误差可在小箱梁与大箱梁相对滑移过程中摩擦力的变化直观地表现出来,因此刚性铰跑合试验的主要目的实际上通过各个装配环节的推拉力观测,识别大、小箱梁的装配误差,验证刚性铰的组装精度。跑合试验分为三个阶段完成,分别为第一阶段单箱跑合试验、第二阶段单幅跑合试验和第三阶段双幅联动跑合试验。这三个阶段刚性铰跑合试验的主要目的归纳如下:

(1)通过单箱跑合试验验证小箱梁自身 12 个摩擦面的平行程度,以及支座加工制作与安装精度,获取摩擦副的摩擦系数;

(2)通过单幅跑合试验验证单幅两个小箱梁的装配精度,识别小箱梁固定端接头环焊施工是否对单幅两个小箱梁的装配精度产生影响;

(3)通过双幅跑合试验验证左右幅整体四个小箱梁的装配精度,识别左右幅横梁安装施工是否对左右幅梁段的平行度产生影响。

7.4.2　跑合试验步骤

(1)单箱跑合试验

单个小箱梁跑合试验是指单个小箱梁节段在其对应的滑动大箱梁 J2 分段工作区域内的推拉测试试验。在单小箱梁上 12 个专用球型支座安装后,组装外部驱动设备,实测驱动小箱梁在许可 ±680mm 范围内进行往返移动时所需要运行拉力或推力,通过实测运行拉力或运行推力与小箱梁自重比值得出支座系统的摩擦系数。

每个滑动端大箱梁 J2 分段内部各包含有两个小箱梁分段,均需要做独立的跑合试验。单箱跑合试验还要根据支座的安装调节状态做分步测试,先测试支座安装后未加载轴向预紧力时的系统摩擦系数,后测试支座加载轴向预紧力后的系统摩擦系数。根据球型支座的实际性能,承载力越大时,其摩擦系数越小,理论上,加载预紧力后系统摩擦系数应小于支座预紧前的系统摩擦系数。

(2)单幅刚性铰跑合试验

单幅大节段跑合试验是指单个固定端大箱梁 J1 节段在与相应的两个小箱梁栓接固定后,通过外部设备驱动固定端大箱梁 J1 节段带动两个小箱梁在滑动端大箱梁 J2 分段内所做的相对运动,测试并记录产生相对位移所需的推力,监测两个大箱梁与小箱梁的空间相对位置。

在单幅刚性铰跑合试验前,要先测出固定端大箱梁 J1 分段在自重作用下克服滑动工装所需摩擦阻力,然后将单幅刚性铰固定端大箱梁 J1 分段推至安装位置,并与小箱梁进行匹配栓接。栓接时,以已完成的单个小箱梁跑合试验的小箱梁为基准,调整固定端大节段未焊接的固定端 A 区部件与之匹配栓接,检测栓接面贴合率与孔群对位精度后完成 J1 梁段固定端 A 区部件在大箱梁固定端的焊接工作。

单幅刚性铰跑合试验过程中,由于固定端 A 区部件与小箱梁需要进行匹配栓接,而后完成固定端 A 区部件在大箱梁固定端的焊接工作,因而单幅刚性铰跑合试验又分为两步进行测试,即固定端 A 区部件焊接前与焊接后试验运行所需的外部拉力与推力数值,通过分析试验数据,对比小箱梁与固定端栓接后,两个小箱梁同步运行状态,验证单幅刚性铰内两个小箱梁中心轴线安装平行精度,测试固定端部件焊接对小箱梁的影响。

(3)双幅刚性铰联动跑合试验

双幅刚性铰节段联动跑合试验是指在单幅节段跑合试验合格后,利用钢横梁及临时横撑结构将左右两幅刚性铰节段做刚性连接后,通过外部试验工装设备同步驱动左右幅固定端大箱梁带动同四个小箱梁在滑动端大箱梁 J2 节段内所做的相对运动。

双幅刚性铰联动跑合试验实测的数据是双幅固定端大箱梁节段自身移动所需的摩擦阻力与四个小箱梁加载后摩擦阻力之和,其理论值则基于左右两次单幅跑合试验实测数据之和,将所得数据进行分析比较,验证左右幅刚性铰构造中心轴线的平行精度,同时也能检测四个刚性铰小箱梁之间的平行精度。

7.4.3 跑合试验数据分析与结论

(1)单箱空载(支座预紧前)跑合试验

根据刚性铰专用球型支座的设计初始要求,单个支座与支座滑板间的摩擦系数和多个专用球型支座所组成的系统摩擦系数均不得大于 0.03,说明试验合格,系统组装与专用支座性能满足设计要求。通过以下转换计算公式可分析得出小箱梁专用球型支座的系统摩擦力:支座系统摩擦系数 = 小箱梁外部驱动力平均值÷小箱梁节段自重。各个刚性铰小箱梁空载跑合试验实测数据分析如表 7.4-1 所示。

小箱梁空载跑合试验实测数据　　　　表7.4-1

序号	小箱梁编号	小箱梁自重（kN）	平均驱动力（kN）	加载前系统摩擦系数	验收标准	备注
1	J2-X-1	673	12.03	0.017 9	≤0.03	合格
2	J2-X-2	667	12.32	0.018 5		合格
3	J2-X-3	670	13.40	0.020 0		合格
4	J2-X-4	672	13.17	0.019 6		合格

(2)单箱负载(支座预紧后)跑合试验

在刚性铰小箱梁节段的各个专用球型支座加载预紧力后,再做小箱梁的负载跑合试验,试验过程中所实测的数据实际为小箱梁自重与各个支座预紧力之和在滑动过程中所产生的摩擦阻力之和。由于专用球型支座的实际性能,当支座预载力越大时,球型支座的系统摩擦系数值越小,根据转化计算公式:支座系统摩擦系数 = 小箱梁外部驱动力平均值÷(小箱梁节段自重+总预紧力)。可计算出加载后的系统摩擦系数。在对测试数据分析判定时,要求摩擦系数不大于设计初始摩擦系数0.03,且加载后的摩擦系数必须小于加载前的摩擦系数。经过实际预紧后的小箱梁跑合试验过程监控记录,各小箱梁跑合试验结论数据如表7.4-2~表7.4-5所示。

1号刚性铰小箱梁加载后跑合试验数据(kN)　　　　表7.4-2

小箱梁支座加载理论总预紧力	970		
小箱梁自重	673		
运行拉力(运行位置:+680mm/0/-680mm)	23.7	21.3	22.6
运行推力(运行位置:+680mm/0/-680mm)	22.8	22.1	23.4
专用支座系统摩擦系数	0.014 2	0.013 1	0.013 7

2号刚性铰小箱梁加载后跑合试验数据(kN)　　　　表7.4-3

小箱梁支座加载理论总预紧力	934		
小箱梁自重	667		
运行拉力(运行位置:+680mm/0/-680mm)	25.2	21.7	24.1
运行推力(运行位置:+680mm/0/-680mm)	24.4	22.9	22.8
专用支座系统摩擦系数	0.015 5	0.013 9	0.014 6

3号刚性铰小箱梁加载后跑合试验数据(kN)　　　　表7.4-4

小箱梁支座加载理论总预紧力	997		
小箱梁自重	670		
运行拉力(运行位置:+680mm/0/-680mm)	24.5	24.8	23.9
运行推力(运行位置:+680mm/0/-680mm)	26.3	27.2	25.7
专用支座系统摩擦系数	0.015 2	0.015 6	0.014 9

4号刚性铰小箱梁加载后跑合试验数据(kN)　　　　　　表7.4-5

小箱梁支座加载理论总预紧力	984		
小箱梁自重	672		
运行拉力(运行位置：+680mm/0/−680mm)	27.2	26.3	27.1
运行推力(运行位置：+680mm/0/−680mm)	25.4	25.5	25.5
专用支座系统摩擦系数	0.015 9	0.015 6	0.015 9

综合以上各个实测数据，单个小箱梁负载跑合试验数据分析如表7.4-6所示。

单个小箱梁负载跑合试验数据　　　　　　表7.4-6

序号	小箱梁编号	小箱梁自重(kN)	支座预紧力(kN)	平均驱动力(kN)	加载后系统摩擦系数 A	加载前系统摩擦系数 B	验收标准	备注
1	J2-X-1	673	970	22.65	0.013 8	0.017 9	$A \leq 0.03$ 且 $A < B$	合格
2	J2-X-2	667	934	23.52	0.014 7	0.018 5		合格
3	J2-X-3	670	997	25.40	0.015 2	0.020 0		合格
4	J2-X-4	672	984	26.17	0.015 8	0.019 6		合格

(3)单幅J1分段空载跑合试验

单幅J1分段空载跑合试验是为了方便对组装后的单幅刚性铰数据进行系统分析，需要提前测试单幅J1分段在自重作用下，在专用滑动工装上移动时所需要克服的初始摩擦阻力，为单幅刚性铰跑合试验提供参考数据。单幅J1分段空载跑合试验数据只取决于节段自重与专用工装摩擦系数，实测数据与专用支撑滑动工装有关，对该数据只做记录不做判定。单幅J1分段空载跑合试验数据如表7.4-7、表7.4-8所示。

单幅大节段J1-L分段空载跑合试验数据(kN)　　　　　　表7.4-7

运行推力(运行位置：+680mm/0/−680mm)	118.6	121.5	116.0
运行拉力(运行位置：+680mm/0/−680mm)	122.8	116.8	124.5

单幅大节段J1-R分段空载跑合试验数据(kN)　　　　　　表7.4-8

运行推力(运行位置：+680mm/0/−680mm)	128.5	125.2	125.8
运行拉力(运行位置：+680mm/0/−680mm)	126.6	114.7	120.6

(4)单幅刚性铰固定端焊接前跑合试验

单幅J1节段空载跑合试验测得的数据作为后期试验的分析依据，在测得实测值后，将J1节段与相应的两个小箱梁进行匹配，调整J1分段的固定端位置与小箱梁定位栓接，栓接部位贴合度≥75%。栓接合格后，将固定端A区部件在分段内做刚性固接，启动设备驱动J1分段带动两个小箱梁做往返跑合试验。具体数据如表7.4-9、表7.4-10所示。

单幅J1-L梁段负载(环焊前)跑合试验数据(kN)　　　　　　表7.4-9

理论推力(运行位置：+680mm/0/−680mm)	165.8	166.5	162.2
理论拉力(运行位置：+680mm/0/−680mm)	171.7	159.8	171.2
实测推力(运行位置：+680mm/0/−680mm)	173.9	171.7	168.2

续上表

实测值与理论值相对误差	4.9%	3.1%	3.7%
实测拉力(运行位置:+680mm/0/−680mm)	180.2	176.7	175.1
实测值与理论值相对误差	3.6%	2.9%	4.1%

单幅 J1-R 梁段负载(环焊前)跑合试验数据(kN)　　表 7.4-10

理论推力(运行位置:+680mm/0/−680mm)	180.2	177.9	177.0
理论拉力(运行位置:+680mm/0/−680mm)	178.3	165.8	171.6
实测推力(运行位置:+680mm/0/−680mm)	186.7	185.7	181.8
实测值与理论值相对误差	3.6%	4.4%	2.7%
实测拉力(运行位置:+680mm/0/−680mm)	186.5	171.1	188.9
实测值与理论值相对误差	4.6%	3.2%	3.9%

由于 J1 分段与相应的两个小箱梁仅仅是靠螺栓进行连接,理论而言,试验数据应符合"1+1+1=3",即理论跑合试验所需的推拉力公式如下:单幅 J1 负载理论驱动力 = 单幅 J1 空载驱动力 + 两个小箱梁系统摩擦力之和。在实际试验操作过程中,操作过程可能出现的误差因素有以下几点:

①单幅节段内的两个小箱梁中心轴线并非绝对平行,运行产生误差;

②小箱梁与固定端 A 区部件栓接后,构件受力发生变化,产生系统误差;

③推动 J1 分段的同步千斤顶并非绝对平行,测试读数上存在误差。

综合考虑以上各种不利因素,单幅刚性铰焊接前的跑合试验中实测驱动力与理论驱动力相对允许误差不大于 5% 即可。由表 7.4-9 和表 7.4-10 数据显示,实测值与理论值相对误差均小于 5%,试验合格。

(5)单幅刚性铰固定端焊接后跑合试验

在单幅刚性铰固定端栓接后固定端 A 区部件未焊前做的跑合试验合格后,根据操作要求,焊接固定端部件与前后横隔板间的角对接焊缝和平对接焊缝,然后再做一次跑合试验进行检验。具体数据如表 7.4-11、表 7.4-12 所示。

单幅 J1-L 梁段负载(环焊后)跑合试验数据(kN)　　表 7.4-11

理论推力(运行位置:+680mm/0/−680mm)	165.8	166.5	162.2
理论拉力(运行位置:+680mm/0/−680mm)	171.7	159.8	171.2
实测推力(运行位置:+680mm/0/−680mm)	172.6	172.7	169.9
实测值与理论值相对误差	4.1%	3.7%	4.8%
实测拉力(运行位置:+680mm/0/−680mm)	179.1	163.9	178.2
实测值与理论值相对误差	4.3%	2.6%	4.1%

单幅 J1-R 梁段负载(环焊后)跑合试验数据(kN)　　表 7.4-12

理论推力(运行位置:+680mm/0/−680mm)	180.2	177.9	177.0
理论拉力(运行位置:+680mm/0/−680mm)	178.3	165.8	171.6
实测推力(运行位置:+680mm/0/−680mm)	187.8	181.1	182.7

续上表

实测值与理论值相对误差	4.2%	1.8%	3.2%
实测拉力(运行位置:+680mm/0/-680mm)	184.7	170.6	179.2
实测值与理论值相对误差	3.6%	2.9%	4.4%

由于固定端部件焊接前和焊接后,难免会产生焊接残余应力和微量的变形,焊接前与焊接后的试验数据也不可能符合"1+1+1=3"的理论原则,可能产生影响的因素有以下几点:

①由焊接产生微量变形,使相应的两个小箱梁中心轴线产生细微变化;

②在焊接残余应力的作用下,小箱梁各个支座的预紧力重新分布引起偏差;

③焊接后,大节段J1分段内部存在微量变形,影响试验数据。

尽管存有诸多影响试验结果的不利因素,但实测试验数据与理论试验数据仍需基本吻合,允许误差应不大于5%。表7.4-11和表7.4-12数据显示,单幅刚性铰固定端焊接后的实测值与理论值相对误差均小于5%,满足许可要求,试验合格。

(6)双幅刚性铰联动整体跑合试验

在完成单幅刚性铰跑合试验后,将左右幅连接为整体,做同步跑合试验即双幅联动整体跑合试验,整体跑合试验与刚性铰构造成桥运营状态最为相似,可反映出各个构件的实际工作状态,同时,整体跑合试验最能反映出刚性铰四个小箱梁的中心轴线平行度。

当然,在整体跑合试验前,左右幅J1分段组成整体结构时,连接构件对试验结构产生影响,使用得整体跑合试验的理论值与实测值之间产生少量误差,理论上,整体跑合试验的理论数据公式如下:联动跑合理论驱动力=左幅刚性铰实测驱动力+右幅刚性铰节段实测驱动力。在实际跑合试验中,双幅联动跑合试验实测总摩擦阻力也不完全等于左右幅单幅跑合试验的摩擦阻力之和,引起系统误差的原因有以下几点:

①左右幅大箱梁J2节段中心轴线并非绝对平行于桥梁中轴线;

②刚性铰小箱梁节段安装后,四个小箱梁中心线不完全平行于桥梁中轴线;

③左右幅固定端大箱梁J1分段定位中心线并不绝对平行于桥梁中轴线;

④左右幅大箱梁刚性固接时,增加的钢横梁与临时横撑的重量,增加系测试阻力。

由于系统误差的存在,还有施工过程中不可控因素的影响,理论驱动力与实测驱动力之间允许存在少量误差,但相对误差不得大于5%。刚性铰双幅联动整体跑合试验数据如表7.4-13所示。

刚性铰双幅联动整体跑合试验数据(kN)　　　　　表7.4-13

理论推力(运行位置:+680mm/0/-680mm)	360.4	353.8	352.6
理论拉力(运行位置:+680mm/0/-680mm)	363.8	334.5	357.4
实测推力(运行位置:+680mm/0/-680mm)	351.4	363.4	367.1
理论值与实测值相对误差	2.5%	2.7%	4.1%
实测拉力(运行位置:+680mm/0/-680mm)	375.8	349.9	367.1
理论值与实测值相对误差	3.3%	4.6%	2.7%

以上实测数据显示,整体跑合试验理论值与实测值相对误差均小于5%,试验合格。

7.5 刚性铰现场吊装精度控制

7.5.1 刚性铰安装精度控制的难点与重点

刚性铰由J1、J2和J3三个梁段构成,其中J1和J3也同时是Z5塔和Z6塔的中跨最后悬臂梁段。刚性铰的安装控制包括J1、J2和J3的安装控制,这三个梁段的左、右幅梁段之间均分别由箱形横梁连接,横梁接头均采用焊接。为确保作为合龙段的J2梁段的顺利安装连接及合龙后刚性铰实现预定工作性能,应保证J2梁段吊装前合龙口两侧主梁的线形精度。

(1)刚性铰安装精度控制的难点分析

首先,刚性铰J2梁段的安装精度要求极高,尤其是小箱梁锚固端与J1梁段固定底座之间采取螺栓连接,为保证安装精度,必须保证两侧螺栓孔之间的相对错位小于2mm,这就要求高度方向及横桥向螺栓孔之间的错位都不能超过2mm;同时为了保证小箱梁与J1梁段顺接,还要保证小箱梁固定端与J1梁段固定底座之间密贴率要大于75%,这些都要求刚性铰J2梁段的安装必须与J1梁段实现"零误差"对接,这对斜拉桥钢箱梁这种大尺度的钢构件安装来说,难度可想而知。

其次,刚性铰J2梁段作为Z5塔与Z6塔中跨合龙段,是在Z5-12和Z6-12梁段二张完成后进行安装施工的,结构处于Z5塔与Z6塔的最大双悬臂状态下,安装时受风、温度等环境因素及荷载偏差、索力偏差的影响,结构悬臂端的高程、轴线变化最为显著,这给刚性铰J2梁段的姿态调整及安装带来非常大的难度。

最后,因为刚性铰J2梁段是在Z5塔和Z6塔的1号~12号梁段均已施工完成的条件下进行的,因此,刚性铰是以12号梁段二张完成后的累积误差状态作为安装状态的,其安装精度不仅取决于刚性铰J2梁段的加工及安装施工精度,更多地取决于1号~12号梁施工过程中的累积误差,这就要求整个施工过程中各梁段的安装误差均不能过大,否则各梁段的施工误差积累至12号梁段二张阶段将大大超出刚性铰安装的精度要求。

(2)刚性铰安装精度控制的重点分析

刚性铰J2梁段的安装施工最关键是要保证小箱梁固定端与J1梁段固定底座"零误差"顺接的条件下,保证J2大箱梁与J3箱梁线形匀顺连接。

由此可见,刚性铰安装精度控制的重中之重是在J2梁段施工前,控制J3与J1梁段各自前后端的平行度及J3与J1梁段的相对错位。在刚性铰J2梁段吊装施工时,J2大箱梁与小箱梁之间的支座是不允许调整的,因此J2大箱梁与小箱梁之间的相对位置是无法进行调整的,此时,只需保证小箱梁固定端与J1梁段固定底座"零误差"顺接,即控制J2梁段前、后端的平行度及 J2 与 J1 梁段的相对错位。

7.5.2 刚性铰安装前的精度控制

根据以上关于刚性铰安装精度控制难点与重点的分析可知，J2 梁段能否精确安装很大程度上依赖 1 号~12 号梁段的安装精度，因此需要对 J2 梁段安装前的累积误差进行要求和控制。尤其是 11 号、12 号梁段的安装精度，因为这两个梁段是最靠近 J2 梁段的，如果发现前面 1 号~10 号梁段的施工误差较大，可以通过合理控制这两个梁段的安装精度来进行最后的调整。以下给出 Z5 塔、Z6 塔 11 号、12 号梁段安装完成后的精度要求，并给出相应的保证措施。

（1）J1、J3 梁段安装前的精度要求

J1、J3 梁段安装前，Z5 塔、Z6 塔 11 号梁段施工完成斜拉索二张后需达到表 7.5-1 规定的精度要求。为保证梁段精匹配后的轴线线形，应在环缝焊接前将临时横梁安装到位。

J1、J3 梁段安装前的精度要求　　　　表 7.5-1

项　目		内　容	控制指标	措　施
绝对高程		前端几何控制点的实际高程与理论高程的误差	≤±15mm	通过调整 11 号斜拉索
梁段相对高程差		相邻梁段之间前端几何控制点高程差（反映线形坡度）的实测值与理论值的误差	≤±8mm	
平面轴线绝对误差		梁段轴线与理论轴线的偏差	≤±10mm	通过控制 11 号梁段精匹配时轴线的目标
平面轴线相对偏差		合龙口两侧梁段轴线的相对偏差	≤±10mm	
平面轴线平行度	J3 侧	远塔端与近塔端的场内预拼分中点横坐标偏差	≤±5mm	10 号及其后续梁段精匹配时采用小幅平错方式（不采取转角方式）进行轴线调整，如图 7.5.1 和图 7.5-2。梁段精匹配结束时近塔端与远塔端分中点相对偏差控制在 3mm 以内
	J1 侧		≤±4mm	

图 7.5-1　平错调整轴线

图 7.5-2　转角调整轴线

(2) J1、J3 梁段安装后的精度要求

在 J1、J3 梁段安装后,其应达到更高的精度,具体的精度控制目标如表 7.5-2 所示。

J1、J3 梁段安装后的精度要求　　　　表 7.5-2

项　目		内　容	控制指标	措　施
绝对高程		前端几何控制点的实际高程与理论高程的误差	≤±10mm	通过调整 12 号斜拉索
梁段相对高程差		相邻梁段之间前端几何控制点高程差(反映线形坡度)的实测值与理论值的误差	≤±4mm	
平面轴线绝对误差		梁段轴线与理论轴线的偏差	≤±10mm	通过控制 J1、J3 梁段精匹配时轴线的目标
平面轴线相对偏差		合龙口两侧梁段轴线的相对偏差	≤±3mm	
平面轴线平行度	J3 侧	远塔端与近塔端的场内预拼分中点横坐标偏差	≤±3mm	10 号及其后续梁段精匹配时采用小幅平错方式(不采取转角方式)进行轴线调整,梁段精匹配结束时近塔端与远塔端分中点相对偏差控制在 3mm 以内
	J1 侧		≤±2mm	

为防止起吊 J2 时可能出现的偏载造成横梁受力过大,且为了保证能够在 J2 起吊后对 J1、J3 的单幅梁段实现独立的高程调整,J1、J3 梁段的横梁需在 J2 梁段及其横梁安装完成后再安装。

7.5.3　刚性铰吊装过程的精度控制

(1) 合龙口目标线形

在 J2 梁段吊装到位后,小箱梁栓接端进行螺栓连接前,应通过调整 Z5Z12 和 Z6Z12 斜拉索或施加临时压重等措施对合龙口姿态进行调整。经全过程计算分析,在不考虑各种误差影响条件下,Z5、Z6 塔中跨侧 12 号索索长超张量各为 2.5cm 时,刚性铰 J2 梁段吊装后匹配阶段合龙口两侧的主梁线形如图 7.5-3 所示。

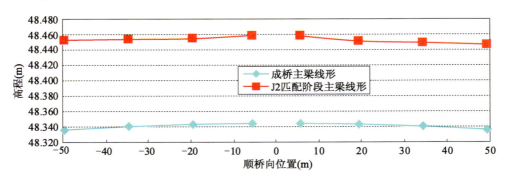

图 7.5-3　刚性铰合龙口两侧主梁线形

（2）合龙口姿态调整时机

由于刚性铰的实际重量与理论重量或厂内称重不可避免会有一定的误差,且在小箱梁滑出 J2 梁段到达与 J1 梁段匹配位置时,J2 梁段与小箱梁的重量在 J1 和 J3 梁段桥面起重机之间的分配关系与理论分析结果之间也必定存在一定差异,因此,J2 梁段吊装到位后,合龙口两侧的实际线形与预计线形之间肯定会存在一定的差别,因此有必要对过大的误差进行调整,以保证合龙的顺利进行及线形的平顺。

之所以在此阶段对合龙口两侧主梁线形进行调整,是因为此时小箱梁尚未与 J1 梁段连接起来,此时调整 Z5Z12 和 Z6Z12 拉索可以对 J1、J3 梁段的线形进行独立调整,且不会引起 J1、J3 桥面起重机分担荷载的大幅变化。如果在小箱梁与 J1 梁段完成连接之后,则无法再对合龙口姿态、J2 梁段姿态进行调整,原因是:首先,小箱梁与 J1 连接完成后,J2 梁段的大箱梁只有保持小箱梁安装到位时的姿态,以保证大箱梁与小箱梁的相对位置关系不发生变化,否则小箱梁与大箱梁都将受到附加内力的作用;其次,一旦小箱梁与 J1 完成连接,调整 J3 梁段对应的 Z5Z12 拉索或 J1 梁段对应的 Z6Z12 拉索对 J2 与 J3 梁段的合龙口进行调整时,将导致 J1、J3 梁段桥面起重机承担荷载较大的变化,而此时两台起重机均已承受较大的荷载,且由于结构不对称,各吊点受力并不均匀,起重机之间的荷载转移可能导致某个吊点力的较大变化,这对结构安全造成威胁。因此,必须在 J2 梁段吊装到位后,小箱梁栓接端进行螺栓连接前通过调整斜拉索对合龙口姿态进行调整。

（3）调整手段

①拉索调整。可以通过调整拉索对合龙口姿态进行调整,经计算分析可知,Z5Z12、Z6Z12 拉索 1cm 的索长调整量对应 J3、J1 梁段前端 8.8mm 的调整量。

②压重调整。可以通过在 Z5B12、Z6B12 梁段上施加临时压重对合龙口姿态进行调整,经计算分析可知,双幅质量为 40t 的压重可以对合龙口高程产生 4cm 左右的调整量,因此在合龙口姿态调整前,可以安排可快速移动的车辆荷载作为临时压重,以备合龙口姿态调整之需。

（4）控制内容及精度要求

左/右幅 J2 小箱梁与 J1 顺接、实现"零偏差"安装后,J2 与 J3 梁段的误差精度要求:

①绝对与相对高程:J2 与 J3 间的几何控制点高程差应不大于 ±3mm;

②平面轴线平行度:左/右幅 J2 梁段的轴线偏差均不大于 ±2mm;

③平面轴线相对偏差:J2 与 J3 之间的轴线偏差不大于 ±3mm。

（5）注意事项

J2 梁段在高空中安装时,严禁调整刚性铰支座;J2 匹配完成时,必须确保刚性铰厂内跑合试验时其大小箱梁及其支座间的相对位置,必须确保 J2 小箱梁与 J1 梁段的连接精度满足设计要求。

7.6 刚性铰合龙段吊装平衡控制技术

刚性铰构造复杂,与标准梁段相比,刚性铰梁段重量较大,具体比较如表7.6-1所示。

刚性铰梁段与普通钢箱梁梁段重量对比表(kN)　　表7.6-1

刚性铰梁段编号	梁段类型	梁段总重	安装方式	对应普通梁段重量
J1	悬臂梁段	5 490	悬臂拼装	4 480
J2	合龙梁段	8 102	抬吊安装	2 380

由表7.6-1可见,由于刚性铰合龙J2梁段重量达8 102kN,是普通合龙梁段的3.4倍,且Z5、Z6塔吊装刚性铰梁段时结构处于最大双悬臂状态,刚性铰合龙起吊过程中索塔将承受较大的不平衡荷载而威胁结构安全。为了克服吊装合龙段对索塔受力的不利影响,采用通过悬臂端压重的处理措施来保证结构受力安全,如图7.6-1所示。其中Z5塔、Z6塔边跨侧单幅压重量分别为1 600kN和2 400kN。

图7.6-1　刚性铰两侧的主梁跨中永久压重

压重合龙理论上解决了索塔吊装刚性铰梁段时结构的不平衡受力问题,然而梁段吊装时其荷载是在短时间内施加到索塔悬臂端的,而压重块的施加则需要一个相对较长的时间,不可能在梁段吊装时同步施加到悬臂端。因此压重合龙在实际操作上将面临困难。

嘉绍大桥采用分级施加压重的解决方案,即在刚性铰合龙段吊装前事先安装一部分压重,在刚性铰合龙段起吊后在施加剩余压重。通过分级压重减小索塔不平衡力差。压重分级大小论证了两种情况,一种情况是刚性铰合龙段起吊前边跨侧施加总压重的50%;另一种情况是刚性铰合龙段起吊前边跨侧施加总压重的80%,且在中跨侧施加200kN的临时活动压重。不同压重策略对索塔受力的影响分析如下:

(1)压重方案1:Z5塔、Z6塔边跨永久压重在刚性铰起吊前不施加,而在刚性铰起吊后一次性施加;

(2)压重方案2:起吊刚性铰前将Z5塔、Z6塔边跨永久压重一次性施加,之后再起吊刚性铰;

(3)压重方案3:起吊刚性铰前在Z5塔、Z6塔边跨施加永久压重的一半,在刚性铰起吊离船过程中施加另外一半;

(4)压重方案4:起吊刚性铰前在Z5塔、Z6塔边跨施加永久压重的80%,且在Z5、Z6塔中跨侧施加 200kN（单幅）临时压重。在刚性铰起吊离船过程中施加另外 20% 永久压重，同时卸除中跨侧的 200kN（单幅）临时压重。

上述四种压重方案对 Z6 索塔的应力影响情况计算结果见图 7.6-2 和图 7.6-3。

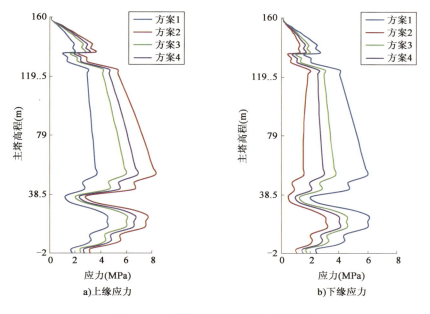

图 7.6-2　起吊刚性铰合龙段前 Z6 塔应力

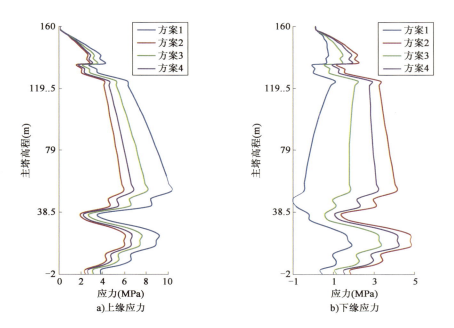

图 7.6-3　起吊刚性铰合龙段时 Z6 塔应力

由图 7.6-2 和图 7.6-3 计算结果可见，如果起吊刚性铰合龙段时不及时施加压重（方案 1），则索塔在中塔柱根部将出现 1MPa 的拉应力。如果在起吊刚性铰合龙段前就一次将边跨压重全部施加到位（方案 2），则在起吊合龙段前 Z6 在索塔中塔柱根部将的压应力储备不足 0.5MPa，这时结构将面临较大的安全风险。而采取分级压重后，索塔在整个刚性铰合龙段吊装过程截面的压应力储备均能达到 1MPa 以上，结构可保证安全。

方案 3 和方案 4 对比，方案 4 在合龙段吊装前已经将绝大部分边跨压重安装完毕，在合龙段起吊过程中仅需安装 20% 的边跨压重，因此在现场施工组织和实际操作层面比压重方案 3 更加有利。方案 4 在中跨侧设置了 200kN 的临时活动压重，这部分活动压重采用装满压重块的活动车辆来实现，在中跨刚性铰合龙段起吊过程中，临时压重可快速移开，同时可作为起吊过程结构线形内力调整的预备辅助荷载。

对于方案 4 而言，在刚性铰合龙段起吊前需安装 80% 的边跨压重，为了进一步提高施工工效，这部分压重可利用利用次边跨的合龙梁段（起吊而不合龙）。嘉绍大桥最终采用的压重合龙方案如下步骤：

（1）次边跨完成合龙段吊装

在刚性铰合龙段吊装前，完成次边跨合龙梁段吊装，并采用手拉葫芦/钢丝绳将合龙段与 12 号块钢箱梁临时固定，在刚性铰起吊与安装匹配过程中，次边跨合龙段必须与相邻的 12 号梁段间尽可能保持无直接连接的"软连接状态"，以保证次边跨合龙段重量对称分配至 Z5/Z6 塔边跨钢箱梁和 Z4/Z7 塔中跨钢箱梁，确保刚性铰合龙精度。

（2）压重施工

刚性铰合龙压重包括边跨侧永久压重和中跨侧临时压重两部分。压重均采用预制完成的混凝土方块作为配载进行压载，总体配载区域如下图所示，具体安装时机如图 7.6-4、表 7.6-2 表示。

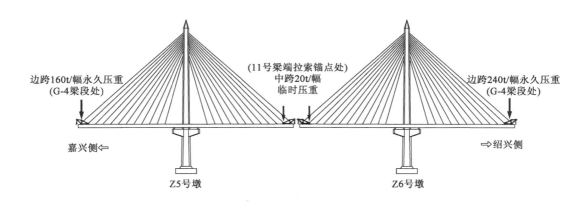

图 7.6-4　刚性铰合龙配重总体布置图

配重总体安装流程　　　　　　　　　　　　　　　　表 7.6-2

序　号	工　况	Z5 边跨单幅（kN）	Z6 边跨单幅（kN）	Z5、Z6 中跨单幅临时配重(kN)	备注
第 1 阶段压重	起吊次边跨合龙段前	332	638.5		80% 永久压重,其中部分重量利用次边跨合龙段
第 2 阶段压重	起吊刚性铰前	332	638.5	200	
第 3 阶段压重	起吊刚性铰过程	320	480		20% 永久压重
第 4 阶段压重	刚性铰匹配、栓焊完成后,次边跨合龙前	616	643		替换次边跨合龙段重量
合计		1 600	2 400		

跨中压重为临时配载。中跨侧设置临时压重的主要目的是,当两侧桥面起重机的吊重分配实际比例与理论比例不一致时快速调整合龙口高程。

考虑 Z5、Z6 塔单幅安装 200kN 临时配重,其中采用汽车起重机、一台装载车和叉车、外加混凝土配重块作为 Z6 中跨侧临时配重,在刚性铰吊装前安装到位,安装位置在起重机正后方。

7.7　刚性铰制造安装工艺流程

7.7.1　刚性铰制造工艺流程

根据刚性铰的工作原理、制造加工特点以及安装作业条件,刚性铰的制造工艺流程如下:

(1)刚性铰滑动小箱梁的结构组装与焊接,小箱梁整体节段振动消应处理,节段整体机加工后,再做防腐涂装处理,安装支用支座配件滑移板;

(2)刚性铰大箱梁 J1、J2 和 J3 分段匹配总成装配与焊接作业,对部分封闭空间做预涂装防腐处理;

(3)将刚性铰大箱梁 J2 节段整体进行涂装防腐处理,并预置小箱梁专用阻尼器;

(4)设置专用跑合试验支撑与驱动系统,转运并调整刚性铰大箱梁 J2 与 J3 节段,安装 J3 钢箱梁内部检修驱动装置;

(5)转运小箱梁,先将专用支座安装在小箱梁上,然后将小箱梁连同支座一起运送到 J2 钢箱梁内部初定位,拆除专用支座临时定位件,启动检修驱动装置,确定轨道系统与驱动设置满足使用要求;

(6)精确测量调整四个小箱梁,确认中心轴线的平行度,由下向上依次调节固定底部竖向专用支座、侧向专用支座和上端部竖向专用支座,支座系统安装完成后,再次启动检修驱动装置,逐个对小箱梁进行往返跑合试验,记录试验结果;

(7)将 J1 钢箱梁转运定位,预置密封节相关构件,安装跑合试验驱动油缸,启动驱动装置,分别驱动左右幅固定端刚性铰 J1 节段,记录滑动时驱动力的大小,然后采用临时连接件连接左右幅节段与横梁,形成完整的刚性铰J1分段,再次驱动油缸装置,同步滑动双幅节段,记录滑动时的驱动力后将双幅节段与横梁间的临时连接拆除;

(8)滑动J2节段内的小箱梁,使小箱梁栓接面与固定位A区栓接面密贴,安装定冲钉并栓接试验用工装螺栓,焊接固定端A区与横隔板间的预留焊缝,并完成固定端A区栓接面与横隔板的对接环焊缝;

(9)检查各项准备工作,进行跑合试验。先做单幅节段跑合试验,记录左右单幅各自跑合试验所需的驱动力大小,然后将固定端J1节段左右幅与横梁进行临时固接,再次驱动油缸装置,同步驱动左右幅节段,记录滑动时的驱动力后,将临时固接的横梁利用标准连接板进行配钻处理;

(10)刚性铰跑合试验合格后安装J3钢箱梁内部隔热门埋件设施,安装调试伸缩缝处密封节结构,安装J2节段相关除湿降温系统;

(11)固定小箱梁,使之与J2固接,拆除小箱梁与固定端A区的连接;

(12)转运Z5Z11和Z6Z11分段参与节段预拼装,安装各类附属构件,如:风嘴、挑臂、工作箱、钢横梁、桥面系、临时匹配件等;

(13)将大箱梁J1、J3节段及钢横梁等分别进行涂装防腐作业。

7.7.2 刚性铰安装工艺流程

刚性铰在梁场预制达到精度要求后,解体分段运输进入现场吊装还原。其中J1、J3梁段是合龙前最后悬臂梁段,J2梁段是合龙段。刚性铰三个梁段均设有箱形横梁,嘉绍大桥采用左右幅独立吊装的方式,即先吊装左右幅梁段,后安装中间横梁。合龙过程J2梁段与J3梁段的工地连接和标准梁段相同,J2梁段与J1梁段的工地连接是小箱梁四个"内法兰"接头的。刚性铰现场吊装接头数量多,合龙过程中首先在单幅小箱梁自由状态进行单幅J2梁段小箱梁与J1梁段的零误差连接,使单幅刚性铰的预制精度得到充分还原;其次进行J2梁段与J3梁段的工地连接,最后完成三个梁段箱形横梁的连接。确保梁段悬臂拼装过程误差积累,仅对J2、J3工地连接以及箱形横梁工地连接造成影响(也需加以控制),对刚性铰自身的现场安装精度不产生影响。

从构造形式上,刚性铰小箱梁与固定端采用内法兰螺栓连接方式,单幅梁有两个法兰面。为确保该两个法兰面工地连接的精度和可靠性,小箱梁安装过程中设置了辅助工装螺栓进行小箱梁的临时锁定定位和置换,确保螺栓预紧力达到设计值。刚性铰J2梁段吊装及小箱梁工地连接施工具体方案如下:

(1)小箱梁工地连接安装前,用钢刷等器具清除附着在小箱梁工地接头栓接面的表面浮锈。

(2)刚性铰J2梁段起吊后,调整J2梁段的空中姿态,将小箱梁接头螺栓孔与J1梁段固定端接头螺栓孔严格对准。检验标准：螺栓孔相对错动误差＜1mm，单个小箱梁的4个，左右幅各8个ϕ40定位销均能同时顺利插入42mm直径螺栓孔。

（3）初拧工装螺栓将小箱梁工地接头临时锁定，对J2梁段的空中姿态进行微调，对小箱梁固定端对接面内部和外部四周的密贴性进行检查，确保小箱梁固定端端面与J1梁段对接端面严格平行。检验标准：用0.25mm的塞尺检查，塞入面积应小于50%。单幅J2梁段内的两个小箱梁同时满足上述检验标准后，方能进入下一道施工工序。

（4）终拧单幅J2梁段内两个小箱梁的工装螺栓，锁定小箱梁工地接头，开始实施永久螺栓的安装。具体施工步骤为：①从中央顺序向外初拧、复拧其他螺栓孔的永久高强螺栓；②拆除工装螺栓，替换为对应位置的永久高强螺栓，实施初拧和复拧；③终拧全部高强螺栓。

（5）为避免荷载变化带来结构线形变化，影响小箱梁接头施工过程中的精度调整，在小箱梁栓接头施工过程中，要求J2与J3梁段之间结构处于受力独立状态，处于悬吊状态的Z5、Z6索塔次边跨合龙段也不得实施工地连接施工。

（6）小箱梁工装高强螺栓的数量不得少于小箱梁固定端螺栓数量的40%，并要求在断面上均匀布置。单个小箱梁需要M24-10.9S工装高强螺栓不少于76套，M30-10.9S工装高强螺栓不少于65套，全桥共需M24-10.9S工装高强螺栓304套，M30-10.9S工装高强螺栓260套。

7.8 本章小结

刚性铰制造安装的控制要点一方面要确保在制造阶段实现48个支座滑移面以梁体轴线的高度平行，另一方面要在吊装阶段确保四个小箱梁"内法兰"拼接面的高度平行和顺利安装。为实现上述目标，采取了以下制造安装措施：

（1）提高小箱梁制造精度确保支座滑移面平行，具体措施：①优化小箱梁制造焊接工艺，尽最大的努力控制制造过程中的焊接变形量，提高构件的完工精度；②小箱梁制造完毕后进行振动效应消除构件焊接产生的残余变形和残余应力；③小箱梁四周壁板板厚预留余量，振动效应后四周整体机加工。

（2）采用"反向拼装"的总装次序来施工小箱梁接头构造。直接通过制造安装精度控制实现双幅四个小箱梁固定端拼接面的严格平行难度较大。经研究，J1梁段内的小箱梁接头构造在制造时采取"反向拼装"的总装次序，即先确保小箱梁螺栓工地接头的安装精度，后将相关板件焊接。具体方式为：J1梁段制造时预留接头固定端构造不焊接（固定端A区构造），总装阶段先将小箱梁与固定端A区构造临时栓接固定，四个小箱梁接头构造精度均调整到位后再将J1梁段内的接头固定端A区构造与梁体焊接，总装完毕后拆离小箱梁接头临时栓接，并在现场还原安装。"内法兰"螺栓拼接面两侧的板件均通过整体机加工确保法兰面密贴。

（3）通过分阶段跑合试验对小箱梁支座组装精度进行校核检验。跑合试验贯穿刚性铰整体拼装的各个环节,分三个阶段进行:首先是单个小箱梁逐个跑合试验;其次是单幅两个小箱梁与J1梁段对接后的单幅箱梁的跑合试验,固定端A区焊接前后各进行一次;最后是左右幅整体四个小箱梁与J1梁段对接后的整幅跑合精度校核。

(4)现场安装优先完成单幅梁段的小箱梁接头施工,合龙过程中首先进行单幅J2梁段小箱梁与J1梁段的零误差连接,使单幅刚性铰的预制精度得到充分还原;其次进行J2梁段与J3梁段的工地连接,最后完成三个梁段箱形横梁的连接。在J2梁段工地连接前通过斜拉索和压重来调整合龙口线形满足要求后,再进行刚性铰工地连接的安装。

(5)为确保小箱梁法兰面工地连接的可靠性,小箱梁安装过程中设置了辅助工装螺栓进行小箱梁的临时锁定定位和置换,确保螺栓预紧力达到设计值。

刚性铰合龙梁段吊装时结构处于最大双悬臂状态,且刚性铰合龙段的梁段重量达4 080kN(单幅),在起吊过程中若不采取措施索塔将承受较大的不平衡荷载。经过论证,采用分级施加压重减小索塔不平衡力差。起吊刚性铰前在Z5塔、Z6塔边跨施加永久压重的80%,且在Z5、Z6塔中跨侧施加200kN(单幅)临时压重,在刚性铰起吊离船过程中施加另外20%永久压重,同时卸除中跨侧的200kN(单幅)临时压重。为了进一步提高施工工效,首批80%压重利用次边跨的合龙梁段(起吊而不合龙)。

8 强涌潮环境钢套箱围堰沉放施工控制技术

嘉绍大桥地处钱塘江尖山河段,受海洋潮汐影响,桥位处呈现强涌潮、大流速、河床易冲刷等现象。深水区主桥墩群桩基础采用大型钢围堰方案,受自然条件影响,围堰除承受强大的涌潮力外,还需要克服由于河床局部冲刷而引起的倾斜、偏位等现象;同时由于大型起重设备无法在该水域正常作业,常规的定位方法无法满足大型围堰的施工,给基础施工带来了很大的困难。

本章主要内容包括围堰关键构造技术与总体施工方案、围堰组合定位系统、围堰稳定下沉技术、围堰沉放全过程控制技术、施工风险及控制措施等。采用数值分析与工程类比等相结合的方法,重点解决围堰施工定位精度高、沉放控制难度大等关键技术。

8.1 围堰沉放控制难点

嘉绍大桥主航道桥采用独柱形索塔,基础为圆形承台和群桩基础,承台采用无底双壁钢围堰施工,受强涌潮区水文条件、下放精度要求等方面的影响,嘉绍大桥主墩围堰沉放过程的控制难点如下:

①流速急,涌潮压力大。通过实测数据及计算分析,急流及波浪产生的水平力约9 000kN,涌潮冲击围堰产生的瞬时水平力约7 000kN。强大的水平荷载给钢护筒的安全、围堰的局部受力及平面位置的保障带来极大的挑战。

②潮差大。由于桥位处的特殊水文条件,大潮期间在短时间内(一般为3h)的潮差变化可达8 m以上,由潮差变化引起的荷载变化超过16 000kN,如果不能有效、及时地进行加、卸载,很可能造成承载系统垮塌,带来严重的质量安全事故。

③冲淤剧烈。围堰入泥后,水流形态发生极大改变,局部冲刷大大增加。经过下放过程的实时测量,局部冲刷最深的1d达到4.2m,淤积最大的1d达到2.3m,围堰下放一个月内,局部冲刷最大的达到11.2m。严重的冲淤变化,导致围堰局部刃脚被掏空或围堰埋深大大增加,从而极有可能导致吊点荷载不均,围堰发生偏位,无法下沉或垂直度超标,施工无法进行。

由于桥位受强涌潮影响,水文条件复杂,主航道桥基础钢围堰施工既不能采用以往使用的整体加工、浮运到位、注水下沉,围堰兼做钻孔平台的方案,又不能采用大型浮式起重机整体吊装方案,只能考虑在现场分片组拼,利用大型千斤顶整体下放;其次,同样是利用千斤顶整体下放,但由于桥位区冲淤变化剧烈,涌潮汹涌,钢围堰又必须下沉到原始泥面以下至少12m,因此,嘉绍大桥的钢围堰施工除了必须考虑千斤顶下放的同步性与安全性之外,还要考虑下放迅速,在涌潮来临前必须着床稳定,同时还要考虑如何抵抗涌潮的冲击,以及有效地对围堰进行纠偏等。另外,由于钢围堰入泥较深,冲刷严重,因此,如何选取合适的设备进行吸泥,如何进行配重辅助下沉,如何对围堰下沉进行强大、有效地定位和导向,如何进行冲刷防护等等,也是本项目与以往类似工程的不同点。

针对恶劣的自然环境和水文条件,围堰沉放采用计算机同步控制液压系统,选择合适的下放体系,确保下放的同步和安全性:①利用涌潮强度的周期性变化规律,选择各沉放工序的时机;②通过全过程组合式定位导向系统来控制平面偏位和垂直度,同时将水平荷载均匀传递到钢护筒群;③通过计算机控制系统对吊点荷载及行程的监控,来指导围堰舱壁内的加、卸载以及围堰内、外的吸泥,以避开潮差大、冲淤剧烈的影响;④通过测量监控系统对围堰姿态进行分析、计算,对河床面进行测量来验证定位导向系统及计算机控制系统的工作是否正常,同时指导围堰的下放及纠偏施工。

8.2 围堰结构及导向定位系统设计

8.2.1 围堰结构设计

主航道共六个索塔,最外侧边塔底承台直径39m,厚6.0m,桩基为30根钻孔桩,桩长108m,采用同心圆等角度规律布置,承台底以下31.5m段为$D2.8$m钢护筒桩身,钢护筒以下为长度80.5m、$D2.5$m桩身。中间四个中塔也为整体式圆形承台,承台直径为40.6m,厚6.0m,桩基为32根钻孔桩,桩长113m,采用同心圆等角度规律布置,承台底以下31.5m段为$D2.8$m钢护筒桩身,钢护筒以下为长度83.5m、$D2.5$m桩身。为了保护环境,不影响钱塘江涌潮景观,严格控制桥梁阻水面积,承台设计为深埋式,承台顶高程-4.5m,位于泥面以下,如图8.2-1、图8.2-2所示。

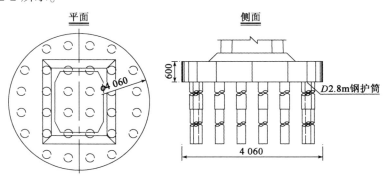

图8.2-1 中塔承台结构布置图(尺寸单位:cm)

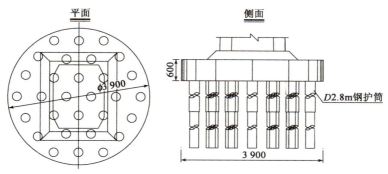

图 8.2-2 边塔承台结构布置图(尺寸单位:cm)

由承台的主要构造确定钢围堰设计参数情况如表 8.2-1 所示。

钢围堰设计参数 表 8.2-1

序 号	项 目	中塔钢围堰
1	原河床高程	-5.56m
2	一般冲刷线	-6.4m
3	承台底高程	-10.5m
4	承台尺寸	ϕ40.6m(6m 高)
5	封底混凝土顶/底高程	-10.5m/-14.5m
6	承台封底混凝土厚度	4m
7	钢围堰顶面/底面高程	+8.5m/-18.0m
8	钢围堰形状	圆形
9	钢围堰内/外直径	40.6/43.6m
10	双壁钢围堰总高度	24m
11	钢材等级	Q235B
12	封底混凝土强度等级	C20
13	平均高潮水位	+4.02m
14	工作平台高程	+5.00m
15	设计流速	6.8m/s

主航道桥双壁钢围堰由内外壁板、竖向背楞、环向背楞、水平环向桁片、竖向桁片、井壁隔舱及其他附属工程组成。钢围堰主尺寸:双壁钢围堰平面为圆形,壁厚 1.5m;双壁钢围堰总高度 24m。钢围堰总体结构见图 8.2-3 ~ 图 8.2-5。根据嘉绍大桥专用施工技术规范规定:钢套箱围堰定位落地的允许偏差应符合:①围堰顶、底平面中心允许偏差 100mm;②围堰的最大倾斜度不得大于围堰高度的 1/300。

为克服强涌潮的影响,钢围堰总体施工方案上采用"先沉桩后沉放围堰"的工艺,利用已施工完成的钢护筒作为支撑结构,将导向装置通过横撑等构件与钢护筒进行连接,然后将拼装完成的钢围堰通过定位装置进行导向定位并下沉到设计位置。围堰拼装方案采用在工厂内分节分片进行制作,利用平台上的 100t 履带式起重机或 80t 桅杆式起重机分块、逐层进行围堰的拼装和承台的施工。综合运输、安装及拆除的因素,钢围堰竖向分节高度为 7.5m + 12m + 4.5m + 2.5m,每节分成 16 块加工、安装,每节标准段外弧长 8.56m。

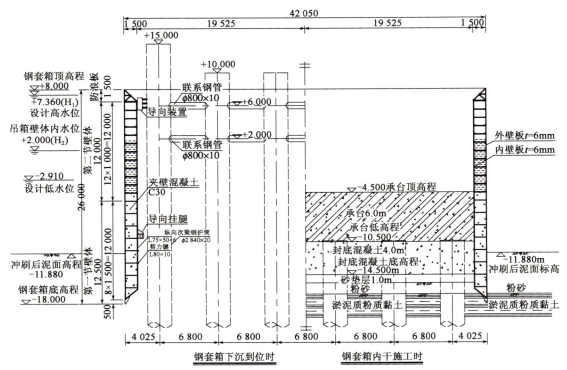

图 8.2-3 钢围堰剖面图(高程单位:m,尺寸单位:mm)

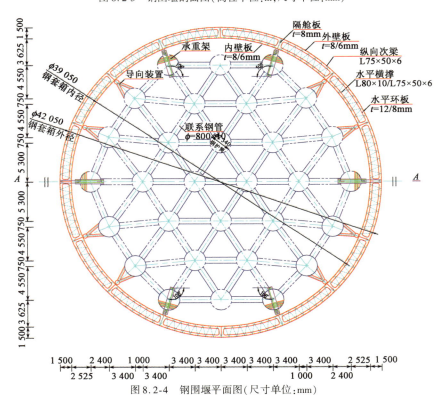

图 8.2-4 钢围堰平面图(尺寸单位:mm)

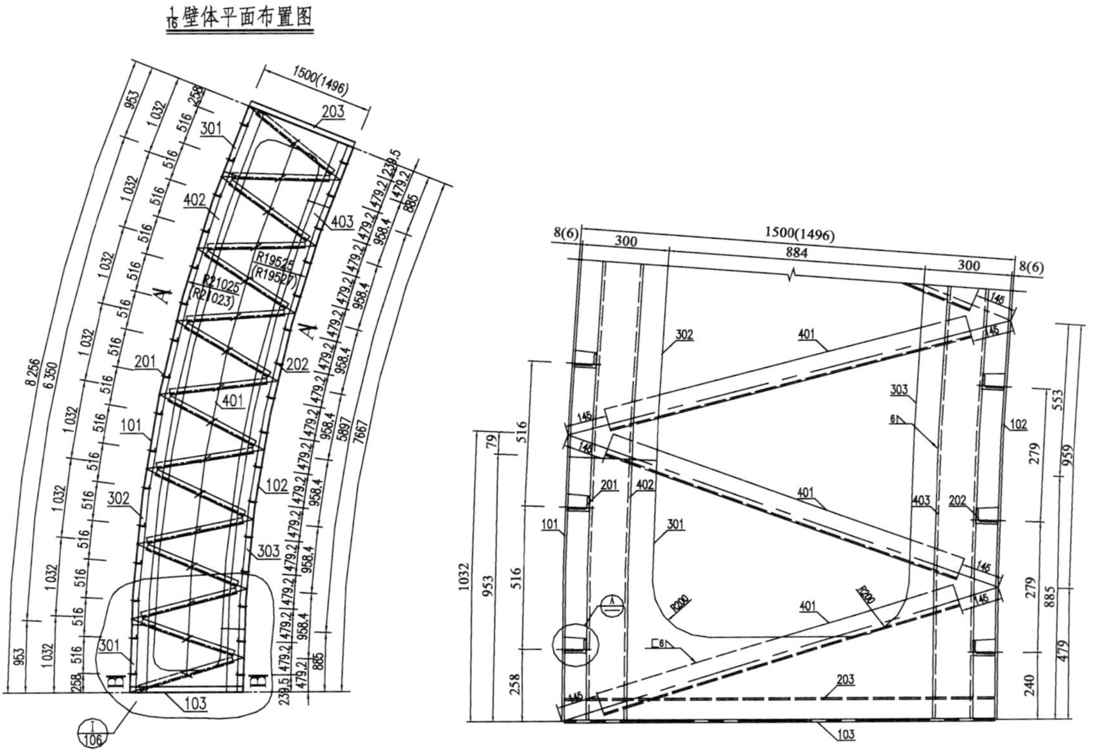

图 8.2-5　围堰壁体剖面图(尺寸单位:mm)

8.2.2　涌潮作用力分析

(1) 涌潮作用力的特征

涌潮水流作用于涉水建筑物基础时,水流和流速都在某一瞬间突然变化,而且水流湍急,流速和压力瞬时变化的随机性较大。图 8.2-6a)、图 8.2-7a) 和图 8.2-8a) 为嘉绍大桥现场实测不同高程的压力随时间变化曲线。图 8.2-6b) 和图 8.2-6c) 是采用经验模态分解(EMD)得到的结果,即 $p = p_1 + p_2$。图 8.2-6b) 表征了压力测试信号中稳态分量,图 8.2-6c 表征了压力测试信号中脉冲分量。由图 8.2-6~图 8.2-8 的比较可知,尽管由于传感器高程的不同,压力测试信号的稳态分量变化较大,但是其脉冲分量的变化并不显著,即在一定范围内涌潮冲击力近似满足矩形分布。

(2) 涌潮作用力与涌潮高度的统计关系

建筑物在涌潮作用下所承受的压力与涌潮的高度直接有关。但是由于涌潮变化的复杂性和随机性,加以涌潮在传递过程中由于涌波破碎能量损失而使涌潮高度减小,另一方面又由于承受不同部分反射潮波的叠加而有所增加。因此严格说来,在同一河床断面不同垂线上的涌潮高度及其产生的压力是不同的。如图 8.2-9 所示。

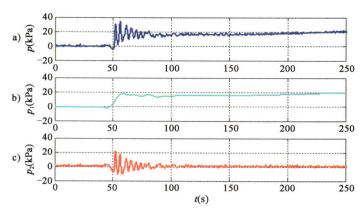

图 8.2-6 压力时程曲线

a)传感器高程 -2.5m；b)潮前水位 -2.1m；c)涌潮高度 1.40m

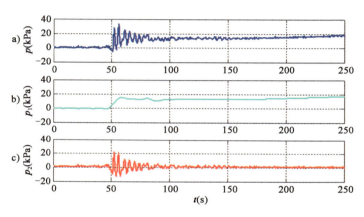

图 8.2-7 压力时程曲线

a)传感器高程 -1.75m；b)潮前水位 -2.1m；c)涌潮高度 1.40m

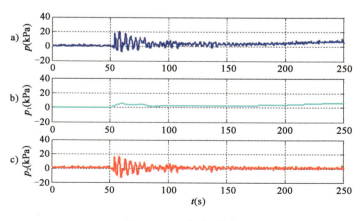

图 8.2-8 压力时程曲线

a)传感器高程 -1.0m；b)潮前水位 -2.1m；c)涌潮高度 1.40m

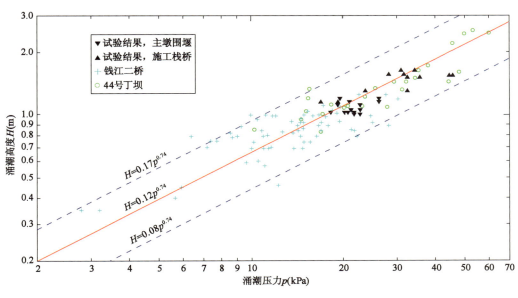

图 8.2-9　涌潮高度-涌潮压力关系线

由实测资料也可以看到,不同垂线上的涌潮压力与涌潮高度的变化规律也不尽相同。但由图 8.2-9 也可以看出两者之间大体有一定的函数关系,根据现有的观测手段和对涌潮的认识水平,尚不可能对它们进行更为精确地分析与区分,而只能进行较为概括的描述。涌潮高度与涌潮压力的脉冲分量关系如图 8.2-10 所示。

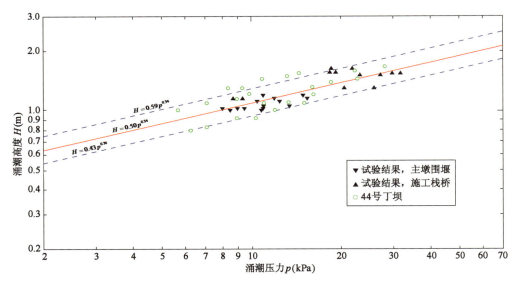

图 8.2-10　涌潮高度-涌潮压力脉冲分量关系线

①涌潮压力和涌潮高度的关系

如图 8.2-9 所示,根据实测的涌潮压力和涌潮高度可建立如式(8.2-1)和式(8.2-2)所示关系。

$$H = 0.12p^{0.74} \quad (8.2\text{-}1)$$

$$p = 17.55H^{1.35} \quad (8.2\text{-}2)$$

式中：H——涌潮高度；

p——涌潮压力。

考虑到涌潮压力有较大的随机性和脉动性，图 8.2-9 中取外包络线如式(8.2-3)和式(8.2-4)所示。

$$H_{上} = 0.17p^{0.74} \quad (8.2\text{-}3)$$

$$H_{下} = 0.08p^{0.74} \quad (8.2\text{-}4)$$

对应的涌潮压力包络线如式(8.2-5)和式(8.2-6)所示。

$$p_{上} = 30.26p^{1.35} \quad (8.2\text{-}5)$$

$$p_{下} = 10.96p^{1.35} \quad (8.2\text{-}6)$$

如图 8.2-10 所示，根据实测的涌潮压力脉冲分量和涌潮高度可建立如式(8.2-7)和式(8.2-8)所示关系。

$$H = 0.5p^{0.34} \quad (8.2\text{-}7)$$

$$p = 7.67H^{2.94} \quad (8.2\text{-}8)$$

考虑到涌潮压力脉冲分量有较大的随机性和脉动性，图 8.2-10 中取外包络线如式(8.2-9)和式(8.2-10)所示。

$$H_{上} = 0.59p^{0.34} \quad (8.2\text{-}9)$$

$$H_{下} = 0.43p^{0.34} \quad (8.2\text{-}10)$$

对应的涌潮压力脉冲分量的包络线如式(8.2-11)和式(8.2-12)所示。

$$p_{上} = 11.97p^{2.94} \quad (8.2\text{-}11)$$

$$p_{下} = 4.72p^{2.94} \quad (8.2\text{-}12)$$

②围堰上的涌潮压力

围堰上的压力分布，根据恒定流条件下的伯努利方程，即在同一高程流线上，可得式(8.2-13)。

$$\frac{1}{2}\rho V^2 + P = 常量 \quad (8.2\text{-}13)$$

式中：V——流速；

ρ——水体密度；

P——静压强。

由式(8.2-13)可知，流速增大，动压强增加，静压强减少。

在恒定水流条件下的圆柱绕流如式(8.2-14)所示。详见图 8.2-11。

$$\frac{1}{2}\rho V_0^2 + P_0 = \frac{1}{2}\rho V^2 + P \tag{8.2-14}$$

式中：V_0——前方流速；

P_0——圆柱前方压强；

P——柱上任意点的压强；

V——柱上任意点的流速。

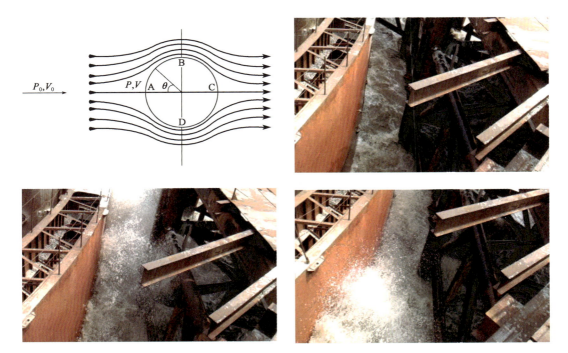

图 8.2-11　圆柱绕流示意图及现场照片

引用柱体圆断面流速分布理论公式，可得式（8.2-15）。

$$V = 2V_0 \sin\theta \tag{8.2-15}$$

将（8.2-15）代入（8.2-14）得式（8.2-16）。

$$\frac{P - P_0}{\frac{1}{2}\rho V_0^2} = 1 - 4\sin^2\theta = K(\theta) \tag{8.2-16}$$

因此由（8.2-16）得式（8.2-17）。

$$P = P_0 + K(\theta) \cdot \left(\frac{1}{2}\rho V_0^2\right) \tag{8.2-17}$$

由（8.2-17）可知，在恒定水流条件下圆柱绕流压强与柱前压强 P_0、柱前流速 V_0 及夹角 θ 有关。

涌潮冲击主墩围堰过程中流体运动和自由面变化非常复杂,会出现水冲击、界面破碎以及复杂的旋涡运动等现象。同时由于试验河段的特殊性,涌潮反射波会出现多次叠加的现象。如图8.2-11所示,有时反射波(回头潮)甚至会冲击围堰涌潮行进主方向的背潮面。

围堰四周压力分布及其与潮向的关系如图8.2-12所示。从图上可以看出,正对潮向处,压强最大;随着偏离潮向角度的增加,压强逐渐减小,背潮面压力最小。涌潮压力脉冲分量在围堰四周的分布规律与之类似,图8.2-13给出其试验观测结果。

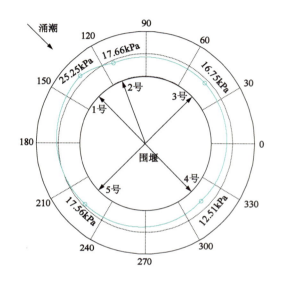
图8.2-12 围堰四周涌潮压力分布

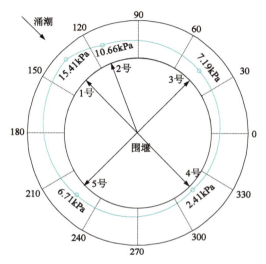
图8.2-13 围堰四周涌潮压力脉冲分量分布

(3)设计条件下的涌潮压力分析

本工程区域属于涌潮形成和增长的区域,涌潮高度自桥位一带向上游不断增大。根据桥址附近的数次涌潮观测成果和北岸上游侧大尖山、大缺口临时观测站以及南岸曹娥江口的涌潮观测资料,分析建立桥址断面涌潮高度与潮差的关系。

经相关分析得桥位涌潮高度与潮差经验关系如式(8.2-18)所示,相关系数 $R = 0.75$。

$$h = 0.36\Delta H - 0.32 \quad (8.2\text{-}18)$$

式中:h——涌潮高度;

ΔH——潮差。

桥位的潮差可通过与澉浦相应潮差建立相关关系获得,结果如式(8.2-19)所示。

$$\Delta H = 0.910\Delta Hg + 1.2409 \quad (8.2\text{-}19)$$

式中:ΔHg——澉浦潮差。

根据上述关系式可得到桥址1%的潮差为9.55m,对应的涌潮高度为3.00m;5%的潮差为

9.28m,对应的涌潮高度为 2.75m;20% 的潮差为 8.88m,对应的涌潮高度为 2.50m。由式(8.2-2),对应的涌潮压力特征值如表 8.2-2 所示。

涌潮压力特征值　　　　表 8.2-2

设 计 条 件	1%	5%	20%
潮差(m)	9.55	9.28	8.88
涌潮高度(m)	3.00	2.75	2.50
涌潮压力(kPa)	77	69	60

8.2.3　围堰定位导向系统

由涨落潮和水流等引起涌潮对围堰的冲击力是定位系统设计时必须考虑的一个问题。作用在围堰上的涌潮力,通过导向装置传给钢管桩(护筒),所以钢护筒是承受作用在结构上水平力或其他冲击荷载的支承物。在进行导向定位系统设计时应满足如下要求:①应保证导向装置与钢管桩(护筒)之间的可靠连接,确保荷载的顺利传递;同时应增加钢护筒局部区域的加固,避免由于应力集中造成其局部变形。②导向装置应具有足够的刚度,避免在外荷载冲击作用下局部破坏导致整个定位系统的瘫痪。③导向装置与围堰壁体间应设置缓冲释放装置,避免过激碰撞而造成局部损坏。

由于围堰的整体外形呈圆形,若导向装置采用工字钢和橡胶护舷结构形式,围堰壁体与导向装置接触面不能很好吻合,必将由于应力集中而导致局部变形过大或碰撞损坏现象。针对上述情况,通过研究,提出了三种可行的导向定位系统(装置):上下弧形导向板组合定位系统(装置)、上钢管与下弧形导向板组合定位系统(装置)以及桩筒组合定位系统(装置)。

(1)上下弧形导向板组合定位系统

上下弧形导向板组合定位装置由上弧形导向板、下弧形导向板、横撑及钢护筒组成。上导向板呈弧形,半径与钢围堰内径相匹配,固定在桩基钢护筒外侧,见图 8.2-14。根据吊点布置由 3~4 根钢护筒通过钢管支撑及钢板箱组成一体,形成一个上导向装置,每个围堰共有 4 个上定位装置。下导向板呈凹弧形,半径与钢护筒外径相匹配,焊接在围堰壁体上,相应位置进行加强,与围堰形成整体,便于传递水平荷载,见图 8.2-15。下导向板位于下锚点的下方,刃脚以上约 1.5m 处,与邻近的钢护筒相对应。下导向板随着钢围堰的下沉而下沉,共设置 8 个,每两个下导向板与 1 个上导向板形成一组定位导向系统。上、下弧形导向板外侧均固定一块 3cm 厚橡胶件,缓冲钢围堰及钢护筒承受的冲击力。上导向与钢围堰间以及下定位与钢护筒间的间隙均为 5cm,以确保平面精度不超过 10cm。为保证钢护筒不被破坏,在相应的钢护筒内灌砂并振捣密实,增加钢护筒刚度。

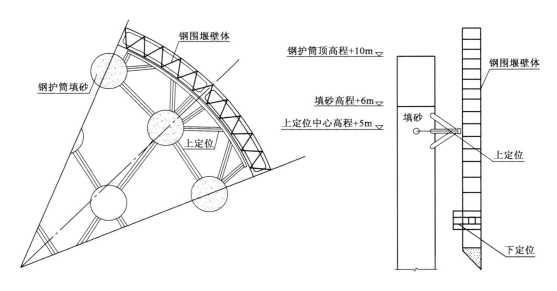

图 8.2-14　上弧形板导向装置结构图

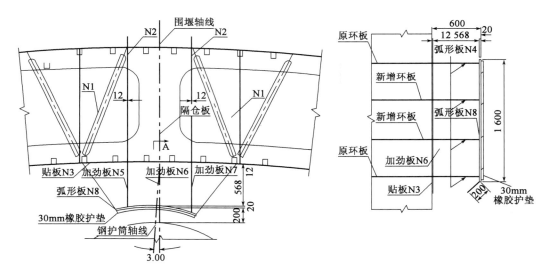

图 8.2-15　下弧形板导向装置结构图(尺寸单位:mm)

(2)上钢管与下挂腿组合定位系统

该定位系统由上钢管导向装置和下挂腿导向装置组成,见图 8.2-16a)。上导向装置由钢管、横撑和钢护筒组成,钢护筒与钢管间采用横撑连接。由于钢管仅起导向作用,在施工中仅高于水面部分的钢护筒与钢管进行连接,见图 8.2-16b)。下导向装置为导向挂腿,焊接与围堰壁体内侧,见图 8.2-16c)。导向挂腿随着围堰下沉而下沉,根据施工要求,其安装位置位于围堰刃脚 1.5～2.0m 之间。焊接挂腿围堰处地壁体应进行局部加强。为增加钢护筒的支承刚度,避免产生过大的变形甚至破坏,应在设置定位导向装置的钢护筒内灌入砂石并振捣密实。

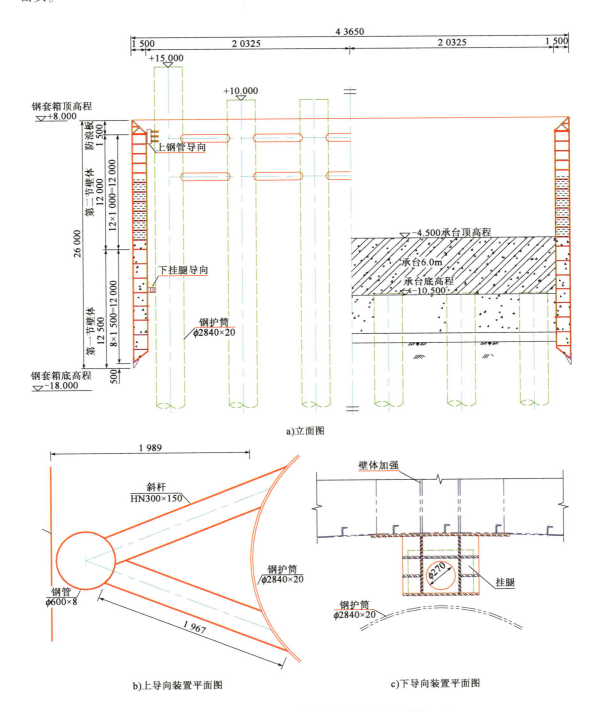

图 8.2-16　上钢管与下挂腿组合定位装置结构图(尺寸单位:mm)

(3) 桩筒组合定位系统

（钢管）桩与（钢护）筒组合定位系统利用刚度较大的钢护筒作为支撑通过钢管桩进行导向，完成钢围堰的定位。该系统主要是由钢管桩、钢护筒与型钢组成，钢管桩与钢护筒之间采用型钢连接整体，以增加系统刚度。为施工与拆除方便和增加系统刚度，设计时采取了以下措施：①仅在高出水面部分的钢管桩与钢护筒设置了横向连接，低于水面以下部分未进行连接；②钢管桩下端采用嵌固土层一定厚度的方式进行处理，钢管桩端部沉桩高程应低于围堰下沉到位时设计高程的 2m 以上；③通过向桩内灌入砂石和浇筑混凝土等措施增大钢管桩刚度。桩筒组合定位装置结构图见图 8.2-17，沿护筒外侧均匀布置 8 根钢管桩，桩径 1 200mm，壁厚 12mm。为增加钢管桩的约束力，钢管桩设计底高程为 -20.00m，比钢围堰设计底高程（-18.00m）低 2m，设计顶高程为 +15.00。

三种定位系统构造在最不利荷载工况下的有限元分析结果：

（1）上下弧形导向板组合定位系统：最不利荷载作用下，导向板的最大变形值为 0.96mm；最大应力值为 30.4MPa，发生在与钢管连接的导向板底面处。导向板应力应变均满足钢结构规范要求。

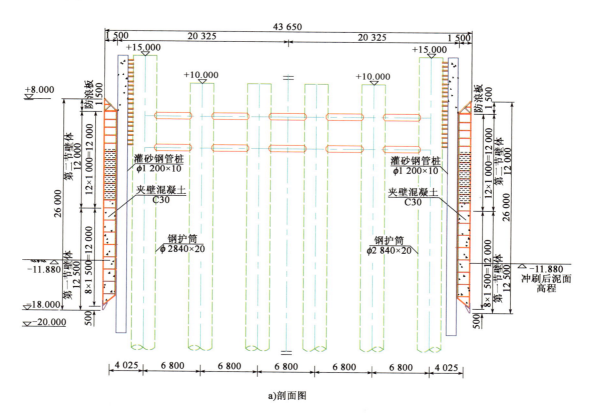

a) 剖面图

图 8.2-17

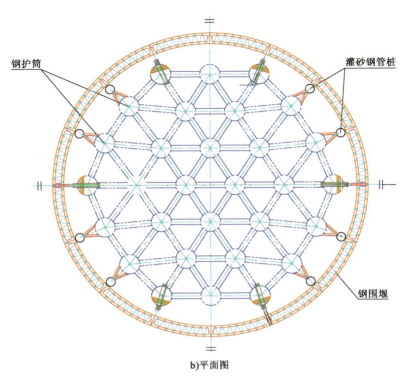

b) 平面图

图 8.2-17 桩筒组合定位装置结构图(尺寸单位:mm)

(2)上钢管与下挂腿组合定位系统。最不利荷载作用下,当钢管内无填充物时,钢管发生明显变形,最大变形值为 0.158m,极限应力值为 8.64×10^3MPa;而钢管内填充素混凝土时,钢管发生变形较小,最大变形值仅为为 0.012m,极限应力值为 1.27×10^3MPa。从计算结果可知,虽然在 2m 导向钢管内填充素混凝土可明显改善其结构受力状态,但其最大应力值仍大大超过了钢材的容许应力值,即导向装置在最不利作用下将被损坏。

(3)桩筒组合定位系统。最不利荷载作用下,钢管桩应力最大值为 178MPa,发生在钢管桩顶部横向支承处;钢管桩变形最大值为 0.021m,发生在钢管桩顶部支承与底面支承的中间部位。钢管桩在最不利荷载作用下应力应变均满足相关规范要求。

表 8.2-3 为各定位系统的优缺点比较。

各定位系统的优缺点比较　　　　　　　　　　　　　　　　　　　　表 8.2-3

定位系统	优　点	缺　点
上下弧形导向板组合定位系统	①通过上下设置导向面板增大与围堰的接触面积,减少应力集中; ②单个上导向面板与 3 根钢护筒焊接,且护筒间相互连接,增加了导向装置的刚度; ③导向装置安装与拆除均比较方便; ④采用上下导向,能有效保证定位精度	①由于下导向板为传递水平荷载的主要受力构件,应对该区域壁体进行局部加强; ②在强涌潮条件下,围堰下沉过程中易发生扭转现象,从而导致上、下导向装置错位,影响围堰的定位精度; ③上、下导向装置安装精度要求高

续上表

定位系统	优点	缺点
上钢管与下挂腿组合定位系统	①导向装置安装与拆除均比较方便；②采用多点与上下导向，能优先保证定位精度	①钢管刚度较小，在较大涌潮、水流等荷载作用下易产生变形甚至破坏，从而导致整个定位系统的实效；②由于下导向板为传递水平荷载的主要受力构件，应对该区域壁体进行局部加强；③在强涌潮条件下，围堰下沉过程中易发生扭转现象，从而导致上、下导向装置错位，影响围堰的定位精度；④上、下导向装置安装精度要求高
桩筒组合定位系统	①钢管桩下端嵌入土层一定深度，在围堰定位着床阶段，可分担一定的水平荷载；②向钢管内灌入砂石可增加导向钢管的刚度；③该系统可沿围堰高度内竖向面导向，并非上下导向，更能保证定位精度；④在强涌潮作用下，由冲击力导致的围堰扭转对定位系统的影响不大	①钢管桩沉桩与拆除相对复杂；②需要在与钢管桩相连的钢护筒内侧进行加固；③围堰的定位精度完全取决于导向钢管桩的沉桩精度

若从经济性上进行分析，由于3种定位装置均以钢护筒作为支撑结构，仅用作导向的弧形板、钢管或钢管桩，其材料用量有限，故3种定位装置成本造价均较低，其中桩筒组合定位装置由于钢管桩用钢量稍大而造价略高。

由表8.2-2可以看出，3种定位系统各有优缺点，但相对而言，考虑到强涌潮急流等荷载易造成围堰施工过程中的扭转和定位系统的刚度等因素，结合有限元分析结果，在最不利荷载作用下采用上钢管和下挂腿组合定位装置不能满足应力应变要求。

根据上述比较结果，嘉绍大桥索塔围堰沉放过程中采用桩筒组合导向装置和上下弧形板组合导向装置，具体实施工程中为主桥6~8号墩采用桩筒组合导向装置，主桥3~5号墩采用上下弧形导向板组合导向装置。在全过程组合式定位导向系统的约束下，有效地抵抗了强涌潮及急流产生的强大水平力，并使钢围堰的平面偏位始终保持在5~8cm以内，优于施工技术规范中"围堰顶、底平面中心允许偏差100mm"的要求。

8.3 围堰沉放控制系统设计

8.3.1 围堰沉放全过程计算机控制系统

围堰沉放可以采用大型起重设备、连续千斤顶和卷扬机三种方式。针对嘉绍大桥急流、强涌潮施工水域等建设条件，若采用大型起重船作为围堰提升或沉放的主要设备，现场的水域条件无法满足作业船的需要；若采用大型门式起重机，起吊质量大于800t门式起重机的研制成本是制约方案实施的主要因素。卷扬机作为围堰提升或沉放的主要设备造价较低,但由于卷扬机均为人工控制,施工控制性较弱。采用千斤顶作为围堰提升或沉放的主要设备,由于千斤顶的精度较高,控制性较强,可实现围堰的整体上升及下放,避免由于各千斤顶上升或下放行程不一致导致单点受力过大或围堰的整体倾斜。整个下放装置安装与拆除均可在围堰内实现,受围堰外围水文影响较小,且还有可实现结构的实时监测。围堰下放装置平面布置图见图 8.3-1,围堰下放装置结构图见图 8.3-2。

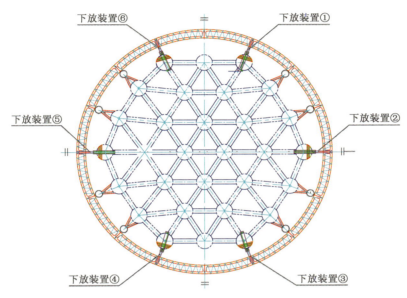

图 8.3-1 围堰下放装置平面布置图

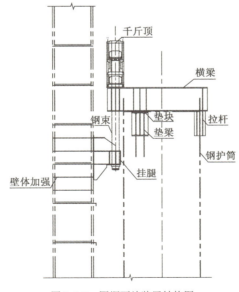

图 8.3-2 围堰下放装置结构图

吊点荷载控制是钢围堰下放的核心环节,它不仅关系到钢围堰下放系统的安全,还可用于指导舱壁内注水、连通管开闭、舱壁混凝土浇筑以及辅助纠偏等。吊点荷载控制由计算机控制系统完成。该系统主要由计算机控制中心(1个,图8.3-3)、液压千斤顶(300t,6台)、液压泵站(2台,图8.3-4)、行程传感器(6套,图8.3-5)以及压力传感器(6套,图8.3-6)组成。

图8.3-3 计算机控制中心　　　　　图8.3-4 液压泵站

图8.3-5 压力传感器　　　　　图8.3-6 油缸行程传感器

吊点荷载控制过程如下(图8.3-7):多台液压千斤顶受载、处于下放状态时,压力传感器将相应的千斤顶荷载信息传递到计算机控制中心。经计算机控制中心反馈后,技术员下达指令或系统自动下达指令。通过调节液压泵站的比例阀,控制油缸缩缸速度来实现合理分配下降载荷,达到控制吊点载荷的目的。由于液压系统调节线性度较好,载荷均衡调节对结构本体带来的附加载荷极小。

同样的原理,千斤顶下放时,各个行程传感器将对应的油缸伸缩量(即下放高度)传递到计算机控制中心,技术员可直观地从操作界面上了解到各个吊点的下放行程及同步性能(可精确到1mm),从而进行正确的决策。另一方面,计算机控制中心对各个千斤顶既可实行联动,也可根据需要单独动作,从而更加灵活地实现了吊点荷载控制和行程控制。

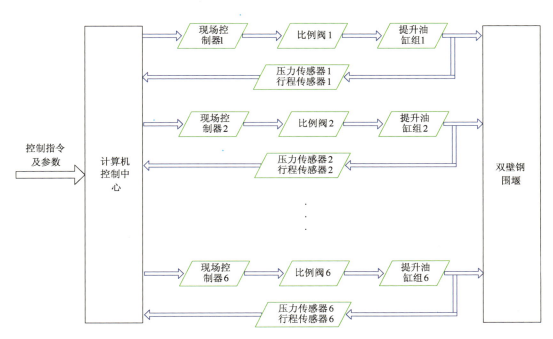

图 8.3-7　双壁钢围堰下放动作同步控制及荷载均衡控制方框图

根据桥位处的地质条件、潮差变化以及下沉的工艺,经过分析,制定了双壁钢围堰在不同过程中的吊点荷载控制指标及超过指标时的处理措施用于指导施工,见表 8.3-1。

双壁钢围堰沉放吊点荷载控制指标　　　　　表 8.3-1

控制过程	控制部位	控制参数	处理措施
下沉过程	单个千斤顶索力 Q	$Q \geqslant 200 \text{kN}$	<200kN 时,停止下放,吸泥助沉
配重或退潮过程以及冲刷剧烈时	单个千斤顶索力 Q	$Q \leqslant 1\,500 \text{kN}$	>1 500kN 时,停止配重,或卸载,千斤顶下放

(1)200kN 的选择依据:每个吊点选用 23 根钢绞线,通过现场试验发现,一般在吊点荷载 150kN 左右,部分钢绞线会出现松弛、下垂现象。为了确保下沉过程中单束 23 根钢绞线均受力均匀,不出现松弛及下垂现象,提出了单个吊点荷载最小不低于 200kN 的控制指标。

(2)1 500kN 的选择依据:主要是考虑涨退潮引起的围堰浮力变化。嘉绍大桥桥位处潮差 8~9m,围堰在结构设计时考虑设置了壁体内外的连通管,连通管间高度差 4m。单个吊点按 2 500kN 进行了试吊。围堰壁体的每组封闭隔舱内每米可容纳约 230kN 水。由此可知,在退潮时的最不利状态下,即使潮水退到最低,由于潮差导致的围堰重量增加不超过 920kN,累计吊点荷载为 1 500 + 920 = 2 420kN(安全),由此确定了单个吊点荷载在高平潮时最大不得大于 1 500kN 的控制指标。

钢围堰下沉过程中,通过对吊点荷载的控制,单个千斤顶索力始终保持在 200~1 500kN 以内,既保证了下沉过程中承重系统的安全,又明确的指导了吸泥、开闭连通管、浇筑舱壁混凝土配重以及下放吊点千斤顶等工序的实施,加快了下沉速度。

8.3.2 围堰沉放测量监控系统

双壁钢围堰的下放及下沉均是一个动态的过程,围堰姿态及河床高程时刻变化,因此,必须建立测量监控系统,实时掌握各种参数,一方面验证平面位置及吊点荷载控制的有效程度,另一方面预测围堰姿态变化情况,同时指导吸泥及纠偏工作。测量监控分如下两部分:

(1)围堰姿态(包括平面位置及垂直度)监控。围堰姿态监控通过放置在围堰中心的一台全站仪,测量围堰顶部4个不同方向的棱镜(图8.3-8)坐标变化来推算平面位置偏差及垂直度情况(图8.3-9)。

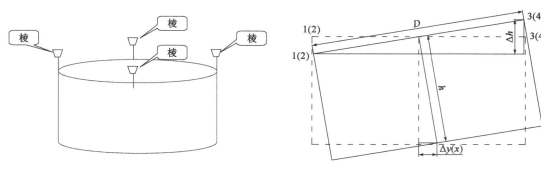

图8.3-8 钢围堰下沉监测点布设示意图　　图8.3-9 钢围堰偏位垂直度模拟示意图

(2)河床高程监控。河床高程采用SSH型超声波测深仪测量高程监测点布设在钢围堰圆周区域处,共16个,内、外圈附近各均匀布置8个。河床高程监测的同时推算刃脚埋深。测量监控频率:

①围堰全面入泥前,正式下放过程中,每下放1m,测量围堰顶四个点的三维坐标。

②围堰入泥时,必须全面测量,精确调整围堰姿态。

③围堰全面入泥后,每2h测量一次,指导吸泥及纠偏。

④河床高程及刃脚埋深等每天测量4次。

8.4 钢围堰快速稳定着床技术

稳定着床,即为围堰着床后在外荷载和河床冲刷等多重影响作用下,能够达到相对稳定的状态。根据已有工程的施工经验,围堰着床的稳定状态指全部刃脚或80%以上的刃脚入泥,且入泥平均深度为2m以上。在稳定着床前,作用在围堰壁板的水平荷载主要由钢护筒承担。过大的水平荷载将必然增加整个护筒结构的刚度。针对此种情况,为确保结构的安全,需对围堰稳定着床的时机进行研究。

(1)稳定着床时机的选择

钱塘江河口受自东海经杭州湾传入的潮波影响,水位每日两涨两落,其潮汐为非正规半日浅海潮,2011年9月嘉绍大桥桥位附近潮位过程线如图8.4-1所示。由图可见,每日内的潮差呈规律性变化。

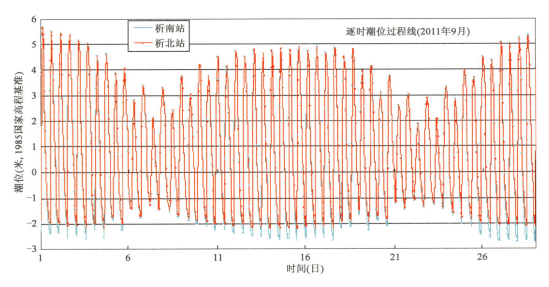

图8.4-1　2011年9月嘉绍大桥桥位附近潮位过程线

2011年农历六月至2012年农历六月一年时间内的日最大潮差变化曲线见图8.4-2、图8.4-3。由观测结果可见,每月朔望后二三天,潮差大;在每月朔望日之后,潮差大小迅速从6~7m降低到5m以下;上下弦后的几天,潮差最小。根涌潮高度与潮差存在一定的关系,潮差越大,涌潮高度越高。潮差较小时涌潮高度及强度均较小,涌潮强度与潮差变化规律相同。据观测到的潮差变化规律,每月朔望后二三天,潮差大,涨潮历时短,沿江涌潮较强;上、下弦后的几天,涌潮则较弱。每年农历九~十月,沿江涌潮相应较强,与潮差大小规律一致。利用每日潮差变化规律,将围堰最不利的稳定着床施工选择在涌潮较小的时间段内完成。

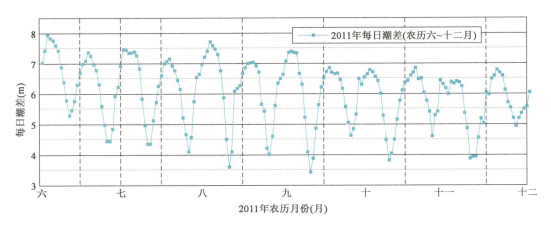

图8.4-2　2011下半年每日最大潮差变化曲线

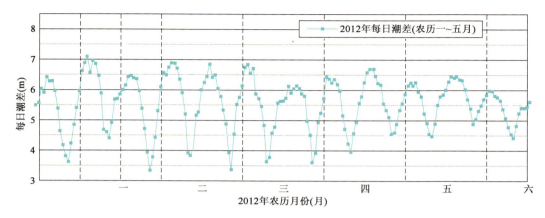

图 8.4-3 2012 上半年每日最大潮差变化曲线

通过对嘉绍大桥桥址处水文实测数据表明，桥位施工水域为半日潮，即一天内有两次涨落潮，且涨潮时间约为 3.5h，落潮时间约为 8.5h。同时该施工区域处于海湾入口，受海水涨落潮影响，每月还会出现一次天文大潮，这对围堰的施工是极为不利的。为有效降低由天文大潮引起冲击荷载带来的影响，要求钢围堰下沉到一定的入泥深度，达到所谓的"稳定状态"。针对此特点，围堰着床下沉时机的选择应遵循以下两个方面的原则：

①选择在小潮汛时涨潮过后 1h 左右流速小于 1.5m/s 时围堰开始入水，连续下放，到低平潮时依靠自重着床并入泥稳定。由桥位处实测水文数据可知：涨潮历时 3.5h，最大流速为 6.65m/s；落潮历时 8.5h，最大流速为 4.40m/s。根据"落潮历时长、涨潮历时短"的特点，围堰入水下沉的时机选择在高平潮状态。这样主要有两大好处：a. 可避免涨潮时水流带来更大的冲击荷载；b. 落潮历时较长，若控制得当，可有效将围堰的刃脚沉入泥面以下（即着床）。

②下沉后第一个大潮来临前应确保围堰稳定入泥，约有 7~8d 的作业时间。通过涌潮试验可知，在当月大潮来临时，桥位处涌潮速度最大可达 9.0~10.0m/s，这对围堰施工是相当不利的，应尽量保证此种状态下围堰稳定着床。针对桥位施工处每月朔望后发生一次天文大潮的水文特点，围堰首次入水下沉应尽量选择在天文大潮出现后几天进行作业，同时为加快施工进度和围堰的下沉深度，应加强前场施工的组织与管理。

（2）稳定着床施工工艺

围堰沉放支承装置安装到位后，应进行沉放试验，以便及时发现问题，并对沉放装置进行改进与完善。围堰下沉着床时利用其自身重力和隔仓注水加载方式进行，主要施工流程见图 8.4-4。

钢围堰拼装完成后，首次下沉采用注水加载的方式进行。在围堰未着床前，采用 16 台水泵对 16 个隔仓同时注水，使其平稳下沉。从围堰入水到其刃脚着床，需要经历一定的时间，在潮水作用下，必然会对河床局部造成一定程度的冲刷。根据上节内容可知，围堰从入水到着床的时间较长，选择的时机为高平潮状态。随着围堰的不断下沉，潮水将处于退潮状态，这将导致围堰下沉的区域为"上游冲下游淤"的起伏状态,对围堰的着床造成不利的影响。图 8.4-5 为下游刃脚刚着床时围堰中剖面河床面冲刷曲线。

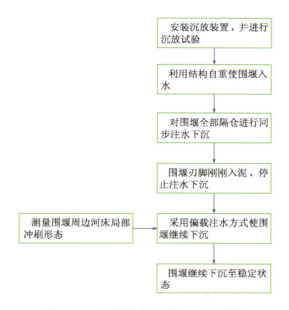

图 8.4-4 钢围堰稳定着床施工工艺流程图

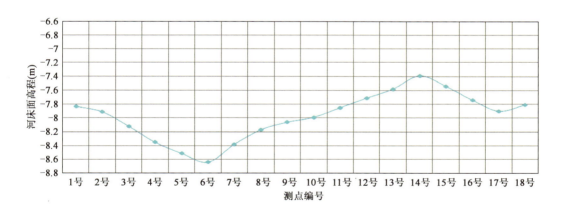

图 8.4-5 刚着床时围堰四周河床局部冲刷形态

现场布置有 18 个测点,测点间距为 5m,可清晰反映出围堰下沉时河床断面的冲刷曲线。根据围堰入水到着床间对河床局部冲刷的监测数据表明,上下游约存在有 1m 左右的高差,若不采取相应的措施,将会造成围堰倾斜过大的现象,导致钢护筒承受过大的水平力,甚至会影响到结构的安全。围堰下游刃脚着床以后,由于外界约束(支承)条件发生变化,即下游刃脚受到河床的阻力,其继续下沉的阻力突然增加,使得围堰向更加容易下沉的趋势发展(上游刃脚处于悬空状态,相比于下游刃脚更容易下沉),从而导致围堰产生倾斜现象。针对这一现象,为防止围堰在下沉过程中产生过大的倾斜,工程中采用偏载注水或及时吸泥的方法。偏载注水的方法主要是通过对约束较大一侧(下游侧)围堰隔仓内注入更多方量的水,以增加该侧的下沉动力或克服下沉过程中的阻力,从而纠偏由于河床面高程不同而导致的围堰倾斜。

(3)吸泥效率

钢围堰选择在小潮期间开始下沉施工,距第一个大潮来临有7~8d的作业时间。经计算,钢围堰在大潮来临前刃脚入泥应不少于2m,按照常规吸泥"自中间向刃脚均匀对称取土"的"锅底形"布置工艺(图8.4-6),吸泥理论工程量约3 000m³,吸泥能力需不小于450m³/d。由于潮水的作用,钢围堰着床后会引起刃脚外泥面剧烈的冲淤变化,基本呈上游淤下游冲的态势。迎潮面刃脚在下沉初期将长时间悬空,致使每次涨潮均会冲入围堰大量泥沙,实际吸泥效率需求将远超过理论值。经反复摸索,提出了"倒锅底"吸泥工艺(图8.4-7),先集中吸泥设备仅对刃脚处取土,同时按上限控制围堰壁体内注水配重量,以促使围堰快速下沉,刃脚全断面入土。从实施效果看,在吸泥能力不变的情况下,工效提高显著,几个围堰基本做到了大潮来临前入泥稳定。钢围堰吸泥方案比照表见表8.4-1。

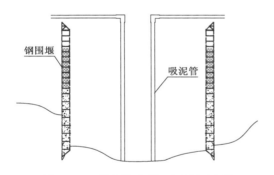
图8.4-6 "锅底形"吸泥工艺布置示意图

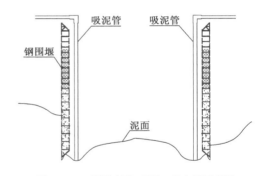
图8.4-7 "倒锅底形"吸泥工艺布置示意图

钢围堰吸泥方案比照表 表8.4-1

墩位	吸泥方法	工艺特点	使用效果
Z8	"锅底形"工艺布置	空气吸泥机主要布置在围堰中心区域,吸泥时由围堰中心向四周推进,并保持泥面呈圆锥形,以充分发挥吸泥设备性能,减少吸泥机的频繁移动	吸泥设备性能发挥较好,单位时间内排出泥沙量较多,但钢围堰内回淤严重,下沉进尺缓慢,均速小于0.2m/d,未能在大潮来临前入泥足够深度,导致定位装置变形,后调整为倒锅底形工艺布置
Z3~Z7	"倒锅底形"工艺布置	空气吸泥机主要沿围堰内壁布置,吸泥时由围堰边向中心推进,优先进行刃脚处取土,以提高围堰下沉速度	需频繁移动吸泥机,单位时间内排出泥沙量相对较少,但钢围堰下沉进尺较快,均速大于0.4m/d,最大时达0.9m/d,在大潮来临前入泥至稳定深度,顺利度潮

8.5　钢围堰下沉工艺实施方案

为了保证钢围堰下沉到位时的几何姿态满足设计要求,施工中采用分次注水和分次浇筑夹壁混凝土的方法,在围堰下沉的同时对其几何姿态进行同步吸泥和偏载调整。

第一阶段:依靠自重下沉

钢围堰提起并做完各项工艺试验及检查后(主要检查壁体结构、定位系统、导向系统、下放系统、护筒与围堰间是否有障碍物等),拆除拼装平台,并派潜水员在围堰位置提前进行水下探摸,确定在提前吸泥后是否仍有大块混凝土块、大型铁件或其他影响下放的异物(包括护筒外壁)。如有,则必须清除,如没有,则在做好充分的准备工作后,选择在白天涨潮的同时开始离架正式下放。

下放始高程为+5.0m,小潮汛时平均高平潮高程为+3.0m左右,涨潮1小时后水位高程在+1.0m左右,此时流速已减缓,基本小于1.5m/s。因此根据下放速度,在1h后,围堰可以入水。入水前应控制下放速度,便于控制和调整早期的钢围堰平面位置和垂直度;随着不断的涨潮,流速越来越缓,可以更好地控制围堰下沉姿态。围堰入泥前泥面高程约-8.0m左右,正常情况下2.5h内可以入泥,此时基本到高平潮。

为了克服围堰下沉过程中的浮力,围堰自重下沉时将所有连通管均打开,按照设计,围堰入水3.2m后,海水可以自动流入舱壁内。经计算,依靠自重,可以入泥约1m左右。围堰自重入泥的姿态对后续下沉的平面位置及垂直度影响很大,因此,围堰入泥着床前必须要通过定位系统及下放系统反复调整围堰的位置,测量确认符合要求后才允许入泥。如入泥后围堰位置尤其是平面位置不符合要求,应关闭B类连通器,抽出舱壁内配重水,重新提起来调整准确后再下放入泥。

第二阶段:注水下沉

围堰自重入泥后,利用小潮汛钢围堰继续下放,此时仍退潮,水流速度较慢,由于土层摩阻力及刃脚抗力的增大,根据计算,钢围堰入土1m后无法利用自重及吸泥继续下沉。经计算,高程-9.0m以上围堰外侧摩阻力4 620kN/m,-9.0m以下5 280kN/m,浇筑舱壁混凝土增加浮重量2 670kN/m,B类连通器关闭后注水可增加重量1 800kN/m(高出围堰外水位)。刃脚抗力为17 500kN/m。

为了确保围堰快速下沉,采用吸泥和注水配重相结合的办法。关闭下层B类连通器,往钢围堰内注水,确保舱壁内水位比围堰外高3m,同时在围堰内侧对称吸泥至刃脚底,此时围堰可下沉到高程-10.0m。同样的办法,当舱壁内水位高出6m,并吸泥到刃脚处可再下沉1m。舱壁注水需保证每个隔仓对称平衡注水,注水设备采用4台22kW潜水泵。并备用1台,可以满足施工需要。

第三阶段:舱壁混凝土浇筑及吸泥下沉

钢围堰依靠自重及注水、吸泥可以下沉到高程-11.0m处,稳定后关闭下层B类连通管,打开其他连通管,开始浇筑舱壁混凝土配重并吸泥下沉。

舱壁混凝土浇筑前要慎重检查围堰平面位置和垂直度,并要确定围堰外侧冲刷情况。如处于小潮汛,且冲刷不大,可进行舱壁混凝土浇筑施工,若处于大潮汛或冲刷过大,应继续注水下沉或提前做好冲刷防护。

舱壁混凝土首次浇筑4m,约760m^3。舱壁混凝土强度等级C20,为自流平自密实普通混凝土,为保证对称浇筑,浇筑点设16个,每个舱壁中心点设一个。布置4个3方漏斗。每次均至少4个浇筑点对称同时浇筑,每次浇筑一车混凝土,浇筑完后再轮到下4个浇筑点,依次循环,直至浇筑4m高。为了保证在混凝土初凝前浇筑完成,混凝土供应不得小于160m^3/h,可采用两套拌和楼供应。舱壁混凝土施工时采用全站仪对钢围堰进行全过程监测,若存在围堰偏位时可通过调整混凝土灌筑进度进行适当的平衡性调整,直至混凝土灌筑全部完成。各仓浇筑速度要基本保持一致。浇筑时各隔舱混凝土顶高程相差不超过0.5m。

根据计算,浇筑4m舱壁混凝土并注水6m,同时吸泥到刃脚底,可继续下沉约2.5m,到高程-13.5m处。此时下层连通管全部关闭。在等强、吸泥下沉过程中,拼装第三节双壁钢围堰,同时准备浇筑第二次舱壁混凝土。

根据施工进度,大潮汛即将到来,此时应该在大潮汛到来前1~2天做好冲刷防护工作。采用在围堰四周抛1t/个砂袋的方案进行冲刷防护。冲刷防护的最佳时机是在冲刷到-10m左右,防护高度约1m,防护宽度约5~6m。

防护到位后,继续采用同样的办法浇筑第二次4m高的舱壁混凝土,注水3m。在吸泥到刃脚底部的情况下,第二次浇筑及注水吸泥后可以下沉约2.9m。此时围堰底高程在-16.4m,顶高程在+7.6m左右。

经过计算,舱壁混凝土第三次浇筑完成后再吸泥可以下沉到设计高程。为防止吸泥过程中围堰下沉过多,超过设计高程,控制到围堰下沉到-16.4m的高程后暂不吸泥。

每个围堰的吸泥采用6台空压机组成的吸泥管对称进行。

吸泥下沉是纠偏的下沉过程,同时也是整个施工最重要的过程,主要有以下工作:

①河床防护:为防止河床冲刷突然加大,造成围堰局部悬空,发生严重倾斜,钢围堰下放过程中须加强对钢围堰周围、特别是上下游侧的防护工作。防护主要采用抛填大吨位砂袋防护形式,防护时主要利用平潮期根据对河床的监测进行防护。

②吸泥、补水:采用不排水吸泥下沉,主要通过设置在四周的6台20m^3空气吸泥机进行吸泥,补水主要通过设置在侧壁上的连通管来平衡内外水头差。为了提高机械设备的利用率,吸泥机主要配套相应的空压机在施工时可通过串并联的方式提高效率。吸泥工作主要原则是"先四周后中间,对称均匀"。使围堰内泥面成倒锅底,由锅底向四周成放坡,使围堰均匀下沉,在围堰下沉过程中,每2h观测一次泥面高程,并绘制出至少3个直径方向的锅底曲线,用于指导吸泥。在施工过程中,必须根据实际情况计算出各工况下的下沉系数和围堰可能下沉

的深度，即下沉系数保持在大于规范要求的 1.05，保证施工质量及安全。

③监控：吸泥下沉过程中必须加强监测工作，主要是对围堰内外河床面高程、流速、潮位、钢围堰的平面位置、垂直度以及下放系统的实际荷载等进行监测，采用信息化施工，以保证钢围堰的顺利下沉。

在吸泥下沉过程中，可能会出现钢围堰平面位置的偏移现象，在纠偏的过程中，主要是依靠围堰的自重和土压力，使得钢围堰向目的方向下沉，达到调整围堰底口平面位置的目的。吸泥深度与砂的自然坍塌有关，根据现场测定的坡度来确定吸泥深度，吸泥深度放坡至刃脚处高程不得低于刃脚处高程，防止涌砂，同时根据 1∶5、1∶4 的等级分级放坡。

第四阶段：最后一次舱壁混凝土浇筑及吸泥下沉到位

吸泥及配重下沉到 −16.4m 的高程后，停止吸泥，稳定后浇筑最后 4m 高的舱壁混凝土。如舱壁混凝土浇筑完后还不能下沉到位，则关闭上层 B 类连通管，在低潮时继续向围堰内注水，让围堰缓慢下沉到位，避免下沉过多。通过计算，在最后 4m 舱壁混凝土浇筑到位，注水 6m 高，并缓慢吸泥至 1.1m（离刃脚底口约 0.5m）处，围堰可以下沉到设计高程 −18.0m。

下沉到位后，将钢围堰侧壁与钢护筒的上定位临时焊接固定，防止钢围堰在流水和涌潮冲击下晃动过大。堰外要连续跟踪监测，如冲刷过大要继续进行冲刷防护。围堰内泥面偏高部分采用吸泥机继续吸泥，基本平整后由潜水员进行基底平整、铺设沙袋及彩条布等工作，为封底混凝土浇筑做准备。

围堰下沉施工工艺流程见图 8.5-1 所示。

图 8.5-1　围堰下沉施工工艺流程图

8.6 钢围堰水下纠偏预案

围堰受水流、涌浪等外界荷载作用,易偏离设计位置,在下沉过程中可采取不对称压重和偏吸泥的方式进行纠偏。若围堰下沉深度不深,但采用以上方式无法纠正其位置偏差时,可采用水下顶推复位纠偏措施。

(1) 顶推力计算

围堰复位需要克服的阻力主要来自围堰上游侧外周的土压力和由此产生的摩擦力两个方面。根据围堰的入土深度,可直接计算出围堰上游侧的被动土压力;按相关规范选取经验系数同样可以计算围堰整体向上游水平位移产生的摩阻力。

若以边主墩为例,假定其纠偏前的状态为围堰向下游偏离50cm。其边界条件如下:上游侧河床高程 −15.9m 和下游侧河床面高程 −13.0m,围堰内泥面高程 −14.0m,根据相关计算公式可知,在高低潮位时需要提供的顶推力分别是 12 180kN 和 14 660kN。

(2) 顶推装置设计

根据顶推力的计算结果,可配置6台500t的水下千斤顶作为纠偏时的顶推装置。千斤顶直径510mm,长度660mm,沿横桥向放置在受力钢护筒和围堰之间。为满足顶推需要,千斤顶需要设置水平的底座和顶托,底座和顶托均由钢板制作,底座与钢护筒相接,顶托与围堰圆弧相接。为避免顶托在壁体圆弧面产生滑动,顶托和壁体之间加设刹车片以增大摩擦力。

水下千斤顶的总体布置方案和单个千斤顶布置图见图8.6-1和图8.6-2。

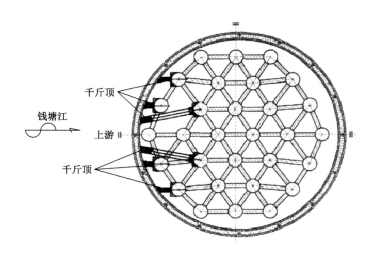

图 8.6-1　水下千斤顶总体布置图

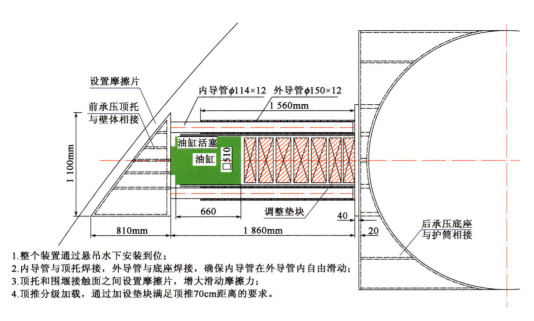

图 8.6-2　单个水下千斤顶布置图

（3）水下顶推

顶推能促使围堰复位的边界条件为，围堰外侧的泥面的顶高程在 -13.0m 左右（上游侧刃脚在 -15.9m 左右）；内侧围堰泥面通过吸泥机降至 -14.0m 以下；围堰下游内侧泥面尽可能地低至刃脚以上不超过 1.0m，在 -15.0m 左右，以减小围堰内侧的被动土压力。顶推时选取高潮位，利用涌潮力并利用因此而增加的浮力，避免低潮时作业。具体步骤如下：

①钢护筒平联焊接。在低潮位时对钢护筒进行平联焊接。焊接完成后，护筒内灌砂水振至密实，以增加护筒刚度。

②水下千斤顶安装。完成 6 个顶推装置的加工，全程千斤顶的标定和安装调试，千斤顶达到最大顶推力时报警卸载，确保结构安全。在顶推前通过潜水员迅速安装到位。

③顶推装置安装到位后，启动千斤顶油泵开始顶推加载，同时不间断地在围堰外周进行射水吸泥，尽可能底降低河床泥面，减小土压力。射水管间距 50cm，布置在上游侧围堰的外侧 1/3 圆弧范围内约 50 根。同时在上游侧围堰上口用 5 只 20t 倒链葫芦收紧，提高顶推回转效果。

加载分级进行，做到慢加载慢复位，并随时判断检查。因单次千斤顶顶推行程不超过 30cm，因此在围堰复位前，千斤顶至少需要 3 个以上行程才能纠偏复位，在每一次千斤顶卸载后，水下安装钢制垫块，满足千斤顶顶推距离的需要。为确保围堰复位后不反弹，千斤顶单次行程到位后应稳压一段时间后才能开始卸载。加载按最大量进行掌控，达到计算控制值即稳压不再加载，确保桩基结构安全。

8.7 本章小结

本章以嘉绍大桥主航道桥桥梁基础为研究背景,开展强涌潮急流河段钢套箱围堰沉放控制技术研究,其主要研究结论如下:

(1)针对桥址处涌潮强、流速大、河床冲刷严重等施工特点,确定了双壁圆形钢套箱围堰方案,结合高潮差、大流速施工水域无法满足大型设备正常作业等客观条件,确定了以"现场拼装、整体下放"的施工工艺,降低了围堰下沉过程中的施工风险。

(2)在对国内已建成大跨桥梁基础施工技术总结的基础上,特别是强涌潮河段桥梁基础围堰的施工,研发了以钢护筒为支撑结构的组合导向装置,并进行了极限状态下的承载力分析,确定了上下弧形导向板和钢管桩与钢护筒等两种组合导向系统,保证了钢围堰定位精度。

(3)结合本工程钢围堰结构特点,确定了采用连续千斤顶作业的支承装置,同时利用计算机控制技术,在围堰沉放过程中实现了围堰同步提升或下沉;在充分掌握桥位处水文地质特点的基础上,提出了"小潮着床、大潮入泥"稳定状态的施工原则,并根据河床冲刷形态,确定了围堰着床时机和下沉方法;通过对桥址处地质参数的仔细研究,提出了"倒锅底"围堰刃脚支承状态终沉控制措施,加快了下沉速度,降低了施工风险。

(4)建立了以计算机全过程控制系统为主的围堰沉放全过程监控系统,对围堰结构和悬吊装置应力应变进行了监控,并通过对围堰几何姿态和河床局部冲刷形态等监测,制定合理的施工控制指令,确保了围堰下沉到位的精度。

(5)通过对围堰施工过程中的风险分析及控制措施研究,制定了围堰拼装质量合理的控制措施,以及围堰下沉过程中出现严重偏位时的纠偏预案,降低了施工风险。

嘉绍大桥主航道主墩钢套箱围堰沉放成功克服了涌潮的影响,10个钢围堰全部满足规范要求:顶、底平面中心偏差不超过100mm;围堰的最大倾斜度不大于围堰高度的1/300。

9 强涌潮环境钢吊箱围堰沉放施工控制技术

嘉绍跨江大桥北副航道桥地处钱塘江尖山河段,河床表质起动流速低、易冲易淤,河床摆幅不定,同时桥位处的强涌潮、大潮差、江水的高含沙率等复杂的施工条件和恶劣的施工环境,给围堰选型、沉放控制及封底混凝土施工带来了极大的挑战。本章通过细致的水文调查、研究和比选,确定了合适的围堰结构;沉放过程中在充分利用涌潮的同时又采取有效措施抵抗潮水对围堰结构安全和沉放精度的影响;在充分考虑了江水高含沙率对有效封底混凝土厚度的影响的同时,采取了有效的措施,保证了封底结构的安全。

9.1 围堰方案选择

9.1.1 北副航道桥结构概况

嘉绍大桥北副航道桥采用桥跨布置形式为 70 + 120 + 120 + 70 = 380(m)连续刚构,分布墩号为 B48 号~B52 号,共 5 个墩,左右两幅布置。桥型布置见图 9.1-1。

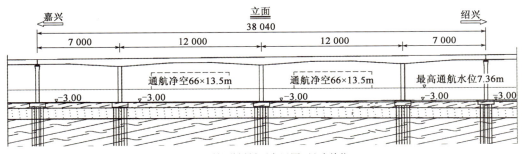

图 9.1-1 北副航道桥桥型布置图(尺寸单位:cm)

下部结构采用承台 + 群桩基础的形式,为控制阻水面积,承台顶面高程设置在 - 3.0m,承台采用 $\phi 13.6$m 的圆柱形式。采用 $\phi 2.0$m 钻孔灌注桩,其中 B48 号墩和 B52 号墩每墩桩基础 5 根,B49 号~B51 号墩每墩桩基础 7 根,左右两幅布置。桩身混凝土等级为水下 C30,共计 21 590.4m³。永久钢护筒底高程 - 35.0m,顶面高程与桩顶高程一致,壁厚 16mm,主墩基础及墩身一般构造见图 9.1-2。

9.1.2 承台围堰方案选择研究

鉴于桥址区水文、河床、泥沙及特征,围堰方案需在大量调查、分析、研究的基础上进行认真而慎重的选择,合适的围堰方案将是工程顺利推进的基础。根据北幅航道桥承台结构特点,结合以往的施工经验,可用于本项目的围堰形式主要有钢板桩围堰、钢吊箱围堰和钢套箱围堰。

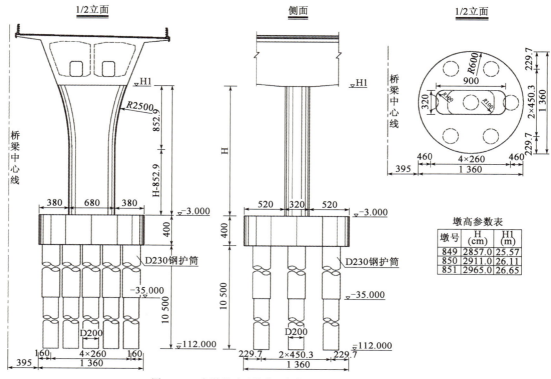

图9.1-2 主墩基础及墩身一般构造图(尺寸单位:cm)

(1)钢板桩围堰

钢板桩围堰是以桩体作为基本受力单元,以插打入土后被动土压力平衡外部主动土压力及水压力作用,同时将内支撑作为约束构件以形成空间受力体系,入土深度需要经过计算确定。钢板桩围堰成功应用的实例很多,类似工程中,在距本工程上游约60km的钱江铁路新桥(钱江十桥)主墩采用钢板桩围堰施工,钱江铁路新桥钢板桩围堰见图9.1-3。

图9.1-3 钱江铁路新桥钢板桩围堰

钢板桩围堰优点：

①可以在钻孔桩施工期间进行钢板桩围堰施工，改连续顺序作业为平行作业，可大大缩短施工周期；

②插拔桩方便，无须大型施工平台和机械设备配备；

③围堰拆除后江中无滞留物，不产生环境污染，对河道无阻碍，钢材回收率高。

钢板桩围堰主要缺点：

①锚固深度确定风险大。通过试算确定钢板桩锚固深度时，围堰内侧被动土压力所产生的抗倾覆力矩需不小于围堰外侧土层和水所产生的倾覆力矩的2倍，同时可在板桩上设置拉锚（拉至外围施工平台上），进一步提高抗倾覆力矩。一般而言，最终的锚固深度需在上述计算的基础上加深15%，以确保板桩的稳定。但嘉绍大桥河床表质启动流速低、易冲易淤，存在大量浮游的泥沙，且随着工程的推进，河床有进一步下冲的趋势。围堰施工后，能下冲到什么程度很难界定，即使通过计算可获得，但边界条件的取值只有参考，没有成熟的经验，不确定因素很多。因冲刷深度难以把握，锚固深度很难确定，围堰底部存在被掏空或翻砂的风险，甚至更大的质量事故和安全事故；

②堵漏困难。从围堰封底完成后抽水到承台施工、墩身出水需要一定的施工周期，历经多个潮起潮落，即使有强大的导环和内支撑，但钢板桩围堰整体性较弱，在如此施工环境下，围堰堵漏将比较困难；

③需要另外制作承台模板，增加了项目成本。

综上分析，钢板桩围堰不适合本项目。

（2）钢套箱围堰与钢吊箱围堰

钢套箱围堰设有刃脚，沉放时利用自重（或围堰内压重）吸泥下沉，并入床稳定，然后清淤封底，利用封底混凝土与钢护筒之间的黏结力抵抗围堰上浮或下沉及施工过程中的各种荷载，此工艺被广泛应用在低桩承台施工或一般冲刷线以下的承台施工。封底混凝土与钢护筒之间的黏结力可通过经验或试验获得，但入土深度需经计算确定。钢套箱围堰一般结构立面见图9.1-4。

较之钢套箱围堰，钢吊箱围堰是采用有底结构，将围堰自重、封底混凝土自重及附加荷载等，通过吊挂系统悬挂起来，底部一般不着床或部分着床，被广泛应用于水中高桩承台或一般冲刷线以上的承台施工。封底混凝土形成强度后，其受力机理与钢套箱围堰基本相同。钢吊箱围堰一般结构立面见图9.1-5。

钢套箱围堰与钢吊箱围堰的优点：①围堰内壁兼做承台模板，不需另外增加模板；②围堰整体性好，自身刚度大，抵抗涌潮、水流等能力强；③圆形截面利于导流，抗水流冲击能力强；④可利用钢护筒作为围堰沉放导向，便于沉放精度控制。

套箱围堰主要缺点：①因冲刷深度难以把握，入土深度很难确定，围堰底部存在被掏空或翻砂的风险，对封底安全产生很大的隐患，容易造成严重的质量事故，甚至安全事故；②初次沉放必须在平潮期内完成并下沉进入到稳定深度,但由于平潮时间短,围堰结构小、自重轻,下放着床极易被潮水冲刷而难于精确就位;③封底前存在清淤的过程,当围堰局部冲刷较大时,存在较大的工作量。

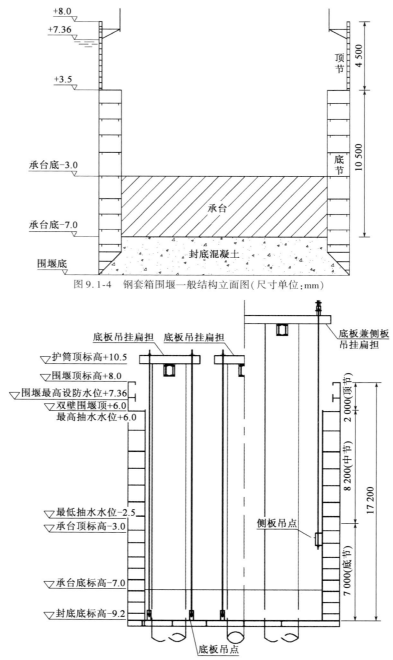

图9.1-4　钢套箱围堰一般结构立面图(尺寸单位:mm)

图9.1-5　钢吊箱围堰一般结构立面图(尺寸单位:mm)

吊箱围堰主要缺点:①适用于高桩承台施工,在低桩承台情况下,需要预先对河床进行辅助吸泥至设计高程,存在一定的工作量,且涨落潮后可能又出现回淤,需要采取有效的措施予以预防;②封底前,底板可能淤积大量泥沙需要清理,且钢护筒周围底板封底部位有继续涌砂的风险;③封底后围堰需抵抗浮力,由于桥位处潮差大,对封底混凝土的受力较为不利。围堰的定位设计较为困难。

不同的围堰都有它的优缺点,方案选择总的原则是:将因客观因素导致方案不可行或执行难度很大的方案剔除,将人为可控的方案或经过努力可以实施的方案予以保留。北副航道桥承台顶高程 -3.0 m,底高程 -7.0 m,且承台规模相对较小,河床顶面随着潮水的涨落、泥沙的浮沉,沉放前河床高程在 $-6.50 \sim -8.50$ m 之间,采用有底钢吊箱围堰,利用河床在围堰沉放过程的附加冲刷可实现钢吊箱沉放到位,且由于围堰采用有底结构,因此承台封底前的清淤工作量相对减小。通过上述 3 种方案的比较,经细致分析和反复充分论证,最终决定采用双壁钢吊箱围堰。

9.1.3 吊箱围堰结构方案

北副航道桥承台采用有底钢吊箱围堰进行施工,钢吊箱围堰采用双壁结构,兼做承台施工的模板,主要由双壁侧板、底板及龙骨和吊挂系统等组成,内径 13.70m,壁厚 1.2m,外径 16.10m,上部 2m 为单壁防浪段。封底混凝土厚 1.5m,采用水下 C30 混凝土。围堰侧板壁板采用 6mm 厚钢板,∠63×6 等边角钢作加劲肋,角钢布置最大间距为 300mm。双壁水平环板间由 ∠75×8、∠100×10 连接,隔舱板及水平环板有 12mm 厚和 20mm 厚钢板组成,壁板加劲板采用 10mm 厚钢板。底板采用 6mm 厚钢板,∠75×8 等边角钢作加劲肋,龙骨采用 HM488×300 型钢,底龙骨纵横布置十字形对接形成刚性框架。主墩围堰主要技术参数见表 9.1-1,立面见图 9.1-6,平面见图 9.1-7,拼装后的围堰总体见图 9.1-8。

钢吊箱围堰主要技术参数 表 9.1-1

墩 号	自重(kN)	底高程(m)	顶高程(m)	高度(m)	封底厚度(m)
B49 号~B51 号墩	2 480	−8.50	+8.0	16.50	1.50

9.1.4 吊箱围堰施工难点

强涌潮条件下的钢吊箱围堰沉放施工过程中面临以下关键技术问题需要加以解决:

(1)河床清理。沉放过程中,河床必然有一定的下冲,但下冲量不确定,沉放前是否需要对河床清理,不清理可能沉放不到位,清理了再次回淤仍然沉放不到位,如何结合围堰自身结构特点(如减小封底混凝土厚度),利用涌潮、水流、冲刷的特点自身实现(将围堰悬于河床面以上一定高度,让其自身冲刷)。

(2)精度控制。受强涌潮来回振荡,如何保证围堰自身的结构安全及沉放精度。

(3)底板与钢护筒间缝隙封堵。底板开孔位置与钢护筒位置相对应,并留有一定的缝隙,习惯上由潜水员水下采用圆弧钢板和水泥砂袋封堵,若封堵措施不完备,很可能被潮水顶开,其后果不堪设想。

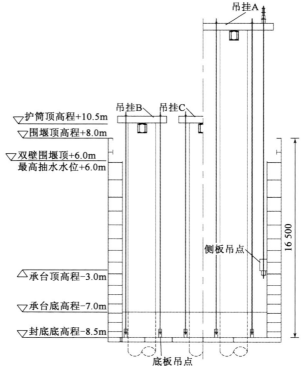

图9.1-6 北副航道桥钢吊箱围堰立面图(尺寸单位:mm)

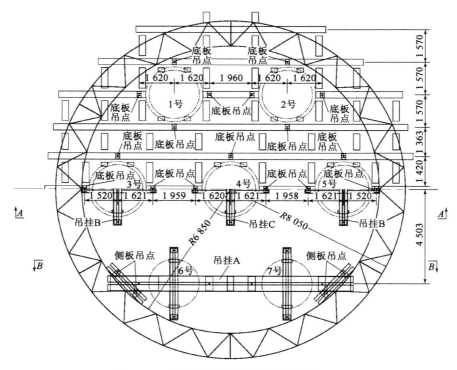

图9.1-7 主墩钢吊箱围堰平面图(尺寸单位:mm)

图 9.1-8 拼装后的围堰总体

（4）底板清砂。随着潮水的涨落，底板与钢护筒间的缝隙肯定会涌入泥沙，同时底板还滞留大量的泥沙，如何在不断涌入、沉淀、部分流走的循环中清理底板。

9.2 吊箱围堰沉放系统设计

（1）沉放导向

围堰沉放期间将经历潮水涨落，涌潮、水流对围堰产生很大的水平力，为保证沉放过程结构安全和围堰平面位置及竖直度，在围堰内壁邻近钢护筒位置设置双层导向，依靠导向顺着护筒外壁下沉，并据此抵抗水平力。考虑到涨落潮阶段潮水与围堰的角度、回头潮等不同的水流方向，沉放导向在竖向沿双壁高度均匀设置 2 层，平面上沿围堰内壁贴近 4 根接高的钢护筒设置 4 个点。

（2）沉放设备

在钢护筒上设置双层"一"字形型钢吊挂装置，然后安装卷扬机及滑车组系统。卷扬机沉放总体布置见图 9.2-1。

卷扬机的钢丝绳为柔性结构，且安全储备比较大，可承受潮水来回振荡的影响，确保结构安全。同时，每套围堰下放配备 4 套卷扬机同步作业，单台 10t 卷扬机通过钢丝绳走 12 后，可承受 1 200kN 的荷载，若发生较大偏差、倾斜或沉放困难时，可通过卷扬机将围堰整体提起来。

（3）隔舱

双壁结构能够提供足够的刚度，防止围堰在涌潮、水流、水压等外力作用下变形，围堰内外水头通过连通管保持平衡，而隔舱形成了相对封闭的环境。通过控制隔舱内外水头，隔舱每米高度能够提供 561.7kN 的浮力或压重。

①沉放阶段，通过适当降低隔舱内水头，使围堰承受一定的浮力（浮力小于围堰自重），以减小沉放装置的负荷，有利于结构安全；

②围堰自重2 500kN左右,若隔舱内外水头差达到4.5m以上,即可使围堰克服重力上浮。沉放过程中,若发生较大偏差、倾斜或沉放困难,可调整隔舱内外水头差,适当增加浮力,通过卷扬机系统,整体提升围堰;

③隔舱内通过隔舱板将隔舱分割成4块相对封闭的区域,沉放过程中,若出现倾斜的情况,也可通过调整单隔舱内外水头,让单点承受较大的浮力,有利于纠正倾斜;

④封底混凝土凝固后,抽水状态下,通过隔舱内压水,以抵抗围堰上浮。

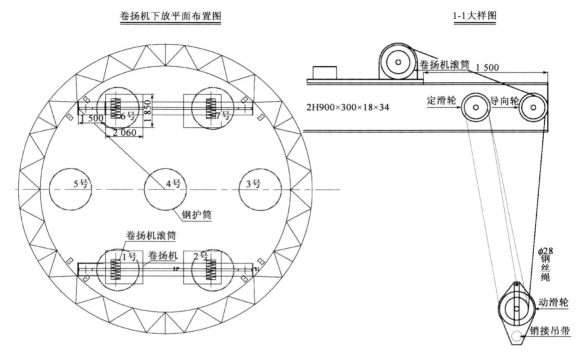

图9.2-1 卷扬机沉放系统总体布置图(尺寸单位:mm)

9.3 吊箱围堰沉放技术研究

9.3.1 吊箱围堰沉放过程控制措施

(1)确保河床高程到位的措施

随着潮水的涨落、泥沙的浮沉,沉放前河床高程在-8.50~-6.50m之间徘徊。第一阶段将围堰底(底板龙骨底部)沉放至高程-6.0m左右,围堰底部尚有过水通道,以围堰作为阻水结构,利用涨落潮冲刷河床,若能达到需求深度,则第二阶段可将围堰一次沉放到位;若利用潮水涨落仍不能将河床冲刷到位,可将围堰整体上提或再下沉一段距离(控制在50cm左右),增加或减少围堰底部过水面积,利用涨落潮进一步冲刷河床;在增加或减少围堰底部过水面积仍不能冲刷到位时,采用辅助吸泥措施。围堰制作时,在底板上预留 8 个吸泥点。吸泥孔的设置以方便潜水员水下拆除、对位吸泥管和封堵为原则,同时要保证安装后的密封性,单个辅助吸泥点见图 9.3-1。

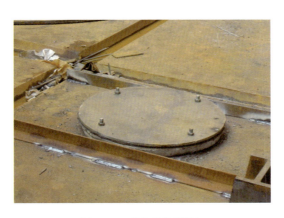

图 9.3-1 单个辅助吸泥点

(2)抵抗涌潮、水流的措施

第一阶段沉放后,围堰需经历一个或多个涨落潮,第二阶段沉放到位后,到封底混凝土浇筑期间有大量的准备工作,也需要经历一个或多个涨落潮,为此必须采取有效的措施抵抗围堰沉放和封底阶段的涌潮、水流等不利水文条件。

①临时锁定装置

围堰沉放过程中若遇突发情况不能连续作业或必须暂停,以及每个阶段沉放到位后,为保证围堰结构安全,必须采取强制措施将围堰临时锁定。

虽然在围堰设计阶段设置了双层导向,可通过抄死钢护筒和双层导向间的缝隙,起到一定的锁定作用,但毕竟强度有限,不足以抵抗涌潮、水流的冲击。且随着围堰的逐渐入水,下层导向以下悬臂长度越来越长,不能起到很好的防范作用。

在围堰底板以上 50cm,临近钢护筒侧的围堰侧板上设置撑杆螺栓,当围堰下放暂停或到位时,由潜水员水下旋紧撑杆螺栓,将围堰和钢护筒牢牢撑紧。撑杆螺栓及其总体布置见图 9.3-2。

同时,将上层导向和钢护筒之间采用木楔块固定好,顶部下放卷扬机锁定后,便形成了对整个围堰的全方位锁定,足以抵抗涌潮、水流等不利水文条件。

②水平方向缓冲装置

沉放过程处于涨落潮期间,虽然可以选择流速相对较低的时间段,但围堰仍会有较大的摆动。在围堰设计阶段考虑了采用双层导向可抵抗沉放过程中涌潮、水流对围堰产生的水平力,实际施工中却存在以下问题需要考虑:

a. 双层导向为钢板焊接的结构,不能与钢护筒直接密贴形成有效的下滑摩擦面,安装过程

中之间必须留有一定的间隙;

b.原桩基钢护筒不是完全垂直的结构,即使在安装时将导向和钢护筒外表面密贴,沉放过程中围堰顺着钢护筒的倾斜下滑,可能造成围堰沉放困难或无法沉放;

c.围堰是逐渐入水的过程,在起潮和落潮渐平以及刚刚入水的阶段,只有下层导向起到抵抗水平力的作用,导向以下围堰呈悬臂状态,不利于稳定;

d.围堰即使在摆动中顺利沉放到位,平面位置也存在较大的偏差,纠偏工作将非常困难,同时也会造成沉放卷扬机受力不均,单点疲劳甚至破坏。

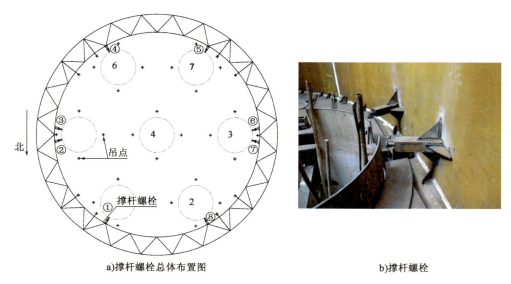

a)撑杆螺栓总体布置图　　　　　　　　　b)撑杆螺栓

图9.3-2　焊接于侧板上的撑杆螺栓

为此,沉放前在围堰侧板和相邻钢护筒之间设置临时缓冲装置,该装置由两层结构组成,底层采用废旧汽车轮胎,安装在围堰底板以上5.0m位置,随围堰沉放;上层为上层导向与钢护筒间的木楔块。底层缓冲装置见图9.3-3。

图9.3-3　底层缓冲装置

围堰侧板与钢护筒之间最小间距为484mm,轮胎厚度550mm,安装时用导链配合强行塞入。沉放过程中,通过轮胎的自身变形,起到减振消能的作用。

9.3.2 吊箱围堰"两阶段"沉放施工

(1)第一阶段沉放

第一阶段沉放将围堰底(底板龙骨底部)由拼装平台顶面+8.0m,沉放至-6.0m,沉放距离14.0m,沉放时机选择高平潮开始。该阶段沉放具有以下优势:

①高平潮后即开始退潮,历时较长(平均历时10小时15分),隔舱内补水、底板吊杆接长(精轧螺纹)、临时锁定等工序作业比较从容,且需要的补水设备较少,方便现场操作;

②退潮流速相对较小(最大垂线流速3.80m/s),对围堰的横向冲击力小,可最大限度地规避风险;

③卷扬机速度快,若无异常,半小时左右可沉放至预定的-6.0m,不需要经历涨潮阶段的涌潮、回头潮等,进一步规避施工风险;

④沉放至既定高程后,潮水处于或接近低平潮,围堰较稳定,便于潜水员水下操作(临时锁定);

⑤临时锁定装置已支撑在灌有混凝土的钢护筒内,能够提供足够的水平支撑;

⑥等待冲刷时,围堰已经处于锁定状态,若一个潮水无法冲刷到位,可经历几个潮水,围堰结构安全有保证。

(2)第二阶段沉放

第二阶段沉放在河床高程达到需求后开始,沉放至设计高程,沉放距离2.8m左右,沉放时机选择涨潮且渡过回头潮后开始开始沉放。该阶段沉放具有以下优势:

①利用涨潮初期的涌潮、回头潮等进一步冲刷河床,且此时流速比较大,河床表质在水流的带动下,悬浮在江水中,利于围堰沉放到位;

②规避一线潮、回头潮的施工风险;

③沉放距离较短,作业很从容。

(3)施工中需注意的问题

①卷扬机沉放存在速度快、操作简单等优点,但单点受力无法直接显示和记录,极限受力状态为卷扬机额定功率,故沉放中,需尽可能保持4台卷扬机同步,相对高差不得超过100mm;

②整个沉放过程设置指挥台,所有作业人员服从总指挥的同一指令,各巡视、监察人员配备对讲机,发现异常及时与总指挥联系,以便及时调整作业指令;

③围堰入水后及整个锁定等待冲刷过程中,必须安排专人检查隔舱内外水位差情况,若超出规定,必须及时采取抽水或补水措施,保证围堰在略受浮力情况下,处于卷扬机吊挂状态;

④沉放过程中,要经常性检查吊带受力情况,若出现偏斜等异常,必须立即停止,查明原

因,否则不得沉放;

⑤现场必须配备一定数量的绳卡,防止下放过程中卷扬机发生机械故障,临时将绕出绳与定滑轮的钢丝绳单根固定;

⑥每阶段沉放到位后,必须及时安排潜水员锁定底板上的撑杆螺栓,并在潮水到来之前完成。

9.4 吊箱围堰封底技术研究

9.4.1 吊箱围堰封底厚度验算

在强涌潮水域进行钢吊箱围堰施工,1.5m 的封底厚度比较单薄,且存在围堰底滞留的泥沙不能完全清理干净的现象,故承台需分两次浇筑,第一次浇筑厚度均 2.5m,第二次浇筑厚度 1.5m。

(1)基本参数

围堰封底完成后将经历封底混凝土养护、围堰抽水、清理、钢护筒割除、桩头破除以及承台施工等工序,为直观反映整个过程各工序围堰受力情况,用区间图予以描述。取围堰承受向下的荷载为正值,向上的荷载为负值。

围堰内径 13.70m、围堰外径 16.10m、壁厚 1.20m,围堰自重 $G_{围} = +2\,480$kN(向下的自重);承台底高程 -7.0m、围堰底高程 -8.50m,封底混凝土厚度 1.50m;最高潮位 $+5.77$m、最低水位 -2.72m;封底混凝土采用水下 C30 混凝土,取封底混凝土与护筒间黏结力 150kN/m²;封底混凝土和承台混凝土按照配合比严格计算相对密度为:2 400kg/m³;

围堰内净底面积:$A_{内净} = 3.14 \times [(13.7/2)^2 - 7 \times (2.332/2)^2] = 117.5$m²;

围堰净底面积:$A_{净} = 3.14 \times [(16.1/2)^2 - 7 \times (2.332/2)^2] = 173.6$m²;

围堰双壁部分底面积:$A_{双} = A_{净} - A_{内净} = 56.1$m²;

围堰自重:$G_{围} = +2\,480$kN(向下的自重);

封底混凝土自重:$G_{封} = +4\,230$kN(向下的自重);

承台第一次浇筑自重:$G_{承1} = (0 \sim +9\,343)$kN(从钢筋绑扎到混凝土浇筑,为荷载逐渐增加的过程,最大值为 2.5m 厚承台自重);

承台第二次浇筑自重:$G_{承2} = (0 \sim +5\,605)$kN(从钢筋绑扎到混凝土浇筑,为荷载逐渐增加的过程,最大值为 1.5m 厚承台自重);

隔舱内压水重量:$G_{水} = (0 \sim +8\,135)$kN(压水自重,方向向下,随压水高度增加,逐渐增大,最大值为 14.5m 隔舱内全压满水);

封底混凝土与护筒之间黏结力,考虑围堰底板滞留10cm的泥沙未清理干净,有效封底混凝土厚度按 1.4m 计:$F_{黏} = \pm 10\,764$kN(作为抵抗上浮抗力时受力方向向下,作为抵抗下沉的抗力时受力方向向上);

围堰承受的浮力:$F_{浮} = (-10\,034 \sim -24\,773)$kN(受力向上,随着潮水的涨落不断变化,但始终在最高潮位和最低潮位区间)。

(2)各不利工况计算

①围堰内清理

该过程为封底混凝土达到设计强度,封堵侧板连通管,对围堰内抽水,然后清理封底顶面、拆除吊挂系统、割除钢护筒、凿除桩头等,隔舱内灌满水,承台施工未开始,将经历多次涨落潮,此工况受力见图9.4-1。

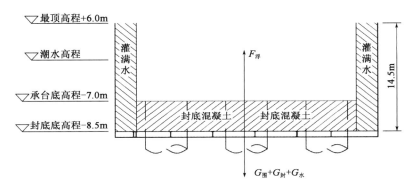

图 9.4-1 围堰清理工况受力简图

a. 最低潮位下沉计算

以封底混凝土与护筒之间的黏结力作为抗力考虑,则此时围堰受力为:

$G_{围} + G_{封} + G_{水} - F_{低浮} = 2\,480 + 4\,230 + 8\,135 - 10\,034 = +4\,811$kN;

作为抗力的 $F_{黏} = 10\,764$kN $> 4\,811$kN,围堰不会下沉。

b. 最高潮位上浮计算

以封底混凝土与护筒之间的黏结力作为抗力考虑,则此时围堰受力为:

$G_{围} + G_{封} + G_{水} - F_{高浮} = 2\,480 + 4\,230 + 8\,135 - 24\,773 = -9\,928$kN;

作为抗力的 $F_{黏} = 10\,764$kN $> 9\,928$kN,围堰不会上浮,但安全储备很小。

根据计算结果,绘制直观的区间包络图见图9.4-2。

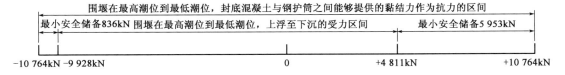

图 9.4-2 围堰清理受力包络图

②第一次承台施工

该过程包括钢筋绑扎、混凝土浇筑、养护,荷载逐渐递加,其中单个承台第一次混凝土方量368.1m³,隔舱内水抽干,将经历多次涨落潮,此工况受力见图9.4-3。

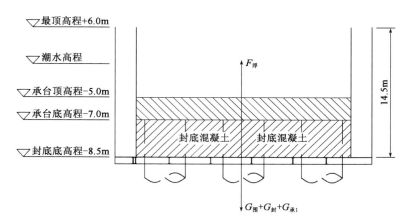

图9.4-3　第一次承台施工工况受力简图

a. 最低潮位下沉计算

以封底混凝土与护筒之间的黏结力作为抗力考虑,则此时围堰受力为:

$G_{围} + G_{封} + G_{承1} - F_{低浮} = 2\,480 + 4\,230 + 9\,343 - 10\,034 = 6\,019\text{kN}$;

作为抗力的 $F_{黏} = 10\,764\text{kN} > 6\,019\text{kN}$,围堰不会下沉。

b. 最高潮位上浮计算

以封底混凝土与护筒之间的黏结力作为抗力考虑,则此时围堰受力为:

$G_{围} + G_{封} + G_{承1} - F_{高浮} = 2\,480 + 4\,230 + 9\,343 - 24\,773 = -8\,720\text{kN}$;

作为抗力的 $F_{黏} = 10\,764\text{kN} > 8\,720\text{kN}$,围堰不会上浮。

根据计算结果,绘制直观的区间包络图见图9.4-4。

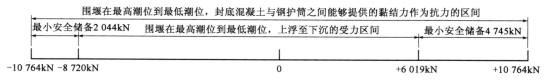

图9.4-4　第一次承台施工受力包络图

9.4.2　吊箱围堰水下混凝土封底施工

(1)底板清理和封堵

江水中含沙率高且容易沉淀,若底板不能清理干净,将直接减小有效封底混凝土的厚度,虽然围堰设计阶段已经考虑了10cm的富余,但封底后围堰内清理阶段,最高潮位情况下,围堰抗上浮的安全储备非常小,一旦清理出了问题,后果将非常严重。

①涌砂规律调查

根据详细的调查,围堰底板上的泥沙主要由两部分组成,一部分是从沉放到封底前潮水涨落夹带的泥沙沉淀到围堰底板上;另一部分是从围堰底板和钢护筒间的缝隙内涌入的泥沙。

围堰沉放到位后,护筒周围沉淀厚度达到 20～70cm,厚薄不均,沿护筒外围呈漏斗形,主要是涨落潮水流形成的。涨潮时,江水从堵漏板与护筒之间的间隙处灌入,并携带大量的泥沙,在护筒周围形成堆积;落潮时,围堰内水又从间隙处流出,再带走一部分泥沙,如此反复。

②底板封堵与清沙

钢护筒周围的泥沙呈动态变化,结合底板封堵,首先清理这部分泥沙。

根据涌沙规律,安排潜水员利用潜水吸沙泵逐个清理护筒周围,然后用水泥砂袋封堵,清理一个、封堵一个,并用型钢将其压牢,型钢通过水下电焊焊接在钢护筒上,防止涨潮时水泥砂袋中的水泥未充分水化、强度低,而被潮水顶开。

待所有护筒周围全部封堵完成后,即开始底板的清理,由潜水员利用潜水吸沙泵逐块清理,专人跟踪测量检查。

待大面积沙处理完毕后,封底前由潜水员带高压水枪,利用清水对底板再次进行冲洗,然后开启潜水吸沙泵,将底板沉积的砂彻底清理,封底前底板沉淀厚度基本控制在 5cm 以下。

(2)封底前其他辅助措施

①围堰外增设辅助锚固装置

鉴于封底完成后,围堰内清理阶段,抵抗最高潮位上浮的安全储备较小,同时进一步提高围堰抗上浮、下沉的能力,并减小因潮水冲刷引起的围堰晃动,在围堰外壁和相邻的施工平台钢管桩之间用 I45b 型钢焊接"Z"字形锚固装置,锚固装置见图 9.4-5。

图 9.4-5　围堰外辅助锚固装置

辅助锚固装置沿围堰 4 周均匀焊接 4 处,双面焊接,每处焊缝长 90cm,焊缝高度不小于 6mm,受力按经验 10kN/cm 计算,可承受 900kN 力,按照 50% 折减,四处锚固装置可提供抗上浮和下沉的力量至少可达 1 800kN。同时经过对封底混凝土和辅助锚固装置受力后变形分析,两者能够匹配,能够共同提供抗力。

②钢护筒外壁增设剪力键

封底混凝土与护筒间的黏结是围堰施工成败的关键之一,也是每个围堰施工控制的重点。鉴于江水含沙率高、沉淀速度快,为防止清理干净的护筒外表面再附着过多的泥沙,使封底混凝土与护筒之间的黏结力受损,在护筒外壁水下焊接剪力键,锚固在封底混凝土内,以提高封底混凝土与护筒间的黏结力,剪力键见图9.4-6。

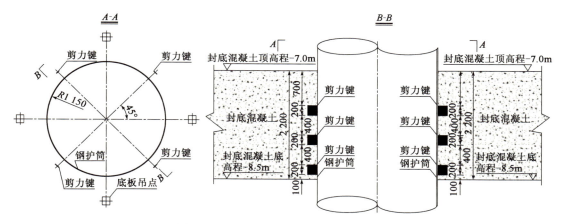

图9.4-6 护筒剪力键结构图(尺寸单位:mm)

同时,最下层剪力键与底板封底的圆弧钢板和水泥砂袋一并考虑,当钢护筒周围的泥沙清理干净,安装圆弧盖板和水泥砂袋时,用最底层的剪力键将砂袋牢牢压紧。

③隔舱内压水控制

围堰采用双壁结构,隔舱内每米压水重量561kN,一方面它可以作为压重,另一方面也可以提供浮力,合理利用将有利于围堰受力。

(3)封底其他注意事项

封底前由潜水员对钢护筒外壁进行彻底的清理,以免影响封底混凝土与钢护筒之间的有效黏结。护筒外壁清理由潜水员分两步完成,首先是钢丝刷清洗。由于护筒插打时间较长,表面残留的各种物质非常多,必须用钢丝刷沿护筒外壁仔细的清洗,去除所有杂质;第二步由潜水员用高压水枪冲洗,将表面的浮渣等再次清洗一遍,确保形成清洁的外表面。严格加强各细节管理,包括封底混凝土厚度测量与复核等,做到专人负责、专人检查、专人复核,层层把关。

9.5 本章小结

桥址区极其复杂的水文、地质条件及工程结构特点,给围堰选型及施工带来了极大的挑战。

(1)通过细致的水文地质调查和分析,以及对类似条件下的成功经验的分析和研究,经过充分的论证,选择了双壁钢吊箱围堰的方案。

(2)围堰设计充分考虑了各种不利因素的影响,极具针对性,1.5m超薄的封底厚度更是极其大胆之举。

(3)两阶段围堰沉放,对涌潮、水流等水文条件进行了合理的利用、规避和抵抗。临时锁定和缓冲装置确保了围堰结构安全和沉放质量。

(4)根据工程特点,准确特定水域下把握水下混凝土封底控制的关键,严控围堰底板清沙质量。围堰外增设辅助锚固装置及钢护筒外壁增设剪力键,提高了整体抗上浮和下沉的能力,使结构安全得到了进一步的保证。

通过本书成果的应用,使得北副航道桥10座承台得以顺利实施,10套围堰抽水后未出现明显漏水现象或其他质量问题。同时本书总结强涌潮水域钢吊箱围堰施工关键技术,进一步延伸和发展了现有钢围堰施工工艺。

10 单桩独柱结构设计关键技术

嘉绍大桥桥位处河床宽浅、潮强流急、涌潮汹涌,两岸滩涂发育,给水中区引桥下部结构的设计与施工带来前所未有的挑战。本章通过水中区引桥下部结构施工风险分析、水中区引桥下部结构设计方案研究、单桩独柱下部结构结构体系研究、水中区引桥基础防船撞措施研究,科学、系统地解决了强涌潮环境下水中区引桥下部结构工程设计难题。

10.1 单桩独柱结构的提出

嘉绍大桥水中区引桥上部结构采用70m等跨连刚构,总长占全桥的70%,桥墩数量达到150个,因此其基础形式及施工方式对整个项目施工风险影响巨大。水中区引桥下部采用钻孔灌注桩可选择的基础方案有群桩基础+承台方案和无承台方案,无承台方案包括单桩独柱方案和双桩双柱方案。

(1)群桩基础+承台

群桩基础+承台+墩身方案是国内外海上长桥水中区引桥最常用的下部结构方案。在无结构阻水率要求的情况下,承台多采用高桩承台。嘉绍大桥因为水文条件的特殊性,为满足桥梁结构阻水面积小于5.0%的要求,承台顶面需要设置在河床原始泥面以下,即采用低桩承台。承台顶面设计高程根据墩位处河床原始泥面高程确定,总体在-3.0m左右。每个承台下设4根直径2.0m的钻孔灌注桩,单桩桩长102~105m,见图10.1-1。承台为现浇施工,采用双壁钢围堰作为施工挡水结构,在工厂内分块加工、制作,在施工平台上组拼后整体下沉。根据冲刷和潮差情况,围堰总高度超过20m。

群桩承台基础施工工艺成熟,但在嘉绍大桥中采用承台施工将面临很大困难:

①为满足5%河床断面压缩率的要求,承台顶面要设置到河床原始泥面以下(高程-3.0m左右);

②承台施工需要采用双薄壁钢围堰作为挡水结构。因为冲刷和潮差的原因,围堰高度将超过20m,在波浪力和涌潮力的作用下,围堰易发生倾覆、变形。施工难度和风险均较大;

③水中区引桥共150个墩柱,围堰施工一旦出现问题,处理难度大且极为耗时,大桥总体工期难以得到保证;

④钢围堰循环利用率低,承台顶面以下钢围堰难以拆除,用钢量大,经济性差。

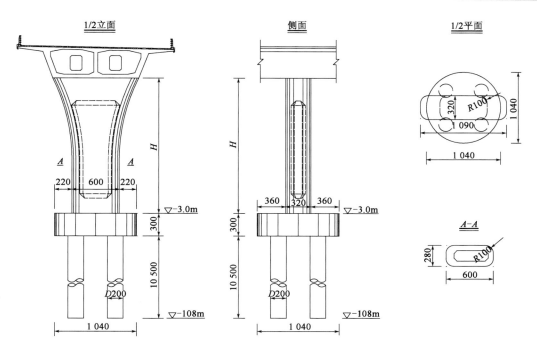

图 10.1-1　群桩基础方案下部结构构造图(尺寸单位:cm)

(2)无承台方案

鉴于强涌潮河段承台施工风险较大,拟考虑采用无承台的非通航孔桥下部结构方案,取消承台可采用双桩双柱方案或者单桩独柱方案。

单桩独柱方案主墩采用墩顶横桥向展开的圆柱形独柱墩身。桩基础采用单根 ϕ3.8m 钻孔灌注桩,单桩桩长 105~111m,墩身与桩基础之间取消承台构造。桩基钢护筒兼做下部墩身的施工围水结构。桩基钢护筒内径 4.1m。两幅桥主墩顶主梁之间设置工字形混凝土横系梁,见图 10.1-2。双桩双柱方案结构形式和单桩独柱方案有相似之处,采用圆柱形墩身和钻孔灌注桩基础直接连接。不同之处为双桩双柱方案单幅桥横桥向设置两个墩柱,因此桩基和墩柱直径可比单桩独柱方案略小,采用 ϕ3.2m 的钻孔灌注桩。桩基钢护筒内径 3.5m,桩基钢护筒兼做下部墩身的施工围水结构。主墩与主梁之间采用固结连接,横桥向两墩柱中心间距 8m,见图 10.1-3。

单桩独柱方案与双桩双柱方案的最大特点就是取消承台构造,采用圆形墩柱和大直径桩基础直接连接。对于本桥具有以下优点:

①因为没有承台构造,故无承台施工工序,有效地规避了施工风险,极好地适应了桥位处特殊的建设条件,施工工期容易得到保证;

②高潮位以下墩身施工可以利用桩基施工钢护筒作为施工挡水结构,解决了水位变化区墩柱施工的问题;

③钢护筒在下部结构施工完成后,可用于桥墩防撞和抗泥沙冲磨的构造措施;

④圆形墩柱结构尺寸小,故阻水面积小,对建设条件适应性好。

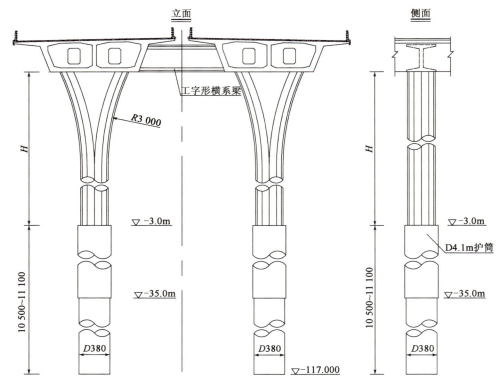

图 10.1-2　单桩独柱方案下部结构构造图(尺寸单位:cm)

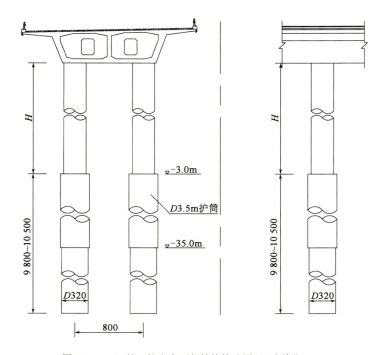

图 10.1-3　双桩双柱方案下部结构构造图(尺寸单位:cm)

单桩独柱方案与双桩双柱方案相比,后者纵向刚度弱,在风荷载作用下易产生轻幅晃动,施工过程的风险大,成桥后行车舒适性相对较差。横桥向,双柱方案桥墩纤细,防船撞能力差。三个方案的单墩工程量和建安费比较见表10.1-1(以高墩区单墩为例)。

因此单桩独柱方案在对建设条件的适应性、施工风险,施工速度、景观效果及经济性等方面均优于其他方案。因此选择单桩独柱方案作为嘉绍大桥南北岸水中区引桥下部结构的最终实施方案。

采用单桩独柱结构后全桥的阻水率计算见表10.1-2。由表10.1-2可见,通过将主航道桥承台顶面高程降低以及采用单桩独柱引桥下部基础,嘉绍大桥全桥的阻水率均控制在5%以下。

方案经济性比较表　　　　　　　　　　　表 10.1-1

方　案			群桩方案	单桩独柱方案	双桩双柱方案
单墩工程量	墩身	混凝土(m^3)	610	481	517
		钢筋(t)	73.2	57.7	62.1
	桩基	混凝土(m^3)	1 448.5	1 387.9	1 671.9
		钢筋(t)	115.9	141.6	170.5
		钢护筒(t)	130.7	123.8	178.5
	承台	混凝土(m^3)	254.8	—	—
		钢筋(t)	28.0	—	—
		钢围堰(t)	113.1	—	—
建安费			652	464	561
造价比			1.41	1	1.21

嘉绍大桥阻水率计算表　　　　　　　　　　　表 10.1-2

水　位	过水面积(m^2)	阻水面积(m^2)	阻水率
平均高潮位	56 120.0	2 605.7	4.64%
平均潮位	32 033.5	1 533.3	4.79%

10.2　单桩独柱结构体系优化

10.2.1　单桩独柱结构的受力特点

(1)墩身截面尺寸受限,墩柱横、纵桥向刚度相对较小

单桩独柱下部墩柱为便于墩柱与桩基础直接连接,下部墩身需采用圆柱形墩身。综合基础承载能力、桩基础施工难度和经济性因素,桩基础采用$\phi3.8m$钻孔灌注桩,桩基钢护筒内径

4.1m。因为桩基钢护筒是下部墩身施工的挡水结构,下部墩身尺寸受到限制,其外缘与护筒内壁之间的空隙需能满足模版施工的空间要求。综合以上分析,确定水中区引桥高墩区墩柱直径为3.6m。嘉绍大桥水中区引桥跨度为70m,单幅主梁为单向4车道,全宽19.8m,高墩区最大墩高达46m。而下部墩柱最大直径只为3.6m。因此墩柱横纵桥向刚度相对较小,结构在运营期间的稳定性不易保证。

(2)墩桩相接位置墩身截面为下部结构最薄弱位置

就单桩独柱结构自身而言,墩顶截面为了满足墩梁连接需要以及景观设计需要,采用横桥向展开的截面形式,截面承载能力较大。由墩顶向下,墩身截面采用圆弧曲线过渡,截面尺寸逐渐变小,过渡为φ3.6m的实心圆。由此向下直至墩桩交接位置,墩身截面尺寸不变,此部分为下部结构承载能力最薄弱位置。由桩顶向下直至钢护筒底高程范围,桩基截面直径4.1m且桩身外侧为壁厚27mm的永久钢护筒。该部分截面承载能力最大。钢护筒底高程以下范围桩基截面结构承受弯矩较小,结构受力容易保证。

由上述叙述可知,墩桩交接位置处墩身截面为单桩独柱结构承载能力最薄弱环节。而该位置通常是墩身结构受力最大位置。另外该位置位于水位变化区,工作环境恶劣且施工质量不易保证,因此是整个下部结构最薄弱环节。因此必须通过合理的结构体系设计改善该位置内力,以确保结构受力安全和结构耐久性。

(3)结构对超载、偏载适应能力差

近年来,国内多次发生单桩独柱下部结构桥梁在偏载、超载车辆作用下发生主梁倾覆的事故。究其原因是单桩独柱结构横向刚度小,其墩顶与主梁之间又多采用单支座连接,因此结构抗扭刚度小,易产生侧倾。因此在主梁宽度大的桥梁结构上采用单桩独柱结构,其主梁与墩顶之间的连接方式要进行重点设计。

10.2.2 单桩独柱结构的合理结构体系

(1)纵向结构体系

对于70m跨径引桥,纵桥向可采用的结构体系有连续梁体系和连续刚构体系。嘉绍大桥引桥标准联长为5跨一联,墩高范围17~45m,具备采用连续刚构体系的条件。对连续梁和联系刚构体系进行纵桥向结构静力计算比较,考虑的控制荷载组合为:恒载+活载+制动力+体系降温+收缩徐变,最不利墩为次边墩,墩高46m,体系降温+收缩徐变按降温50度考虑,支座摩阻系数按0.05考虑,经计算该荷载组合下支座不滑动,水平荷载为650kN。对比结果见图10.2-1、图10.2-2。结构稳定性比较见图10.2-3、图10.2-4。

由比较结果可见,采用刚构体系情况下单桩独柱结构最薄弱位置的内力大大减小,桩身内力也大大降低,见表10.2-1。刚构体系的整体纵向稳定安全性可大大提高。

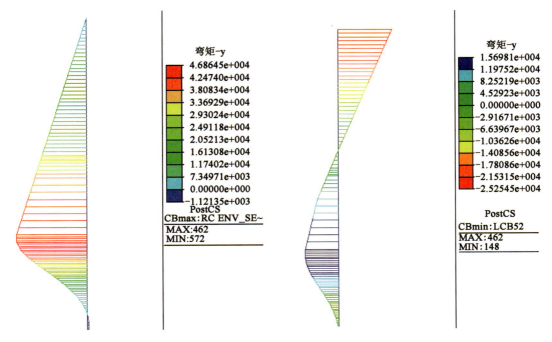

图 10.2-1　连续梁结构体系单桩独柱纵向弯矩包络　　图 10.2-2　刚构结构体系单桩独柱纵向弯矩包络

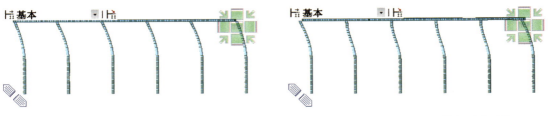

图 10.2-3　连续梁结构体系纵向失稳模态(稳定系数 3.3)　　图 10.2-4　刚构结构体系纵向失稳模态(稳定系数 10.6)

连续梁体系和连续刚构体系墩桩内力比较表（kN·m）　　表 10.2-1

项　　目	连续梁体系	连续刚构体系	比　较　结　论
墩顶截面弯矩	0	25 254	墩顶截面承载能力较大,不控制下部结构设计
墩底截面弯矩	31 243	7 380	为下部结构受力最薄弱位置,采用连续刚构体系后,截面弯矩有效减小
桩身控制截面弯矩	46 865	15 698	护筒内桩身截面承载能力大,采用连续刚构体系后,截面弯矩有效减小,可大大减少桩身截面配筋

采用连续梁结构体系墩底截面弯矩为 31 243 kN·m,对应墩身轴力为 57 520kN,经截面配筋计算,在墩身截面配筋率为 2.1%(配两排双肢 ϕ32 钢筋)的情况下,截面裂缝宽度为 0.18mm,不满足规范要求。而采用刚构体系墩底截面弯矩为 7 380kN·m,对应墩身轴力为 57 800kN,经截面配筋计算,在墩身截面配筋率为 0.9% 的情况下,墩底截面承载能力及裂缝宽度均满足规范要求且有较大安全储备。

（2）横向结构体系

以往国内跨海桥梁水中区引桥多采用上下行分幅布置，横桥向两幅桥之间墩身及主梁结构完全分离。由上文分析结果可知，嘉绍大桥水中区引桥下部结构横桥向刚度较小，如与以往工程相同，采用横桥向两幅桥完全分离的结构体系，水中区引桥横桥向稳定性难以保证。在地震荷载、横向风荷载作用下，下部结构受力也难以满足要求。如考虑在横桥向两幅桥之间设置刚性横系梁，使两者之间形成横向框架结构，则结构稳定性和横向向受力性能均可得到有效改善。

两种横向结构体系下的横桥向结构静力计算及稳定性分析见图 10.2-5 ~ 图 10.2-8 及表 10.2-2，横桥向静力计算工况为恒载 + 横桥向百年风载 + 涌潮力工况。

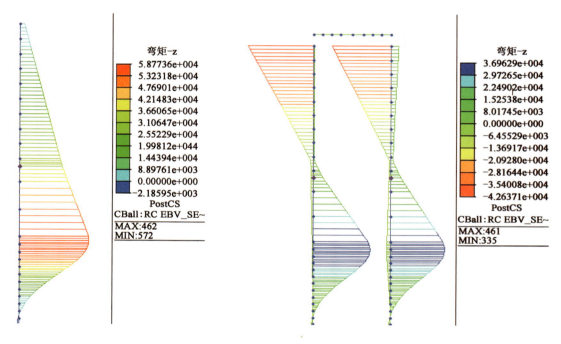

图 10.2-5　无横梁结构体系墩桩横向弯矩　　　　图 10.2-6　设横梁结构体系墩桩横向弯矩

图 10.2-7　无横梁结构体系横向失稳模态（稳定系数 3.5）　　图 10.2-8　设横梁结构体系横向失稳模态（稳定系数 10.7）

10 单桩独柱结构设计关键技术

无横系梁体系和有横系梁体系墩桩内力比较表　　表 10.2-2

项　　目	无横系梁体系	有横系梁体系	比　较　结　论
墩顶截面弯矩 （kN·m）	0	42 637	墩顶截面承载能力较大，不控制下部结构设计
墩底截面弯矩 （kN·m）	35 800	6 520	为下部结构受力最薄弱位置，采用连续刚构体系后，截面弯矩有效减小
桩身控制截面弯矩 （kN·m）	58 773	36 963	护筒内桩身截面承载能力大，采用连续刚构体系后，截面弯矩有效减小，可大大减少桩截面配筋

由图中计算结果可知，若墩顶无横梁，由墩顶起向下，弯矩逐渐增大，桩身截面最大弯矩为 5 8773kN·m。墩底截面弯矩为 35 800kN·m，对应墩身轴力为 53 400kN，经截面配筋计算，在墩身截面配筋率为 2.1%（配两排双肢 $\phi 32$ 钢筋）的情况下，截面裂缝宽度为 0.21mm，不满足规范要求。通过设置墩顶横系梁，两幅桥之间横桥向形成了框架结构。下部结构弯矩在墩桩交接位置出现了反弯点，墩顶截面弯矩为 42 637kN·m，桩身截面最大弯矩为 36 963kN·m。墩底截面弯矩为 6 520kN·m，对应墩身轴力为 50 900kN。经截面配筋计算，在墩身截面配筋率为 0.9% 的情况下，墩底截面承载能力及裂缝宽度均满足规范要求且有较大安全储备。

横桥向两墩柱中心间距为 21.5~30m，主梁内缘梁底间距 10.6~19.1m。从横向距离上具备设置横梁的条件。从改善稳定和受力的角度，横系梁应尽量设置在结构上部，可选择的位置有两个，一个是墩身墩顶展开段之间，一个是墩顶主梁之间。如图 10.2-9 所示。

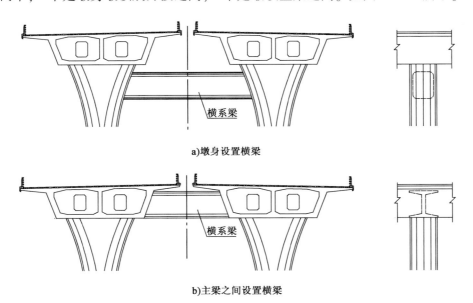

a) 墩身设置横梁

b) 主梁之间设置横梁

图 10.2-9　墩顶横系梁位置比选

将横梁设置在主梁之间景观效果较好，横系梁下缘最大长度 19.1m，横梁自身长度较小，自身受力容易保证，且横系梁可依托已施工完成的主梁进行施工，施工难度小。综合以上比较,考虑将横系梁设置于墩顶主梁之间。现场如图10.2-10所示。

图10.2-10 引桥墩顶主梁间横系梁

(3)桩墩交接处的结构处理

单桩独柱结构形式导致桩柱结合部位的质量非常重要。为确保墩身预埋钢筋定位准确,保证桩柱交接处混凝土质量,桩头凿除时,向桩顶以下超凿1.5m以上,且保证整个结合面混凝土密实,并露出洁净的"石子面"。此段桩身混凝土在墩身预埋钢筋绑扎完成后二次浇筑。

10.3 单桩独柱结构抗震性能

用空间结构有限单元方法建立了单桩独柱结构引桥标准5跨一联的计算模型,由于水中区引桥墩高差异较小,选取第2联结构进行地震响应计算。以顺桥向为x轴,横桥向为y轴,竖向为z轴。其中主梁、桥墩均采用空间梁单元模拟;桩柱与土之间使用土弹簧模拟,有限元模型如图10.3-1。在进行动力特性及地震反应分析计算时,边界条件和连接的模拟见表10.3-1。

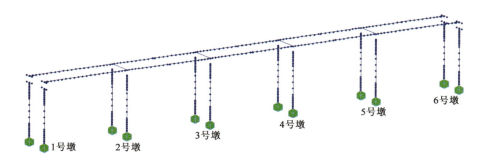

图10.3-1 单桩独柱梁桥地震分析模型示意图

边界条件及塔梁连接条件　　　　　　　　表10.3-1

位　置		Δx	Δy	Δz	θx	θy	θz
过渡墩与主梁连接位置	内侧	0	1	1	0	0	0
	外侧	0	0	1	0	0	0

续上表

位　置	Δx	Δy	Δz	θx	θy	θz
主墩与主梁连接处	1	1	1	1	1	1
墩底	1	1	1	1	1	1

注：x 为纵桥向，y 为横桥向，z 为竖向。"0"表示自由，"1"表示约束。

对于确定的两个概率水平的地震，综合考虑工程造价、结构遭遇的地震作用水平、紧急情况下维持交通能力的必要性以及结构的耐久性和修复费用等因素，来确定对应地震水平下结构的抗震性能目标。本研究利用结构配筋率对 50 年 63%、50 年 2% 地震作用下的墩柱进行了验算。结构抗震性能目标及检算准则见表 10.3-2。

抗震性能目标及检算准则　　　表 10.3-2

设防水平	结　构	性能目标	检算准则
E1	墩柱	墩柱可出现微小裂缝，不影响使用	$M < M_y$
E2	墩柱	结构不倒塌，震后可修复	$M < M_{eq}$

注：M 为两个概率水平的地震响应分别与恒载最不利组合后的结果；
M_y 为截面相应于最不利轴力时的最外层钢筋首次屈服时对应的弯矩；
M_{eq} 为截面相应于最不利轴力时等效屈服弯矩。

将墩柱关键截面(墩顶和墩柱底)划分为纤维单元，在划分纤维单元时，混凝土和钢筋单元分别划分，钢筋和混凝土单元分别采用实际的钢筋和混凝土应力-应变关系。根据截面配筋形式，采用纤维单元，根据在恒载和地震作用下的最不利轴力组合对墩柱控制截面进行了 P-M-φ 分析，得出各控制截面的抗弯能力，从而进行抗震性能验算。

(1) 动力特性分析

单桩独柱结构的典型周期、频率以及振型描述如表 10.3-3 所示。

周期、频率以及振型描述　　　表 10.3-3

模态号	频率(Hz)	周期(s)	振型描述
1	0.356 220	2.807 252	两侧主梁横向同向弯曲，桥墩横向同向弯曲
2	0.396 209	2.523 922	两侧主梁横向弯曲，桥墩横向扭转
3	0.397 708	2.514 407	主梁上下起伏，桥墩纵向弯曲
4	0.633 485	1.578 570	主梁横向弯曲，桥墩横向与纵向对称弯曲

(2) 时程分析法强度验算

在纵向+横向组合下输入 E1 地震作用，墩底截面抗震验算结果如表 10.3-4 所示。通过对墩柱底部截面位置的验算可以看出，在 E1 地震水平，在恒载-地震作用(纵向+横向)组合下，各墩柱截面现有配筋率满足截面抗弯能力验算要求。

(3) 时程分析法延性验算

在 E2 地震作用下，中间墩(2、3、4、5 号墩)墩顶截面进入塑性区，分别验算墩顶截面位移如表 10.3-5、表 10.3-6 所示。从结构墩顶位移可以看出，在顺桥向、横桥向地震输入下，各墩墩顶水平位移均满足要求。

墩底截面抗弯能力验算（恒载＋地震动） 表10.3-4

工况	位置		需求		能力	能力需求比	是否通过
			$P(kN)$	$M(kN \cdot m)$	$M(kN \cdot m)$		
E1	墩柱底部	2号墩	7.63×10^4	3.468×10^4	6.52×10^4	1.88	是
		3号墩	6.71×10^4	4.127×10^4	5.35×10^4	1.30	是
		4号墩	6.65×10^4	3.823×10^4	5.32×10^4	1.39	是
		5号墩	7.79×10^4	4.345×10^4	4.54×10^4	1.04	是
	桩身截面	2号墩	8.15×10^4	5.490×10^4	6.52×10^4	1.19	是
		3号墩	7.22×10^4	4.903×10^4	5.05×10^4	1.03	是
		4号墩	7.17×10^4	4.688×10^4	5.02×10^4	1.07	是
		5号墩	8.31×10^4	4.533×10^4	6.77×10^4	1.49	是

顺桥向输入墩顶截面位移验算 表10.3-5

工况	位移		等效屈服曲率 $\Phi_y(1/m)$	极限破坏曲率 $\Phi_u(1/m)$	最大设计位移（需求）$\Delta d(m)$	容许位移（能力）$\Delta u(m)$	是否通过
E2	墩柱顶部	2号墩	0.000 753 57	0.002 653 68	0.071	0.196	是
		3号墩			0.070	0.200	是
		4号墩			0.072	0.201	是
		5号墩			0.073	0.205	是

横桥向输入墩顶截面位移验算 表10.3-6

工况	位移		等效屈服曲率 $\Phi_y(1/m)$	极限破坏曲率 $\Phi_u(1/m)$	最大设计位移（需求）$\Delta d(m)$	容许位移（能力）$\Delta u(m)$	是否通过
E2	墩柱顶部	2号墩	0.000 753 572	0.002 653 68	0.170	0.196	是
		3号墩			0.074	0.200	是
		4号墩			0.065	0.201	是
		5号墩			0.055	0.205	是

（4）能力保护构件验算

对可能进入塑性的墩顶墩底塑性铰单元进行剪力验算如表10.3-7和表10.3-8所示。

塑性铰截面剪力验算（恒载-顺桥向地震作用） 表10.3-7

位置		H_n (m)	V_c（设计值）(kN)	V（容许值）(kN)	是否通过
墩顶	1号墩	48	3 727.24	4 084.66	是
	2号墩	48.655	2 671.83	4 084.66	是
	3号墩	48.97	3 418.56	4 084.66	是
	4号墩	49.28	3 347.28	4 084.66	是
	5号墩	49.6	2 322.31	4 084.66	是
	6号墩	49.01	3 727.24	4 404.65	是

续上表

位　置		H_n (m)	V_c(设计值) (kN)	V(容许值) (kN)	是否通过
墩底	1号墩	48	3 727.24	5 105.22	是
	2号墩	48.655	2 671.83		是
	3号墩	48.97	3 418.56		是
	4号墩	49.28	3 347.28		是
	5号墩	49.6	2 322.31		是
	6号墩	49.01	3 727.24		是
桩身	1号墩	48	3 727.24	5 228.10	是
	2号墩	48.655	2 671.83		是
	3号墩	48.97	3 418.56		是
	4号墩	49.28	3 347.28		是
	5号墩	49.6	2 322.31		是
	6号墩	49.01	3 727.24		是

塑性铰截面剪力验算(恒载-横桥向地震作用)　　　　表10.3-8

位　置		H_n (m)	V_c(设计值) (kN)	V(容许值) (kN)	是否通过
墩顶	1号墩	53.19	1 367.28	4 084.66	是
	2号墩	52.94	2 220.88	4 084.66	是
	3号墩	53.26	2 790.27	4 084.66	是
	4号墩	53.26	2 245.92	4 084.66	是
	5号墩	53.26	3 027.66	4 084.66	是
	6号墩	54.16	1 227.19	4 404.65	是
墩底	1号墩	53.19	1 367.28	5 105.22	是
	2号墩	52.94	2 220.88		是
	3号墩	53.26	2 790.27		是
	4号墩	53.26	2 245.92		是
	5号墩	53.26	3 027.66		是
	6号墩	54.16	1 227.19		是
桩身	1号墩	53.19	1 367.28	5 228.10	是
	2号墩	52.94	2 220.88		是
	3号墩	53.26	2 790.27		是
	4号墩	53.26	2 245.92		是
	5号墩	53.26	3 027.66		是
	6号墩	54.16	1 227.19		是

从剪力设计值可以看出:①顺桥向输入的地震作用起控制作用,对应响应较横桥向输入的大;②4号墩和5号墩的墩顶墩底截面剪力设计值最大,2号墩相应截面剪力值最小;③1~6

号墩塑性铰截面剪力均满足要求。

10.4 单桩独柱结构被动防撞系统

（1）利用单桩独柱钢护筒防撞方案可行性

嘉绍大桥水中区引桥采用φ3.8m钻孔灌注桩，其施工钢护筒内径4.1m，材质为Q235C钢，壁厚27mm。施工钢护筒顶口高程+10m。从结构体量方面，桩基钢护筒体量较大，与一个小型防撞钢套箱相当，具备抵御船舶撞击的能力。从空间构造关系方面，桩基桩顶高程为−3m，因此在−3m以上范围，钢护筒和墩身之间存在20cm的空隙。因此，当钢护筒遭到船舶撞击时，具备变形消能的空间。从防撞范围方面，钢护筒顶口高程为+10m，完全可以涵盖在最高通航水位情况下，500吨级船舶可能撞击墩身的范围。根据以上情况，考虑将桩基施工钢护筒永久保留作为水中区引桥下部结构防船撞措施。保留施工钢护筒后，当船舶桩基桥墩时，船撞力首先作用在钢护筒上，钢护筒自身的强度可抵抗一部分船撞力。另外钢护筒局部受力变形后会起到消能作用，延长船舶的碰撞时间，减小船舶撞击力。这两点都会有效提高单桩墩柱下部结构的防船撞性能。

（2）重点防撞区域分析

根据嘉绍大桥的船舶通航特点和水深情况，确定北副航道桥和主航道桥之间的B45号墩~B82号墩存在500吨级杂货船失控漂流撞击的风险，故将该范围确定为水中区引桥重点设防区域。将该区域内的桩基施工钢护筒永久保留作为防船撞构造。

（3）防撞钢护筒构造要求

桥位处平均高潮位为+4.02m，考虑到一般情况下船舶撞击点会高出防撞水位一定高度，要求防撞钢护筒顶口高程在+8.0m处。保留的钢护筒材质为Q235C钢，内径4.1m，壁厚27mm。钢护筒外表面进行重防腐涂装，涂装面漆颜色为醒目的橘红色。考虑护筒内壁难以进行重防腐涂装施工，为保证其耐久性，要求墩身施工完成后将护筒内施工积水彻底抽出，之后灌注淡水至钢护筒顶口。钢护筒顶口与墩柱之间的空隙用耐老化的软橡胶或其他耐老化的柔性物质进行填塞。现场如图10.4-1所示。

（4）设置钢护筒后船舶碰撞力计算

以500吨级杂货船为代表船型，采用动力数值模拟法进行增加施工钢护筒后的船舶碰撞力模拟计算，计算结果见表10.4-1，计算模型图见图10.4-2，钢护筒撞击变形图见图10.4-3。

设置钢护筒后船舶碰撞力计算结果　　　　　　表10.4-1

防撞船舶（DWT）	设防速度（m/s）	防撞措施	无防撞措施船撞力（MN）	有防撞措施船撞力（MN）
500	3	桩基钢护筒保留	6.0	3.4

图 10.4-1　水中区引桥钢护筒防撞措施现场

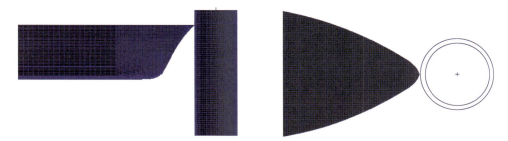

图 10.4-2　钢护筒碰撞计算模型图

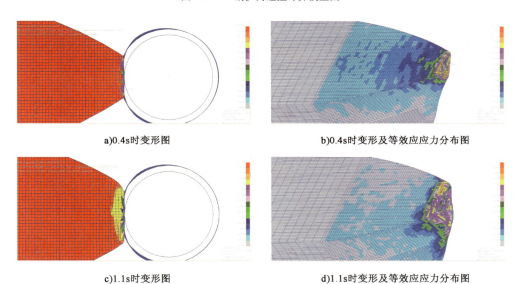

a) 0.4s 时变形图　　　　　　　　　　b) 0.4s 时变形及等效应力分布图

c) 1.1s 时变形图　　　　　　　　　　d) 1.1s 时变形及等效应力分布图

图 10.4-3　钢护筒撞击变形图

计算结果表明,采用桩基钢护筒作为防船撞措施后,在 500 吨级船舶撞击的情况下,墩身承受的船撞力从 6MN 降低至 3.4MN,如图 10.4-4 所示。经验算,结构受力满足要求。

2013 年 7 月 11 日一艘运输船失控撞击了单桩独柱桥墩,钢护筒对桥墩进行了有效的保护,如图 10.4-5 所示。

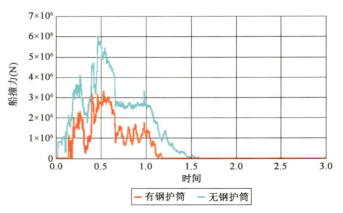

图 10.4-4　碰撞力时间历程对比图（有无钢护筒对比）

图 10.4-5　2013 年 7 月 11 日运砂船撞击单桩独柱桥墩

10.5　本章小结

嘉绍大桥水中区引桥共有 150 个桥墩，为了最大限度地控制强涌潮条件下的施工风险，控制阻水面积，引桥基础取消承台，采用单桩独柱结构形式，并对单桩独柱结构体系进行优化设计：

(1) 纵向采用连续刚构；
(2) 横向中墩墩顶两幅主梁之间设置工字形横系梁；
(3) 对桩墩交接处的部位采用二次浇筑的施工工艺进行局部处理。

单桩独柱体系的抗震性能经研究也能得到很好的保证。

为提高单桩独柱结构的防船撞能力，保留单桩独柱结构施工过程的钢护筒作为成桥阶段桥墩的辅助防撞设施，该防撞设施可将 500 吨级船舶的撞击力从 6MN 降低至 3.4MN，从而有效保证的结构的安全，并在实际工程中发挥了作用。

11 单桩独柱结构施工技术

本章通过对 φ3.8m 超大直径钻孔灌注桩施工全过程进行分解,结合桥址处的水文、地质条件,细致分析、认真研究,阐述超大直径钻孔灌注桩的关键施工设备、关键施工组织和关键技术参数。

单桩独柱连续刚构桥,采用短线预制架桥机拼装的施工方法,主要特点难点体现在 0 号块采取架桥机墩顶自架及墩梁固结相结合的施工技术。本章通过施工工艺研究,从线形控制、预应力定位、墩梁固结现浇质量控制等环节着手,制定了一系列施工技术措施。因下部结构采用单桩独柱的结构形式,墩高身柔成为影响拼装施工质量和安全的焦点,针对性地从墩身结构纵、横向施工安全受力分析入手,成功地研究和制定了架桥机纵移、墩身横向稳定问题的应对措施,确保了拼装线形质量,保障了施工阶段结构受力安全。

11.1 施 工 难 点

11.1.1 水中区引桥结构概况

嘉绍大桥水中区引桥左右分幅布置,全桥的桥型布置图如图 11.1-1 所示。其中北岸水中区引桥全长 5 000m,桥跨布置 7×(5×70)m + (70+2×120+70)m + 5×(5×70)m + (6×70)m,φ3.8m 超大直径桩 130 根,分布墩号 B13 号~B47 号墩、B53 号~B82 号墩;南岸水中区引桥全长 1 030m,桥跨布置为(7×70)m + (70+120+70)m + (4×70)m,φ3.8m 超大直径桩 20 根,分布墩号 N1 号~N6 号墩和 N11 号~N14 号墩,全桥共有 φ3.8m 超大直径钻孔灌注桩 150 根。φ3.8m 超大直径钻孔灌注桩单桩桩长 103~111 m,最大混凝土方量 1 318.4m³,主要参数见表 11.1-1。

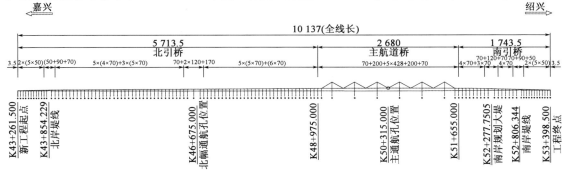

图 11.1-1 嘉绍大桥总体桥型设计概略图(尺寸单位:m)

φ3.8m 超大直径钻孔灌注桩主要参数   表 11.1-1

墩　　号	桩径(m)	桩长(m)	根数(根)	单桩水下混凝土(m³)
B14 号～B17 号墩、B19 号～B22 号墩、B24 号～B27 号墩、B29 号～B32 号墩、B34 号～B37 号墩、B39 号～B42 号墩	3.8	105	48	1 250.4
B44 号～B47 号墩、B53 号～B56 号墩、B58 号～B61 号墩	3.8	108	24	1 284.4
B63 号～B66 号墩、B68 号～B71 号墩、B73 号～B76 号墩、B78 号～B82 号墩	3.8	111	34	1 318.4
B13 号墩、B18 号墩、B23 号墩、B28 号墩、B33 号墩、B38 号墩	3.8	105	12	1 250.4
B43 号墩、B57 号墩	3.8	105	4	1 250.4
B62 号墩、B67 号墩、B72 号墩、B77 号墩	3.8	108	8	1 284.4
N1 号～N6 号墩	3.8	105	12	1 250.4
N11 号～N13 号墩	3.8	103	6	1 227.7
N14 号墩	3.8	103	2	1 237.0

北岸水中区引桥上部混凝土箱梁长度达 5km。为提高施工工效，上部结构施工采用短线法预制节段，并利用架桥机进行预制梁段的对称悬臂拼装，箱梁节段共计 2 878 节。受桥位处潮位及流速等自然条件影响，以及河床宽浅的因素，大型浮式起重机、运输船舶无法进入，限制了采用大型船舶进行运梁的施工工艺，梁段均需采取梁上运梁、架桥机尾部喂梁的方式进行架设，这对架桥机的适用性提出了更高的要求。架桥机除了要满足常规"T"构悬拼和首、末边跨悬挂拼装的要求，尚需具备墩顶块架桥机自架的功能。北岸架桥机节段悬臂拼装见图 11.1-2。南岸水中区引桥共两联，采用普通挂篮悬臂浇筑施工，见图 11.1-3。

图 11.1-2　北岸架桥机节段悬臂拼装　　　图 11.1-3　南岸引桥挂篮悬臂浇筑

北岸水中区引桥箱梁架设分为第一箱梁架设施工作业面和第二箱梁架设施工作业面，4 台架桥机同时架设，如图 11.1-4 所示。

第一作业面为 B13 号～B48 号墩，B52 号～B57 号墩箱梁架设，7 联，共计 1 742 片；在 B13 号～B14 号墩设置一座 200t 轮轨式提升站，由运梁台车通过运梁通道将箱梁运至提升站下，用提升站将箱梁提至已成桥面运梁台车上,由桥面运梁台车运至架桥机尾部喂梁,进行箱梁架设。

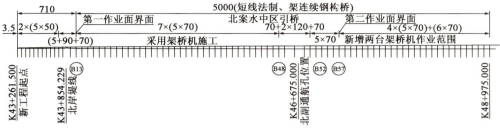

图 11.1-4　北岸水中区引桥作业面划分示意图(尺寸单位:m)

第二作业面为 B57 号~Z1 号墩箱梁架设,5 联,共计 1 136 片。分别在 B57 号墩、B58 号墩设置一座 300t 固定式提升站,在 B57 号~B58 号墩之间设置施工平台,由运梁台车将箱梁经运梁通道、运梁栈桥运至 B57 号或 B58 号墩提升站下,先利用提升站安装墩顶块,两台架桥机通过两座提升站抬吊安装完成并顶推到位后,采用架桥机主桁下直接喂梁的方式完成首跨架设,架桥机前移一跨后,由提升站将箱梁提至桥面运梁台车上,运至架桥机尾部喂梁进行箱梁架设。

11.1.2　φ3.8m 超大直径钻孔桩施工难点

φ3.8m 超大直径钻孔灌注桩、单桩独柱墩结构,质量要求高、施工难度大,具有如下特点和难点:

(1)钢护筒自重 1 325kN,受施工条件、起重设备及地质条件的限制,需分节制作、分节施沉。同时单桩独柱结构,钢护筒兼作墩身施工的围水设施,精度要求高,在加工制作及施沉过程中需要精心组织、精细施工、严密监控。

(2)地质复杂,覆盖层深厚且软硬交错,并夹杂有卵石和漂石,对泥浆指标要求高;同时桩径大、桩长长、多台钻机同时钻进,排渣量大,泥浆需求量大,循环系统复杂。

(3)单桩独柱结构形式要求成孔的唯一性。同时,钻进过程除穿越复杂的覆盖层外,还需进入深厚的卵石层,对钻具设备要求高,成孔控制难度大。

(4)全笼结构的钢筋笼,直径大、长度长、主筋数量多、自重重,但整体刚度弱,极易变形,需采取有效的措施预防和保护。同时,成桩超声波检测和桩底注浆的声测管和压浆管随笼体一并安装,需精心保护、精细施工。

(5)单桩混凝土方量达 1 300m³,灌注时间控制在首盘混凝土初凝前,需要科学组织、合理匹配混凝土拌制系统、运输系统、泵送系统及填充系统等形成有机的水下混凝土灌注系统。

11.1.3　单桩独柱上部结构预制节段拼装施工难点

近年来短线预制、拼装的施工方法在国内已逐渐得到采用和推广,尤其在近几年的一些大型桥梁建设工程中,短线法预制、拼装施工均得到了成功应用,相比常规的悬臂浇筑、支架现浇施工,节段预制拼装施工的方法具有施工速度快、施工周期短,节段梁预制施工质量易于保证,施工环境适应性强等优点。嘉绍大桥北岸水中区引桥采用单桩独柱结构的短线法预制、拼装施工具有类似桥梁没有的自身特点:

(1)墩梁永久固结采用梁场短线法预制、墩顶二次浇筑相结合的施工技术,无案例借鉴,需解决墩顶0号块后场预制及与现场1号块的拼装匹配问题并确保与墩身的锚固性能,在墩顶无作业空间的条件下需完成钢筋绑扎、转向器定位安装、模板安装、混凝土浇筑等诸多工序,并且需与"T"构悬拼及边跨悬挂拼装同步、同时完成,施工难度大、安全风险高。

(2)桥址所处河床宽浅、潮强流急,涌潮对墩身作用力明显,由于单桩独柱墩身墩高身柔的特点,节段梁拼装施工易受涌潮、风力、日照、架桥机站位及顶推等各种因素影响,其中尤以架桥机顶推过孔对各方面的影响最为明显。架桥机顶推水平力造成墩顶块位移过大,进而对拼装线形造成很大影响,同时墩身因顶推力影响,结构受力安全无法保障。

由于下部结构采用单桩独柱结构,墩高身柔,因此上部结构采用墩梁固结的连续刚构形式的同时,要求中间墩两幅梁之间工字形横系梁与墩顶块同步施工。但是由于左右两幅桥节段梁架设的不同步、墩顶无作业空间、施工周期不允许等原因,横系梁无法与0号块同步施工,必须采取一定措施来确保结构施工期安全,至于采取何种措施最便捷、经济、适用,需要进行分析、研究。

11.2 $\phi3.8m$ 超大直径钻孔灌注桩成孔技术

11.2.1 超大直径钢护筒施工技术

钢护筒一般是作为钻孔灌注桩施工期间的防护结构,而单桩独柱结构的钢护筒具备三方面功能:其一是钻孔灌注桩施工期间的防护措施;其二是独柱型墩身施工的临时围水结构;其三是墩身施工完成后保留临时钢护筒,作为墩身防潮水夹泥沙冲磨和船舶冲撞的保护。钢护筒内径4.1m,单根自重1 325kN,底部高程-35.0m,施工平台顶高程+10.0m,钢护筒顶高程+10.5m,单根钢护筒长度45.50m,底口以上12m采用壁厚32mm、Q345C钢,其余均采用壁厚27mm、Q235C钢。为防止插打过程中底口变形,在钢护筒底口以上500mm范围内设置刃脚,刃脚材料为壁厚20mm、Q235A钢。钢护筒施工的特点、难点有:

①需合理分节。钢护筒单根长度45.5m,自重1 325kN。插打时,主要起重设备为200t履带式起重机,必须经过分节方能满足施工要求。同时,地质特点、制作车间设备等也需要钢护筒有合理的分节。

②加工精度控制难。钢护筒内径4.1m,单根长度45.5m,结构尺寸大、质量大,同时板材强度高、厚度厚,加工精度控制难。

③插打精度控制难。单桩独柱结构对桩位平面位置要求非常高,偏差不得大于5mm。钢护筒结构尺寸大、质量大,定位较常规结构困难,更加之桥址区潮强流急、涌潮汹涌,精确定位更困难。

(1)护筒分节

受施工条件的限制,钢护筒需有合理的分节。确定钢护筒分节的考虑因素如下:

①起重设备。首先插打钢护筒的200t履带式起重机站位施工平台A区定点起吊,吊距8.0m,主臂长度选择38.0m,则此工况下最大起重能力106.5t,底节钢护筒的理论分节长度可达36.0m。

②地质条件。报告中显示(图11.2-1),在高程-16.0m以上的亚砂土层中夹杂着一层具层理构造的粉砂层,插打中途停留时,护筒底口若滞留在该层内,再次启动将非常困难。为此,第一次插打后,钢护筒底口必须穿越高程-16.0m,长度必须大于26.5m。

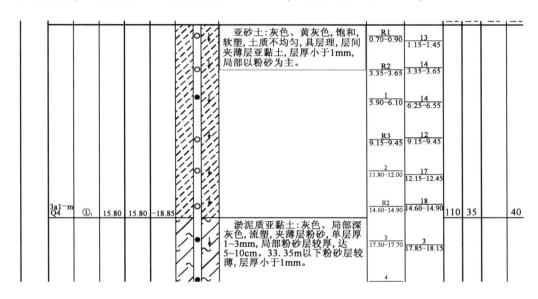

图11.2-1 地质剖面局部放大图(尺寸单位:m)

同时,第一次插打完成后,将进行下一节钢护筒的对接和插打,其间需经历涨落潮。足够的入床深度可防止护筒底部被掏空,确保对接有稳定的工作环境,也有利于施工平台结构安全,且在此插打时平面位置和竖直度也利于控制。

③制作车间。加工好的单元节需要在滚轮托架上利用全自动焊接设备对焊,然后制作成吊装节,再由门式起重机装车运输至墩位。若分节过长,将对制作车间加工设备的功率、能力提出更高的要求,同时重量大了,安全风险也增大了。

运输车辆的运输能力、由制作车间到墩位处道路的状况及转弯半径也对钢护筒分节提出了一定的要求,需要有合理的长度。

综合上述几方面因素,钢护筒采用三节制作、两次施沉的工艺,底节长 14.0m,中节长 14.5m,顶节长 17.0m,具体分节见表 11.2-1。

钢护筒分节表参数表　　　　　　　表 11.2-1

参数	长度(m)	板厚(mm)	材　　质	重量(kN)	备注
1	14.0	32/27/20	Q345C/ Q235C/Q235A	459.0	底节
2	14.5	27	Q235C	398.8	中节
3	17.0	27	Q235C	467.5	顶节

底节 14.0m 吊装入孔后,通过焊接在护筒侧面的挂耳挂在上层导向架上,吊装中节 14.5m 钢护筒与底节对接。然后进行第一次插打,至钢护筒底口穿越致密粉砂层后,再对接顶节钢护筒,最后一次插打到位。

(2)护筒施沉

施沉是钢护筒精度控制的最后一步,除平面位置要求外,竖直线倾斜不大于 0.5%,桥位区的涌潮、往复水流进一步加大了精度控制的难度。

①施沉设备选择

a. 振动锤

根据作业原理,施沉过程首先利用振动锤的激振力,将钢护筒周围及底口的土层液化,然后依靠激振力和自重逐渐下沉。故钢护筒施沉到位所需的激振力 P + 自重(包括钢护筒自重和振动锤自重) > 土层液化后的总动摩阻力 R。

$$R = \sum \mu f U L_i \tag{11.2-1}$$

式中:μ——动摩阻系数,砂性土取 $\mu = 0.15$,黏土取 $\mu = 0.30$;

f——不同土层土体单位面积极限摩阻力(kN/m^2);

U——钢护筒外周长(m);

L_i——不同土层的入土深度(m)。

根据地质资料计算出,钢护筒最大动摩阻力 $R = 6863.1$kN。钢护筒自重 1298.5kN。则所需的振动锤自重 + 激振力需 > 5564.6kN,在此基础上进行振动锤选型。

目前国内主流上拥有的大型液压振动锤主要是 APE400 和 ICE V360,均产自美国,其两台双联后最大激振力可达 6406kN,可满足施工要求。两种型号的振动锤两台双联后主要参数分别见表 11.2-2。

振动锤主要参数表　　　　　　　表 11.2-2

APE400B 型双联动振动锤		ICE V360 型双联动振动锤	
产地	美国	产地	美国
偏心力矩	30 000kN·m	偏心力矩	30 000kN·m
最大激振力	6 406kN	最大激振力	6 406kN

续上表

APE400B 型双联动振动锤		ICE V360 型双联动振动锤	
产地	美国	产地	美国
最大上拔力	3 560kN	最大上拔力	2 224kN(单台)
悬挂重量	472kN	重量	163.63kN(单台)
振动频率	400~1 400r/min	振幅	21mm
振幅	30mm	液压夹头重量	1 700kg

b. 起重设备

钢护筒分节形式决定了两次施沉的施工工艺，底节和中节现场对接后一并振动施沉，其重量达到 857.8kN，施工平台设定点起吊点，吊距 8.0m，主臂长度 38.0m，额定起重量达 1 065kN，200t 履带式起重机作为主起重设备完全满足要求。

c. 导向架

为抵抗涌潮的影响确保施沉精度，在钻孔平台上设置上、下两层定位导向架，对钢护筒进行定位和导向（导向架结构见图 11.2-2）：①导向架上层导向设置在施工平台顶面，并与承重梁固定，顶面高程 +10.5m，下层导向顶面高程 +3.5m，并与平台钢管支撑桩固定，两层导向架之间间距 7.0m，具有足够的刚度，并能够抵抗一定的水流、风、浪作用力；②双层导向架的安装精度需满足平面位置偏差不大于 50mm、倾斜度不大于 1/500；③每层导向架的导环内设置 4 个螺旋式可调节支撑顶，调节范围 ±150mm。正常施沉情况下，螺旋支撑顶支撑面与钢护筒表面密贴，作为导向使用，若施沉出现倾斜时，可部分松开、部分顶紧螺旋支撑顶，以调整竖直度；④为提高导向架的整体刚度，并结合现场左右幅施沉钢护筒时间比较接近的现状，左右两幅桥导向架一并考虑，并制作成整体，组拼后的导向架见图 11.2-3。上层导向架实物见图 11.2-4。

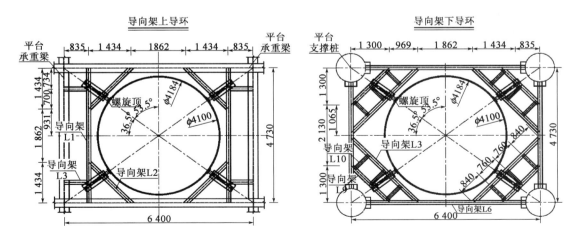

图 11.2-2 导向架结构图（尺寸单位：mm）

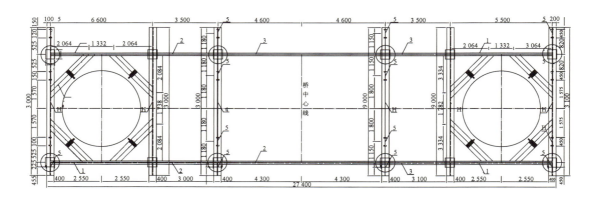

图 11.2-3 左右两幅导向架(尺寸单位:mm)

图 11.2-4 单个上层导向架

②钢护筒施沉

两次施沉是指底节钢护筒与中节对接后第一次施沉,中节和顶节钢护筒对接后第二次施沉。

a. 导向架就位

双层导向架安装完毕后,利用卫星定位(网络 RTK)技术,于上层导向架上测放钢护筒定位"十字线",然后再用线锤转移至下层导向架。依据双层导向架上的定位"十字线"在导环上焊接螺旋支撑顶,保证螺旋支撑顶具有 ±150mm 的有效调节范围。

b. 钢护筒翻身

制作好的钢护筒经验收合格后,由平板车运输至墩位,此时钢护筒处于平卧状态,对接和施沉阶段钢护筒需要处于竖直状态,此时即存在一个翻身的过程。

钢护筒翻身采用 100t 履带式起重机配合 200t 履带式起重机完成,200t 履带式起重机钩住钢护筒顶口,100t 履带式起重机钩住钢护筒底口。为保证吊装安全,100t 履带式起重机始终保持 500kN 的拉力。通过两个汽车起重机吊钩的一起一落,将钢护筒由水平状态转为竖直状态,钢护筒翻身见图 11.2-5。

图 11.2-5 钢护筒翻身图

钢护筒竖起后，松下 100t 履带式起重机吊钩，通过 200t 汽车起重机将钢护筒下放至导向架内。

c. 底节钢护筒下放

底节钢护筒下放选择在潮水退潮至 -1.0m 时开始，此时完全钢护筒不入水，定位精调不受潮水影响，也易于控制。

底节钢护筒翻身后，由 200t 履带式起重机竖向徐徐放入导向架内，并由焊接在外侧面的挂耳悬挂在导向架顶面，调节螺旋支撑顶对钢护筒平面位置和垂直度进行粗调。然后再使用全站仪沿相互垂直的两个方向进行测量并精调，使钢护筒平面位置和垂直度满足要求。精确定位后，及时调整固定在双层导向架上的 8 个螺旋支撑顶，将钢护筒牢牢固定，以防涨潮时扰动。

d. 中节、底节钢护筒对接

采用同样的方法运送、翻身、起吊中节钢护筒，原位上与底节钢护筒对接，同样需要两台全站仪沿相互垂直的两个方面监控对接的垂直度。当垂直度满足要求后，先电焊固定，然后再正式施焊，中节、底节钢护筒对接见图 11.2-6。

e. 第一次施沉

第一次施沉选择低平潮阶段。对焊结束且焊缝检测合格后，即可开始实施施沉作业。施沉前，先将螺旋支撑顶略微松开，由 200t 履带式起重机将底节和中节钢护筒一并吊起，切割挂耳，然后由两台相互垂直的全站仪精确定位并控制垂直度，接着再紧固螺旋支撑顶。

图 11.2-6　中节、底节钢护筒对接

此时精确定位后的两节钢护筒仍然由 200t 履带式起重机吊着，下面就进入"插桩"阶段。徐徐下放起重机吊钩，钢护筒在自重作用下，慢慢入水、慢慢入土。

待护筒被土层摩阻克服不再下沉后，解除上部吊点。起重机起吊振动锤和液压夹持器以及油管等，安放振动锤时要对中，将液压夹持器和护筒壁夹紧连接，检查护筒平面位置和倾斜度，若平面位置偏差和倾斜度满足要求时，开动打桩锤，先进行点振下沉，确保钢护筒稳定入土，然后再连续施振下沉。

护筒插打过程中应随时观测导向结构是否有变形，并根据测量值进行调位，保证护筒平面位置和倾斜度在允许范围内。当护筒顶端距平台顶面约 1.5m 高时，停止下沉，将打桩锤和液压夹持器吊离护筒。

f. 顶节、中节钢护筒对接

同样的方法对接顶节和中节钢护筒，此时钢护筒已入床稳定，不受潮水影响，不需要选择潮水时机，但对接过程中仍需要两台相互垂直的全站仪精确控制垂直度。

g. 第二次施沉

对焊结束且焊缝检测合格后，即可开始施沉，此时亦不受潮水影响，不需选择潮水时机。

施沉过程中仍需要两台相互垂直的全站仪控制垂直度。第二次施沉直接插打至设计高程[3]。钢护筒施沉见图11.2-7。

图11.2-7 钢护筒施沉

③控制钢护筒变形及垂直度的措施

a. 单节钢护筒加工结束后,在钢护筒上下口位置安装"十"字撑防止失圆;

b. 起吊钢护筒时,设计扁担型吊具,避免集中力造成护筒变形;

c. 钢护筒下沉时,控制下沉速度,振动锤先开至最低档,缓慢逐步加大,当有水面气泡上浮时,停止下沉,直至气泡消失后再继续下沉,下沉速度控制在1~2m/min;

d. 钢护筒在加工厂内分段匹配制作,现场对接时,在下节钢护筒顶口设置导向装置,控制对接的直线度,避免在垂直对接时中间出现拐点;

e. 采用大刚度导向架进行钢护筒定位,导向架采用大型钢制作且与钢平台焊接连接,形成具有强大刚度的空间定位框架。上下定位框四个方向均设有螺旋顶可进行空间位置调整,先通过测量定位下口定位框,然后垂直吊入钢护筒,通过全站仪来控制护筒的垂直度,再顶紧调整好上定位框四周的螺旋顶,通过两点确定一条直线,再缓慢下放钢护筒,确保钢护筒的垂直度;

f. 选择合适的潮位和水流下放,规避风险。

将实际施工中部分钢护筒(南岸20根)倾斜度和中心偏位情况统计见表11.2-3。从表11.2-3可以看出,护筒的倾斜度(1/200)和中心偏位(5cm)均优于规范的规定,可见双层导向控制是成功的。

钢护筒测量记录一览表 表11.2-3

序号	桩 位	顶口偏位(偏南偏东为正)		倾斜度(偏南偏东为正)	
		X(顺桥南北向)	Y(横桥东西向)	X-X	Y-Y
1	N1-左1	-41	1	1/450	1/500
2	N1-右1	-20	-40	1/825	1/560
3	N2-左1	45	-1	1/450	-1/450
4	N2-右1	15	5	-1/1 400	-1/1 400

续上表

序号	桩位	顶口偏位(偏南偏东为正)		倾斜度(偏南偏东为正)	
		X(顺桥南北向)	Y(横桥东西向)	X-X	Y-Y
5	N3-左1	-13	-22	1/850	1/890
6	N3-右1	25	39	1/800	1/378
7	N4-左1	-23	-30	1/500	-1/500
8	N4-右1	13	-14	-1/1 500	1/800
9	N5-左1	-12	14	-1/700	-1/800
10	N5-右1	-5	-26	1/700	1/1 500
11	N6-左1	-35	-34	1/800	1/750
12	N6-右1	-18	-21	-1/320	1/1 000
13	N11-左1	-26	40	-1/450	1/1 000
14	N11-右1	-28	-35	1/800	1/750
15	N12-左1	21	-23	-1/650	-1/800
16	N12-右1	37	-24	-1/600	-1/800
17	N13-左1	38	-31	-1/600	1/450
18	N13-右1	3	-42	1/500	1/500
19	N14-左1	-6	47	-1/615	1/650
20	N14-右1	-19	44	1/800	1/812

(3)钢护筒施沉工效

钢护筒施沉主要分为导向架安装、中节底节钢护筒对接与施沉以及顶节中节钢护筒对接与施沉三个阶段,在扣除等待潮位的时间后,实际钢护筒施沉工效见表11.2-4。

钢护筒施沉各工序施工时间统计　　表11.2-4

序号	工序内容	所用时间
1	导向架安装	1d
2	中节、底节钢护筒对接,振动下沉	12h
3	顶节、中节钢护筒对接,振动下沉	10h

11.2.2　超大直径钻孔灌注桩钻进成孔技术

$\phi 3.8 m$超大直径钻孔钻进成孔的特点、难点:

①成孔质量要求高。单桩独柱结构要求成孔质量非常高,竖直度偏差不得超过1/200桩长且不大于50mm,若某根桩成孔出了问题,无任何补桩桩位。

②钻具设备要求高。桩径达到3.8m,钻进深度达到120m以上,不仅要求钻机有足够大的扭矩和功率,还要求钻杆有足够的强度。

桩底要进行压浆处理,若用常规刮刀钻,存在非常大的"锅底",换成平底钻磨平"锅底"费时费力,控制合理的钻尖高度,既可保证压浆管开塞顺利,又可节约大量时间。

③钻进成孔难度大。地质极其复杂,覆盖层深厚且软硬交错,并夹杂有卵石和漂石,极大地增加了钻进的难度,同时桩尖处于不均匀的卵石层内,容易造成孔底漏浆,钻进成孔难度大。

(1)钻孔设备配备

①钻机

根据桩径、桩长及桥址区地层岩性,通过对国内外钻机设备进行调研,认为国内能够用于 $\phi 3.8m$ 超大直径钻孔灌注桩钻进成孔的钻机有:德国宝峨 WIRTH GmbH PBA 821/3000/300 型钻机、KTY4000 型液压动力头钻机、嘉力臣 RC-400H 型动力头钻机、ZDZ4500 型动力头钻机、ZJD4000 型液压动力头钻机、ZSD-4000 型动力头钻机和 GYD6000 型动力头钻机等。考虑到 KTY4000 型钻机为国产设备,目前现有台数较多。结合试桩经验,选用 KTY4000 型全液压动力头钻机(图 11.2-8、图 11.2-9)成孔,该钻机主要性能参数见表 11.2-5。

图 11.2-8 KTY4000 型钻机　　　　　图 11.2-9 钻头

KTY4000 动力头钻机技术性能　　　　　表 11.2-5

主要项目		单位	参数
钻孔直径	岩层($\sigma_c \leq 120$MPa)	m	$\phi 2.0 \sim \phi 4.0$
	岩层($\sigma_c \leq 200$MPa)	m	$\phi 2.0 \sim \phi 3.5$
最大钻孔深度		m	130
排渣方式			气举反循环
动力头转速及扭拒	转速	r/min	0~6
	扭矩	kN·m	300
	转速	r/min	0~15
	扭矩	kN·m	120
动力头提升能力		kN	1 800
封口盘承载力		kN	1 500
钻架倾斜角度		(°)	0~40°
钻杆(通径×长度)		mm	$\phi 300 \times 3\,000$

续上表

主 要 项 目	单 位	参 数
钻杆质量	kN	14.98
总功率	kW	90×3+15=285
外形尺寸	mm	7 380×7 470×8 160
主机质量(不含钻具、液压站)	kN	440
液压站质量	kN	85
钻具系统质量(按133m计,不含钻头)	kN	1 300

②钻头

根据地质情况,结合试桩经验,选用改进型重型六翼刮刀钻头钻孔。由于成桩后需要桩底注浆,若钻尖过高,可能导致钢筋笼底部压浆器周围包裹的混凝土过厚,造成压浆管开塞困难或无法开塞。否则需提钻后更换平底钻将孔底修平,极大地增加了工作量。综合考虑钻孔效率,结合以往的施工经验,经多次反复试验,确定钻尖高度0.85m。钻头见图11.2-9。

每2台钻机配备3个ϕ3.8m刮刀钻头,修复倒用,同时南北岸分别配备2个ϕ3.8m滚刀钻头作为备用,当刮刀钻头在卵石层中钻进困难时可更换使用。由于ϕ3.8m超大直径钻孔灌注桩直径大,钻头旋转时边缘线速度相对也大,钻渣到达吸渣口的距离长,制作钻头时采用六翼结构,在增强钻头受力能力的同时,可增加刮刀头的数量,提高刮刀头合金的重复系数。

(2)钻进成孔

①钻机就位与调试

钻机安装之前,根据桩位坐标利用全站仪测放出钻机安装位置,然后由200t履带式起重机吊装钻机就位。钻机就位时,测量检查其平面位置钻盘中心位置以及平整度,当各项指标满足要求后将钻机与平台进行限位,保证钻机在钻进过程中不产生位移,同时在钻进的过程中对底盘四角点不间断进行水准校核,如发现钻机有倾斜迹象平整度偏差大于5mm,及时进行调整保证钻机顶部的中心、转盘中心、桩孔中心基本在同一铅垂线上。

钻机的钻杆、配重钻杆、钻头安装之前进行编号以及实际长度的测量和记录,汇总制成表,并将编号和长度标记在钻杆、钻头、配重钻杆上。

利用履带式起重机将刮刀钻头、风包钻杆及配重在钻孔平台上拼装在一起,在钻机就位后使钻塔倾斜并移动上层底盘,将钻头组件吊入孔内固定。安装钻杆,清洗密封圈,并接长钻杆,将钻头下到离孔底泥面约30cm处,接通供风及泥浆循环管路,开动空压机,开启供风阀供风,在护筒内用气举法使泥浆开始循环,观察钻杆、孔内水面,供风管路、循环管路、水龙头等有无漏气现象并观察水头情况,开动钻机空转,如持续5min无故障时,即可开始钻进。

②钻进参数选择

钻头的钻压、转速和给进量是钻孔钻进技术中的三项主要技术参数,简称钻进参数。钻进速度是钻头和刀具钻进效果的综合反映,是钻孔技术中一项主要的经济技术指标。钻进参数直接影响钻进速度、倾斜率、孔径等成孔质量指标,因此合理选择钻进参数,是实现高速优质钻孔的重要条件。

a. 钻压。钻压是指钻进时钻头垂直作用于工作面上的压力。在钻孔中采取减压钻进,即钻杆始终处于悬吊状态,钻头只有一部分重量作为钻压使用。一般取钻头及钻杆在泥浆中总重量的 0.3~0.5 倍钻压值。当钻头及钻杆在泥浆中的重量不能满足钻压要求时,要进行配重。

b. 转速。钻头的转速与岩性、转盘能力、钻头构造、刀具类型等有关。钻头的实际转速,应使刀具磨损控制在合理范围内。一般在松散的砂层中采用低转速,形成的最大切线速度应<0.7m/s,在卵石层中采用稍高的转速,不同地层钻进参数见表11.2-6。

不同地层钻进参数表　　　　　表11.2-6

地　层	钻压(kN)	转数(r/min)	进尺速度(m/h)	采用的钻头
护筒底口地层	<200	4~6	0.5~1.0	刮刀钻头
黏土层	200~300	4~6	1.5~2.0	刮刀钻头
粉(细、中、砾)砂层	200~300	4~6	1.5~2.5	刮刀钻头
卵石层	400~500	5~10	0.1~0.5	刮刀钻头

③不同地层的钻进

钻进成孔分成三个阶段,分别是钢护筒内钻进、钢护筒底口钻进、钢护筒外钻进。

a. 钢护筒内钻进。为了防止钢护筒内掉入铁件对钻孔造成困难,在开钻之前,用电磁铁对护筒内进行扫吸,清除孔内的铁质杂物。

钢护筒内钻进采用正循环钻进工艺。由于钢护筒底口位于淤泥质亚黏土层内,为避免出现漏浆塌孔事故,当钻进至钢护筒底口以上 2m 时停止钻进,开始调整泥浆指标。护筒内钻进时,因钢护筒直径大于钻头直径,在钻头护圈上加焊翼板和钢丝绳刷,对钢护筒壁进行清理。

b. 钢护筒底口钻进。钢护筒内泥浆指标满足要求后可继续向下钻进,到钢护筒底口时(底口上下各2m左右),使用气举反循环,小气量、轻压、慢转钻进成孔,需特别注意不要让钻头碰刮钢护筒底口。

c. 钢护筒外钻进成孔。钻头钻出钢护筒后,根据地层情况选择钻进参数。特别是各地层交接层部位要注意控制进尺,小气量、轻压、慢转钻进成孔,并且每钻进一层钻杆要注意扫孔,以保证钻孔直径满足要求。正常钻进时,每 3~6h 检测一次泥浆性能指标并及时调整,以确保孔壁的安全。

根据不同地层严格控制不同钻进位置的泥浆指标,尤其严格控制地层交界面的钻进参数。不同地层的泥浆性能见表11.2-7。

不同地层泥浆性能表　　　　　表11.2-7

地　　层	黏度（Pa·s）	相对密度	含砂率（%）	pH值	胶体率（%）	失水量（mL/30min）	泥皮厚度（mm）
粉(细、中)砂层	19~28	1.08~1.10	≤4	9-11	≥95	≤20	≤3
黏土层	18~20	1.06~1.10	≤4	9-11	≥95	≤20	≤3
卵石层	19~26	1.08~1.10	≤4	9-11	≥95	≤20	≤3

④钻进成孔中需注意的其他问题

a. 由于桥址区覆盖层存在不同的夹层，且岩性不均，为防止桩孔偏斜、移位，在钻孔接近各层分界面时，应将钻压减至50~100kN，转速亦降至2~3r/min，待桩孔入进入下一层2.0m左右时，再恢复至正常的钻压、转速。

b. 为避免由于钻杆连接螺栓松动而造成掉钻头，应经常观察孔内泥浆面，如果空压机送气时，孔内泥浆面翻动气泡，表明某一节钻杆的连接螺栓松动，需要停机并逐节检查拧紧钻杆螺栓；钻具的各个构件一旦掉在孔内，其打捞难度比钻杆螺栓松动造成的掉钻头要大得多，在任何情况下钻具的构件皆不能掉在孔内。为保证钻孔的垂直度，施工过程必须采用减压钻进，使加在孔底的钻压小于钻具总重(扣除泥浆浮力)的50%。

c. 钻进过程中注意往孔内及时补充泥浆量，维持护筒内的水头高度，护筒内泥浆面的高度应始终高于孔外江水位2.0m，同时要高出高潮水位加浪高以上1.0~2.0m，以保证孔壁稳定。

d. 加接钻杆时，应先停止钻进，将钻具提离孔底8~10cm，维持泥浆循环5min以上，以清除孔底沉渣并将管道内的钻渣挟出排净，然后加接钻杆。加接钻杆时，连接螺栓应拧紧上牢，认真检查密封圈，以防钻杆接头漏水漏气，使反循环无法正常工作。

e. 升降钻具应平稳，尤其是钻头处于护筒底口位置时，必须防止钻头钩挂护筒。

f. 钻孔过程应分班连续进行，不得中途长时间停止。详细、真实、准确地填写钻孔原始记录，精确测量钻具长度，应注意地层的变化，在地层变化与地质报告提供资料不相一致时，应及时反馈。

g. 钻进过程中应保证孔口安全，孔内严禁掉入铁件(如扳手、螺栓等)物品，以保证钻孔施工正常顺利进行。

h. 定时检测钻机底座的水平度及钻塔的垂直度，发现问题及时调整，以保证钻孔的垂直度。

⑤第一次清孔

当钻孔累计进尺达到孔底设计高程时，即可采用气举反循环清孔。清孔时将钻头提离孔底30cm左右，钻机慢速空转，保持泥浆正常循环，同时置换泥浆(循环时间控制在2~4h，循环满足2个循环以上)。当泥浆指标达到相对密度1.03~1.10、黏度17~20s、含砂率<2%后，可停止清孔，拆除钻具，移走钻机。

（3）实际施工中遇到的问题及处理

由于地层上部主要为冲积物覆盖层，-80m 以下就是圆砾层和卵、砾石层，透水性很强，钻进成孔过程中多次发生漏浆现象，现场及时处置而未造成质量问题。

① 钢护筒底口漏浆

钢护筒均按设计要求施沉至设计高程 -35.0m，地质资料显示该层为淤泥质黏土，为非透水层，但由于地层有一定的起伏，个别墩位钢护筒底口可能没有进入该层或进入夹杂的砂层中。如北岸 B29 号墩右桩，在钻进至 -55m 左右时突然发生漏浆现象，钢护筒内水头突然降到江水面以下 3~4m，水头升不起来，而且水头随潮水涨落变化。漏浆前泥浆黏度 18.5s，相对密度 1.08，水头正常。判断是因为钢护筒底口处于砂层内，砂层透水造成漏浆。

漏浆后，首先停止钻进，观察孔内水头变化后，向孔内投入 30t 膨润土和大量锯末，反循环将膨润土和锯末与孔内原有泥浆混合，希望通过提高泥浆浓度阻止漏浆，静置 12h 后，漏浆现象基本止住。重新开钻不久，再次发生漏浆。经仔细研究，决定停止钻进，用黏土将孔内回填至钢护筒底口以上 3m，加打钢护筒 3m，静置一段时间。20d 后重新开钻，结果顺利成孔。

② 卵石层渗浆

地层中高程 -80.0m 左右及以下为卵石层，多个孔钻至该层时发生渗浆现象，说明该层极易渗水。碰到这种情况，一般向孔内投入 15t 以上膨润土和 30 袋锯末，增加泥浆浓度，然后静置一段时间，开钻后采用低转速、慢进尺钻进，直至终孔，终孔后抓紧时间清孔、灌注。同时，为了避免在该层发生渗浆现象，一般在进入该地层前尽量提高泥浆黏度，适当保持泥浆中的含砂率，进入卵石层后，让黏土颗粒和细砂渗入卵石层内，封堵地层空隙，效果较好。

（4）质量验收

第一次清孔使泥浆指标达到验收标准后，拆除钻机钻杆，使用超声波孔壁测定仪，检查孔径、孔深和倾斜度是否符合验收标准，成孔质量检测指标见表 11.2-8。

钻孔桩成孔质量验收标准 表 11.2-8

项目	中心位置	孔径	倾斜度	孔深
允许偏差	50mm	不小于设计桩径	不大于 50mm	不小于设计孔深

成孔后，利用 UDM-150 超声波测壁仪（最大测深 150m）进行孔的质量进行检测，其中南岸 20 根 φ3.8m 桩基的中心偏位和倾斜度检测结果见表 11.2-9。

钻孔桩成孔测量记录一览表 表 11.2-9

序号	桩位	中心偏位（偏南偏东为正）(mm)		倾斜度（偏南偏东为正）	
		X（顺桥南北向）	Y（横桥东西向）	X-X	Y-Y
1	N1-左1	8	11	1/450	1/500
2	N1-右1	-1	22	1/825	1/560
3	N2-左1	0	-1	1/450	-1/450

续上表

序号	桩 位	中心偏位(偏南偏东为正)(mm)		倾斜度(偏南偏东为正)	
		X(顺桥南北向)	Y(横桥东西向)	X-X	Y-Y
4	N2-右1	-25	9	-1/1 400	-1/1 400
5	N3-左1	15	10	1/850	1/890
6	N3-右1	9	-20	1/800	1/378
7	N4-左1	-19	-15	1/500	-1/500
8	N4-右1	16	19	-1/1 500	1/800
9	N5-左1	4	23	-1/700	-1/800
10	N5-右1	4	10	1/700	1/1 500
11	N6-左1	-5	-13	1/800	1/750
12	N6-右1	2	-1	-1/320	1/1 000
13	N11-左1	-15	-19	-1/450	1/1 000
14	N11-右1	7	15	1/800	1/750
15	N12-左1	10	0	-1/650	-1/800
16	N12-右1	-21	8	-1/600	-1/800
17	N13-左1	17	14	-1/600	1/450
18	N13-右1	6	-7	1/500	1/500
19	N14-左1	-7	7	-1/615	1/650
20	N14-右1	1	-20	1/800	1/812

由检测结果可见,所有桩孔的孔深、倾斜度(1/200,且不大于50mm)和中心偏位(5cm)均优于设计要求和规范规定,可见成孔制措施是得当的。

(5)钻进成孔工效及施工小结

钻进成孔包括钻机就位与调试、钻进、清孔、钻头与钻杆拆除以及钻机移位等工序,其中钻进过程包括各种停机检查、调整泥浆、钻头清理以及设备故障排除等非正常钻进,通过统计与分析,实际单桩钻进成孔的工效见表11.2-10。

ϕ3.8m 超大直径钻孔灌注桩单桩钻进成孔工效　　表11.2-10

序号	工作内容	平均时间(d)	备 注
1	钻机就位与调试	1	
2	钻进	12	含停机检查、故障处理等非正常钻进
3	清孔,钻头、钻杆拆除	1.5	
4	钻机移位	0.5	
	合计	15	

钻进成孔是钻孔灌注桩施工中用时最长,风险相对较大的工序,受地质条件、工程特点及结构形式的影响,存在着成孔质量要求高、钻具设备要求高及成孔难度大的特点和难点。

①结合试桩经验,通过充分调研和认真比选,确定KTY4000型钻机作为主成孔设备,并配

备相应的配套设备,保证质量的同时,满足工期的需求;

②在钻头结构设计上采用六翼结构,提高了使用效率,同时 0.85m 的钻尖高度是个巧妙的平衡,过大则压浆管开塞困难,过小吸渣困难;

③虽然地质条件比较复杂,成孔难度大,但通过精细的施工和有效的管理,严格控制各地层交接面及钻进过程中的钻进参数和泥浆指标,保证了成孔质量;

④对实施中遇到的问题,通过认真的分析和细致的研究,确定了合理的处理方案,并在后续施工中提前采取措施,确保了成孔的顺利;

⑤经 JL-IUDS(B)智能超声波成孔质量检测仪检测,水中区引桥 150 根桩,各项指标符合设计及专用规范要求,成孔合格率 100%。

11.3 ϕ3.8m 超大直径钻孔灌注桩成桩技术

11.3.1 长线法超大直径钢筋笼制作及安装技术

钢筋笼采用全笼结构,长度 102.90～110.90m,外径 3.63～3.93m,单根最大重量 820kN,主筋采用 ϕ32mm 的Ⅲ级钢筋或Ⅱ级钢筋,采用镦粗直螺纹套筒连接,螺旋筋为 ϕ10mm 的Ⅰ级钢筋。钢筋笼从桩顶以下 50cm 每隔 2m 设置 1 道∠90×56×8mm 的角钢加强箍。定位钢筋与主筋焊接,每隔 4m 沿钢筋笼周围设置 6 个,上下错开 30°,净保护层厚度不小于 75mm。每根桩设置 4 根 ϕ60×3.5mm 声测管,并设置 4 组双回路压浆管及配套的端部压浆器,压浆器和压浆管采用 ϕ34×3.2mm 的黑铁管。

钢筋笼施工特点、难点:①容易变形。钢筋笼直径大、长度长、主筋数量多、自重重,但整体刚度较弱,吊装、倒运过程中容易变形,甚至失圆,需要采取有效的预防和保护措施。②精细化制作、安装。钢筋笼对接、安装在孔口完成,耗费时间越长,孔壁风险越大。只有精细化制作、安装才能保证快速、顺利完成。同时,成桩后桩底需要后注浆,要求声测管、压浆管及端部压浆器的制作、安装必须精细化,一次成功。否则处理非常麻烦。

钢筋笼在后场加工车间胎模上利用长线法制作成形,然后利用平板车分节运至现场。由于钢筋笼长度大、重量大,在起吊过程中为了最大限度地减小钢筋笼变形,钢筋笼的起吊需要两台起重机配合完成。即先由 200t 履带式起重机利用专门吊具吊起钢筋笼上端吊环,辅以 50t 履带式起重机托起钢筋笼末端,同时起吊,将钢筋笼水平抬高至一定的高度,然后 200t 履带式起重机继续提高钢筋笼上端,50t 履带式起重机缓缓下放钢筋笼末端,保持钢筋笼悬空,慢慢翻转,使钢筋笼逐步由水平转向竖立。

钢筋笼接长需在墩位长时间持续占用大型起吊设备,并要配备较多的工人在现场安装。为了节省钢筋笼在孔位处接长的时间,施工时主要采取以下措施来加快钢筋笼对接速度:①尽量减少对接断面的数量,即减少钢筋笼分节数;②在钢筋笼制作车间分节拆除钢筋笼预制接头时应事先做好对应的标记,这样在钢筋笼主筋的对接过程中就能保持接头预制和安装的统一性,即预制时对接在一起的两根主筋,在安装时必须保证也是这两根主筋对接,这样可以极大地缩短套筒对接的时间,也可较好地控制上下钢筋笼各主筋丝头的间距;③随着钢筋笼接长节数的增加重量也在不断增加,普通打稍扁担已不能满足受力要求,故根据现场实际情况设计了特制的打稍环来固定下部钢筋笼。打稍环见图 11.3-1。

图 11.3-1　钢筋笼安装打稍环

打稍环由卡板和支撑圆环两部分组成,支撑圆环由两个半圆环通过螺栓连接成一个完整的圆环,卡板可在支撑圆环内前后抽动。

安装钢筋笼时,先将打稍环安装在孔口顶面,再将欲吊入孔内的钢筋笼由 200t 履带式起重机垂直吊放入孔。入孔过程中需保证钢筋笼的垂直度及平面位置,避免钢筋笼对孔壁的破坏,同时依次取下钢筋笼的内支撑,下放到位后利用加强后的加强箍将入孔钢筋笼整体支撑在打稍环上。

钢筋笼的定位包括竖向定位和平面定位两个方面。竖向定位即是将钢筋笼的顶高程固定至设计位置,通过"定位吊环"来实现。定位吊环由钢吊环和 8 根定位钢筋组成。钢吊环为内设加劲箍的钢环,其直径根据钢筋笼结构和直径计算确定。钢环上预制有八个定位钢筋卡口,卡口直径稍大于定位钢筋直径,且小于套筒外径。定位钢筋上口镦粗,拧上套筒后由套筒固定在钢环卡口上。定位吊环见图 11.3-2。

主体钢筋笼对接完成后,起吊"定位吊环"与钢筋笼对接,定位钢筋下口与钢筋笼主筋通过双面搭接焊连接,将钢筋笼与"定位吊环"连成一体,然后将其整体下放,使"定位吊环"固定在打稍环上,定位钢筋与主筋的连接位置可事先结合钢筋笼设计顶高程,通过打稍环高程及"定位吊环"钢环的高度进行反向推算得出。

由于钢筋笼底距平台顶高程超过百米,为保证桩顶处钢筋笼的平面位置,采取两条措施双控钢筋笼的平面位置:①固定"定位吊环"时,严格控制其钢环的顶面位置及定位钢筋的垂直度,并利用"定位吊环"的顶面位置及钢筋垂直度推算出桩顶钢筋笼的位置。②超声波检测仪检孔时,可准确地反映出桩顶处钢护筒的椭圆度及偏位情况,可根据检孔的情况,在桩顶处设置钢筋笼限位钢筋,控制钢筋笼的平面位置。

图 11.3-2　定位吊环

钢筋笼质量验收分两阶段进行,分别是制作完成后和下放后,具体验收标准见表 11.3-1。

钢筋笼制作及安装质量验收标准　　　　表 11.3-1

项目	主筋间距	箍筋或螺旋筋间距	钢筋骨架外径	钢筋骨架长度
允许偏差	±10mm	±20mm	±10mm	±10mm
项目	骨架中心平面位置	骨架顶端高程	骨架底面高程	保护层厚度
允许偏差	20mm	±20mm	±50mm	+20,0mm

11.3.2　φ3.8m 超大直径钻孔灌注桩水下混凝土灌注

φ3.8m 钻孔桩水下混凝土灌注的特点、难点:

①单桩混凝土方量大。单桩混凝土方量达到 1 300m³,全部采用水下 C30 海工混凝土,必须控制在首盘混凝土初凝前灌注完成,有效灌注时间短。

②灌注系统组织要求高。单桩独柱墩的结构决定了成桩必须一次成功,无任何补救措施。受施工条件限制,混凝土只能通过后场拌和站拌制后,由搅拌车运输至墩位,泵送后通过垂直导管水下灌注,这包含了拌制、运输、泵送、拔球和填充五大系统,任何一个系统都需要精心的组织,系统与系统之间更是要良好匹配,形成一套完成的水下混凝土灌注系统。

(1)混凝土的生产与供应

混凝土由设在生产区内的 2 台 180m³/h 混凝土拌和站生产。每盘拌制 3.0m³,拌制时间 2.5min,考虑拌和机进料和卸料的时间,平均每小时生产能力可达 120m³。

拌制好的混凝土由搅拌运输车通过主栈桥运送至墩位,现场配备 9m³ 混凝土搅拌运输车 10 台。平均每台车接料、运输、卸料时间约 45min,每小时运输能力可达 120m³ 左右。为尽量减少对主栈桥的影响,灌注期间,安排专门人员进行交通指挥,所有搅拌运输车统一编号,同时为防止施工车辆因故障堵塞栈桥,现场配备一台装载机用于道路清障,保证运输线路顺畅。

运送至墩位的混凝土由 2 台 HBT100C 型地泵泵送至储料斗,现场配备混凝土输送泵 3

台,1台备用。平均每台车 $9m^3$ 混凝土泵送时间约为 7.5min,每小时泵送能力可达 $140m^3$ 左右。地泵的布置、待灌的搅拌运输车、正在灌注的搅拌运输车、空车的停放位置等均按照要求统筹布置。

(2)水下混凝土灌注

水下混凝土灌注时,采用测深锤法测量混凝土的灌注高度。用绳系重锤吊入孔中,使之通过泥浆沉淀层而停留在混凝土表面,根据测绳所示锤的沉入深度反算混凝土的灌注高度。为防止测深锤接触混凝土表面后陷入太深或测锤快接近桩顶面沉淀增加、泥浆变稠等原因而发生误测。将测锤制成平底圆锥形,锤重为40N,测绳采用每米为一个刻度的 $\phi 2mm$ 钢丝绳,混凝土灌注前均进行校核。

首批混凝土灌注即所谓的拔球,该系统由地泵及输送管、$30m^3$ 储料斗、$3.0m^3$ 拔球料斗、导管等组成,200t(或100t)履带式起重机配合完成。首批混凝土灌注方量共 $45m^3$,共5车,前3车先行泵送至 $30m^3$ 储料斗,准备2台满载 $9m^3$ 混凝土的搅拌运输车各自对准1台地泵集料口。灌注时现场统一指挥,先开启储料斗的阀门,同时启动两台地泵连续供料,确定储料斗内的混凝土能稳定下放,且 $3m^3$ 拔球料斗内已储满混凝土后,用起重机将拔球盖板拔出,过程必须一气呵成,不得有任何停顿。首批混凝土灌注完成后,立即测量孔内混凝土面高程,确定导管埋深,以确定是否要拆卸导管,若要拆卸,可拆除 $3m^3$ 拔球料斗,更换 $0.35m^3$ 灌注料斗,开始正常灌注。首批混凝土灌注见图 11.3-3。

图 11.3-3 首批混凝土灌注

正常灌注系统由地泵及输送管、$30m^3$ 储料斗、$0.35m^3$ 灌注料斗、导管等组成,200t(或100t)履带式起重机配合完成。灌注过程中应记录混凝土灌注量及相对应的混凝土面高程,用以分析扩孔率,发现异常情况及时查明原因并进行处理。当混凝土灌注到扩大截面处时,导管应提升至扩大截面下约2m,并稍加大混凝土灌注速度和坍落度,混凝土面高于扩大截面4m

后,应将导管提升至扩大截面上1m处,继续灌注。混凝土灌注到桩上部5m以内时,不再提升导管,待灌注至规定高程一次提出导管。拔出最后一节导管时应缓慢提出,以免桩内夹入泥芯或形成空洞。为保证有效桩头质量,混凝土超灌高度应不小于2m。正常灌注见图11.3-4。

图11.3-4　正常混凝土灌注

(3)导管埋深控制

混凝土灌注过程中要有专人测量混凝土面高程,正确计算导管在混凝土内的埋置深度,导管埋置深度适当,正确指挥导管的提升和拆除,保证埋置深度按4.0~6.0m进行控制,最大不超过10m。

由于桩径太大,混凝土顶面高程可能存在差异,测量时,沿钻孔桩四周设置4个观测点。测量混凝土面高程时,同时了解已灌混凝土方量,并用理论方量校核,用于判断所测混凝土灌注高度是否正确,以及灌注工作是否正常。

(4)质量验收

成桩14d且桩身混凝土强度达到设计强度的80%以后,对桩身的完成性进行超声波检测,28d后再对试块混凝土强度进行检测,同时检测项目还包括桩位偏差、沉淀厚度和成桩顶高程,成桩质量检测指标见表11.3-2。

成桩质量验收标准　　　　表11.3-2

项目	混凝土强度	桩位偏差	沉淀厚度	成桩顶高程
允许偏差	在合格标准内	50mm	200mm	±20mm

(5)水下混凝土灌注施工工效

钻孔灌注桩混凝土虽然单桩方量很大,但通过精心的组织、有效的管理和精细的施工,从首批混凝土灌注开始至全部1 300m³混凝土灌注结束,时间控制在12h以内。

11.4 单桩独柱结构预制节段施工墩顶块结构形式

(1) 中间墩顶 0 号块

单桩独柱上部结构采用预制节段拼装施工,中间墩顶块,即 0 号块采用部分预制,横隔墙部分采用墩顶二次浇筑,与墩顶预埋钢筋固结。预制部分的构造总体形式采为图 11.4-1 所示形式。梁段顶板宽 19.8m,底板宽 10.9m,节段长 3.6m,自重约 1 700kN。

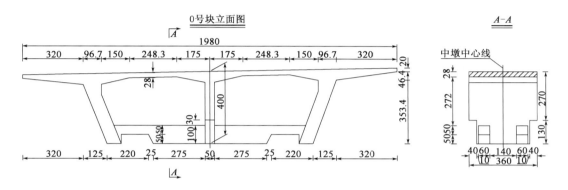

图 11.4-1 0 号块构造示意图(初步)(尺寸单位:cm)

0 号块为所有节段预制的起始节段,且上部连续刚构 0 号块与墩身间为墩梁固结,0 号块在预制完成后吊装到墩顶进行固结施工,其结构形式需要考虑以下几个方面的问题:

①由于 0 号块为节段箱梁预制的起始段,需要利用其进行后续两个 1 号块节段箱梁的匹配预制施工,而 0 号块在墩顶通过横隔墙二次现浇混凝土实现墩梁固结(图 11.4-2),因此,0 号块及横隔墙构造尚需适应短线法预制施工,能够实现 0 号块对 1 号块的匹配预制(图 11.4-2)。

②0 号块墩梁固结是通过二次现浇混凝土与墩身预留的 $\phi 32mm$ 钢筋锚固实现的,而墩身有 3.1m、3.4m、3.6m 几种直径,如何合理确定 0 号块相应构造尺寸,确保墩顶二次现浇混凝土将 0 号块与墩身预埋筋可靠连接,是保证施工过程及成桥阶段结构安全的关键。

③由于墩顶 0 号块采用二次现浇混凝土技术,墩顶现浇的底板部分,无法实现与 1 号块预制节段梁底板的匹配胶拼,需要在构造上进行适当优化,这是短线法制、架技术能否顺利应用于该桥的关键。

针对上述问题,对 0 号块预制构造进行了优化处理(图 11.4-3 ~ 图 11.4-8):

①考虑的 0 号块墩顶横隔墙厚度为 3.6m,横隔墙现浇混凝土通过大量预埋钢筋与 0 号块连接,而 0 号块的长度也为 3.6m,在进行 1 号块的匹配预制时,内模受 0 号块隔墙预留钢筋干扰无法支立而实现匹配预制,为此,在对横隔墙墩梁固结部位进行结构检算后,将墩顶横隔墙底板以上部分的厚度减小 20cm,即横隔墙底板以上部分在 0 号梁段每端各缩进 10cm,使定型

内模能够密贴于 0 号块的腹板和顶板,解决了利用 0 号块匹配进行 1 号块预制的问题,适应了短线法节段预制施工。

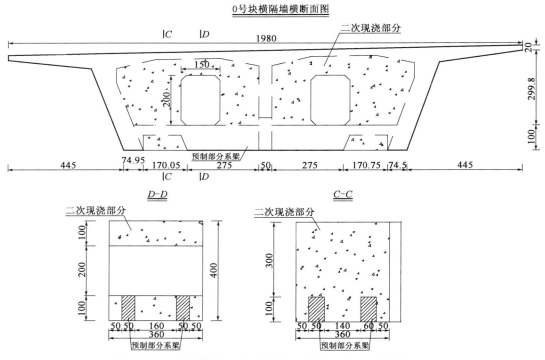

图 11.4-2　0 号块横隔墙二次现浇构造示意图(初步)(尺寸单位:cm)

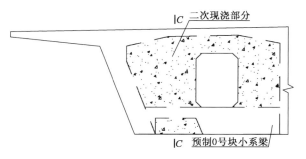

图 11.4-3　1/2 0 号块横隔墙二次浇筑横断面示意图

②为实现墩顶 0 号块的墩梁固结,0 号块底板需采取镂空形式,仅由 2 个钢筋混凝土小系梁将腹板连接以确保 0 号预制块段的刚度。在 0 号块设计构造中,小系梁位置与墩身预留钢筋最小间距为 5cm,由于净空小,在进行二次混凝土浇筑时,浇筑质量难以保证,进而影响到墩梁固结的锚固可靠性。为此,经过构造及结构受力分析,将底板小系梁向墩中线缩进了 30cm,使墩身预留钢筋与系梁间有足够空间确保二次混凝土浇筑质量,保证墩身预埋钢筋能与在 0 号块二次浇筑混凝土可靠锚固。

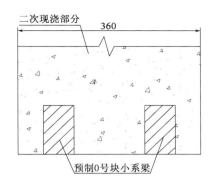

图 11.4-4 C-C 断面优化前横隔墙示意图
（尺寸单位：cm）

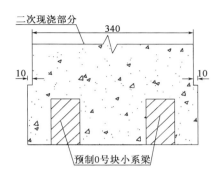

图 11.4-5 C-C 断面优化后横隔墙示意图
（尺寸单位：cm）

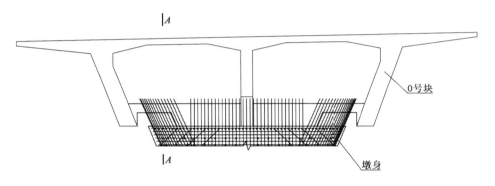

图 11.4-6 墩梁固结横断面示意图

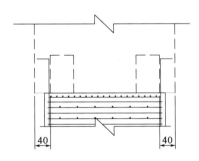

图 11.4-7 A-A 断面优化前（尺寸单位：cm）

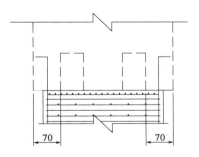

图 11.4-8 A-A 断面优化后（尺寸单位：cm）

③由于 0 号块底板在墩顶进行二次现浇，而 1 号块底板部分是在梁场进行预制，其底板部分无法匹配，如果不能采取措施解决，上部结构采取短线法节段预制、架设的施工方案将无法实施。为此，经过研究及结构受力分析，在 0 号块底板对应的 1 号块底板部位设置 10cm 湿接缝，以解决墩梁固结二次浇筑后无法与 1 号块底板匹配的问题（图 11.4-9、图 11.4-10）；同时，

由于该底板部位为悬臂拼装节段的重要受力部位,从整体结构受力安全考虑,要求该部分湿接缝在受力较小的工况下,采用早强混凝土在 3 号块拼装前浇筑完成。

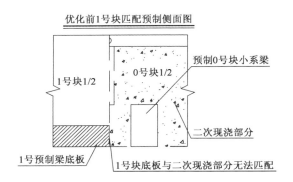
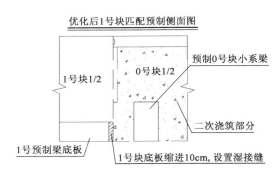

图 11.4-9　优化前 1 号块匹配预制侧面示意图　　图 11.4-10　优化后 1 号块匹配预制侧面示意图

④0 号块初步结构未考虑墩顶二次混凝土浇筑的实施便利,顶板设计为封闭壳体,由于横隔墙内钢筋密集,且箱梁为三腹板形式,混凝土的下料、振捣存在诸多不便和施工死角,二次混凝土浇筑质量难以保证,为此对结构进行优化,在顶板设置(3m×1.5m)预留孔及若干振捣孔(图 11.4-11),确保墩梁固结混凝土施工质量。

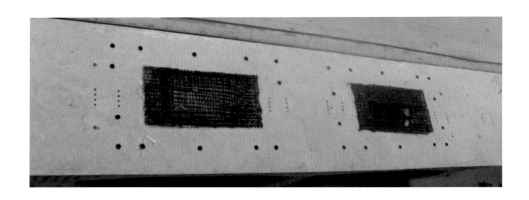

图 11.4-11　0 号块顶板预留孔槽口及振捣孔示意图

(2)过渡墩墩顶 22 号块

过渡墩处为各联桥的伸缩缝安装位置,桥梁在过渡墩处划分为诸多联连续刚构。过渡墩顶 22 号块在每个墩顶有两个,全桥共有 52 个节段。由于 22 号与其他类似桥梁结构基本相同,在结构优化上从吊装荷载总体合理考虑,确定了图 11.4-12、图 11.4-13 所示结构尺寸,预制部分梁段重量为 1 716kN,墩顶现浇横隔墙部分纵桥向长度为 1.8m,预留过人洞尺寸为 1.5m×2m,混凝土为墩顶吊装定位后进行二次浇筑。

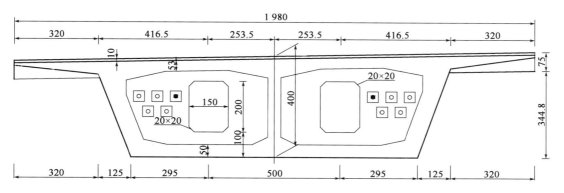

图 11.4-12　22 号块横断面图(尺寸单位:cm)

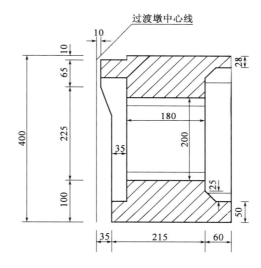

图 11.4-13　22 号块侧视图(尺寸单位:cm)

11.5　架桥机纵移过孔施工控制方案研究

北岸水中区引桥下部结构采用单桩独柱的结构形式,墩身高度在 17~42m。在考虑墩身处河床局部冲刷深度后,单桩独柱自由端长度最大将达到近 60m。墩身高度高、刚度小,节段梁拼装施工易受涌潮、风力、日照、架桥机顶推等各种因素影响,其中尤以架桥机顶推过孔对各方面的影响最为明显。

为保证结构安全,一方面设计限定架桥机在顶推过孔过程中墩身承受的水平力不能大于 400kN,另一方面,架桥机顶推水平力造成墩顶块位移过大,对拼装线形也会造成很大影响。因此,在架桥机纵移过孔时必须从墩顶位移、墩顶水平力控制两方面进行着手分析,需要制定适当的架桥机纵移过孔施工控制方案,在不影响节段梁拼装作业工效的情况下,以确保拼装线形,降低走行风险,保证墩身结构受力安全。

11.5.1 架桥机纵移过孔施工控制方案

针对上述问题,为满足本工程施工工法要求及确保如此大荷载下节段梁架设拼装时的施工安全,确保箱梁架设线形及架设工效,分别从内在及外在两方面着手,即在摩擦力产生的原因及纵移过孔的施工控制两方面进行考虑,在不降低施工工效的情况下,制定适当的架桥机纵移过孔施工控制方案。

（1）降低摩擦副摩擦系数

架桥机主桁与中支腿相对滑动过程中的摩擦力是墩身水平受力的根源,而摩擦系数直接影响到顶推过程中水平力的大小。通过降低摩擦副之间的摩擦系数,减小架桥机顶推过程中的墩顶水平力,进而尽可能控制、减小顶推过程中的墩顶纵向位移,是过孔控制的最直接、有效的手段。采取以下几个措施：①摩擦副下支承面采用工程塑料合金 MGE 滑块；②对摩擦副滑动面进行抛光打磨；③在摩擦副上下摩擦面之间涂抹二硫化钼锂基润滑脂。

（2）采取钢绞线将墩身对拉措施

通过在独墩之间设置钢绞线对拉装置,对独墩施加部分临时预应力,用以抵抗架桥机走行过程中部分水平推力,进而达到控制架桥机走形时墩顶总水平力及墩顶位移的目的。对拉措施分两种情况进行布置：

①B56 号~B59 号墩架桥机拼装起始阶段顶推对拉方案

在 B56 号墩及 B59 号墩钢护筒两侧分别安装锚座 A；在 B57 号墩墩旁托架小里程侧安装锚座 B,大里程侧安装锚座 C；在 B58 号墩墩旁托架小里程侧安装锚座 D,大里程侧安装锚座 E。锚座与钢护筒及托架间现场焊接,焊缝均采用坡口焊,焊缝质量等级为二级。

锚座 A 与 B 之间通过 3-ϕ15.24mm 钢绞线对拉；锚座 C 与 D 间通过 6-ϕ15.24mm 钢绞线对拉；锚座 E 与 A 之间通过 3-ϕ15.24mm 钢绞线对拉。对拉布置见图 11.5-1。

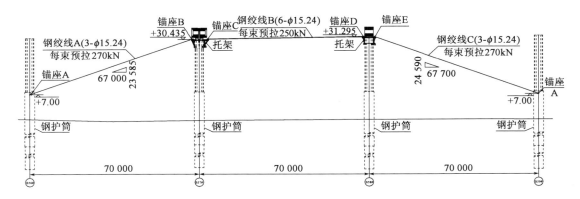

图 11.5-1　B56~B59 号墩钢绞线对拉立面图(尺寸单位:mm)

钢绞线预拉力为:B56 号～B57 号墩、B58 号～B59 号墩每束张拉 270kN,B57 号～B58 号墩每束张拉 250kN。张拉时采用分级对称张拉,先将 B56 号～B57 号、B58 号～B59 号墩每束张拉到 150kN,总共 300kN,再将 B57 号～B58 号墩每束张拉到 250kN,最后将 B56 号～B57 号、B58 号～B59 号墩钢绞线补拉到 270kN。B56 号～B59 号墩张拉时,B56 号、B59 号墩均为锚固端,张拉端设于 B57 号、B58 号墩顶。

② 已成联部分架桥机纵移顶推对拉方案

架桥机正常走行阶段墩身对拉分为三种工况:

a. 每联首个"T"构架设,架桥机过孔前,对拉钢绞线一端锚于过渡墩顶小里程 22 号块翼缘板临时预应力锚座上,另一端锚于主墩 0 号块翼缘板临时预应力锚座上,见图 11.5-2。

图 11.5-2 首跨钢绞线对拉立面图(尺寸单位:mm)

b. 每联其余"T"构架设,架桥机过孔前,对拉钢绞线一端锚于已架"T"构大里程 10 号块翼缘板临时预应力锚座上,另一端锚于待架"T"构墩顶 0 号块翼缘板临时预应力张拉锚座上,见图 11.5-3。

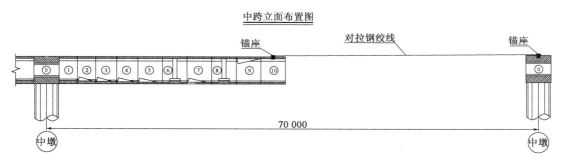

图 11.5-3 中跨钢绞线对拉立面图(尺寸单位:mm)

c. 末边跨架设,架桥机过孔前,对拉钢绞线一端锚于已架"T"构大里程方向 10 号块临时预应力锚座上,另一端锚固于过渡墩顶小里程侧 22 号块翼缘板临时预应力锚座上,见图 11.5-4。

对拉钢绞线均为 4 束 3-ϕ15.24,中跨、末边跨钢绞线长 40m,首边跨长 75m,箱梁顶面两翼缘板对称布置。张拉时,两边翼缘板钢绞线对称张拉,以免墩身受扭,张拉力为:B20 号～B37 号墩 300kN;B38 号～B68 号墩 300kN(B56 号～B59 号墩除外);B69 号～B82 号墩 200kN。

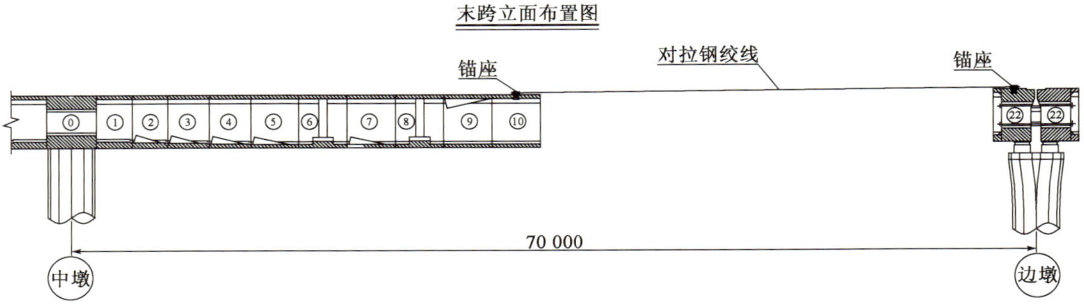

末跨立面布置图

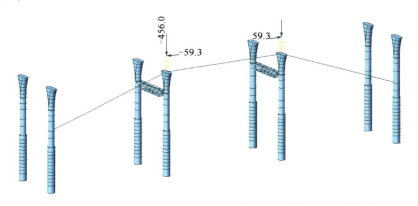

图 11.5-4　末跨钢绞线对拉立面图(尺寸单位:mm)

11.5.2　纵移过孔施工方案实效分析及实施效果

结构采用有限元计算程序进行计算,根据主体结构并结合架桥机走行时水平力进行了计算分析。

(1) B56 号~B59 号墩架桥机拼装起始阶段顶推对拉方案

架桥机走行至前支腿距前中支腿 66.15m 时,转换为前中支腿顶推的计算模型如图 11.5-5 所示。

图 11.5-5　前支腿距前中支腿 66.15m 时转换为前中支腿顶推对拉计算模型

架桥机走行至前支腿距前中支腿 66.15m 时转换前中支腿顶推时,中间 57 号、58 号两个墩身墩顶水平力及墩顶变形情况计算汇总表见表 11.5-1。

57 号、58 号墩顶水平力及墩身变形汇总表(前正后负)　　　　表 11.5-1

工　　况	57 号墩顶水平合力（kN）	58 号墩顶水平合力（kN）	57 号墩顶变形（mm）	58 号墩顶变形（mm）
钢绞线张拉完	0	0	0	0
后中支腿顶推	-47	40	-37	37
前中支腿顶推	15	-16	32	-34

(2) 已成联部分架桥机纵移顶推对拉方案计算分析

考虑到为不影响节段梁拼装施工工效,在采取对拉措施后,架桥机一直用后中支腿顶推前进,其计算模型如图 11.5-6、图 11.5-7 所示。

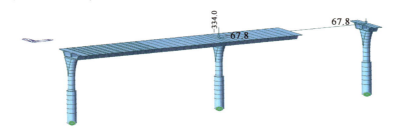

图 11.5-6　施工中跨和末边跨时对拉计算模型

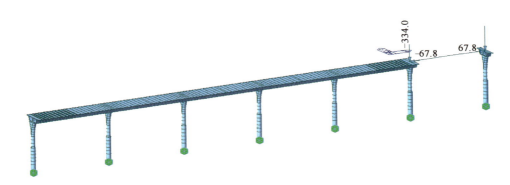

图 11.5-7　施工首边跨时对拉计算模型

根据模型分析,施工中跨和末边跨计算结果见表 11.5-2、表 11.5-3。

①钢绞线预拉完毕,架桥机走行前。

钢绞线预拉完毕,架桥机走行前计算结果表　　　表 11.5-2

项　目	墩身弯矩 (kN·m)	桩基弯矩 (kN·m)	墩身轴力 (kN)	桩基轴力 (kN)	墩身变形 (mm)	钢绞线预拉力值(kN)
B20~B37 号墩	7 779	14 252	8 309	16 012	-25	300
B38~B68 号墩	11 155	17 628	10 606	18 308	-57	300
B69~B82 号墩	10 217	13 359	12 245	19 948	-62	200

②架桥机走行用后,中支腿顶推走行时。

架桥机走行用后中支腿顶推走行时计算结果表　　　表 11.5-3

项　目	墩身弯矩 (kN·m)	桩基弯矩 (kN·m)	墩身轴力 (kN)	桩基轴力 (kN)	墩身变形 (mm)
B20~B37 号墩	3 645	6 681	17 811	25 514	12
B38~B68 号墩	462	732	20 108	27 811	2.3
B69~B82 号墩	1 805	2 505	21 748	29 450	12

根据模型分析,施工首边跨计算结果见表 11.5-4、表 11-5-5。

①钢绞线预拉完毕,架桥机走行前。

钢绞线预拉完毕,架桥机走行前计算结果表　　　　　　表11.5-4

项　目	墩身弯矩 (kN·m)	桩基弯矩 (kN·m)	墩身轴力 (kN)	桩基轴力 (kN)	墩身变形 (mm)	钢绞线预 拉力值(kN)
B20~B37号墩	7 777	14 250	8 308	16 010	-25	300
B38~B68号墩	11 153	17 625	10 604	18 307	-57	300
B69~B82号墩	9 042	13 357	12 244	19 947	-62	200

②架桥机走行用后,中支腿顶推走行时。

架桥机走行用后,中支腿顶推走行时计算结果表　　　　　　表11.5-5

项　目	墩身弯矩 (kN·m)	桩基弯矩 (kN·m)	墩身轴力 (kN)	桩基轴力 (kN)	墩身变形 (mm)
B20~B37号墩	6 126	11 224	17 810	25 513	20
B38~B68号墩	4 829	7 631	20 107	27 810	24
B69~B82号墩	6 955	10 274	21 746	29 449	48

为验证架桥机纵移过孔施工控制方案的实际控制效果,通过实时监控测量的方法,分别对1号、3号架桥机在左幅B17号墩、B20号墩、B22号墩及右幅B24号墩走行前后采取不同措施情况下的墩顶0号块纵向位移进行跟踪测量,对4号、5号架桥机在拼装阶段顶推时左幅B57号墩、B58号墩及右幅B57号墩、B58号墩采取控制措施前后墩顶0号块纵向位移进行跟踪测量,将测量成果分列于表11.5-6及表11.5-7,通过实测结果可对方案的实效进行定量的分析。

1号、3号架桥机顶推前后墩顶0号块位移情况一览表　　　　　　表11.5-6

墩　号	是否对拉	顶推方式	油压读数 (MPa)	顶推时独墩 墩顶块摆动幅度	架桥机顶推前	架桥机到位、 前支腿支撑后
左幅B17号墩	否	先用后中支腿顶推45m后改用前中支腿顶推到位	15~16	偏南 50~60mm	偏南 10mm	偏北 20mm
左幅B20号墩	是	始终采用后中支腿顶推	~15	偏南 10~30mm	偏北 14.7mm	偏南 13mm
左幅B22号墩	是	始终采用后中支腿顶推	~15	偏南 10~30mm	偏北 8mm	偏南 3mm
右幅B24号墩	是	始终采用后中支腿顶推	11	偏南 10~20mm	偏北 3.3mm	偏南 1.3mm

4号、5号架桥机顶推前后墩顶0号块位移情况一览表　　表11.5-7

墩　　号	是否对拉	顶 推 方 式	油压读数（MPa）	后中支腿顶推时墩顶块摆动幅度	前中支腿顶推时墩顶块摆动幅度	张拉后架桥机顶推前	架桥机到位前支腿支撑后
左幅B57号墩	是	后支腿顶推至距到位约6m后改前中支腿顶推到位	18～18.5	偏北30～80mm	偏南0～35mm	偏北19mm	偏南8.7mm
左幅B58号墩	是			偏南30～80mm	偏北0～25mm	偏北0.7mm	偏北10mm
右幅B57号墩	是	后支腿顶推至距到位约2m后改用前中支腿顶推到位	13～14	偏北20～35mm	0	偏北14mm	偏北4mm
右幅B58号墩	是			偏南20～45mm	偏北3mm	偏北5mm	偏北3mm

由表11.5-6中实测数据可见,采取纵移过孔施工控制方案后,1号、3号架桥机过孔时的墩顶摆幅由未采取措施时的5～6cm减小为1～2cm,架桥机顶推到位后的墩顶0号块纵向相对变位也由30mm减小为4.6mm,墩顶位移得到有效控制,同时也定性地反映出墩顶水平力是在设计要求的400kN以内,顶推过程墩身受力安全。

由表11.5-7中实测数据可见,采取纵移过孔施工控制方案后,4号、5号架桥机拼装阶段主桁顶推时,57号、58号墩身位移为3～8cm,顶推到位后,墩顶0号块纵向位置基本都回复到顶推前的位置,墩身位移得到了较好的控制,墩身受力也在可控范围。

以上数据和分析证明了架桥机纵移过孔时所采取的过孔施工控制方案是合理的、可行的,且实施控制效果明显,有效减小了架桥机过孔对后续拼装线形的影响,保证了过孔过程中的墩身结构受力安全。

11.6　横系梁同步施工替代方案研究

基于强涌潮区的特殊建设条件下降低下部结构施工难度、风险的考虑,水中区引桥下部结构采用ϕ3.8m钻孔桩,墩身直径根据墩身高度采取3.1m、3.4m、3.6m的独柱墩,墩身结构刚度较一般桥梁下部结构弱得多,同时钱塘江河口段冲刷剧烈,因此上部结构在采用墩梁固结的连续刚构形式的同时,从横向抗风稳定性考虑,设计要求中间墩两幅桥墩顶0号块之间工字形横系梁与墩顶块同步施工。

11.6.1　横系梁同步施工难点

结合实际施工情况和从总体施工周期考虑,横系梁同步施工存在以下难题:
(1)左右两幅桥之间不可能完全保持节段梁架设的同步性,当两幅桥间存在差异时,超前的独墩没有条件进行横系梁施工。如果为了使两台架桥机同步,停止进度超前的架梁作业,将必然导致整桥施工周期的延长,而且这种影响因素、影响程度不可预测。

(2)即便左右两幅桥间做到了同步架设施工,但在完成墩顶块施工后,马上要安装架桥机中支腿,墩顶块梁顶的作业空间有限,无法满足横系梁施工需要。

(3)从施工周期方面来看,即便能够做到横系梁与墩顶块的同步施工,但横系梁施工周期至少按照一周考虑,在横系梁混凝土强度未达到设计要求前,后续施工作业无法展开,如果每个"T"构2号块等后续节段梁架设都要等到横系梁施工完毕后方可进行,则每联桥需额外增加4个(5孔一联)横系梁施工周期,即28天约1个月,那么全桥13联共需增加约13个月工期,这也是不可接受的。

鉴于上述横系梁不能实现与墩顶块同步施工的事实,从施工过程安全考虑,必须还要研究相应的解决措施,并对何种措施最便捷、经济、适用进行分析、比选。

11.6.2　横系梁同步施工替代方案研究

(1)几种替代方案的构思及对比

方案一:先进行1号、2号块T构悬拼,然后采用临时钢桁架连接左右幅1号、2号块箱梁顶面临时预应力钢凳(因为0号块箱梁顶面放置架桥机中支腿,与钢桁架位置相冲突,所以临时钢桁架不能布置在0号块位置)。临时钢桁架布置形式如图11.6-1、图11.6-2所示。

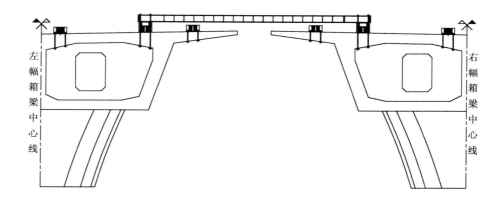

图 11.6-1　临时钢桁架布置形式立面图

此方案的缺点为必须等到1号、2号块架设完成后才能进行左右幅锁定,且桥面及梁下无汽车起重机等设备的作业平台,桁架无法起吊,安装难度大。

方案二:横系梁在梁场内待0号块预制完成后进行局部施工,然后0号块架设完成后采用桁架对左右幅已经预制完成的横系梁进行锁定,最后进行剩余部分横系梁施工,施工及锁定示意图如图11.6-3所示。

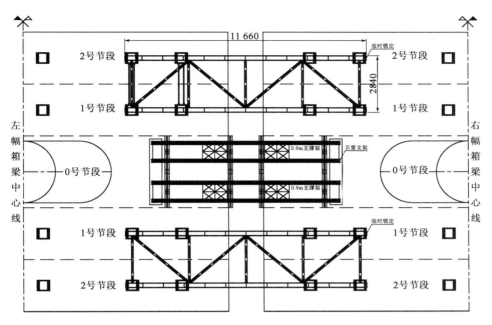

图 11.6-2 临时钢桁架布置形式平面图

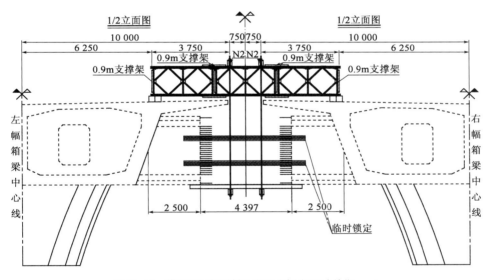

图 11.6-3 横系梁局部预制及施工示意图(尺寸单位:mm)

此方案的缺点为横系梁局部预制部分增加了 0 号节段的重量,对 0 号块为偏心荷载,造成 0 号块起吊安装及墩顶空间位置调节难度大,且容易损坏 0 号块底板小系梁。

方案三:0 号块施工前,提前搭设施工平台,利用墩身抱箍及钢管桁架对左、右幅桥墩进行临时锁定。采用临时锁定的方法,在左、右幅箱梁架设不同步进行的工况下增加全桥整体刚度,可进行单幅桥梁施工,如图 11.6-4、图 11.6-5 所示。

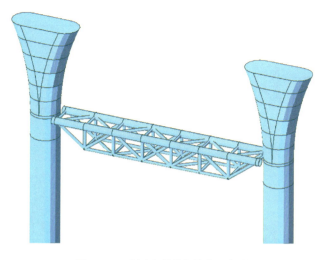

图 11.6-4　墩身钢管桁架锁定示意图

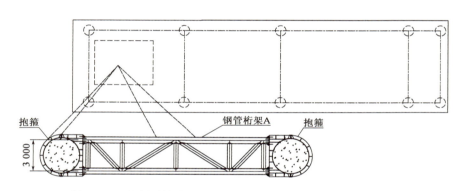

图 11.6-5　墩身钢管桁架锁定及施工平台平面示意图（尺寸单位：mm）

经过分析各方案优缺点，对其进行方案比选，最终确定采用设想方案三实施。

（2）横系梁替代方案概述

0号块施工前，利用钢管桁架对左、右幅桥墩进行临时锁定（图11.6-6），钢管桁架弦杆为 $\phi1\,000$mm 钢管，连接系为 $\phi600$mm 钢管，与墩身采用抱箍连接。

（3）替代方案实施及效果

0号块施工前，搭设施工平台，利用墩身抱箍及钢桁架对左、右幅桥墩进行临时锁定，有效解决了横系梁不能与墩顶0号块同步施工的难题，使横系梁可滞后于墩顶0号块架设约3跨施工，便于横系梁施工的展开和施工质量控制，同时，在不影响左、右幅箱梁拼装施工作业的情况下，使墩柱在横向形成临时框架，确保了施工过程中下部结构横向受力安全。通过施工过程的检验，采用横向墩身临时锁定（图11.6-7）的方案替代横系梁同步施工的要求，实施效果是明显的，施工过程安全、可控，完全达到预期目的。

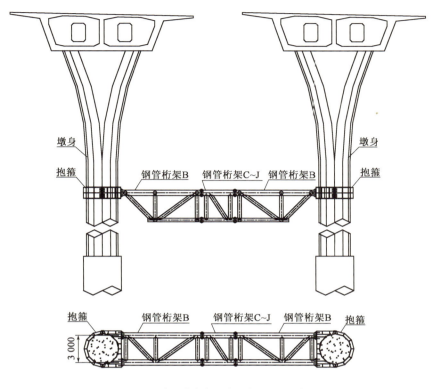

图 11.6-6 墩身钢管桁架锁定示意图(尺寸单位:mm)

图 11.6-7 横向锁定装置

11.6.3 横系梁施工

横系梁无法做到同步施工,采用钢管桁架临时替代横系梁,横系梁滞后 3~4 跨,采用吊架施工。同时为避免横联装置大量投入而增大成本,需要横系梁施工能够快速实施和跟进。

(1) 横系梁构造

横系梁为工字形截面薄壁混凝土结构,连接左右幅墩顶 0 号节段,高 3.4m,上、下翼缘板宽 3.6m、厚度 0.2～0.5m,腹板宽度 0.5m,横系梁截面面积为 3.81m²,如图 11.6-8 所示。

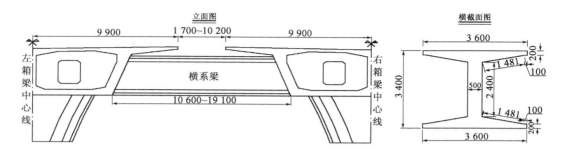

图 11.6-8　横系梁构造示意图(尺寸单位:mm)

(2) 横系梁施工吊架构造

采用贝雷梁主桁吊挂底板平台的方案。贝雷梁作为受力主梁支承于桥面,底板作为施工平台及横系梁混凝土浇筑底模板。贝雷梁及底板上设置分配梁,用 $\phi32mm$ 的精轧螺纹将底板吊挂于贝雷主梁上。其典型构造图见图 11.6-9、图 11.6-10。现场施工情况见图 11.6-11。

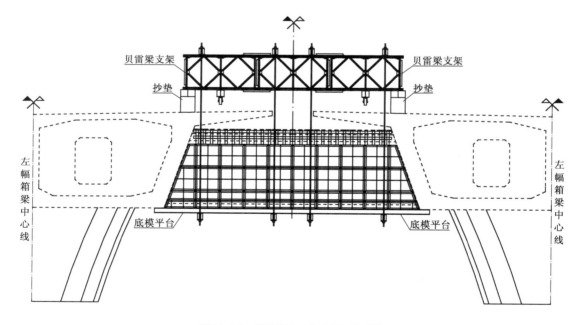

图 11.6-9　横系梁施工临时吊架截面图

为适应受力要求,同时为施工方便,制造 2 套吊架结构分别用于不变段及变化段,贝雷梁主梁横向分别采用 4 及 8 片贝雷梁。变化段横系梁长度逐渐加大,贝雷梁在左右幅方向也要根据施工进度逐渐长。

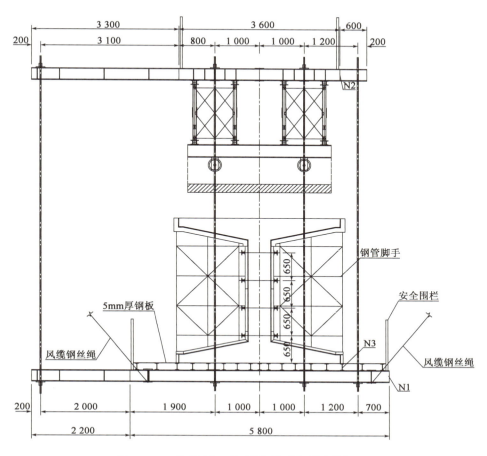

图 11.6-10 横系梁施工临时吊架侧面图(尺寸单位:mm)

图 11.6-11 横系梁现场施工

(3)横系梁施工要点

①吊挂系统就位后,绑扎钢筋。横系梁钢筋绑扎前首先应对套筒预埋、套筒连接及混凝土表面凿毛质量进行检查,检查合格后方可进行下步施工。

②横系梁预留钢筋采用直螺纹套筒的形式在0号节段内预留,0号节段预制模板安装时,套筒端面塑料螺杆顶在内模上,保证模板拆除后套筒端面外露(如个别套筒端面未在拆模后显露出来,则需轻微凿开表面混凝土使其显露),待0号块箱梁吊至存梁台座后,凿除表面混凝土,用螺丝刀拧下塑料螺杆,接长横系梁钢筋。横系梁施工时,再绑扎全部横系梁钢筋。

③为增加保险,在墩顶块腹板上预留了4个剪力槽口(图11.6-12),大小为300mm×300mm,深度200mm,内设钢筋与墩顶块腹板钢筋连接。

④底板采用5mm钢面板,I18型钢纵肋,2[40横向分配梁,同样为适应横系梁长度的变化,底模设置成可以伸缩的结构。侧模采用小块钢模,方便拼装、拆除,顶板翼缘模板采用木模,采用钢管脚手支承。模板布置如图11.6-13所示。模板拼装及拉杆布置如图11.6-14所示。

图11.6-12 横系梁预留套筒及预留剪力槽图

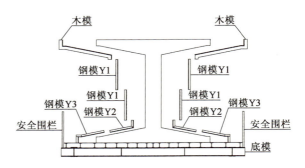

图11.6-13 模板布置图

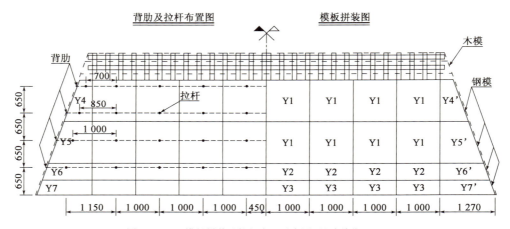

图11.6-14 模板拼装及拉杆布置示意图(尺寸单位:mm)

⑤横系梁混凝土的浇筑顺序为:先端部后中间。腹板采用两边对称下料,在箱梁翼缘板下方横系梁混凝土浇筑可通过预留开孔下料及振捣。

⑥混凝土经养护强度达到50%后即可拆除横系梁翼缘及腹板模板,当混凝土强度达到75%方可拆除底模。

⑦横系梁施工完成后前移时,为避免拆除吊架系统、方便倒用,实现快速施工,吊架设计上

还考虑了整体自动前移系统。在贝雷梁底部设置滑轮小车,顶部分配梁加长。其具体前移步骤如图 11.6-15 所示。

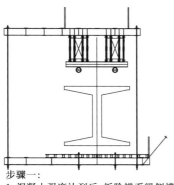

步骤一:
1. 混凝土强度达到后,拆除横系梁侧模,安装外侧4根吊杆。
2. 拆除贝雷梁端部砂垫,使走行轮受力。
3. 拆除横系梁里面吊杆、小里程方向栏杆及揽风绳,底部精轧螺纹挂在底模上,抽出上半部分吊杆。
4. 外侧吊杆下方50cm,使底膜脱离横系梁底部混凝土,并修补预留孔。

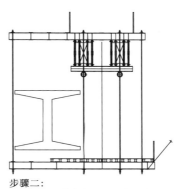

步骤二:
1. 贝雷梁整体向大里程方向行走3m,使原横系梁内部吊杆完全露出混凝土外侧。

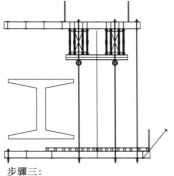

步骤三:
1. 接长原横系梁内部吊杆。
2. 拆除小里程方向吊杆,下半部分挂于底模分配梁上。
3. 贝雷架继续整体行走。

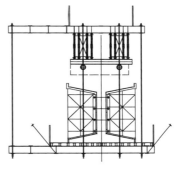

步骤四:
1. 贝雷架整体行走至下一横系梁位置,调整好贝雷架位置及底板位置。
2. 安装小里程方向栏杆及揽风绳。
3. 绑扎钢筋,进行下一横系梁施工。

图 11.6-15　横系梁吊架跨墩顶横系梁走行步骤

11.7　本章小结

嘉绍大桥地处钱塘江河口尖山河段,具有河床宽浅、潮强流急、涌潮汹涌、河床易冲易淤、变化剧烈的特征,恶劣的自然环境、复杂的施工条件决定了水中区引桥单桩独柱墩、$\phi3.8m$ 超大直径钻孔灌注桩的结构方案,由此给施工来带了前所未有的挑战。本书通过深入的研究、细致的分析、潜心的设计、精细的施工和有效的管理,形成一套完整的 $\phi3.8m$ 超大直径钻孔灌注桩施工技术。

（1）钢护筒施工中，通过对起重设备、运输设备、运输线路、施沉设备的调查、研究和分析，确定了合理的分节，选择了"三节制作、两次施沉"的方案。质量和精度控制，贯穿制作、存放、运输及施沉等全过程，通过设备的调查与选择、施工工艺的控制、防变形措施的实施以及合理施沉时机的选择，确保了钢护筒施工的质量和精度。

（2）钻进成孔过程中，通过充分调研和认真比选，确定了合理的成孔机具设备，包括机具的关键技术参数和数量。钻进过程通过精细的施工、有效的管理，严控各关键技术参数，确保了成孔过程安全、优质、高效。

（3）随着桩径的加大，水下混凝土灌注存在单桩方量大、系统组织要求高的特点，通过对灌注过程详细分解，将整个灌注系统划分为 5 个子系统。以控制 12h 左右成桩为末端控制节点，一步一步向上追溯，直至混凝土拌制，对各子系统进行合理的人、机、料等资源的配备，精心的组织和有效的管理保证了系统的正常运转，由此形成了一套完整的水下混凝土灌注系统。

嘉绍大桥在强涌潮区域采用单桩独柱、连续刚构体系，墩身刚度小。节段梁拼装施工需要解决墩顶 0 号块后场预制及与现场 1 号块的拼装匹配问题并确保与墩身的锚固性能，架设过程中需解决各种因素对线形造成的影响以及施工过程中的主体结构受力安全风险。本章对墩顶 0 号块的构造进行优化处理，施工中对箱梁架设各个工况下主体结构受力安全有针对性地采取了钢绞线对拉、横向临时连接钢桁梁等措施，确保了在柔性墩连续刚构体系、恶劣施工条件下的施工安全，对今后类似桥梁施工具有借鉴意义。

12　强涌潮环境桥墩抗冲磨性能研究

嘉绍大桥地处钱塘江河口尖山河段,涌潮流速可达 6~8m/s,同时潮水中含有大量的泥沙。潮水挟沙可对混凝土结构造成冲磨损伤;且桥址处地表水氯离子含量为 1 675.0~5 565.6mg/L,在干湿交替条件下,对钢筋混凝土中的钢筋具有强腐蚀作用,从而引起钢筋锈蚀,导致混凝土胀裂剥落、结构破坏,危及建筑物的正常运行。此两种外部环境对混凝土保护层及钢筋分别产生磨蚀和腐蚀作用,都将影响混凝土结构的耐久性能,而此耦合作用是否会加速钢筋混凝土结构产生更严重的破坏不得而知。嘉绍大桥所处的特殊工程环境为我国桥梁建设史上鲜见,混凝土结构在潮水挟沙冲磨及氯盐腐蚀双重作用下的耐久性需重点研究。

12.1　混凝土抗冲磨试验方法

混凝土结构受高速水流冲磨作用下的破坏机理较为复杂,目前为止,还没有一种试验方法能够满足评价所有条件下混凝土的抗冲磨性能。因此,《水工混凝土试验规程》(DL/T 5150—2001)规定了三种试验方法:即混凝土抗含砂水流冲刷试验(圆环法)、混凝土抗冲磨试验(水下钢球法)、混凝土抗冲磨试验(风砂枪法)。

由于混凝土快速冲磨试验与实际冲磨情况有较大差异,还没有一种方法能满足评定所有条件下混凝土的冲磨性能。目前混凝土抗冲磨试验可以分为磨砂法(如圆环法和风砂枪法)和滚珠法(如水下钢球法)两大类,任何一种冲磨方式均由 4 种基本参数决定:材料组成(硬度)、冲磨介质特征(如磨粒粒径)、冲磨速率以及冲磨角度,其中任意一项发生改变都会使冲磨方式变化。因此,混凝土的磨损破坏至今尚未有一个广泛接受的试验和评价标准,在很大程度上制约了混凝土抗冲磨性能研究的发展,往往造成经某一试验方法证明抗冲磨的混凝土在实际工程中却很快遭受磨蚀破坏的结果。所以,只有尽量模拟工程中的实际冲磨状态,才能正确评价混凝土材料的抗冲磨性能。

从国内外相关研究结果和经验来看,上述三种试验方法均有各自的适用范围和适用条件,也各具有自身在混凝土抗冲磨试验方面的优势和劣势。从适用范围和适用条件来看,"水下钢球法"适用于模拟大粒径的推移质对混凝土冲磨作用,电机转速为 1 200r/min,引起试件表面名义水流流速为 1.8m/s,冲磨介质采用一定数量的钢球(三种粒径)进行模拟,典型的试验结果如图 12.1-1 所示。一般仅能对不同类型抗冲磨混凝土在遭受推移质作用时的工况进行模拟,对于本项目中挟沙水流冲磨工况并不适用;圆环法和风砂枪法适用于模拟悬移质颗粒对混凝土表面的冲磨作用,典型结果见图 12.1-2 所示,但《水工建筑物抗冲磨防空蚀混凝土技术规范》(DL/T 5207—2005)中规定强度等级大于 C40 的混凝土的抗冲磨性能不宜采用圆环法评价。综合对比国内混凝土抗冲磨试验方法的适用范围和使用条件,考虑嘉绍大桥混凝土结构实际冲磨工况,采用混凝土抗冲磨试验(风砂枪法)对混凝土抗冲磨性能进行研究。

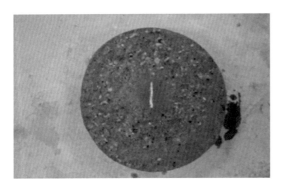

图 12.1-1　水下钢球法典型试验结果

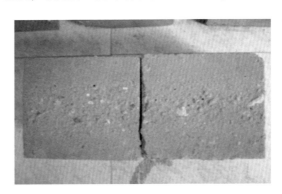

图 12.1-2　风砂枪法典型试验结果

12.2　混凝土抗冲磨影响因素研究

结构的抗冲磨特性与混凝土自身性能及所处环境特点息息相关。本节通过对比研究不同种类掺和料及掺量、纤维种类、冲磨速率、冲磨角度等因素对混凝土抗冲磨性能的影响(为有效模拟现场工况,试验用原材料与现场施工完全一致),以提出配制抗冲磨性能优良的海工混凝土的技术途径,并为混凝土在潮水挟砂冲磨和氯盐腐蚀双重作用下寿命评估提供依据。

(1)矿物掺和料类型及掺量对混凝土抗冲磨性能的影响研究

为对混凝土结构在潮水挟砂冲磨作用下耐久性评估提供依据,分别对嘉绍大桥承台、塔座墩身及塔柱混凝土抗冲磨性能进行了测试。各结构混凝土配合比见表 12.2-1。

嘉绍大桥各结构部位混凝土配合比　　表 12.2-1

结构部位	强度等级	单方混凝土原材料用量(kg/m^3)					
		水泥	粉煤灰	矿粉	砂	碎石	水
主桥承台	C30	132	188	80	765	1 057	138
独柱墩身	C40	264	88	88	726	1 093	141
主桥塔座	C40	189	147	84	763	1 054	140
主桥塔柱	C50	253	115	92	746	1 030	141

不同结构部位混凝土抗冲磨强度及表面冲磨状态如图 12.2-1、图 12.2-2 所示,可以看出,塔柱混凝土抗冲磨强度最高,而承台混凝土最低。可能是因为,在采用相同原材料及相同胶凝材料体系的前提下,混凝土抗冲磨强度随水胶比的增大而减小。由冲磨后混凝土表观状态可

知,承台混凝土表面较粗糙,表层水泥砂浆基本被冲磨掉,粗骨料外露,且存在大量坑洞,说明已有少量粒径较小的骨料被剥离混凝土。相比而言,独柱墩身、塔座及塔柱混凝土抗冲磨性能较优,相同冲磨时间后,混凝土表面仅有部分砂浆被冲磨掉,基本无粗集料外露的状况。

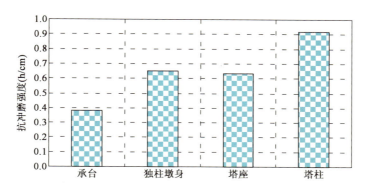

图 12.2-1 不同结构部位混凝土抗冲磨强度

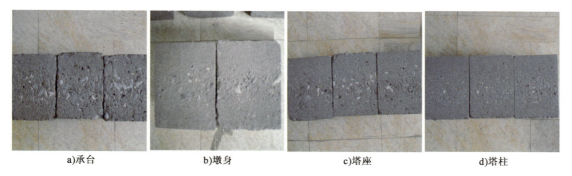

图 12.2-2 不同结构部位混凝土冲磨后表观状态

(2) 冲磨速率对混凝土抗冲磨性能的影响

含砂水流对混凝土结构的冲磨作用,属于水砂二相流问题,水流中的泥砂之所以能造成混凝土的磨损,主要是由于水流中的砂粒具有足够的动能,而其具有的能量则主要来源于挟砂水流,当砂粒冲磨混凝土表面时,把一部分或全部能量传递给混凝土结构,在其表层转化为表面变形能从而造成混凝土表面的磨损,故挟砂水流流速对混凝土抗冲磨性能具有显著影响。

图 12.2-3 和图 12.2-4 为冲磨速率分别为 10m/s、20m/s 和 30m/s 条件下独柱墩身混凝土试件各冲磨阶段(以 228s 为一冲磨阶段)重量损失和经计算得到的混凝土抗冲磨强度,上述冲磨速率通过相对压力控制值所得。

从图中可以看出,各冲磨阶段混凝土质量损失率均随冲磨速率增大而增加,混凝土试件在高流速条件下,如 30m/s 时,初始冲磨损失率较大,随着冲磨过程的延续,冲磨损失率逐渐趋于稳定,而在低流速条件下(10m/s),整个冲磨过程中混凝土质量损失率相对较稳定。随冲磨速率的不断增大,混凝土抗冲磨强度逐渐降低,抗冲磨强度与冲磨速率近似呈反比关系,

20m/s及30m/s冲磨速率下混凝土抗冲磨强度分别较10m/s冲磨速率降低了66.5%及71.2%。由于胶凝材料随时间不断水化，混凝土360d抗冲磨强度较28d龄期亦有较大发展。

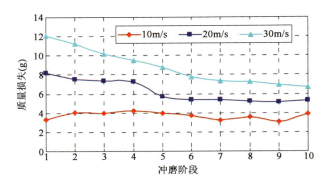

图12.2-3　不同冲磨速率下混凝土质量损失率

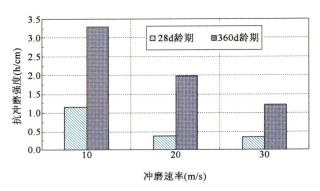

图12.2-4　冲磨速率对混凝土抗冲磨强度的影响

（3）冲磨角度对混凝土抗冲磨性能的影响

为模拟墩身混凝土各部位受不同冲角含砂水流冲刷的工况，研究了不同冲磨角度对混凝土抗冲磨性能的影响。试验中选择了3个不同的冲磨角度进行抗冲磨试验，分别为30°，60°和90°，图12.2-5为不同冲磨角度的简单示意图。

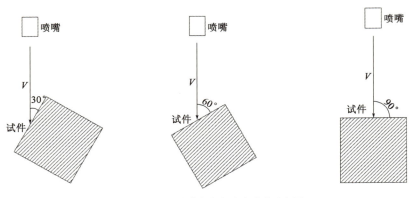

图12.2-5　不同冲磨角度冲磨试验示意图

图 12.2-6 为不同冲磨角度下的混凝土抗冲磨强度(其冲磨速率为 30m/s)。从结果中可以看出,随冲磨角度的逐渐增大,混凝土抗冲磨强度逐渐降低,即随着冲磨角度的增大,混凝土抗冲磨损失率逐渐增大。且冲磨角度从 30°~60°范围,抗冲磨强度降低的速率较大;而当冲角超过 60°,抗冲磨强度变化较为平缓,逐渐趋于稳定。由此可见,挟砂水流正面作用于墩身混凝土表面将使混凝土经受较为严峻的考验。

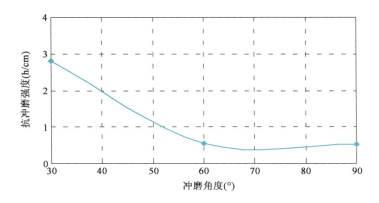

图 12.2-6　冲磨角度对混凝土抗冲磨强度的影响

12.3　冲磨及氯盐交互作用下混凝土性能研究

进行了氯盐与冲磨环境交互作用下混凝土性能研究,如图 12.3-1~图 12.3-4 所示。研究成果表明氯盐环境的存在对混凝土自身抗冲磨性能基本无影响。但冲磨作用增大了混凝土材料的氯离子扩散系数,且挟砂水流对钢筋混凝土保护层产生冲磨作用,将不断减小保护层厚度,缩短海水中氯离子渗入结构内部的路径,加速氯离子向结构内部渗透的速度。

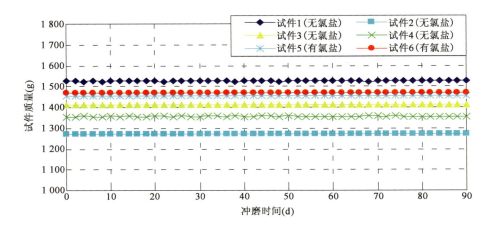

图 12.3-1　氯盐及水砂联合冲磨作用下砂浆质量损失率

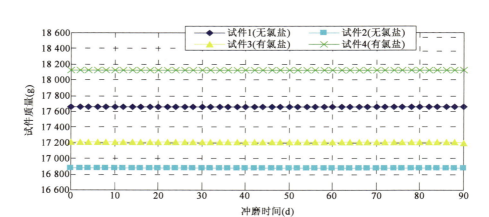

图 12.3-2　氯盐及水砂联合冲磨作用下混凝土质量损失率

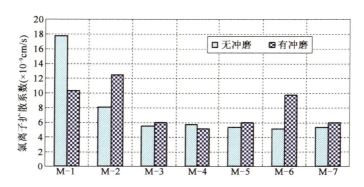

图 12.3-3　冲磨及无冲磨条件下砂浆氯离子扩散系数

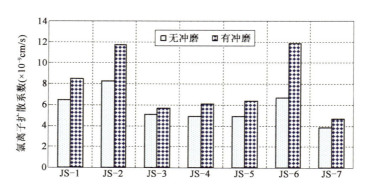

图 12.3-4　冲磨及无冲磨条件下混凝土氯离子扩散系数

12.4　冲磨及氯盐耦合作用下混凝土结构耐久性预测

基于复合磨粒磨损模型试验结果及氯离子扩散的理论对钢筋混凝土保护层受冲磨磨失时间进行预测。计算得到嘉绍大桥承台、塔座、独柱墩身及塔柱结构钢筋混凝土保护层厚度随时间的变化规律及冲磨消失的时间预测结果，汇总如表12.4-1所示。

由磨损模型计算嘉绍大桥各混凝土构件磨耗量及磨失时间汇总表　　表12.4-1

构件	混凝土强度等级	保护层厚度(mm)	磨耗量最大的冲角(°)	总磨耗量(cm/年)	磨失时间(年)
承台	C30	70	79	0.023 226	301
塔座	C40	70	74	0.018 734	374
墩身	C40	70	78	0.017 225	406
塔柱	C50	70	81	0.012 056	581

基于氯离子在混凝土中的扩散模型，同时考虑挟砂水流对钢筋混凝土保护层的冲磨作用（保护层厚度随时间不断减小），对本工程主要结构混凝土-钢筋表面氯离子达到临界浓度时间进行预测，参数具体取值及预测结果见表12.4-2。

冲磨及氯盐耦合作用下主要结构混凝土-钢筋表面氯离子达到临界浓度时间　　表12.4-2

结构部位	主桥承台	主桥塔座	独柱墩身	主桥塔柱
	水下区	潮汐、浪溅区	潮汐、浪溅区	潮汐、浪溅区
初始保护层厚度(mm)	70	70	70	70
56d氯离子扩散系数($10^{-12}m^2/s$)	2.76	2.33	2.5	1.5
初始氯离子浓度C_0(%)（占混凝土质量）	0.016 9	0.017 6	0.018 3	0.011 6
表面氯离子浓度C_s(%)（占混凝土质量）	0.23	0.46	0.46	0.46
临界氯离子浓度C_{lim}(%)（占混凝土质量）	0.05	0.12(掺加阻锈剂)	0.12(掺加阻锈剂)	0.12(掺加阻锈剂)
龄期系数n	0.60	0.50	0.45	0.51
环境系数k_e	1	1	1	1
养护系数k_c	1	1	1	1
环境温度(℃)	16	16	16	16
保护层厚度随时间变化规律	$y=70-0.232\,26x$	$y=70-0.187\,34x$	$y=70-0.172\,25x$	$y=70-0.120\,56x$
钢筋混凝土保护层磨失时间(年)	301	374	406	581
混凝土-钢筋表面氯离子达到临界浓度时间(年)（无冲磨作用）	176.8	203.7	164.3	377.7
混凝土-钢筋表面氯离子达到临界浓度时间(年)（有冲磨作用）	128.7	143.4	123.9	256.8

注：y为保护层厚度，单位为mm；x为冲磨时间，单位为年。

由结果可以看出:基于单一氯盐侵蚀作用下,主桥承台、塔座、塔柱及独柱墩身结构混凝土-钢筋表面氯离子达到临界浓度时间分别为 176.8 年、203.7 年、377.7 年及 164.3 年。而在挟砂水流冲磨及氯盐耦合作用下,保护层厚度随时间不断减小,氯离子渗入结构内部的路径随之缩短,预测结果显示,较单一氯盐侵蚀作用下主桥承台、塔座、塔柱及独柱墩身混凝土-钢筋表面氯离子达到临界浓度时间有所缩短,分别为 128.7 年、143.4 年、256.8 年及 123.9 年。由此可见,本桥在挟砂水流冲磨及氯盐侵蚀耦合作用时,耐久性破坏的主导因素仍为氯离子侵蚀导致的钢筋锈蚀,同时挟砂潮流冲磨将对此具有一定的促进作用。

12.5　涌潮环境提高混凝土结构耐久性的措施

涌潮河段提高混凝土结构耐久性的措施及建议:

(1)嘉绍大桥处于挟砂水流冲磨及氯盐侵蚀环境中,承台、墩柱混凝土应在满足工作性、力学性能及抗氯离子渗透性能的同时兼顾其抗冲磨性能。施工中可基于复合掺入粉煤灰及矿粉、尽量减小浆集比的原则,配制抗冲磨性能优良的海工混凝土,从而提高结构自身的抗冲磨能力。

(2)挟砂水流对桥墩混凝土保护层产生冲磨作用,将不断减小钢筋混凝土保护层厚度,缩短海水中氯离子渗入结构内部的路径,从而影响结构的耐久性能,建议施工过程中依据设计要求严格控制钢筋混凝土保护层厚度。

(3)各结构钢筋混凝土保护层受冲磨磨失时间及混凝土-钢筋表面氯离子达到临界浓度时间预测结果显示,嘉绍大桥所处的特殊环境较常规海洋环境稍为恶劣,但导致结构耐久性破坏的主导因素仍为氯盐侵蚀导致的钢筋锈蚀破坏,而挟砂水流冲磨对结构破坏具有一定加速作用,故建议采用多项防腐技术(如混凝土表面硅烷浸渍、防腐涂层、环氧涂层钢筋等)联合使用的强化措施来保证大桥的设计使用寿命。

(4)鉴于嘉绍大桥所处的特殊环境,建议大桥营运期间定期对涌潮区域重要结构的涂层及混凝土冲磨表观形貌、钢筋保护层厚度进行监测,以期及早发现及时处理。

12.6　本章小结

本章主要研究结论:

(1)研究比选了适合嘉绍大桥海水挟砂冲磨作用的试验方法,风砂枪法试验条件与现场环境更为接近,适用于模拟悬移质颗粒对混凝土表面的冲磨作用,且其可改变冲磨速率、冲角等试验参数,更适合于挟砂水流冲磨作用下混凝土结构耐久性的研究;水下钢球法更适合模拟大粒径的推移质颗粒对混凝土的冲磨作用,不适合本工程挟砂水流冲磨作用的工况;

(2)混凝土中矿物掺和料种类及胶凝材料用量对其抗冲磨性能均有影响,混凝土中掺加粉煤灰或矿粉后,其抗冲磨性能得到一定程度的改善,复掺粉煤灰及矿粉后,更能起到不同品种矿物掺合料复合使用的"超叠加效应",可以配制出与硅灰混凝土抗冲磨强度基本相当的海工混凝土。胶凝材料用量增加后,混凝土抗冲磨强度未随之增加反而有所降低;

(3)研究了冲磨速率、冲磨角度对混凝土抗冲磨强度的影响,冲磨速率对混凝土抗冲磨强度影响显著,前者与后者近似成反比关系,冲磨角度亦对混凝土抗冲磨强度有较大影响,随着冲磨角度的逐渐增大,混凝土抗冲磨强度逐渐降低,且当冲角超过60°,抗冲磨强度变化较为平缓;

(4)进行了氯盐与冲磨环境交互作用下混凝土性能研究,氯盐环境的存在对混凝土抗冲磨性能基本无影响,而冲磨作用则增大了混凝土材料的氯离子扩散系数,且挟砂水流对钢筋混凝土保护层产生冲磨作用,将不断减小保护层厚度,缩短海水中氯离子渗入结构内部的路径,加速氯离子向结构内部渗透的速度;

(5)基于复合磨粒磨损模型及氯离子扩散的理论对钢筋混凝土保护层受冲磨磨失时间及混凝土-钢筋表面氯离子达到临界浓度时间进行预测,结果显示:本桥在挟砂水流冲磨及氯盐侵蚀耦合作用时,耐久性破坏的主导因素仍为氯离子侵蚀导致的钢筋锈蚀,同时挟砂潮流冲磨将对此具有一定的促进作用。

参 考 文 献

[1] 肖明葵,王肖巍,刘纲.多塔下拉索斜拉桥静力荷载试验和计算分析[J].土木建筑与环境工程,2011,33(1):43-49.

[2] 喻梅,李乔,廖海黎.多塔斜拉桥的刚度配置[J].四川建筑科学研究,2010,36(4):67-71.

[3] 陶能迁,王福敏.提高PC三塔斜拉桥整体刚度研究[J].重庆交通学院学报,2007,26(2):14-20.

[4] 李阿娜,林玉森,贾晓云.论加劲索对四塔斜拉桥结构整体刚度的影响[J].国防交通工程与技术,2009(1):19-23+47.

[5] 郑春,刘晓东.论多塔斜拉桥的刚度[J].公路,2002(6):98-100.

[6] 唐平建,汪宏,王鹏.下拉索对多塔斜拉桥主梁的影响[J].重庆交通大学学报,2011,30(6):1275-1277.

[7] 邵长宇.夷陵长江大桥三塔斜拉桥结构体系及性能研究[J].工程力学(增刊),2000,272-277.

[8] 林玉森,信丽华.桥塔参数变化对多塔斜拉桥整体刚度的影响[J].铁道建筑,2010(3):18-21.

[9] 奉龙成,李鹏程,刘小明.下拉索多塔斜拉桥结构体系分析研究[J].世界桥梁,2009(3):29-32.

[10] 喻梅,李乔.结构布置对多塔斜拉桥力学行为的影响[J].桥梁建设,2004(2):1-4.

[11] 楼庄鸿.多孔斜拉桥[J].公路交通科技,2002(19):9-13.

[12] BERGERMAN R,SCHLAICH M. Ting Kau Bridge in Hong Kong-Design and Construction[J]. Structural Engineering International 1996(6).

[13] BERGMAN D W,RADOJEVIE D,IBRAHIM H. The Golden Ears Bridge In Vancouver,BC[C]. Structures Congress 2008. 2008.

[14] VIRLOGEUX M. Recent Evolution of Cable-Stayed Bridges[J]. Engineering Structures,1999(21).

[15] 公路斜拉桥设计规范:JTG/T 3365-01—2020[S].北京:人民交通出版社股份有限公司,2020.